应用型系列法学教材

经济法

主　编 / 黄明欣　曹胜亮
副主编 / 王　岩　朱　畅

武汉大学出版社

应用型系列法学教材 编委会

主任：
覃有土　中南财经政法大学武汉学院院长，教授
余能斌　武汉大学法学院，教授

编委：（按姓氏笔画排列）
牛余凤　山东农业大学文法学院，副教授
石茂生　郑州大学法学院，教授
吕　琳　中南财经政法大学法学院，副教授
刘　超　华侨大学法学院，副教授
孙占利　广东商学院法学院，教授
孙孝福　中南财经政法大学武汉学院法学系主任，教授
孙文桢　武汉工程大学民商法研究所所长，副教授
李正华　中山大学法学院，副教授
李伯军　湘潭大学法学院，副教授
李艳华　中南财经政法大学法学院，副教授
杨登峰　南京师范大学法学院，副教授
张　弘　中国政法大学法学院，副教授
张　洁　天津师范大学法学院，副教授
张建良　湖北警官学院法律系主任，教授
赵德刚　湖北警官学院法律系副主任，副教授
卓冬青　中山大学法学院，副教授
罗　洁　中南财经政法大学法学院，副教授
段　凯　黄河科技学院商贸学院法律系副主任
段丰乐　郑州大学升达学院经贸管理学院文法系主任
秦前红　武汉大学法学院，教授
高利红　中南财经政法大学法学院副院长，教授
崔明霞　中南财经政法大学法学院，教授
韩学志　山东潍坊学院WTO法研究所所长，副教授
温世扬　武汉大学法学院，教授
蔡科云　湖北大学政法学院法学系副主任，副教授
魏振忠　广西师范大学漓江学院，副教授

执行编委：张琼　胡荣

总　序

　　课本乃一课之"本"。虽然高校的教材一般不会称之为"课本"，其分量也没有中小学课本那么重，但教材建设实为高校的基本建设之一，这大概是多数人都能接受或认可的。

　　无论是教与学，教材都是不可或缺的。一本好的教材，既是学生的良师益友，亦是教师之善事利器。应该说，这些年来，我国的高校教材建设工作取得了很大的成绩。其中，举全国之力而编出的"统编教材"和"规划教材"，为千百万人的成才作出了突出的贡献。这些举全国之力而编出的"统编教材"、"规划教材"无疑具有权威性。但客观地说，随着我国社会改革的深入发展，随着高校的扩招和办学层次的增多，包括法学专业在内的以往编写的各种"统编教材"和"规划教材"，就日益显露出其弊端或不尽如人意之处。最为突出的，一是内容过于庞杂。无论是"统编教材"还是"规划教材"，由于过分强调系统性与全面性，几乎每本教材都是章节越编越长，内容越写越多，不少教材在成书时已逼近百万字，甚至超过百万，其结果是既不利于学，也不便于教，还增加了学生的经济负担。二是重理论而轻技能。几乎所有的"统编教材"和"规划教材"都犯了一个通病，即理论知识分量相当重甚至很重，技能训练却少有涉及。

　　现代高等教育背景下的本专科合格毕业生应该同时具备知识素质与技能素质。改革开放以后，人们都很重视素质教育；毫无疑问，素质教育中少不了知识素质的培养，但是，仅注重学生知识素质的培养而轻视实际技能的获得肯定是不对的。我们都知道，在任何国家或任何社会，高端的研究型人才毕竟总是少数，应用型、操作型的人才才是社会所需的大量人才。因此，在大学本科阶段，应着重培养学生的实践技能。而学生技能素质的培养涉及方方面面，教材的选择与使用是其中重要的一环。正是基于上述考虑，我们以教育部制定的法学课程教学基本原则为依据，结合法学专业学生的实践性培养目标组织编写了这套"应用型系列法学教材"。法学学科是一门应用型学科。从这一意义上说，任何一本法学教材，它本身就应该是一本应用型教材。我们将这套教材标上"应用型"，是希望它与以往的"规划教材"和"统编教材"有所不同。不同在哪里？其一，体例与内容有所不同。每本教材一般不超过45万字，要做到既利于学，亦便于教。其二，理论与技能并重。在确保基本理论与基本知识不能少的前提下，注重专业技能的训练，增加专业技能训练的内容。当然，我们的这些努力无疑也是一种摸索。既然只是摸索，其中的不足和漏洞甚至是谬误是在所难免的。

武汉大学出版社高度重视本套教材的组织编写活动。为了确保质量，他们动员了包括全国各地30多所高校的政法院系以及独立学院的专家学者参加教材编写工作。在这些学者中，既有曾担任国家"规划教材"、"统编教材"的主编或撰稿人的老专家，也有教学经验丰富、参与过多部教材编写的年富力强的中年学者，还有很多具有高学历及高学位的青年才俊。他们之中多数人都已是硕果累累，因而若仅就个人的名利而言，编写这样的教材对他们并无多大意义。但为了教育事业，他们都能不计个人得失，甘愿牺牲大量的宝贵时间来编写这套教材，精神实为可嘉。在教材的编写过程中，我们还得到了众多前辈、同仁及方方面面的关心、支持和帮助。尤其是武汉大学出版社的胡荣编辑，她为本套教材的编写鞍前马后，穿针引线，使得教材编写活动得以顺利进行。在此，对以上为本套教材的面世而付出辛勤劳动的所有单位和个人表示衷心的感谢。

最后，恳请学界同仁和读者对本套教材提出宝贵的批评与建议。

覃有土

2009年9月19日

前　言

党的十八大三中全会的报告明确指出当前我国的经济体制改革是全面深化改革的重点，核心问题是处理好政府和市场的关系，使市场在资源配置中起决定性作用和更好地发挥政府作用。建立统一开放、竞争有序的市场体系，是使市场在资源配置中起决定性作用的基础。必须加快形成企业自主经营、公平竞争，消费者自由选择、自主消费，商品和要素自由流动、平等交换的现代市场体系，着力清除市场壁垒，提高资源配置效率和公平性。要建立公平开放透明的市场规则，完善金融市场体系。报告中这些重要内容都是经济法学科的研究重点和难点。在我国全面落实依法治国方略的背景下，在十八大三中全会突出强调政府与市场关系合理定位的前提下，对经济法的学习和研究有重要的时代意义。

经济法作为一门应用性极强的学科，不仅是法学专业教育部制定的14门核心课程之一，同时也日益成为国内高校诸多非法学专业如管理类专业、财经类专业、工商类专业的核心课程之一。同时经济法也是复合型、应用型人才（如注册会计师、证券从业人员、企业法律顾问、资产评估师、注册税务师、法务会计等）等职业资格考试的必考内容之一。经济法的教学和科研必须面向社会主义市场经济的发展，适应就业市场的实际需要，本教材可供法学本科专业作为教材使用，也可供财经类、工商管理类本科专业等非法学专业的经济法教学作为教材使用。本教材的编写团队有着十多年经济法的教学经验和科研体验，借鉴了我国国内外经典专著教材的精华，注重理论联系实际，立足通俗易懂、曲径通幽，增强实用性和应用性，准确地反映了最新经济立法成果和最新研究成果。在每章章首，我们明确了每章知识的学习目的与要求，以帮助学生和读者了解该章的知识系统并易于抓住重点；每章章尾附上了具有代表性的历年司法考试真题和典型的思考题，以帮助学生理解、消化每章的内容。

本教材由黄明欣、曹胜亮任主编，王岩、朱畅任副主编。本教材共分为十六章，具体分工如下：

黄明欣：第一、十三章；

曹胜亮：第二、三章；
章娅彤：第四、五、九章；
朱　畅：第六、七、八章；
王　岩：第十章；
魏伦浩：第十一、十四章；
盛盼盼：第十二章；
黄　艳：第十五、十六章。

本书的出版得到了武汉理工大学、中南财经政法大学、武汉工程大学、武汉轻工大学、武汉科技大学城市学院、文华学院、武汉工程大学邮电与信息管理学院、湖北工业大学商贸学院以及武汉大学出版社等单位领导和老师的大力支持，在此一并表示谢意。

本书在编写中大量借鉴吸收了理论界同行的观点和教材的精华，由于篇幅有限，无法一一注明出处，敬请谅解，在此一并致谢。由于时间仓促、水平有限，错漏之处在所难免，希望广大读者批评指正，以便日后修订、完善。

编　者
2014年5月6日

目　录

第一章　经济法概述 ·· 1
第一节　经济法的产生与发展 ···················· 1
第二节　经济法的概念与特征 ···················· 6
第三节　经济法的功能 ···························· 12
第四节　经济法的体系 ···························· 16

第二章　个人独资企业法 ································ 19
第一节　个人独资企业概述 ······················ 19
第二节　个人独资企业的设立 ···················· 22
第三节　个人独资企业的投资人及事务管理 ······ 24
第四节　个人独资企业的解散与清算 ············· 26

第三章　合伙企业法 ······································ 29
第一节　合伙企业法概述 ·························· 29
第二节　合伙企业的分类 ·························· 34
第三节　合伙企业的协议 ·························· 40
第四节　合伙企业的解散和清算 ·················· 42

第四章　公司法 ·· 47
第一节　公司的法律界定 ·························· 47
第二节　公司法概述 ································ 58
第三节　有限责任公司 ···························· 62
第四节　有限责任公司的组织机构 ··············· 69
第五节　一人有限责任公司和国有独资公司 ····· 76
第六节　股份有限公司的法律界定 ··············· 79
第七节　股份有限公司的设立 ···················· 81
第八节　股份有限公司的股份发行和转让 ········ 88

第九节　公司债券的法律界定 ………………………………………… 94
　　第十节　公司债券的发行和转让 ………………………………………… 98

第五章　反垄断法 ……………………………………………………………… 103
　　第一节　反垄断法概述 …………………………………………………… 103
　　第二节　反垄断法的主要实体规范 ……………………………………… 108
　　第三节　反垄断调查机制及反垄断法的适用除外制度 ………………… 122

第六章　反不正当竞争法 ……………………………………………………… 132
　　第一节　反不正当竞争法概述 …………………………………………… 132
　　第二节　不正当竞争行为 ………………………………………………… 136
　　第三节　不正当竞争行为的监督检查 …………………………………… 140
　　第四节　不正当竞争行为的法律责任 …………………………………… 141
　　第五节　反不正当竞争法的修订和完善 ………………………………… 142

第七章　产品质量法 …………………………………………………………… 148
　　第一节　产品质量法概述 ………………………………………………… 148
　　第二节　产品质量的监督管理制度 ……………………………………… 150
　　第三节　生产者和销售者的产品质量责任和义务 ……………………… 153
　　第四节　违反产品质量法的法律责任 …………………………………… 155

第八章　消费者权益保护法律制度 …………………………………………… 161
　　第一节　消费者与消费者的法律保护概述 ……………………………… 161
　　第二节　消费者的权利 …………………………………………………… 164
　　第三节　经营者的义务 …………………………………………………… 166
　　第四节　消费者合法权益的保护 ………………………………………… 169
　　第五节　消费争议的解决和违法责任 …………………………………… 170

第九章　合同法 ………………………………………………………………… 177
　　第一节　合同概述 ………………………………………………………… 177
　　第二节　合同分论 ………………………………………………………… 190

第十章　财政法 ………………………………………………………………… 208
　　第一节　财政与财政法概述 ……………………………………………… 208

  第二节 预算法 ·· 213
  第三节 国债法 ·· 216
  第四节 政府采购法与转移支付法 ··························· 222

第十一章 税法 ·· 228
  第一节 税收与税收法律制度概述 ··························· 228
  第二节 流转税 ·· 232
  第三节 所得税 ·· 241
  第四节 财产税 ·· 246
  第五节 行为税 ·· 252
  第六节 税收征收管理法 ······································ 254

第十二章 银行法 ·· 260
  第一节 中国人民银行法 ······································ 260
  第二节 商业银行组织法 ······································ 266
  第三节 银行业监管法 ··· 274

第十三章 证券法 ·· 283
  第一节 证券法概述 ·· 283
  第二节 证券市场主体 ··· 288
  第三节 证券的发行 ·· 296
  第四节 证券的交易 ·· 302
  第五节 上市公司的收购 ······································ 311

第十四章 价格法 ·· 314
  第一节 价格及价格法概述 ·································· 314
  第二节 价格行为的法律制度 ································ 318
  第三节 价格总水平调控 ······································ 324
  第四节 违反价格法的法律责任 ··························· 329

第十五章 劳动法 ·· 331
  第一节 劳动法概述 ·· 331
  第二节 劳动就业和职业培训 ································ 333
  第三节 劳动合同 ·· 335

第四节　劳动基准……………………………………………344
　　第五节　劳动监督检查………………………………………353

第十六章　社会保障法……………………………………………357
　　第一节　社会保障法概述……………………………………357
　　第二节　社会保险法律制度…………………………………358
　　第三节　社会救助法律制度…………………………………367
　　第四节　社会福利法律制度…………………………………370
　　第五节　社会优抚法律制度…………………………………374

参考文献……………………………………………………………380

第一章 经济法概述

【学习目的与要求】通过本章的学习，了解经济法的发展概况，理解经济法的概念，学会用经济法的基本理论解决实际中存在的相关问题。

第一节 经济法的产生与发展

一、西方资本主义国家经济法的产生与发展

19世纪末20世纪初，随着以美国和德国为典型的经济法国家的兴起，经济法开始作为一个独立的法律部门出现。西方资本主义国家经济法的产生经历了以下几个阶段：

(一)19世纪末至第一次世界大战后

这是经济法的出现阶段。

随着产业革命的完成，西方资本主义国家相继进入垄断资本主义阶段，垄断组织的出现和限制自由竞争行为使得资本主义固有矛盾空前激化，严重阻碍了资本主义的发展。为了缓和垄断和限制自由竞争引发的社会矛盾和经济矛盾，资本主义政府开始出面干预，颁布了一系列经济立法。

具有代表性的是美国于1890年颁布了《谢尔曼法》(全称是《反对不法限制竞争和垄断，保护交易和通商的法律》)，其后1914年颁布了《克莱顿法》和《联邦贸易委员会法》。这些法律突破了民法传统，是一种规定由国家直接介入私人经济的新型法律，开了经济法独立的先河。

在美国最早出现的经济法，其立法领域开始基本上限于反垄断，并且当时对其他各国的立法影响不大。对经济法在世界范围内的传播和发展影响最大的是第一次世界大战时期的德国。

德国于19世纪末期完成产业革命，资本主义经济迅速发展，并出现卡特尔垄断组织。德国统治者为了加速经济发展，并不禁止卡特尔，而采取扶助政策。第一次世界大战一开始，德国垄断资产阶级趁机垄断市场、控制物资、抬高物价、大发战争横财，从而给国家征集战争物资造成了困难。战争

结束后，德国是战败国，需要支付巨额战争赔款，而国内经济却十分困难。鉴于这种情况，德国统治者要调整经济部署和发展生产，政府对经济实行了严格统制。

德国在这个时期的经济法主要有：1915年颁布的《关于限制契约最高价格的通知》；1916年颁布的《确保战时国民粮食措施令》；1919年颁布的《魏玛宪法》；1919年颁布的《卡特尔规章法》、《煤炭经济法》、《钾素经济法》等；1923年又颁布了《防止滥用经济力法令》，主要是限制卡特尔的规定。

(二)1929—1933年经济危机至第二次世界大战后

这是经济法在世界范围内迅速发展的阶段。

1929—1933年资本主义世界爆发了经济危机。经济危机催生的凯恩斯的国家干预理论取代了长期占据统治地位的亚当·斯密的经济自由主义学说。为应对世界经济危机带来的问题，西方资本主义各国纷纷采用凯恩斯的国家干预理论，用政府的有形之手干涉市场，以挽救崩溃的经济，缓和社会矛盾。经济法的立法在各国迅速发展。

美国开始实行罗斯福新政，为推行新的经济调节政策，1933年国会授予总统"紧急全权"。这期间美国颁布了70多部法令，如《紧急银行条例》、《金融改革方案》、《产业复兴法案》、《农业经济调整和农业信贷法》、《公共营造法案》、《社会救济条例》等。1936—1938年，又颁布了《土壤保护法》、《新农业法》、《小佃农取得土地贷款法》。

德国在经济危机期间，颁布了许多法律来调节经济。德国通过几次修改《防止滥用经济力法令》来加强卡特尔；1933年制定《强制卡特尔法》，扶助和强制卡特尔的建立，利用卡特尔统领市场。

日本自明治维新后就颁布了许多保护、鼓励和促进产业发展的法律，以迅速发展资本主义经济。"一战"后，日本为对付经济危机，将国家干预提到显著地位，并颁布了大量法律。

世界性经济危机过后，英美等国对经济干预的势头有所减弱，但德意日法西斯国家，为了准备发动新的战争，进一步强化了国家对经济的管制。德国自纳粹党掌权后，积极推行扶助卡特尔的政策，实行官民一体的经济管制。日本在20世纪30年代后半期开始，国家对经济进行干预的经济法便具有经济危机应对和战时经济对策双重性，再往后，便完全转入战时经济管制。

"二战"结束后，各国为恢复战后经济，始终未放弃运用法律手段调节和组织经济。德国被分为两个国家，根据美、英、法占领军的指令，联邦德国颁布了《德国经济力过度集中排除令》，禁止卡特尔和康采恩，并对大企业实行分割。日本战败和接受《波茨坦公告》后进入被占领期，经济体制发生了重大变革，实行经济非军事化，确立和平经济和民主化经济，经济立法也围绕这些变革进行。如1947年颁布的《经济力过度集中排除法》、《禁止私人垄断法》；1948年颁布的《事业者团体法》、1949年颁布的《中小企业等协同组合法》等。

(三) 20世纪50—80年代

这是经济法从其立法中逐渐剔除非经济性因素，立法体系趋于完备的阶段。

日本于1952年进入20年的经济高速成长期。这个阶段日本经济法从逐步缓和对垄断的禁止到促进垄断，保障国家对经济生活的干预管理越来越全面，经济立法日益活跃，经济法体系日益发达与完善。政府十分重视运用经济计划从宏观上对经济进行调控，颁布了一系列计划法规。这时期的重要立法有《企业合理化促进法》、《中小企业基本法》、《农业基本法》、《消费者保护基本法》等。70年代后，日本经济开始出现不景气，但总体处于稳定发展阶段。在前一阶段开放和自由经济原则下加强了国家管理，但对外经济上则更趋于自由。

联邦德国在战后基本实行的是市场经济，但比较重视国家对经济的总体规划和调节。1957年通过《反限制竞争法》原则上禁止一切卡特尔，后又对该法进一步修订，加强对垄断的限制，维护和促进自由竞争的修正。

在这一时期，各国经济进入和平发展时期，各国政府都将发展经济放在头等地位，国家经济管理职能进一步发展，经济立法日益加强，体系日益完善。经济法的非经济性因素减弱，经济调节性因素突出。作为经济法的三个基本渊源反垄断法、国家投资经营法和宏观调控法不断发展与完善。

(四) 20世纪80年代至今

这一阶段经济法体系日趋完善。

进入20世纪80年代，撒切尔夫人执政的英国保守党政府开始在全球范围内掀起了私有化浪潮。这说明作为国家调节经济的一种方式和手段——国家投资举办的国有企业，不能无节制地运用，否则会妨害国民经济的正常运行和效益。西方经济学界出现对凯恩斯国家干预学说的修正和批评流派，它们对各国政府的经济政策产生了一定的影响，这引起各国经济立法在内容和体系上发生某些明显变化。人们开始主张，虽然政府对经济的调节是必要的，但是政府调节的范围应当缩小，政府的作用应当加以限制，政府的目标不应只是在刺激需求上而应当在刺激供给上。社会经济生活主要应当由市场调节，政府只起监督、协调和服务的作用。这一时期各国加强了对经济宏观调控方面的立法，逐步完善其内部体系，并使这方面的立法在经济立法体系中的地位上升，使之逐渐成为经济法体系中最主要的、起主导作用的构成部分。经济法体系中其他方面的立法，包括反垄断、限制竞争法和国家投资与国有企业法，也被纳入宏观调控体系，予以统筹规划。

二、东欧国家及前苏联经济法的产生与发展

社会主义国家经济法发展的典范，首推前苏联。前苏联经济法大致分为以下几个时期：(1)1917—1925年国民经济恢复时期。这一时期主要颁布了《土地法令》宣布土地国有，1918年颁布工业国有化法令将大型企业收归国有，1921年实行新经济政策，利用商品货币关系恢复和发展经济，允许私营经济存在，并以租让、租借形式发展资本主义。(2)1926—1936年工业化建设时期，卫国战争时期。这一时期前苏联经济以规范国营企业为核心。1927年制定了新的《国营工业托拉斯条例》强调计划原则，还制定了《农业劳动组合章程》等重要立法。(3)20世纪50年代中期至80年代末经济体制改革时期。这一时期前苏联在继续加强国家控制和计划经济的同时，逐步引入市场调节机制。这时期颁布的重要经济法规，如1957年颁布的《关于进一步改进工业和建筑业管理组织法令》和《苏联各经济行政区国民经济委员会条例》，1965年颁布的《关于改进工业管理系统和改革某些管理机构的决议》、《社会主义国营生产企业条例》、《苏联各工业部条例》，1973年颁布了《关于进一步完善工业管理的若干措施》，1973—1979年还先后颁布了《全苏共和国联合公司总条例》、《生产联合公司条例》等重要法规。

80年代中期后，为推进改革，前苏联颁布了一系列经济法规，如1986年颁布的《关于进一步完善国家农工综合体经营管理经济机制的决定》、《关于完善国营商业和消费合作社的计划、经济刺激与管理的决定》，1987年颁布的《关于在苏联境内建立苏联和经互会其他成员国的合资企业、国际联合公司和组织及其活动的制度的决定》、《关于在苏联境内建立由苏联组织和资本主义国家及发展中国家的公司参加的合资企业及其活动的制度的决定》、《根本改革经济管理的基本原则》、《苏联国营企业(联合公司)法》等。

90年代初以后苏联解体和社会制度根本性变革时期。解体后，俄罗斯及其他共和国奉行资本主义制度，其经济立法已经属于资本主义国家经济立法的范围。

东欧国家的经济立法状况，同前苏联大同小异。80年代末以前，它们的经济法以维护国家对国民经济的全面管理，特别是计划管理和公有制经济为主要任务。企业法特别是国营企业法构成经济法的中心环节。这些国家的

经济法数量较多，体系比较完备，内容涉及计划、财政、税收、金融、信贷、价格、投资及工业、农业、建筑业、交通运输、商业、外贸等国民经济各个方面和行业部门。特别值得一提的是，前捷克斯洛伐克还于1964年颁布了一部《经济法典》，这是迄今为止世界上唯一的一部经济法典。

三、中国经济法的产生与发展

自中华人民共和国成立至今，经济法的立法大致分为四个阶段：

1978年中国共产党第十一届三中全会以前，为经济法初创阶段。新中国成立后，受前苏联模式影响，建立了中央高度集权的计划经济体制，市场被排除在经济活动之外，或者被限定在极小的经济领域发挥作用。经济的运作主要依靠政府权力来维护，经济主体的决策权和选择权被政府取代，经济主体按政府的指定性计划行事。

十一届三中全会至90年代初，我国进行经济体制改革，为经济法发展阶段。从1978年党的十一届三中全会的召开到20世纪90年代初期，党和国家的工作重点转移到以经济建设为中心的轨道上来。1979年以来，随着改革开放的深入，我国经济体制由完全的计划经济体制向以计划经济为主、市场经济为辅的体制转变，强调发展有计划的商品经济。经济领域的法制建设也开始加强，国家已经在坚持发展有计划商品经济和以公有制为主体的多种经济形式、加强宏观调控、完善企业经营机制、推动横向经济联合、促进科学技术进步、扩大对外经济交往以及治理环境、整顿经济秩序等许多方面，制定了200多个经济法律法规，这可以说是我国经济法兴起的黄金时代。在这一阶段中，一些重点经济领域的经济法律法规已经显露出体系化的雏形，特别是国有企业改革、对外开放、税收立法等几个方面的经济法律法规体系已经比较完整。如市场主体方面的有《中外合资经营企业法》、《国营工业企业暂行条例》等；宏观调控方面主要围绕政府与企业的关系展开，如《关于开征国营工业企业固定资产税的暂行规定》、《中外合资经营企业所得税法》、《个人所得税法》、《外国企业所得税法》等以及与宏观调控相关的《统计法》等；市场规制方面的法律有《关于开展和保护社会主义竞争的暂行规定》（目前已失效）、《物价管理暂行条例》等。

1992年党的十四大正式提出建立和发展社会主义市场经济体制，1993年《宪法》修正案明确规定"国家实行社会主义市场经济"。中国经济法进入了一个新的发展时期。这一时期，国家制定了大量的经济法律法规。如在规范市场秩序方面，颁布了《反不正当竞争法》、《消费者权益保护法》、《产品质量法》、《广告法》、《价格法》、《对外贸易法》等；在宏观调控方面，颁布了《审计法》、《中国人民银行法》、《预算法》、《农业法》、《农业技术推广法》、《节约能源法》、《乡镇企业法》等；在行业监管方面，颁布了《公路法》、《电力法》、《煤炭法》、《民用航空法》、《建筑法》、《邮政法》、《城市房地产管理法》、《注册会计师法》等。

从1997年党的十五大开始提出"到2010年形成中国特色社会主义法律体系"起，经济立法进入了一个新的发展阶段。与之前经济法的立法相比，经济法的立法尽管仍呈活跃趋势，但立法规模已经出现转型的态势。在这一时期，由于经济管理体制的深度变革，经济法的内容具有强烈的变动性。除新制定经济法法律法规20部外，修正和修订经济法法律法规成为这一阶段经济法立法的主要任务。1998—2011年，被修正的经济法律法规有28部，被修订的经济法律法规有12部。

总的看来，中国经济立法经历了从早期政府用行政手段管理经济向使用法律手段转型，到中期经济立法与宏观调控结合的手段，到后期开始强调经济立法的民主性、科学性和体系性的发展，经济法体系已经建立。当前中国正致力于转方式、调结构、促增长，全面推进工业化、信息化、新型城镇化和农业现代化，打造中国经济的升级版。我国如今处于经济转型升级的关键阶段，政府提出一系列经济政策推进经济改革，推进金融市场化改革，健全现代金融体系，加快发展多层次资本市场，稳步推进利率市场化、汇率市场化的改革。同时，深化境外战略投资者与中资银行的合作，稳步推进股票、债券、保险市场对外开放，促进人民币跨境使用，逐步实现人民币资本项目可兑换，拓展金融业对外开放的广度和深度。① 这时，经济立法应处理好稳定性和变动性的关系。经济法的稳定性是相对的，而不是绝对的，否则，它就不能适应经济社会发展的需要而发挥应有的作用。

第二节 经济法的概念与特征

一、经济法的概念

（一）经济法概念的梳理

对于什么是经济法的问题，各国学者都试图通过给出经济法概念的方式作出简要回答。因为经济法与一个国家的经济体制、历史传统、社会实际发展的进程有很大的关系，因而各国在对经济法的认识上其实是不统一的，但

---

① 李克强于2013年5月24日在瑞士经济金融界人士午餐会上发表演讲时的讲话。

第二节 经济法的概念与特征

各国学者一般都认为,经济法是调整一定范围的经济关系或社会关系的法律规范的总称,它是一个新兴的部门法。

如英国学者施米托夫指出,经济法是国家对工商和金融事务进行干预的法。德国学者林克认为,经济法是从国民经济的整体立场出发,对经济发展进行规制,能够统制、促进和限制营业活动的法。日本学者金泽良雄认为,经济法是为了弥补民法调整的不足,以"国家之手"代替"无形之手"的方式来解决经济循环中所产生的矛盾和困难的法。①

在我国,正式提出经济法概念是在党的十一届三中全会之后,我国的法学理论学者在概括我国经济法制建设的经验及现实状况的基础上,对特定的经济关系作了不同的理解,给经济法的概念作出多种不同的定义。尤其是党的十四大明确了我国的经济体制改革的目标是建立社会主义市场经济体制以后,国家经济战略转向实行社会主义市场经济,市场逐渐替代了政府计划成为对资源配置的主要手段,国家对经济发展的影响由传统的直接干预转向间接调控。这一时期,对经济法定义的论争则日益激烈,占主导地位的有以下几种说法:

1."国家协调论"

杨紫烜教授认为,经济法是调整在国家协调本国经济运行过程中产生的经济关系的法律规范的总称。其调整对象为特定的经济关系,这种特定的经济关系是在国家协调本国经济运行过程中发生的,具体包括企业组织管理关系、市场管理关系、宏观调控关系和社会保障关系。

2."国家干预论"

李昌麒教授认为,经济法是调整需要由国家干预的经济关系的法律规范的总称。其调整的特定的经济关系是指经济法应当促进、限制、取缔和保护的社会关系,亦指经济法律关系效力所及的范围。笼统地讲是需要国家干预的社会经济关系。具体地讲包括市场主体调控关系、市场秩序调控关系、宏观经济调控关系和社会分配调控关系。

3."国家调节论"

漆多俊教授认为,经济法是调整在国家调节社会经济关系过程中发生的各种社会关系,保障国家调节,促进社会经济协调、稳定和发展的法律规范的总称。经济法的调整对象是在国家调节社会经济过程中发生的各种社会关系,简称国家经济调节关系或国家经济调节管理关系,具体包括市场障碍排除关系、国家投资经营管理关系和宏观调控关系。

---

① 张守文主编:《经济法》,科学出版社2008年版,第6页。

4."经济管理与市场运行关系论"

刘文华教授认为，经济法是国家为了保证社会主义市场经济的协调发展而制定的，调整有关经济管理关系和市场运行关系的法律规范的统一体，其调整对象包括国家经济管理关系、市场运行关系、组织内部经济关系和涉外经济关系。

5."社会公共性论"

王保树教授认为，经济法是调整发生在政府、政府经济管理机关和经济组织、公民个人之间的以社会公共性为根本特征的经济管理关系的法律规范总和。其调整对象包括市场管理关系、宏观经济管理关系和对外经济管理关系。

（二）经济法的概念

经济法的概念是经济法基础理论的核心和关键。我国法学界对经济法概念的含义一直在争论中，未能从正面对我国的经济法制建设起到应有的积极作用。实际上，作为为市场经济建设保驾护航的经济法可以从两个方面进行分析：一是作为法律部门的经济法；二是作为制定法的经济法。作为法律部门的经济法概念一直是经济法学界学者重要讨论的对象，这一概念重在区分出经济法作为独立法律部门与其他的诸如民法、行政法的不同调整对象和调整方法；而作为制定法的经济法则是经济法学界忽略的范畴，这一层析的经济法着重从对保障市场经济发展的功能和实施效果上进行分析，以实效为主要的研究方法。

所以，本书认为，作为法律部门的经济法，其概念是指国家从整体经济发展的角度，对具有社会公共性的经济活动进行干预的法律规范的总称。它既包括传统意义上的部门经济法的定义，也包括了从保护市场经济健康发展的实施效果角度的广义定义。值得说明的是，本书对经济法概念的表述是以国家干预的经济法律作为前提，与作为独立部门法的经济法有所区别，前者的范围比后者要宽一些。

这一概念包括以下几个方面的含义：

(1)经济法是调整经济关系的。

(2)经济法调整的是一定范围的经济关系；经济法并不调整所有的经济关系，经济法调整的经济关系的范围与国家干预市场经济活动有关，是国家干预市场经济活动的结果。

(3)经济法调整的经济关系是与市场经济活动相联系的。经济法调整的经济关系发生在市场经济条件下。由于市场经济本身存在的导致"市场失灵"和政府干预本身存在的"政府失灵"等缺陷的存在，产生了经济法存在的需要，经济法是为克服市场和政府的双重失灵而产生和发展的。经济法通过对在竞争市场中活动的经济主体的资格、组织、活动、行为等进行规范和约束而实现调控和规范经济的目的。由此可见，经济法与国家的经济行政法是不同的，后者主要与行政管理活动相联系。

（4）经济法调整的经济关系是由于国家对经济活动干预发生的。经济法调整的经济关系与国家对市场经济的干预紧密相连，在经济法规制的范围和领域，经济活动主体的意思表示是不能自主的。这是经济法与民法的主要区别。这部分关系主要包括市场主体的规制关系、市场秩序规制关系、宏观调控关系、劳动和社会分配关系等。

二、经济法的调整对象

与经济法的概念相联系，经济法的调整对象是国家从整体经济发展的角度，对具有社会公共性的经济活动进行干预的经济关系。根据"干预论"的观点，将经济法所调整的经济法律关系可分为以下几类：

1. 市场主体规制关系

市场主体规制关系是指国家从维护社会公共利益出发，对市场主体的组织和行为进行必要干预时而发生的社会关系。这里所说的市场主体，主要是指在市场上从事直接和间接交易活动的经济组织，如企业（独资企业、合伙企业、公司等）和非企业性经济组织。

2. 市场秩序规制关系

市场秩序规制关系是指国家在培育和发展市场体系过程中，为了维护国家、经营者的合法权益而对市场主体的市场行为进行必要干预而发生的社会关系。如反垄断关系、反限制竞争关系、产品质量关系、广告关系以及消费者权益保护关系等。

3. 宏观经济调控关系

宏观经济调控关系是指国家从全局和社会公共利益出发，对关系国计民生的重大经济因素，实行全局性的调控过程中与其他社会组织所发生的关系。主要包括产业调节、计划、财政、金融、投资与国有资产管理等方面的关系。

4. 劳动和社会保障关系

劳动关系是指劳动者与用人单位（包括各类企业、个体工商户、事业单位等）在实现劳动过程中建立的社会经济关系；社会保障关系是指国家、社会保障经办机构和有关企事业单位以及公民在实现社会保障中的社会保险、社会救助、社会福利、社会优抚而形成的社会关系。

三、经济法的特征

经济法具有一般法律的基本特征，即国家意志性、特殊的规范性和应有的强制性。经济法与其他法律部门相比较，又有自己的一些特点，具体表现在以下几个方面：

1. 综合性

经济法的综合性反映在以下几个方面：

在调整对象上，经济法调整国家在履行经济管理职能时与各个市场主体之间产生的经济关系，包括市场主体规制关系、市场规制关系、宏观调控关系，以及在社会保障体系建立过程中产生的各种经济关系。其内容涉及工业、农业、基本建设、自然资源、能源、环保、运输、邮电、海商、物资、商业、外贸、海关、旅行、劳动、物价、财政税收、金融、专利、商标、统计、审计、会计等各个方面。

在规范构成上，体现了经济法的综合性。经济法调整对象的综合性，决定了经济法调整需求的综合性，进而决定经济法规范构成的综合性。经济法规范，既包括若干部门经济法，又包括经济法律、法令、条例、细则和办法等许多规范性的经济法律规范；既有中央制定颁布的，还有地方和主管部门制定和发布的不同层次、不同法律效力、不同适用范围的经济法律规范；既包括实体法规范，又包括程序法规范；既包括对内经济法律规范，又包括对外经济法律规范。

在调整方法上，体现了经济法的综合性。经济法调整对象的综合性决定了经济法针对不同的经济关系，采用不同的调整方法。经济法的调整方法，既包括直接的强制性的规定，也包括间接的疏导式的影响。而且，其直接调整方法和间接调整方法，既可以单独使用，也可以同时采用，视不同的情况而定。

在规范作用结果上，经济法也体现了综合性。经济法针对调整对象综合性制定不同的经济法规范，采用综合性的调整方法，最终是为了产生综合的整体调整效应，即实现经济法的价值——社会整体利益的维护。

2. 经济政策性

经济政策是国家着眼于现实的经济时态，以诱导经济向一定的方向发展的有意识的行为。市场经济是竞争经济，这就决定在市场经济条件下的经济生活的变化是迅速的，因而指导和规范经济活动的经济政策也应该从服务经济生活出发，适时进行调整和改进。经济法是国家自觉参与和调控经济的重要手段，其目的不是在于直接抽象地设定和保障某种权利，而是追求对万变的经济生活进行及时调整,促进经济稳定增长,因此,其重要任务是实现一定的经济体制和经济政策的要求。这就使经济法具有显著的政策性特征。这主要表现在经济法随时根据国家意志的需要赋予政策以法的效力,并根据政策的变化而变化,在经济法的执行和司法力度方面,也无不受到经济政策的影响。经济法体现经济政策,是作为经济政策立法的总体把握。所以,体现经济政策的经济法也应根据变化了的实践及时进行必要的修改,同时还应具有一定的弹性,也就是说,对于新出现的经济法现象,在不频繁修改法律的情况下,也能对其进行调整。此外,由于经济政策是用来解决经济问题的,它使相应的经济法律、法规,在内容上都具有经济性。故有的学者认为经济法具有灵活性和经济性的特征,但本书认为,灵活性和经济性与经济政策性不是并列的概念,经济法的灵活性和经济性导因于经济的政策性,是经济政策性的衍生物。

3. 规制性

经济法的规制性是指经济法能够促进与限制、奖励与惩罚结合并用,以实现宏观调控目标和立法目的。

任何统治阶级要想有效地实现对国民经济的组织、领导与管理,就必须根据不同时期的经济形式和经济任务的要求,针对经济活动和经济关系的实际情况,相应地制定并颁布促进性与限制性相对应、奖励性与惩罚性相结合的有关经济法律规范。

限制性是法律的基础,经济法的限制性主要是指通过限制或禁止某种作为或者不作为的法律规定,来实现限制或者取缔某种经济活动和经济法律关系的发生或者存在的目的。

促进性是一般法律所不具有的,是经济法特有的个性,主要是指通过鼓励或者认可某种作为或不作为的法律规定,来达到促进或者支持某种经济活动和某种经济法律关系的发生或者存在的目的。

惩罚性是法律的共性,经济法的惩罚性是指违反经济法律规定要承担责任,受到法律制裁。

奖励性是一般法律所没有的,也是经济法特有的个性,主要是指规范执行经济法律规定并有突出成效的,给予奖励。

惩罚性与奖励性相结合,是经济法的一大特点,这种赏罚分明的法律后果在每部经济法律法规的末尾专章或专节予以规定,不仅规定了明确的奖励标准和界限,还规定了实施机关和实施程序,便于这些法律规定的具体适用。

经济法的促进性与限制性特点是其奖励性和惩罚性特点的基础和前提,

前者决定后者，后者是前者的派生与体现。两者的有机结合与高度统一就构成了经济法规制性的特点。

第三节　经济法的功能

作为独立法律部门的经济法不但应当有其独特的调整对象，而且也应当有自己独立的功能。法律的功能外化为法律的作用，法律的作用决定于法律的功能。作为上层建筑的法律，根本功能在于促进社会整体利益的进步，不同的法律部门以各自的方式，在不同的领域发挥着作用，经济法的功能反映了其区别于其他法律部门的价值。

经济法的客观基础一般表现为"市场失灵"和"政府失灵"两个方面。正是市场失灵和政府失灵之双重困境，蕴含了作为国家干预经济基本法律形式的经济法逻辑起点。① 经济法的功能，在于它是国家克服市场失灵和政府失灵的最佳法律形式。② 经济法的功能在于规范双重失灵——市场失灵和政府失灵，以保障和规范国家权力对市场的介入。这种规范和确认起到了维护市场竞争秩序和促进国民经济持续稳定发展的作用。

一、市场失灵

市场失灵是指市场发挥作用的条件不具备或不完全具备而造成的市场机制不能发挥作用的情形。市场失灵的主要表现有③：

1. 市场不完全

竞争是市场的必然规律，市场因竞争而得以繁荣。但是，实践已经证明，一方面，市场竞争不可能渗透到市场的每一个角落，如自然排斥其他竞争者的自然垄断行业，总是缺乏竞争；另一方面，自由竞争的行业，在优胜劣汰规律的竞争机制下，总是存在资源向少数人集中，并最终导致少数人垄断经营的局面，换言之，自由竞争的结果必然是走向自己的反面，也即必然导致垄断。而不论是自然垄断还是竞争导致的垄断，都是对自由竞争的否定，是引发市场低效率的主要原因之一。

2. 信息不对称

信息不对称是市场中的普遍现象，它是指市场主体对于市场、商品等在

---

① 李昌麒主编：《经济法学》(第二版)，法律出版社2008年版，第34页。
② 王兴运主编：《经济法学原理》，中国政法大学出版社2008年版，第59页。
③ 李昌麒主编：《经济法学》(第二版)，法律出版社2008年版，第35~36页。

信息掌握的数量、质量及时效上存在差别。从信息的角度观之，信息不对称是指同一市场信息在市场主体之间分布不均。例如，一般而言，产品的制造者对其所制造的产品拥有最为充分的信息，消费者对于该产品则拥有最少的信息，而经销该产品的销售商所拥有的信息则介于生产者和消费者之间；又如，对于市场中已经形成并公开的信息，因受地理条件、通信设施、主观接受能力的影响，各个市场主体在接受和掌握该信息时，也会存在时间、质量和判断上的重大差别。市场主体之间的信息不对称会造成个别生产者的盲目性、资源配置的非优化、交易中的欺诈等社会现象。

3. 负外部性

外部性是指市场主体不需承担其行为的后果，或不能获得其行为所产生的利益的情形。外部性有负外部性和正外部性之分。负外部性是市场主体在谋求自身利益的同时给他人和社会造成的不利影响，如生产者在从事商品生产时造成的环境污染，即是典型的负外部性。在市场条件下，由于利益驱动规律的作用，负外部性不可避免；而靠市场机制本身则是不能克服这种负外部性的。

4. 排斥公共产品的生产

公共产品是指社会公众无须付费即可获得或利用的产品。如基础设施、公共安全、公共管理、法律制度以及相关的公共服务等。由于市场主体必须以追求自身利益最大化为目的，因此，他们会享受公共产品而拒绝生产公共产品。一方面，市场的运行和发展，必须依赖公共产品的充分供应；另一方面，市场又不会自动提供公共产品，这就会形成市场与社会之间的矛盾，而这一矛盾伴随着市场发展的整个过程。

二、政府失灵

政府失灵又称政府缺陷。政府失灵是政府在克服市场失灵或市场缺陷的过程中所产生的。政府失灵是指政府的活动或干预措施缺乏效率，或者说政府作出了降低经济效益的决策或不能实施改善经济效益的决策。政府失灵的表现有：

1. 政府决策失效

政府主要是通过政府决策（即制定和实施公共政策）的方式去弥补市场的缺陷，因此，政府失效通常表现为政府决策的失效。它包含以下三个方面的内容：第一，政府决策没有达到预期的社会公共目标；第二，政府决策虽然达到了预期的社会公共目标，但成本（包括直接成本和机会成本）大于收益；第三，政府决策虽然达到了预期的社会公共目标，而且收益也大于成本，但带来了严重的负面效应。

2. 政府机构和公共预算的扩张

由于政府官员也是个人利益最大化者，他们总是希望不断扩大机构规模，增加其层次，以相应地提高其机构的级别和个人待遇，这样就会造成预算约束的软化，使公共预算呈现增长的趋势，而忽视社会公共价值的存在，结果导致资源配置效率低下，社会福利减少。

3. 公共产品供给的低效率

公共产品是相对于私人产品而言的，是指消费或使用上具有非竞争性和收益上具有非排他性的产品。所谓非竞争性是指这类产品消费者的数量既不会影响生产成本，也不会影响消费者的消费水平。所谓非排他性是指这类产品被生产出来以后，使用者不支付价格也能消费。这种排他性的出现可能是因为技术上的局限性，或者是因为排他成本高于排他收益。由于非竞争性和非排他性的存在，公共产品的生产并不符合市场机制，不适合由私人部门进行生产，而这种产品又是人民生活所必需的，公共产品的需求是否得到满足反映着一个国家的福利水平，因此必须由公共部门（主要是政府）来承担提供公共产品的责任。在我国，公共产品通常由政府经营的机构进行生产，由此产生了大量的政治性企业。大量的准公共产品也是由政治性企业垄断的，一方面给财政造成了巨大负担，另一方面供给的公共产品质次价高，严重影响了国民经济的协调稳定发展。由于垄断收益的存在，进入公共产品生产领域的民营企业往往被以整顿为名，驱逐出该行业，从而导致公共产品供给的缺位或不足、公共产品供给的效率低下、公共产品供给中的公平缺失等。

4. 政府的寻租设租活动

公共选择理论认为，一切由于行政权力干预市场经济活动造成不平等竞争环境而产生的收入都称为"租金"，而对这部分利益的寻求与窃取行为则称为寻租活动。寻租是指政府官员利用行政干预的办法来增加私人企业的利润，人为创造"租"，诱使私人企业向他们行贿作为得到这种"租"的条件。设租是指政府官员故意提出某项会使私人企业利益受损的政策作为威胁，迫使私人企业割舍一部分既得利益与政府官员分享。寻租、设租活动不仅耗尽人们的才智，而且把费用强加给社会的其他人群，从而阻碍了经济发展，造成社会资源的浪费，导致政府官员的行为扭曲。政府官员为了特殊利益争夺权力，破坏公平的竞争秩序，导致整个经济效率、政府效率低下和全社会福利损失，最终导致政府失灵。

三、经济法的功能

(一)经济法矫正市场失灵的功能

经济法对市场失灵的矫正功能是通过保障国家权力干预市场经济而发挥出来的。经济法是确认国家具有干预经济的权力的部门法。经济法保障国家权力干预经济、矫正市场失灵的具体功能体现在以下两个方面:

1. 国家以规制、调控的方式介入市场

我国长期以来实行计划经济,国家曾经以直接参与经济建设的方式介入经济运行。经济法中所讲的国家干预经济与计划经济时代的管理手段不同,不是直接经营企业,国家干预经济应当以经济、法律手段为主,行政手段为辅。经济法作为调整具有社会公共性的经济管理关系的法律,强调政府对经济的适度干预,规范国家管理调控市场的方式。国家对市场的介入以经济法为合法依据,具体表现为两个方面:

第一,制定自由公平竞争的市场规则。制定公平竞争的市场规则是维护公平的市场竞争秩序的重要手段。规则的制定者是国家,一方面国家超然于经营者之间的竞争之外,另一方面国家有经济管理的权威,因而可以校正私人盲目追求利益最大化所带来的种种恶果;而且也只有国家可以整合市场秩序,其他主体都有主体自身利益,不可能维护社会公共利益。

第二,创造经济发展的宏观经济政策。要实现社会主义市场经济必须建立以间接手段为主的宏观调控体系。如中央银行在中央政府的领导下,制定和执行货币政策,运用货币政策工具,调节社会货币流通量。中央银行通过调整银行准备金率来实现对货币供应量的控制。由此,经济法之功能的另一体现即确认宏观经济管理规则,创造经济发展的宏观经济政策,如货币政策、财政政策、产业政策等,从而造就国民经济持续、稳定发展的环境和秩序。

2. 国家以非平等主体的身份参与市场

国家的非平等身份具体表现在经济法律关系中经济干预机关与经营者之间的地位不平等。具有强制力的经济干预权力是国家实现其市场规制和宏观调控职能所必需的,国家只有成为干预者而不是平等的交易主体才能发挥干预经济的作用。

(二)经济法矫正政府失灵的功能

经济法不仅赋予国家干预经济的权力,更重要的是要规范国家的干预行为,矫正政府失灵。经济法从干预的手段和范围两个方面对政府失灵予以矫正:

1. 国家对市场的介入以经济法为合法依据

国家必须依法行使权力，没有法律的规定国家不能干预经济，换言之，经济法律规范确定了政府可以介入经济的尺度。例如税收征收制度，一个税种能否开征、如何征收和征收多少取决于法律的规定。税收法律规范为税收机关的征税行为提供了法律依据，同时也是保证税收政策的宏观调控职能积极实现的必要措施。

2. 经济法限制国家干预市场的程度

经济法的本质是确认和规范国家干预市场，经济法不仅保障国家干预经济的权力，还规范制约国家干预经济的范围，具体表现在以下两个方面：

第一，维护市场经营主体的合法权益。经济法在赋予国家经济干预权的同时也保障经营主体的合法权益。保障经营主体的合法权益是从反面限制国家介入经济的范围。调动经营者的积极性是市场经济的优越性之一，只有保护市场经营主体的合法权益才可以调动他们的积极性。譬如国家不能非法派收税费，税种的确定和税收的开征等都需要依据法律的规定。

第二，禁止限制市场经营主体的合法权益。国家干预经济是为了纠正市场失灵，一旦国家将权力运用到限制经营者的合法权益，则非但不能消除市场失灵造成的经济损失反而还会引发"政府失灵"所带来的恶果，这与经济法的功能相去甚远。行政性商业垄断就是这样的例子。

第四节 经济法的体系

一、经济法体系的概念

经济法体系是由经济法部门所构成的一个有机系统，经济法部门是经济法体系的构成要素。虽然不同经济法部门有着不同的调整对象和法律法规，但它们相互关联，共同构成经济法的整体。组成经济法体系的经济法部门是多层次的。根据经济法律规范的调整对象可以把经济法划分为若干个较大的经济法部门，各经济法部门又可分为许多不同层次，因此从纵向上说，经济法体系是层次分明的而不是杂乱排列的。同时，组成经济法体系的经济法部门是门类齐全的，即属于经济法调整对象范围的相应经济关系的各个方面，都有相应的经济法部门予以调整。因此从横向上说，经济法体系是门类齐全的而不是残缺不全的。

二、经济法体系的构成

对于经济法体系的具体构成，各国学者的认识并不相同。这与学者对经济法调整对象认识的不同直接相关；同时，也与其概括提炼的方法和角度不同有关。

根据经济法的调整对象，可以将经济法的体系分为市场主体规制法、市场秩序规制法、宏观调控法、劳动和社会保障法四类。

1. 市场主体规制法

在市场经济条件下，各类市场主体法律地位相互平等，不存在任何依附关系，但是这并不意味着市场主体可以为所欲为、我行我素、不受国家权力的约束。因此国家必须根据国家和社会公共利益的需要对市场主体的某些活动进行必要的调控和约束，由于这部分关系体现了国家对经济的干预，因而应当由经济法来承担，不宜通过"民法公法化"来予以解决。值得指出的是，由于经济法中的市场主体规制法仅涉及市场主体中的国家干预因素，因而与民商法的市场主体制度大相径庭。具体而言，经济法的市场主体法主要研究经济法中的政府、行业协会、企业。其中经济法对企业的规制主要包括企业形态的法定化制度、企业的市场准入制度、企业运行中的国家干预以及企业的社会责任等。

我国现在已经制定的规范市场主体的法律主要包括《公司法》、《合伙企业法》、《个人独资企业法》、《中小企业促进法》等。

2. 市场秩序规制法

市场经济是市场机制在资源配置中起基础性作用的一种经济体制。市场机制要发挥作用，必须依赖于良好的市场秩序，缺乏良好的市场秩序，人们所追求的资源优化配置目标将很难得以实现。由于市场秩序是指由法律规定并保证实施的，以公开、公正、公平为目标的一种有条不紊的状态，因此，从根本上讲，市场秩序只能是一种法制化的市场秩序，或者说只有通过法制的力量才能形成符合市场经济规律的秩序。在我国市场经济体制下的市场体系必须是统一、开放、竞争和有序的，这个体系不仅仅着眼于满足个体的自身需求，同时，还要着眼于满足其他经济个体以及全局和社会公共利益的需要。无论考察哪个国家，在社会经济生活中最能影响市场秩序形成的，无非是垄断、不正当竞争、对消费者权益的侵害、假冒伪劣产品等因素，因此世界各国也总是通过强有力的法制化的国家干预，以反垄断法、反不正当竞争法、消费者保护法、产品质量法等法律制度的建立来有效制止破坏市场秩序的行为，从而促进良好市场秩序的形成。

我国现在已经制定的规范市场秩序的法律主要有《反垄断法》、《反不正当竞争法》、《消费者权益保护法》、《产品质量法》、《合同法》等。

3. 宏观调控法

宏观调控是国家对国民经济的总体供求关系进行调节和控制的活动，它是国民经济健康运行的重要保障。从我国宏观调控的政策和立法实践来看，宏观调控法的范围主要包括财政法、税法、银行法、证券法、价格法。

我国现在已经制定的规范宏观调控的法律主要有《预算法》、《政府采购法》、《企业所得税法》、《个人所得税法》、《税收征收管理法》、《中国人民银行法》、《价格法》、《证券法》等。

4. 劳动和社会保障法

从维护社会公共利益和保护弱者利益出发，国家越来越多地干预传统的私法领域，最为典型的是劳动法，国家干预雇佣劳动关系的结果，使得劳动法除去了传统私法的内在本质成为经济法的重要内容之一。以社会利益为本位的社会保障法作为矫正市场失灵的一项重要法宝，自19世纪末在德国诞生以来，在全球范围内得以迅速发展，成为与现代市场经济伴生的重要法律制度。这些法律既不属于传统的公法领域，也不属于私法领域，应归属于经济法领域。

我国已经制定的规范劳动关系和社会保障关系的法律主要有《劳动法》、《劳动合同法》、《社会保险法》、《社会救助法》等。

【思考题】

1. "经济法是调整经济关系的法律规定的总称"的说法正确吗？
2. 如何理解经济法对市场失灵和政府失灵的双重规制？

第二章 个人独资企业法

【学习目的与要求】通过本章的学习，掌握个人独资企业的概念、特征；区分个人独资企业和个体工商户的异同；熟悉个人独资企业的设立、变更、解散、清算程序；了解投资人的权利和义务以及违反法律所应承担的法律责任。

第一节 个人独资企业概述

一、个人独资企业的概念和特征

个人独资企业是一种最简单、最古老的企业形式，它产生于人类社会的第一次分工时期。由于个人独资企业具有投资少、设立简便、企业的经营管理方式灵活等优势可以与社会化程度较低、规模小的市场活动相适应。因而，它仍然为现代社会的经济生活采用，作为一种独立的企业形式存在。新中国成立后，个人独资企业存在了一段时间；在社会主义改造完成后，个人独资企业几乎消失。随着改革开放政策的实行，个人独资企业这种企业形态得到恢复和发展。由国务院颁布并于1988年7月1日起实行的《中华人民共和国私营企业暂行条例》第7条规定："独资企业是指一人投资经营的企业。独资企业投资者对企业债务负无限责任。"上述定义指出了独资企业的部分特征——单一的投资主体和投资主体的无限责任，但是并没有揭示出独资企业的全部内涵，特别是没有指明独资企业的产权关系和治理结构。

（一）个人独资企业的概念

《中华人民共和国个人独资企业法》（以下简称《个人独资企业法》）第2条对个人独资企业作了明确的规定："本法所称个人独资企业，是指依照本法在中国境内设立，由一个自然人投资，财产为投资人个人所有，投资人以其个人财产对企业债务承担无限责任的经营实体。"这个定义包括以下几个方面的含义：(1)个人独资企业的设立依据是《个人独资企业法》；(2)个人独资企业的设立领域是在中国境内；(3)个人独资企业的设立主体为一个自然人;(4)个人独资企业的产权关系为投资人个人所有,即个人财产和企业财产合二为一;(5)个人独资企业的责任形式为无限责任;(6)个人独资企业的地位为经营实体,即不具备法人资格但具有组织体的特征,亦即个人独资企业与投资人是相对分离的,以营利为目的,以个人独资企业的名义开展经营活动。

(二)个人独资企业的特征

1. 主体特征

法律规定设立个人独资企业的投资人只能是一个自然人且为中国公民。国家机关、国家授权投资机构或者国家授权投资部门、企业、事业单位等都不能作为个人独资企业的设立人。另外,个人独资企业与其他由一个自然人投资的经济组织,如一人公司、个体工商户等也存在区别。

2. 企业产权归属特征

个人独资企业的财产为投资人个人所有,即投资人对个人独资企业的财产依法享有所有权。因此,个人独资企业自身不是一个独立的财产权主体,企业的财产与投资人的个人财产是合一的。所以,许多国家在法律上一般不将个人独资企业作为独立的纳税主体,而由业主个人缴纳各种税收。这种产权关系是个人独资企业区别于其他企业形态的重要特点之一。

3. 组织管理特征

个人独资企业内部组织机构设置比较简单,经营管理方式比较灵活。个人独资企业的投资人既是企业的所有者,又是企业的经营者,因此,法律对其内部机构的设置和经营管理方式不像公司和其他企业那样加以严格规定。在个人独资企业中,投资人对企业事务具有绝对的决策权和控制支配权,完全可以按照自己的意愿经营所属的企业。

4. 责任特征

个人独资企业投资人对企业债务承担无限责任。由于个人独资企业自身不是一个独立的财产权主体,不具备法人资格,投资人要对企业存续期间或企业解散后未能清偿的债务,承担无限责任。即当企业的资产不足以清偿企业到期债务时,投资人要用其个人的全部财产来清偿债务。这实际上将企业的责任与投资人的责任连为一体。因此,一旦个人独资企业经营失败,投资人就有可能倾家荡产。

5. 性质特征

个人独资企业是以营利为目的经营实体,它不具有法人资格,即地位的非法人性。但它是一个独立的市场主体,可以自己的名义参与市场竞争,开展经营活动。

二、个人独资企业与个体工商户的异同

个体工商户是指有经营能力，经依法申请，并取得从事个体工商业经营资格的人，可以申请个体工商户的人主要有城镇待业人员、农村村民以及国家政策允许的其他人员。

(一)相同点

1. 主体相同

个人独资企业和个体工商户都可以由一个人自然人投资兴办。

2. 责任形式相同

个人独资企业和个体工商户的投资人对其债务都承担无限责任。

3. 名称条件和物质条件相同

个人独资企业与个体工商户都可以有自己的名称、生产经营场所和生产经营条件等。

(二)区别

1. 设立依据不同

个体工商户主要是根据我国1987年国务院发布的《城乡个体工商户管理暂行条例》设立的。个人独资企业的设立依据是《个人独资企业法》。

2. 设立条件不同

首先，雇工人数要求不同。个体工商户要求雇工人数在8人以下，个人独资企业对此没有限定；其次，名称条件和物质条件的要求也不同。个人独资企业应当有自己的名称和固定的生产经营场所，个体工商户对此未作强制性要求。

3. 设立的申请主体不同

个体工商户既可以一户为单位申请设立，也可以一个自然人的名义申请设立；个人独资企业只能以一个自然人的名义申请设立。

4. 税收待遇不同

个人独资企业只需要缴纳个人所得税。而个体工商户除缴纳个人所得税外，还要向工商行政管理机关缴纳一定比例的管理费。

5. 责任形式不同

个体工商户个人经营的，以个人全部财产对外承担责任；家庭经营的，以家庭全部财产对外承担责任。而个人独资企业在登记时，可以个人财产或家庭共有财产作为个人出资，但只能以个人名义登记，以个人名义对外承担责任。

三、个人独资企业法的制定、立法宗旨和适用范围

第九届全国人民代表大会常务委员会第十一次会议于1999年8月30日通过了《中华人民共和国个人独资企业法》，自2000年1月1日起实施。该法共6章48条，主要规范个人独资企业的设立、个人独资企业的投资人及事务管理、个人独资企业的解散和清算、法律责任等。该法的立法宗旨是规范个人独资企业的行为，保护个人独资企业对投资人和债权人的合法权利，维护社会经济秩序，促进社会主义市场的发展。

《个人独资企业法》只适用于个人独资企业。《个人独资企业法》第2条规定："个人独资企业是由一个自然人投资设立，财产为投资人个人所有，投资人是以其个人财产对企业债务承担无限责任的经营实体。"该法第47条规定："外商投资企业不适用本法。"所以，《个人独资企业法》不适用具有独资特点的全民所有制企业、国有独资公司以及外商投资企业。

第二节 个人独资企业的设立

一、个人独资企业的设立条件

根据我国《个人独资企业法》第8条的规定，设立个人独资企业应具备下列条件：

(一)投资人为一个自然人(主体条件)

个人独资企业的投资人只能是自然人不能是法人，且数量仅限一个。自然人以外的团体或社会组织虽然也常有单独投资经营的情形，但不能被视为独资企业。如国家单独投资的企业通常被称为国有企业，团体或社会组织单独设立的企业则通常采用"一人公司"的形式。由于企业设立后，要从事生产经营活动，所以投资人还应是具有完全民事行为能力的人；根据该法第47条的规定，外商投资企业不适用本法，因此设立个人独资企业的自然人只能是中国公民；且不能是法律和行政法规定禁止从事营利性活动的人，如国家公务员、法官、检察官、人民警察及现役军人等。

(二)有合法的企业名称(名称条件)

企业名称是表示企业特征的文字符号，是企业进入市场开展经营活动的表征。就个人独资企业而言，个人独资企业的名称不仅应当与公司企业和合伙企业的名称区别开来，而且应当与其他个人独资企业的名称区别开来。因此，个人独资企业的名称，应当与其责任形式及所从事的营业范围相符合。

比如在个人独资企业的名称中不得使用"有限"、"有限责任"或"公司"等字样。个人独资企业的名称可以叫厂、店、部、中心、工作室等。

（三）有投资人申报的出资（资的条件）

投资人申报的出资是指在设立个人独资企业时，投资人承诺投入企业资本的总和。它不是注册资本，只是经营条件，不具有对债权人给予担保的效力。因此，《个人独资企业法》对投资人的出资方式和出资数额没有予以规定。而且《个人独资企业法》只要求投资人申报出资，并不要求投资人实际缴付出资。相比而言，合伙企业和公司有较为严格的出资要求。《合伙企业法》明确规定各合伙人要实际缴付出资，且对出资方式也作了具体化的规定。

（四）有固定的生产经营场所和必要的生产经营条件（物质条件）

固定的生产经营场所和必要的产生经营条件是个人独资企业开展经营活动的物质基础。同时，法律作出这一要求也是为了使个人独资企业与行商游贩相区别。

（五）必要的从业人员（雇员条件）

在这里，从业人员包括从事业务活动的投资人和企业依法招用的职工。对个人独资企业从业人员的数量，《个人独资企业法》未作限定。只有投资人一人从事业务活动，也属于符合条件。

二、个人独资企业的设立程序

（一）申请

根据《个人独资企业法》的规定，申请设立个人独资企业应当由投资人或者其委托的代理人向个人独资企业所在地的登记机关提交设立申请书、投资人身份证明、生产经营场所使用证明等文件，由投资人的委托代理人申请设立登记时还应当出具投资人的委托书和代理人的合法证明。个人独资企业设立申请书应当载明下列事项：企业名称和住所、投资人的姓名和居所、投资人的出资额和出资方式、经营范围等。

（二）审查登记

登记机关在收到设立申请文件之日起15日内审查完备。对符合规定条件的，予以登记，发给营业执照；对不符合规定条件的，不予登记，并应给予书面答复，说明理由。

（三）成立

企业是否具有开展经营活动的资格，关键就看它是否领取营业执照，在领取营业执照之前，个人独资企业还未合法成立。投资人不能以一个尚不存在的个人独资企业的名义从事经营活动。违反《个人独资企业法》的规定，未领取营业执照，以个人独资企业的名义从事经营活动的，责令停止经营活动，处以3 000元以下的罚款。

三、对个人独资企业的登记管理

为了规范个人独资企业的经营行为，强化个人独资企业的登记管理。《个人独资企业法》规定，违反该法规定，提交虚假文件或采取其他欺骗手段取得企业登记的，责令改正，处以5 000元以下的罚款，情节严重的，并处吊销营业执照；涂改、出租、转让营业执照的，责令改正，没收违法所得，处以3 000元以下的罚款，情节严重的，吊销营业执照；伪造营业执照的，责令停止，没收违法所得，处以5 000元以下的罚款，构成犯罪的，依法追究刑事责任。

另外，个人独资企业若设立分支机构，应当由投资人或委托代理人向分支机构所在地的登记机关申请设立登记，登记机关应当在收到按规定提交的全部文件之日起15日内作出核准登记或不予登记的决定。核准登记的，发给营业执照；不予核准登记的，发给登记驳回通知书，并书面说明理由。

个人独资企业成立后，无正当理由，超过6个月未开业的，或开业后自行停业6个月以上的，吊销营业执照。个人独资企业存续期间登记事项发生变更的，应当在作出变更之日起15日内依法向登记机关申请办理变更登记。

企业对其名称享有专用权，违反《个人独资企业法》的规定，个人独资企业使用的名称与其登记的名称不相符合的，责令其限期改正，处以2 000元以下的罚款。

第三节　个人独资企业的投资人及事务管理

一、投资人的权利和责任

根据《个人独资企业法》的规定，个人独资企业投资人对本企业的财产依法享有所有权，其有关权利可以依法进行转让或继承。上述规定表明，个人独资企业并不是独立的财产所有权主体，个人独资企业的财产与投资人的个人财产并没有明确的界限。由于个人独资企业是一个投资人以其个人财产对企业债务承担无限责任的经营实体。因此，《个人独资企业法》第31条规定："个人独资企业财产不足以清偿债务的，投资人应当以其个人的其他财产予以清偿。"如果个人独资企业投资人在申请企业设立登记时，明确以其家庭共有财产作为个人出资的，应当依法以其家庭共有财产对企业债务承担无限责任。

二、个人独资企业事务的管理

（一）个人独资企业事务的管理的方式

个人独资企业投资人可以自行管理企业事务，也可以委托或者聘用其他具有民事行为能力的人负责企业的事务管理。投资人委托或者聘用他人管理个人独资企业事务的，应当与受托人或者被聘用的人签订书面合同。合同应订明委托的具体内容、授予的权利范围、受托人或者被聘用的人应履行的义务、报酬和责任等。受托人或者被聘用的人员应当履行诚信、勤勉的义务，以诚实信用的态度对待投资人，对待企业，尽其所能依法保障企业利益，按照与投资人签订的合同负责个人独资企业的事务管理。投资人对受托人或者被聘用的人员职权的限制，不得对抗善意第三人。所谓第三人，是指投资人对与受托人或者被聘用人员以外与企业发生经济业务关系的人。所谓善意第三人，是指第三人在就有关经济业务事项交往中，没有从事与受托人或者被聘用的人员串通，故意损害投资人的利益的人。个人独资企业的投资人与受托人或者被聘用的人员之间有关权利义务的限制只对受托人或者被聘用的人员有效，对第三人并无约束力，受托人或者被聘用的人员超出投资人的限制与善意第三人的有关业务交往应当有效。

根据我国《个人独资企业法》第20条的规定，投资人委托或者聘用的管理个人独资企业事务的人员不得从事下列行为：

（1）利用职务上的便利，索取或者收受贿赂；

（2）利用职务或者工作上的便利侵占企业财产；

（3）挪用企业的资金归个人使用或者借贷给他人；

（4）擅自将企业资金以个人名义或者以他人名义开立账户储存；

（5）擅自以企业财产提供担保；

（6）未经投资人同意，从事与本企业相竞争的业务；

（7）未经投资人同意，同本企业签订合同或者进行交易；

（8）未经投资人同意，擅自将企业商标或者其他知识产权让给他人使用；

（9）泄露本企业的商业秘密；

（10）法律、行政法规禁止的其他行为。

（二）个人独资企业事务管理的内容

根据《个人独资企业法》的规定，个人独资企业事务管理的主要内容有：

(1) 会计事务管理。

(2) 用工事务管理。个人独资企业录用职工，应当依法与职工签订劳动合同，保障职工的劳动安全，按时、足额发放职工工资。个人独资企业应严格按照劳动法及有关规定用工。企业招用职工应当与职工签订劳动合同，劳动合同必须遵循平等自愿、协商一致的原则，并不得违反国家法律、法规和有关政策规定。

(3) 社会保险事务。个人独资企业应当按照国家规定参加社会保险，为职工缴纳社会保险费。根据我国法律、法规的规定，我国目前设有五种强制性的社会保险，即养老保险、工伤保险、医疗保险、失业保险和企业职工生育保险。

第四节 个人独资企业的解散与清算

一、个人独资企业的解散

(一) 个人独资企业解散的原因

根据我国《个人独资企业法》第26条的规定，个人独资企业有下列情形之一时，应当解散：

(1) 投资人决定解散；

(2) 投资人死亡或被宣告死亡；

(3) 被依法吊销营业执照；

(4) 法律、行政法规定的其他情形。

(二) 个人独资企业解散的法律效力

个人独资企业主决定解散企业的，应当通知和公告债权人，清理企业财产，收回企业债权，清偿企业债务。因此，如果企业债权人因故未能在规定的期限内申报其债权或者其债权未能得到全部清偿，在企业解散后，仍可请求企业投资人清偿。为敦促债权人及时主张权利，我国《个人独资企业法》规定，债权人在5年内未向债务人提出偿债请求的，该责任消灭。

二、个人独资企业的清算

清算制度的目的就是为了规范企业清算行为，保护债权人、投资人和其他利害关系人的合法权益。因此，个人独资企业解散时应当坚持公开、公正的原则进行清算。清算按以下顺序进行：

第四节　个人独资企业的解散与清算

（一）确定清算人

清算人有两种产生方式：（1）由投资人自行清算；（2）由债权人申请人民法院指定清算人进行清算。

（二）通知和公告债权人

投资人自行清算的，应当在清算前15日内书面通知债权人；无法通知的，应当予以公告。债权人应当自接到通知之日起30日内，未接到通知的，应当在公告之日起60日内，向投资人申报债权。

（三）清算活动

1. 财产清偿顺序

个人独资企业解散的，财产应按下列顺序清偿：（1）所欠职工工资和社会保险费用；（2）所欠税款；（3）其他债务。

个人独资企业财产不足以清偿债务的，投资人应当以其个人的其他财产予以清偿。投资人在申请企业设立登记时明确以家庭共有财产作为个人出资的，应当以家庭共有财产予以清偿。

2. 清算期间对投资人的要求

清算期间，个人独资企业不得开展与清算目的无关的经营活动。在按上述财产清偿顺序清偿债务时，投资人不得转移、隐藏财产。

（四）注销登记

个人独资企业清算后，投资人或人民法院指定的清算人应当编制清算报告，并予结束之日起15日向原登记机关申请注销登记。经登记机关注销登记，个人独资企业终止。个人独资企业办理注销时，应当缴回营业执照。

【思考题】

1. 为开拓市场需要，个人独资企业主曾水决定在某市设立一个分支机构，委托朋友霍火为分支机构负责人。关于霍火的权利和义务，下列哪一表述是正确的？（　　）（2012年全国司法考试试卷三第29题）

A. 应承担该分支机构的民事责任
B. 可以从事与企业总部相竞争的业务
C. 可以将自己的货物直接出卖给分支机构
D. 经曾水同意可以分支机构财产为其弟提供抵押担保

2. 张平以个人独资企业形式设立"金地"肉制品加工厂。2011年5月，因瘦肉精事件影响，张平为减少风险，打算将加工厂改换成一人有限公司形式。对此，下列哪一表述是错误的？（　　）（2011年全国司法考试试卷三第28题）

A. 因原投资人和现股东均为张平一人，故加工厂不必进行清算即可变更登记为一人有限公司
B. 新成立的一人有限公司仍可继续使用原商号"金地"
C. 张平为设立一人有限公司，须一次足额缴纳其全部出资额
D. 如张平未将一人有限公司的财产独立于自己的财产，则应对公司债务承担连带责任

3. 靖江市某空调配件厂（以下简称配件厂）系刘某于2001年以个人财产申请投资开办的个人独资企业。2003年10月，配件厂与申请执行人天津甲公司（以下简称甲公司）签订买卖合同一份，由甲公司向配件厂购买汽车配件产品。合同履行后，甲公司认为配件厂所供货物质量不符合约定标准，经与配件厂协商未果遂向人民法院提起民事诉讼。法院审理后于2004年12月24日依法作出了判决。依据该判决，配件厂应于判决生效后10日内退还甲公司货款420 000元、支付甲公司违约金5 000元，并承担案件诉讼费12 000元。因配件厂未能自觉履行判决书确定的义务，甲公司依法于2005年4月申请人民法院强制执行。

另查明，配件厂业主刘某与其妻孙某于1987年登记结婚，双方于2004年12月29日协议离婚。双方的离婚协议约定：夫妻共同财产中位于靖江市靖城镇某区1幢502室住房一套及位于靖江市某镇某村组15号的二层楼房两间归孙某所有，配件厂的财产归刘某所有；双方各自经手的债权债务归各人所有和承担。2005年3月，刘某将配件厂的所有财产给数个债权人抵偿债务，现配件厂已没有履行甲公司债务的能力。法院因此遂于2005年5月依法追加刘某为被执行人对甲公司的债务承担清偿责任。同月25日，孙某将位于靖江市靖城镇某区1幢502室住房一套出售给他人，并至房屋登记管理部门办理了房屋买卖过户登记。2005年6月，甲公司申请人民法院追加孙某为被执行人与配件厂及刘某一起共同承担偿还甲公司债务的责任。

请问：本案该不该再追加被执行人？

第三章　合伙企业法

【学习目的与要求】通过本章的学习，理解合伙企业的概念和特征；熟悉合伙企业设立的条件和设立程序及解散与清算等内容；掌握合伙企业的财产的构成和性质以及财产的转让，入伙的定义和方式、入伙的条件以及入伙的效力，退伙的三种类型以及每种类型的条件和效力；了解合伙企业的内外部关系及合伙企业事务的执行。

第一节　合伙企业法概述

一、合伙企业的定义及特征

（一）合伙企业的定义

关于合伙的定义，各国的法律规定不同。《德国民法典》第705条规定："各合伙人依合伙契约，互负以契约所定的方法促进共同事业的完成，特别负履行约定的出资义务。"《英国合伙法》第1条规定："合伙是为了营利而从事业务活动的个人之间所建立的关系。"《日本民法典》第667条规定："组合契约因当事人约定出资经营的共同事业而生效。"美国、荷兰比较强调合伙的商业性质，合伙一般应以商号的名义从事经济活动，而不强调合伙人所负的共同责任和个人责任；法国、意大利则认为合伙所具有的重要特征就是合伙人所负的共同责任和个人的无限责任。相比之下，比利时对合伙所下的定义比较全面：合伙是一种具有商号名称的业务联合体，它由两个或者两个以上的人组成，合伙人对合伙的全部债务负无限的共同责任和个别责任。

前苏联于1978年修订的民法典，承认集体农庄共有或者国营和集体农庄合营的企业或机构可以是合伙，但必须以进行某些公共事业为限；公民只是为了满足个人日常生活的需要，才能签订合伙合同。匈牙利1959年的民法典规定任何合伙事业都不得以商业为目的，有关股金付息和个人入伙报酬的协议，一律无效。虽然在这些国家，合伙组织及其活动受到严格的法律限制，但法律对合伙业务也无明确的定义。

可见，前苏联和东欧一些社会主义国家都对合伙有严格的限制，这与其政治体制有关。而在资本主义国家，合伙则得到了法律的认可；另外，我们还可以看出，德国、英国、日本着重强调合伙是一种契约关系，而不强调其团体性，而美国、荷兰、意大利等国家则比较注重合伙的团体性。这在某种程度上更先进一些，因为它们注意到合伙不仅仅是一种民事关系，而且更是一种民事主体，它在民事和经济活动中，是以一种主体的形式出现的，它能以自己的名义参加民事活动并承担相应的责任。①

《中华人民共和国合伙企业法》(以下简称《合伙企业法》)第2条规定："本法所称合伙企业，是指自然人、法人和其他组织依照本法在中国境内设立的普通合伙企业和有限合伙企业。"合伙企业包括普通合伙企业和有限合伙企业，其中，普通合伙企业由普通合伙人组成，有限合伙企业由普通合伙人和有限合伙人组成。《合伙企业法》第3条规定："国有独资公司、国有企业、上市公司以及公益性的事业单位、社会团体不得成为普通合伙人。"

(二)合伙企业的法律特征

1. 合伙企业具有相对健全的组织结构

在现实生活中，合伙为数众多，具体表现形式千差万别，其中相当一部分合伙不具备较为稳固的组织形式，合伙目的实现或者合伙事务完成即告解散。这类合伙一般不能成为企业，而合伙企业具有较健全的组织结构，经营相对稳定。

2. 合伙企业存在的基础是合伙协议

合伙企业设立以合伙协议为基础，合伙协议依法由全体合伙人协商一致，采取书面形式，合伙人按照合伙协议享有权利，履行义务。

3. 合伙企业的资本由各合伙人共同出资

合伙人可以用资金、实物、知识产权、土地使用权出资，经全体合伙人同意，普通合伙人还可以用劳务出资。另外，法律对合伙企业的出资数额没有限额要求，有别于公司资本。

4. 合伙企业中确立了有区别的责任制度

普通合伙企业中普通合伙人对合伙企业的债务承担无限连带责任；有限合伙企业中普通合伙人对合伙企业债务承担无限连带责任，有限合伙人以其认缴的出资额为限对合伙企业债务承担责任。

---

① 赵旭东主编：《企业与公司法纵论》，法律出版社2003年版，第362页。

二、合伙企业与个人独资企业的辨析

在我国,合伙企业与个人独资企业都是由自然人投资设立的非法人企业,两者既有许多共同之处,也有不少区别。

个人独资企业是指依《个人独资企业法》在我国境内设立的,由一个自然人投资,财产为投资人个人所有,投资人以其个人财产对企业债务承担无限责任的经营实体。

合伙企业是指依据《合伙企业法》在中国境内设立的由各合伙人订立合伙协议,共同出资,合伙经营,共享收益,共担风险,并对其债务承担无限责任的营利性组织。

(一)相同点

(1)设立领域相同,都在我国境内设立。
(2)设立主体相同,投资者均为自然人。
(3)主体法律地位相同,都不具有法人资格,是独立的经济实体。
(4)设立目的相同,都是以营利为目的。
(5)法律责任相同,投资人对企业债务承担无限责任。

另外,从设立条件和程序来看,两者设立条件低,设立程序比较简单。

(二)区别

(1)设立依据不同。个人独资企业的设立依据为《个人独资企业法》,合伙企业的设立依据为《合伙企业法》。

(2)主体人数不同。个人独资企业的主体人数为一个自然人,合伙企业的人数为两个以上的自然人。

(3)经营方式不同。个人独资企业的投资人对企业事务有绝对的控制权和支配权;合伙企业的合伙人对一般事务按"少数服从多数"的原则处理,对于重大事务按"全体一致通过"的原则处理。

(4)企业财产性质不同。合伙企业财产在形式上属于合伙企业所有,但实质属于合伙人共有,而个人独资企业的财产属于业主个人所有。

三、合伙企业的沿革

合伙起源于家庭共有。早在远古的血缘社会里,由于人们劳动的必然结合,人身关系上的互相制约,共有财产不便分散,家族就有了共产合伙的一般特征。① 合伙在不同的国家有不同的表现形式,总的来说,存在契约式合

---

① 赵旭东主编:《企业与公司法纵论》,法律出版社2003年版,第361页。

伙和组织体式合伙。从合伙的发展历史看，最初的合伙表现为契约关系，单个人由于受财力、经验等限制，从事或开拓一些新的商业事业，会显得力不从心，这时数个人的联合就成了一种客观的需要。对于数人联合经营，当时在法律上并未有过既定的组织形式可用，为此人们自然求助于传统的契约形式，通过契约明确参加联合经营事业人的权利、义务和责任。[①] 公元前18世纪，在巴比伦，《汉穆拉比法典》第一次规定了合伙的一般原则，即"某人按合伙方式将银子交给他人，则以后不论盈亏，他们在神面前均分"。在罗马共和国时期，法律对合伙的性质与义务，已有相当明确的规定。当时，合伙是指两人以上互相出资，经营共同事业，共同分配损益的契约。到了中世纪，随着商品经济成分的增加，合伙经营日益普遍。可见，合伙是一种古老的共同经营方式。在近代和现代，随着资本主义规模的不断扩大，独自经营企业的发展受到局限，法人的经营方式得到充分的发展，但是合伙企业在经济生活中仍然占据重要地位。到了帝国主义时期，法人与合伙更加密切地联系在一起，共同成为加速资本垄断的工具。例如，卡特尔就是若干法人按照合伙原则，联合而成的金融资本集团，特别是近年来，由于深刻的政治和经济原因，西方发达的资本主义国家越来越重视发展小型企业，合伙经营更是普遍受到重视。

1997年2月23日第八届全国人民代表大会常务委员会第二十四次会议通过《中华人民共和国合伙企业法》，于2006年8月27日第十届全国人民代表大会常务委员会第二十三次会议修订，并于2007年6月1日起施行。《合伙企业法》是规范我国合伙企业的基本法律文件，《中华人民共和国民法通则》对合伙也作了专章规定。

四、合伙企业的法律地位

自罗马法把合伙作为一种契约予以规定以来，合伙始终在民法契约法的体系内寄存，在注意合伙契约性的传统民法中，合伙的团体性一直未得到应有的重视，这使得无论在法人制度诞生前以自然人为唯一民事主体的古代民法体系，还是在法人制度诞生后的自然人法人并列为民事主体的近现代民法体系中，合伙都只是作为自然人从事民事活动的一种特殊形式被规定。即使在近现代商法和企业法兴起之后，合伙作为一种企业形态已被广泛接纳并制定有专门的合伙法之后，传统民法对合伙的定性和观念仍未有根本的动摇，无论合伙企业有无任何实际的发展和进化，似乎都不能改变传统民法对它的

[①] 张士元主编：《企业法》，法律出版社2004年版，第328页。

定性。合伙仍不具有任何民事主体的地位。

在中国，随着 20 世纪 80 年代经济改革的深入，各种合伙组织得到迅速发展，为适应其法律调整的需要，1986 年颁布的《民法通则》首次明确规定了个人合伙的法人联营制度。然而，当时对于合伙的法律地位，却存在以下不同意见[①]：

第一种意见认为，合伙不能成为民事主体。其理由是民事主体只有自然人和法人两种，不存在第三种。

第二种意见认为，合伙是第三类民事主体，它既不同于自然人又不同于法人。

第二种意见主张，对合伙的法律地位不能一概而论，有些简单的、临时性的合伙，没有形成企业组织，不能成为民事主体；而那些有自己的名称或字号，有自己的组织机构的合伙，则可成为第三民事主体。

关于合伙民事主体地位的认定，实际上存在着法律观念和法律关系两方面的问题。对合伙民事主体地位的否定，是传统民法根深蒂固的观念。

罗马法是个人主义的典型法典。罗马法上的权利主体，亦即意思主体，只限于自然人。法人的观念虽然在某种程度上开始被承认，但也不过是被作为拟制的人看待。罗马法之后，以日耳曼为代表的欧洲中世纪法开始强调团体对个人的支配和个人对团体的服从，强调团体或团体成员的义务和责任，使与个人主义相左的团体主义精神在法律中渗透，从而为法人制度的建立打下了观念上的基础。

然而，绝对的个人主义肯定是荒谬的，团体主义终究被证明其合理性，伴随着商品经济的发展，法人制度的产生成为不可阻挡的历史必然。

法人取得民事主体地位的艰难历程足以说明为何合伙至今被排斥在民事主体之外的根本原因。在个人主义占压倒性的传统民法体系中，连法人这种具有完全法律独立性，并且有强大经济和社会势力的社会组织，姑且经历千辛万苦才获得法律承认，那么对合伙这种无论在法律独立性方面还是在经济和社会影响力方面都远弱于法人的团体来说，要争得主体地位，其困难显而易见。

如同合伙争取独立地位在世界各国的艰难历程一样，终于在经历了种种异议后，我国自新《合伙企业法》颁布后，对合伙企业在法律上的独立地位给予了肯定。

---

① 赵旭东主编：《企业与公司法纵论》，法律出版社 2003 年版，第 367 页。

第二节 合伙企业的分类

一、民事合伙和商事合伙

这是大陆法系国家在立法上对合伙的一种基本分类。

民事合伙即契约式合伙，适用民法典中的合伙契约规则。《法国民法典》第1832条规定："合伙为两人或两人以上同意将若干财产共集一处，而以分配其经营所得利益为目的的契约。"该规定设置于法典规范取得财产的各种方法的第三编中，表明在立法上合伙并不是一种相对独立的民事主体，而仅把它视为一种契约关系，因而合伙关系基本上适用契约规则。合伙人之间的内部关系完全适用契约关系，即合伙人基于意思自治原则，可以在合伙契约中自由约定其权利、义务、业务执行、财产归属、收益分配、亏损分担、股份处分、入伙、退伙、解散等事项。民事合伙在外部存在两类法律关系：一是执行合伙业务的合伙人与相对人的关系，适用代理规则，每个合伙人都是其他合伙人的代理人，合伙人执行业务行为的法律后果由全体合伙人共同承担；二是合伙人对合伙债务承担责任的范围问题，适用民事责任的一般形态，即无限责任，由合伙事业的共同性所决定，各合伙人还须承担连带责任。

各国法律一般将商事合伙视为一种相对独立的商事主体，因而把它作为一种企业组织形式加以规范。《德国商法典》中的无限公司是商事合伙的典型代表，因此对商事合伙而言，它更主要表现为一种组织法的特征。从法理上讲，无限公司实质上是商事合伙组织的一种典型形态，因为无限公司的股东与合伙人一样对外承担连带无限责任。商事合伙还拥有自己的名称或者商号和自己相对独立的财产所有权，这也是商事合伙与民事合伙的主要区别。

二、普通合伙与有限合伙

这是英美法系国家在立法上对合伙的一种基本分类，相应的立法模式以美国的《统一合伙法》和《统一有限合伙法》为代表。《统一合伙法》第106条对普通合伙所下的定义是"作为共有者从事获利性活动的两人或多人的联合"。据此，普通合伙在法律上的定位是一种经营性组织体，而不仅仅是一种契约关系，它拥有自己的商号和相对独立的财产，能以商号的名义订立合同，起诉和应诉。因此，英美法上的普通合伙在性质上类似于大陆法系的一般商事合伙。

美国《统一有限合伙法》第101条对有限合伙所下的定义："由两名或两名以上的人根据本州法律成立的，拥有一名或一名以上的普通合伙人和一名或一名以上的有限合伙人的合伙。"有限合伙中存在性质不同的两种合伙人，其相应的权利、义务和责任也迥然有别：一种是普通合伙人，它与普通合伙中的合伙人并无二致，适用普通合伙的规定；另一种是有限合伙人，而有限合伙人则是指将出资财产转移到普通合伙人名下，不参与合伙事务的管理，并对合伙债务不承担责任的合伙人。有限合伙人只对有限合伙组织承担责任，其范围以出资额或认缴额为限，而对有限合伙的外部债权人不承担任何额外的责任。因此，有限合伙人类似于有限责任公司的股东。从比较法的角度看，有限合伙在大陆法系的对应物是隐名合伙。隐名合伙也由两种性质不同的合伙人组成，一是出名合伙人，另一种是隐名合伙人。两者之间的关系与普通合伙人和有限合伙人之间的关系基本相同。

三、我国现行立法对合伙企业的选择

我国现行立法将合伙企业分为普通合伙企业与有限合伙企业。

（一）普通合伙企业

普通合伙企业，是指由普通合伙人组成，合伙人对合伙企业债务承担无限连带责任的合伙企业。

1. 普通合伙企业的设立条件

（1）有两个以上合伙人。合伙人为自然人的，应当具有完全民事行为能力。

（2）有书面合伙协议。合伙协议是合伙各方就设立合伙企业达成一致的协议。合伙协议应当载明：合伙企业的名称和主要经营场所的地点；合伙目的和合伙经营范围；合伙人的姓名或者名称、住所；合伙人的出资方式、数额和缴付期限；利润分配、亏损分担方式；合伙事务的执行；入伙与退伙；争议解决办法；合伙企业的解散与清算；违约责任。合伙协议经全体合伙人签名、盖章后生效。

（3）有合伙人认缴或者实际缴付的出资。合伙人应当按照合伙协议约定的出资方式、数额和缴付期限，履行出资义务。合伙人以实物、知识产权、土地使用权或者其他财产权利出资，依法办理财产权转移手续；合伙人以劳务出资的，其评估办法由全体合伙人协商确定，并在合伙协议中载明。

（4）有合伙企业的名称和生产经营场所。设立普通合伙企业，合伙企业名称中应当标明"普通合伙"字样，生产经营场所是合伙企业的生产经营地点。

另外，还有法律、行政法规规定的其他条件。

2. 普通合伙企业的财产

合伙企业财产,是指为经营合伙事务而集合的各种财产的总称,包括合伙人的出资、以合伙企业名义取得的收益和依法取得的其他财产。《合伙企业法》对普通合伙企业的财产转让、财产出质和财产分割作了具体规定。

(1)普通合伙企业的财产转让。除合伙协议另有约定外,合伙人向合伙人以外的人转让其在合伙企业中的全部或者部分财产份额时,须经其他合伙人一致同意。合伙人向合伙人以外的人转让其在合伙企业中的财产份额的,在同等条件下,其他合伙人有优先购买权。合伙人以外的人依法受让合伙人在合伙企业中的财产份额的,经修改合伙协议即成为合伙企业的合伙人,依法和修改后的合伙协议享有权利履行义务。

合伙人之间转让在合伙企业中的全部或者部分财产份额时,应当通知其他合伙人。

(2)普通合伙企业的财产出质。合伙人以其在合伙企业中的财产份额出质的,须经其他合伙人一致同意;未经其他合伙人一致同意,其行为无效,由此给善意第三人造成损失的,由行为人依法承担赔偿责任。

(3)普通合伙企业的财产分割。合伙人在合伙企业清算前,不得请求分割合伙企业的财产,合伙人在合伙企业清算前私自转移或者处分合伙企业财产的,合伙企业不得以此对抗善意第三人。

3. 普通合伙企业的合伙事务执行

合伙人对执行合伙事务享有同等的权利。根据《合伙企业法》的规定,合伙人执行合伙事务,有以下三种形式:

(1)委托代表执行合伙事务。按照合伙协议的约定或者经全体合伙人决定,可以委托一个或者数个合伙人对外代表合伙企业,执行合伙事务。执行事务合伙人应当定期向其他合伙人报告事务执行情况以及合伙企业的经营和财务状况,其执行合伙事务所产生的收益归合伙企业,所产生的费用和亏损由合伙企业承担。不执行合伙事务的合伙人有权监督执行事务合伙人执行合伙事务的情况。

(2)合伙人分别执行合伙事务。合伙人分别执行合伙事务的,执行事务合伙人可以对其他合伙人执行的事务提出异议,提出异议时,应当暂停该项事务的执行,但是,合伙企业对合伙人执行合伙事务以及对外代表合伙企业权利的限制,不得对抗善意第三人。发生争议的,按照合伙协议约定的表决办法办理,未约定或者约定不明的,实行合伙人一人一票并经全体合伙人过半数通过的表决办法。

(3)全体合伙人共同执行合伙事务。这是合伙企业事务执行的基本形式,也是合伙企业中经常使用的一种形式,尤其在合伙人较少的情况最常采用。根据《合伙企业法》的规定,除合伙协议另有约定外,合伙企业的下列事项应当经全体合伙人一致同意:改变合伙企业的名称;改变合伙企业的经营范围、主要经营场所的地点;处分合伙企业的不动产;转让或者处分合伙企业的知识产权和其他财产权利;以合伙企业名义为他人提供担保;聘任合伙人以外的人担任合伙企业的经营管理人员。

4. 普通合伙企业的入伙和退伙

(1) 普通合伙企业的入伙。入伙,是指合伙企业存续期间,合伙人以外的第三人加入合伙,取得合伙人资格的法律行为。

①入伙的条件。根据《合伙企业法》第43条的规定,新合伙人入伙,必须以全体合伙人一致同意为条件;新合伙人入伙,应当订立书面入伙协议,并对原合伙协议事项做相应变更。

②新合伙人的权利和责任。入伙的新合伙人与原合伙人享有同等权利,承担同等责任。新合伙人对入伙前合伙企业的债务承担无限连带责任。

(2) 普通合伙企业的退伙。退伙,是指合伙人退出合伙企业,丧失合伙人资格的法律行为。根据《合伙企业法》的规定,合伙人退伙包括协议退伙、当然退伙和除名。其中,协议退伙是自愿行为,当然退伙和除名是法定退伙。

①协议退伙。合伙协议约定合伙期限的,在合伙企业存续期间,有下列情形之一的,合伙人可以退伙:合伙协议约定的退伙事由出现;经全体合伙人一致同意;发生合伙人难以继续参加合伙的事由;其他合伙人严重违反合伙协议约定的义务。合伙协议未约定合伙期限的,合伙人在不给合伙企业事务执行造成不利影响的情况下,可以退伙,但应当提前30日通知其他合伙人。

②当然退伙。合伙人有下列情形之一的,当然退伙:作为合伙人的自然人死亡或者被依法宣告死亡;个人丧失偿债能力;作为合伙人的法人或者其他组织依法被吊销营业执照、责令关闭、撤销,或者被宣告破产;法律规定或者合伙协议约定合伙人必须具有相关资格而丧失该资格;合伙人在合伙企业中的全部财产份额被人民法院强制执行。合伙人被依法认定为无民事行为能力人或者限制民事行为能力人的,经其他合伙人一致同意,可以依法转为有限合伙人,普通合伙企业依法转为有限合伙企业;其他合伙人未能一致同意的,该无民事行为能力或者限制民事行为能力的合伙人退伙。

③除名。合伙人有下列情形之一的,经其他合伙人一致同意,可以决议将其除名:未履行出资义务;因故意或者重大过失给合伙企业造成损失;执行合伙事务时有不正当行为;发生合伙协议约定的事由。对合伙人的除名决

议应当书面通知被除名人。被除名人接到除名通知之日，除名生效，被除名人退伙。

退伙是一项能够产生民事法律后果的行为，其效力为：

①合伙人退伙，其他合伙人应当与该退伙人按照退伙时的合伙企业财产状况进行结算，退还退伙人的财产份额。

②合伙人死亡或者被依法宣告死亡的，对该合伙人在合伙企业中的财产份额享有合法继承权的继承人，按照合伙协议的约定或者经全体合伙人一致同意，从继承开始之日起，取得该合伙企业的合伙人资格。

③合伙人的继承人为无民事行为能力人或者限制民事行为能力人的，经全体合伙人一致同意，可以依法成为有限合伙人，普通合伙企业依法转为有限合伙企业。

5. 特殊的普通合伙企业

特殊的普通合伙企业，是指一个合伙人或者数个合伙人在执业活动中因故意或者重大过失造成合伙企业债务的，承担无限责任或者无限连带责任，而其他合伙人仅以其在合伙企业中的财产份额为限承担责任的合伙企业。

(1) 特殊的普通合伙企业的设立。《合伙企业法》第 55 条规定："以专业知识和专门技能为客户提供有偿服务的专业服务机构，可以设立为特殊的普通合伙企业。"特殊的普通合伙企业应当建立执业风险基金、办理职业保险。执业风险基金用于偿付合伙人执业活动造成的债务。特殊的普通合伙企业名称中应当标明"特殊普通合伙"字样。

(2) 特殊的普通合伙企业的责任承担。合伙人在执业活动中非因故意或者重大过失造成的合伙企业债务以及合伙企业的其他债务，与普通合伙企业一样，由全体合伙人承担无限连带责任。合伙人在执业活动中因故意或者重大过失造成的合伙企业债务，以合伙企业财产对外承担责任后，该合伙人应当按照合伙协议的约定对给合伙企业造成的损失承担赔偿责任。

(二) 有限合伙企业

有限合伙企业，是指由普通合伙人和有限合伙人组成，普通合伙人对合伙企业债务承担无限连带责任，有限合伙人以其认缴的出资额为限对合伙企业债务承担责任的合伙企业。根据《合伙企业法》的规定，有限合伙企业仅剩有限合伙人的，应当解散；有限合伙企业仅剩普通合伙人的，转为普通合伙企业。

1. 有限合伙企业的合伙协议

合伙企业的成立以合伙协议为基础，有限合伙企业的合伙协议除符合一般合伙企业规定外，还应当载明下列事项：

（1）普通合伙人和有限合伙人的姓名或者名称、住所。有限合伙企业由2个以上50个以下合伙人设立，法律另有规定的除外。《合伙企业法》规定，有限合伙企业名称中应当标明"有限合伙"字样。

（2）执行事务合伙人应具备的条件和选择程序。

（3）执行事务合伙人的权限与违约处理办法。

（4）执行事务合伙人的除名条件和更换程序。

（5）有限合伙人入伙、退伙的条件、程序以及相关责任。

（6）有限合伙人和普通合伙人相互转变程序。

2. 有限合伙企业的出资

有限合伙人可以用货币、实物、知识产权、土地使用权或者其他财产权利作价出资，其中，有限合伙人不得以劳务出资。有限合伙人应当按照合伙协议的约定按期足额缴纳出资；未按期足额缴纳的，应当承担补缴义务，并对其他合伙人承担违约责任。

有限合伙企业登记事项中应当载明有限合伙人的姓名或者名称及认缴的出资数额。

3. 有限合伙企业的合伙事务执行

有限合伙企业由普通合伙人执行合伙事务，执行事务合伙人可以要求在合伙协议中确定执行事务的报酬及报酬提取方式。

有限合伙人不执行合伙事务，不得对外代表有限合伙企业，有限合伙人的下列行为，不视为执行合伙事务：参与决定普通合伙人入伙、退伙；对企业的经营管理提出建议；参与选择承办有限合伙企业审计业务的会计师事务所；获取经审计的有限合伙企业财务会计报告；对涉及自身利益的情况，查阅有限合伙企业财务会计账簿等财务资料；在有限合伙企业中的利益受到侵害时，向有责任的合伙人主张权利或者提起诉讼；执行事务合伙人怠于行使权利时，督促其行使权利或者为了本企业的利益以自己的名义提起诉讼；依法为本企业提供担保。

4. 有限合伙企业中有限合伙人的权利

在合伙协议没有约定的情况下，有限合伙企业合伙人享有下列权利：

（1）有限合伙人可以同本有限合伙企业进行交易；

（2）有限合伙人可以自营或者同他人合作经营与本有限合伙企业相竞争的业务；

（3）有限合伙人可以将其在有限合伙企业中的财产份额出质；

（4）有限合伙人可以按照合伙协议的约定向合伙人以外的人转让其在有限合伙企业中的财产份额，但应当提前30日通知其他合伙人。

(5)有限合伙人的自有财产不足清偿其与合伙企业无关的债务的,该合伙人可以其从有限合伙企业中分取的收益用于清偿。

5. 有限合伙企业有限合伙人的责任

(1)第三人有理由相信有限合伙人为普通合伙人并与其交易的,该有限合伙人对该笔交易承担与普通合伙人同样的责任。

(2)有限合伙人未经授权以有限合伙企业名义与他人进行交易,给有限合伙企业或者其他合伙人造成损失的,该有限合伙人应当承担赔偿责任。

(3)新入伙的有限合伙人对入伙前有限合伙企业的债务,以其认缴的出资额为限承担责任。

(4)普通合伙人转变为有限合伙人,或者有限合伙人转变为普通合伙人,应当经全体合伙人一致同意。有限合伙人转变为普通合伙人的,对其作为有限合伙人期间有限合伙企业发生的债务承担无限连带责任。

6. 有限合伙企业的退伙

有限合伙人有下列情形之一的,当然退伙:

(1)作为合伙人的自然人死亡或者被依法宣告死亡;

(2)作为合伙人的法人或者其他组织依法被吊销营业执照、责令关闭、撤销,或者被宣告破产;

(3)合伙人在合伙企业中的全部财产份额被人民法院强制执行。

下列情形不视为退伙:

(1)作为有限合伙人的自然人在有限合伙企业存续期间丧失民事行为能力的,其他合伙人不得因此要求其退伙。

(2)作为有限合伙人的自然人死亡、被依法宣告死亡或者作为有限合伙人的法人及其他组织终止时,其继承人或者权利承受人可以依法取得该有限合伙人在有限合伙企业中的资格。

(3)有限合伙人退伙后,对基于其退伙前的原因发生的有限合伙企业债务,以其退伙时从有限合伙企业中取回的财产承担责任。

第三节 合伙企业的协议

合伙企业是以合伙协议为其存在的基础,它又是联结合伙人之间的纽带,是确定合伙人之间权利义务以及合伙企业生产经营活动的基本法律文件。合伙企业的实体性规定均要在合伙协议中具体体现出来。[①]

[①] 张士元主编:《企业法》,法律出版社2004年版,第330页。

一、合伙协议的成立

合伙协议是合伙关系或合伙企业成立的基础，它是指合伙人为从事合伙事业的目的，通过意思表示，达成共同出资、共同经营、共负盈亏的协议。合伙协议是双方或多方意思表示一致的民事法律行为，并且是一种要式法律行为，因此其成立应具备以下条件：

1. 双方或多方意思表示一致

合伙人通过要约、反要约、承诺等一系列反复磋商的过程，对合伙企业必须具备的出资方式、出资比例、盈余分配、债务承担、经营管理、入伙、退伙等一系列事项达成一致。

2. 合伙协议是要式法律行为，应当采用书面形式

合伙协议须采用法定的书面形式才得以对外宣称其存在，否则主张合伙关系存在的人不能或者难以得到法院的支持。

二、合伙协议的有效要求

合伙协议是以意思表示为要素的多方法律行为，因此其生效应当符合意思表示理论的要求。意思表示行为人应当具有相应的行为能力，意思表示在品质上应当自愿真实，意思表示的目的内容应当确定，意思表示内容不得违反法律的禁止性规定或者有悖于社会公共利益，意思表示生效应符合一定的形式要件：

1. 合伙当事人须具有相应的行为能力

在实行民商分立的国家，订立合伙协议是一种典型的商行为；在民商合一的国家，该行为是一种重要的民事法律行为，因此要求行为人为完全行为能力人，才能以自己的行为订立对其有拘束力的合伙协议。

2. 应当遵循自愿、平等、公平、诚实信用的原则

当事人表现于外部的表示行为出于意思自治，是其内心意愿的反映，因此当事人由于受他人胁迫而作出的不自由意思表示是无效的，对其无法律拘束力。

三、合伙协议的主要条款

(1) 合伙企业的字号或名称。合伙协议应当约定合伙企业的名称，理由有二：其一，合伙企业名称是私营企业成为相对独立民事主体的一个必备条件。私营合伙企业是一种团体性较强的合伙形式，拥有自己的名称，才能享有相对独立的组织体财产所有权，才能以自己的名义进行民事活动。其二，

合伙名称是私营合伙企业具有民事诉讼能力的一个必备条件。

(2)经营范围。它是指合伙企业从事的生产经营的行业性质和商品种类。其存在的必要性在于：第一，合伙人需要明确其投资的性质，预测利益和控制风险；第二，合伙企业必须在法律允许的范围内确定其经营范围；第三，合伙企业的开办须符合一定的实质条件。

(3)出资数额和出资方式。合伙协议应载明全体合伙人的出资总额，各合伙人的出资数额或比例及其出资方式。原因如下：首先，合伙企业具有必要的财产是其得以核准设立的条件之一；其次，它是合伙人内部确定其相互权利义务关系的基础，是各合伙人明确合伙权益和债务分担比例的依据；出资方式包括提供资金、实物、技术的劳务等。

(4)合伙财产归属和事务的执行。

(5)盈余分配。它是指合伙企业每一会计年度的生产经营所得，在缴纳企业所得税后的净利润，依法提留法定比例的生产发展基金后，其剩余可按约定的比例在合伙人之间进行的分配。

(6)债务承担。

(7)入伙事项。

(8)退伙事项。

第四节　合伙企业的解散和清算

一、合伙企业的解散

合伙企业的解散是指因法定原因或约定原因而使合伙企业终止，分割合伙企业财产，全体合伙人的合伙关系归于消灭的程序或制度。根据我国《合伙企业法》的规定，合伙企业在发生下列情形之一时应当解散：

(1)合伙协议约定的经营期限届满，合伙人不愿意继续经营；

(2)合伙企业约定的解散事由出现；

(3)全体合伙人决定解散；

(4)合伙人已不具备法定人数；

(5)合伙协议约定的合伙目的已实现或无法实现；

(6)被依法吊销营业执照；

(7)出现法律、行政法规规定的合伙企业解散的其他原因。

二、合伙企业的清算

合伙企业解散后，应当进行清算，清算应按以下程序进行：

1. 确定清算人

（1）由合伙人决定清算人选。合伙企业解散，清算人由全体合伙人担任。未能由全体合伙人担任清算人的，经全体合伙人过半数同意，可以自合伙企业解散后，于15日内指定一名或数名合伙人，或委托第三人，担任清算人。

（2）由法院指定清算人数。在15日内未确定清算人的，合伙人或其他利害关系人可以申请人民法院指定清算人。

（3）清算人在清算期间执行以下事务：清理合伙企业财产，分别编制资产负债表和财产清单；处理与清算有关的合伙企业未了结的事务；清缴所负税款；清理债权债务；处理合伙企业清偿债务后的剩余财产；代表合伙企业参加民事诉讼活动。

2. 通知和公告债权人

清算人自被确定之日起10日内将合伙企业解散事项通知债权人，并于60日内在报纸上公告。债权人应当自接到通知书之日起30日内，未接到通知书的自公告之日起45日内，向清算人申报债权。债权人申报债权，应当说明债权的有关事项，并提供证明材料。清算人应当对债权进行登记。

3. 执行清偿任务

合伙企业财产在支付清算费用后，按下列顺序清偿：

（1）合伙企业所欠招用的职工工资和劳动保险费用；

（2）合伙企业所欠税款；

（3）合伙企业的债务；

（4）返还合伙人的出资。

合伙企业财产按上述顺序清偿后，仍有剩余的，由合伙人依照合伙协议约定的比例分配；合伙协议未约定分配比例的，由各合伙人平均分配。合伙企业清算时，其全部财产不足清算债务的，其不足部分由合伙人用其在合伙企业出资以外的财产依照合伙协议约定的比例承担清算责任；合伙协议未约定亏损分担比例的，由各合伙人用其合伙企业出资以外的财产平均分担清偿责任。合伙人由于承担连带责任，所清偿数额超过其应当承担的数额时，有权向其他合伙人追偿。合伙企业解散后，原合伙人对合伙企业存续期间的债务仍应承担连带责任，但债权人在5年内未向债务人提出偿债请求的，该责任消失。

4. 编制清算报告并办理注销登记

清算结束后,清算人应当编制清算报告,经全体合伙人签名后、盖章后,在15日内向企业登记机关报送清算报告,办理合伙企业注销登记。

【思考题】

1. 高崎、田一、丁福三人共同出资200万元,于2011年4月设立"高田丁科技投资中心(普通合伙)",从事软件科技的开发与投资。其中高崎出资160万元,田一、丁福分别出资20万元,由高崎担任合伙事务执行人。请回答以下问题。(2013年全国司法考试试卷三第92~94题)

(1)2012年6月,丁福为向钟冉借钱,作为担保方式,而将自己的合伙财产份额出质给钟冉。下列说法正确的是(　　)。

  A. 就该出质行为,高、田二人均享有一票否决权
  B. 该合伙财产份额质权,须经合伙协议记载与工商登记才能生效
  C. 在丁福伪称已获高、田二人同意,而钟冉又是善意时,钟冉善意取得该质权
  D. 在丁福未履行还款义务,如钟冉享有质权并主张以拍卖方式实现时,高、田二人享有优先购买权

(2)2013年2月,高崎为减少自己的风险,向田、丁二人提出转变为有限合伙人的要求。对此,下列说法正确的是(　　)。

  A. 须经田、丁二人的一致同意
  B. 未经合伙企业登记机关登记,不得对抗第三人
  C. 转变后,高崎可以出资最多为由,要求继续担任合伙事务执行人
  D. 转变后,对于2013年2月以前的合伙企业债务,经各合伙人决议,高崎可不承担无限连带责任

(3)2013年5月,有限合伙人高崎将其一半合伙财产份额转让给贾骏。同年6月,高崎的债权人李耕向法院申请强制执行其另一半合伙财产份额。对此,下列选项正确的是(　　)。

  A. 高崎向贾骏转让合伙财产份额,不必经田、丁的同意
  B. 就高崎向贾骏转让的合伙财产份额,田、丁可主张优先购买权
  C. 李耕申请法院强制执行高崎的合伙财产份额,不必经田、丁的同意
  D. 就李耕申请法院强制执行高崎的合伙财产份额,田、丁可主张优先购买权

2. 周橘、郑桃、吴柚设立一家普通合伙企业,从事服装贸易经营。郑桃因炒股欠下王椰巨额债务。下列哪些表述是正确的?(　　)(2012年全国

司法考试试卷三第72题)

A. 王梛可以郑桃从合伙企业中分取的利益来受偿

B. 郑桃不必经其他人同意，即可将其合伙财产份额直接抵偿给王梛

C. 王梛可申请强制执行郑桃的合伙财产份额

D. 对郑桃的合伙财产份额的强制执行，周橘和吴柚享有优先购买权

3. 张某、王某、李某、赵某各出资1/4，设立通程酒吧(普通合伙企业)。合伙协议未约定合伙期限。现围绕合伙份额转让、酒吧管理等事项，回答下列问题。(2011年全国司法考试试卷三不定项选择题第92~94题)

(1) 酒吧开业半年后，张某在经营理念上与其他合伙人冲突，遂产生退出想法。下列说法正确的是(　　)。

A. 可将其份额转让给王某，且不必事先告知赵某、李某

B. 可经王某、赵某同意后，将其份额转让给李某的朋友刘某

C. 可主张发生其难以继续参加合伙的事由，向其他人要求立即退伙

D. 可在不给合伙事务造成不利影响的前提下，提前30日通知其他合伙人要求退伙

(2) 酒吧开业1年后，经营环境急剧变化，全体合伙人开会，协商对策。按照《合伙企业法》的规定，下列事项的表决属于有效表决的是(　　)。

A. 张某认为"通程"二字没有吸引力，提议改为"同升酒吧"。王某、赵某同意，但李某反对

B. 鉴于生意清淡，王某提议暂停业1个月，装修整顿。张某、赵某同意，但李某反对

C. 鉴于酒吧之急需，赵某提议将其一批咖啡机卖给酒吧。张某、王某同意，但李某反对

D. 鉴于4人缺乏酒吧经营之道，李某提议聘任其友汪某为合伙经营管理人。张某、王某同意，但赵某反对

(3) 经全体合伙人同意，林某被聘任为酒吧经营管理人，在其受聘期间自主决定采取的下列管理措施符合《合伙企业法》规定的是(　　)。

A. 为改变经营结构扩大影响力，将经营范围扩展至法国红酒代理销售业务

B. 为改变资金流量不足情况，以酒吧不动产为抵押，向某银行借款50万元

C. 为营造气氛，以酒吧名义与某音乐师签约，约定音乐师每晚在酒吧表演2小时

D. 为整顿员工工作纪律，开除2名经常被顾客投诉的员工，招聘3名

新员工

4. 甲、乙、丙、丁打算设立一家普通合伙企业。对此，下列哪一表述是正确的？（   ）(2011年全国司法考试试卷三第29题)

A. 各合伙人不得以劳务作为出资

B. 如乙仅以其房屋使用权作为出资，则不必办理房屋产权过户登记

C. 该合伙企业名称中不得以任何一个合伙人的名字作为商号或字号

D. 合伙协议经全体合伙人签名、盖章并经登记后生效

5. 赵、钱、孙、李设立一家普通合伙企业。经全体合伙人会议决定，委托赵与钱执行合伙事务，对外代表合伙企业。对此，下列哪一表述是错误的？（   ）(2011年全国司法考试试卷三第30题)

A. 孙、李仍享有执行合伙事务的权限

B. 孙、李有权监督赵、钱执行合伙事务的情况

C. 如赵单独执行某一合伙事务，钱可以对赵执行的事务提出异议

D. 如赵执行事务违反合伙协议，孙、李有权决定撤销对赵的委托

第四章 公 司 法

【学习目的与要求】 通过本章的学习，掌握公司及公司法的概念和特征；区分公司与合伙企业的异同；熟悉有限责任公司和股份有限公司的设立、变更、解散、清算程序；理解公司的资本制度和组织结构；了解股东的权利和义务以及违反法律所应承担的法律责任；分辨股票和公司债券的异同。特别要着重学习2013年《公司法》新修改的部分。

第一节 公司的法律界定

一、公司的概念

公司是一个历史概念，它是生产力发展到一定历史阶段而出现的一种企业组织形式，是商品生产和商品交换的必然产物，并随着资本主义市场经济的发展而逐步发展、健全和趋于完善。在当今社会，公司是社会经济活动最主要的主体，也是最重要的企业形式。它是全人类的共同财富，人类社会的进步与发展需要它，也离不开它。然而在不同的国家，由于社会制度、经济结构、立法习惯以及法律体系的差异，公司的概念却不尽相同。即使在同一个国家，随着社会经济和公司法的发展，公司的概念也在发生某些变化。"公司"一词在我国有史料记载最早为庄子所用："积卑而为高，合小而为大，合并而为公之道，是谓公司。"其意旨为抛弃个人私利而从事共同之事。① 显然这里所指的公司含义与现代意义上公司的概念不同。在我国近代史料文献中，"公司"一词较早出现在1684年福建总督上奏康熙文书中的有关"公司货物"的表述中。② 较早规范使用"公司"一词的是"大清法规大全"中，光绪皇帝于1875年对商部奏折的批复。在该谕旨中，光绪命令"各省将

---

① 梁宇贤著：《公司法论》，台湾三民书局1980年版，第31页。
② 罗照：《寻找"公司"的源头》，载《中华工商时报》1995年8月11日。

军、督抚,于商务拟设各项公司,会同筹划,悉心经理"。① 1904 年随着《大清公司律》的颁发,"公司"一词才正式成为一个法律概念。从法律上讲,公司法所称的公司是一个舶来品,是随西方法律移植于中国而形成的。探究各国公司立法对公司的定义,我们不难窥视,各国公司法虽对公司定义的表述存在差异,但归纳起来主要有两种:

1. 以概括的方式规定公司的定义

大陆法系国家和地区的公司概念多采用这种定义方式,以日本和我国台湾地区为其代表。日本现行的《商法典》第 52 条规定:"本法所谓公司是指以从事商行为为目的而设立的社团。以营利为目的的社团虽然不是从事商行为的,也看做是公司。"并在第 54 条明确规定"公司为法人"。我国台湾地区"公司法"规定:"本法所称公司,谓以营利为目的依照公司法组织登记成立之社团法人。"在英美法系国家也有类似规定。美国《标准公司法》第 2 条规定:"公司是指受本法令管辖之营利公司。"

2. 只列举公司的类型未概括规定公司的定义

英美法系国家和地区多采用这种定义方式,这与英美法系国家和地区的立法习惯和法律传统密切相关,英美法系国家和地区不甚注重对法律概念的严格界定,因而缺少明确的公司定义。《牛津法律大辞典》中解释:公司是指数人处于共同目的而进行的组合,常常是为了营利而经营业务,对于合伙难以胜任的联合,一般采用这种组织形式。② 由此可见,英美国家在学理上强调公司是有别于合伙的组合,确认公司的本质属性有二:法人和有限责任。当然,在大陆法系国家也不乏此种定义方式。如德国等一些国家的公司法律,没有规定公司的定义,只是规定每种公司的定义或特征。如:德国商法典只分别对各种公司的定义作出规定,而无关于公司定义的规定。

3. 我国的公司概念

学界普遍认为,我国属于大陆法系国家,但我国立法者在制定公司法的过程中却采用英美法系国家和地区通常对公司的定义方式,也就是说,我国公司法只列举公司的类型未概括规定公司的定义。2013 年经修正的《中华人民共和国公司法》(以下简称《公司法》)就是明证。《公司法》第 2 条规定:"本法所称公司是指依照本法在中国境内设立的有限责任公司和股份有限公司。"第 3 条规定:"公司是企业法人,有独立的法人财产,享有法人财产权。公司以其全部财产对公司的债务承担责任。有限责任公司的股东以其认

---

① 江平主编:《新编公司法教程》,法律出版社 1994 年版,第 53 页。
② 《牛津法律大辞典》,光明日报出版社 1988 年版,第 188 页。

缴的出资额为限对公司承担责任；股份有限公司的股东以其认购的股份为限对公司承担责任。"

根据我国公司法规范的基本精神和上述相关立法规定，我们可以将公司定义为：公司是指依照公司法规定的条件和程序设立的以营利为目的的企业法人。

二、公司的特征

根据我们给公司所下的定义和国内外有关公司的立法规定，一般来讲，公司应当具备以下四个法律特征：

(一)活动的经营性

这个特征主要回答公司是干什么的。从本质上讲，公司是企业的一种组织形式，那么公司必须具有企业的一般属性，即从事生产经营活动。这一特征使公司同从事政治的国家机关，从事党务活动的党组织，从事文化、教育、卫生、体育活动的事业单位和从事社会公益活动的社会团体区别开来。需要明确的是，公司的经营活动并非一般的经营活动，它有其特定性，这一特定性表现在以下三个方面：

1. 连续性

公司的经营活动必须具有连续性，即公司的经营活动是连续不断的，它不是一次性或偶然性的经营活动。我国《公司法》第 211 条明确规定："公司成立后无正当理由超过 6 个月未开业的，或者开业后自行停业连续 6 个月以上的，可以由公司登记机关吊销营业执照。"

2. 范围性

公司的经营活动必须具有范围性，公司一定要在公司章程规定的并经登记机关核准的经营范围内从事生产经营活动。《公司法》第 12 条规定："公司的经营范围由公司章程规定，并依法登记。公司可以修改公司章程，改变经营范围，但是应当办理变更登记。公司的经营范围中属于法律、行政法规规定须经批准的项目，应当依法经过批准。"

3. 自主性

公司的经营活动还必须具有自主性，即公司作为一个独立的经济实体能够根据市场现状及其运作趋向，自主、及时地制定和调整自己的经营方针和投资计划，不受任何单位和个人的非法干涉。1993 年制定的《公司法》第 5 条第 2 款规定，公司在国家宏观调控下，按照市场需求自主组织生产经营，以提高经济效益、劳动生产率和实现资产保值增值为目的。由于自主性是公司本质特征的应有之意，故以后的《公司法》修订中，就没有把自主性直接写入法条之中，以求公司法法律规范的表述言简意赅。

(二)目的的营利性

这个特征主要回答公司从事经营活动的目的是什么。它是公司标志性特征，营利是公司存在和活动的基本动机和目的，是公司从事经营活动的出发点和归宿点，是公司的生命和根本，是公司与生俱来的本性。这也是公司区别于国家机关、事业单位和社会团体的重要标志。公司的营利性表现在以下两个方面：

1. 发起人设立公司的目的是为了营利

没有投资公司的收益和回报，发起人就不会投资公司。

2. 公司从事经营活动中的目的也是为了营利

发起人要实现设立公司的目的，就必然要求公司最大限度地追求利润，这样，公司只不过是发起人实现投资目的的法律工具而已。

需要说明的是营利泛指公司因经营而获得的利益，它不仅包括盈余，而且包括剩余财产。盈余是指净资产额超过公司资本及公积金的差额部分；而剩余财产则是指公司解散时于清算程序中，收取债权、清偿债务后，所剩的财产。因此，以营利为目的是指公司将盈余和剩余财产按照章程及有关规定分配给各位股东，而不是仅指将盈余分配给股东。

(三)地位的法人性

这个特征主要回答公司从事经营活动时的地位是什么。按地位，我们可以把企业分为法人企业和非法人企业。公司属于法人企业，也就是说公司是一种具有法人地位的企业组织。我国《公司法》第3条第1款规定："公司是企业法人，有独立的法人财产，享有法人财产权。公司以其全部财产对公司的债务承担责任。"这表明我国《公司法》对公司的地位进行了明确的定性。法人是具有民事权利能力和民事行为能力，依法独立享有民事权利和承担民事义务的组织。之所以说公司是法人，是因为公司具有法人的基本特征和条件。

1. 公司是依法成立的

公司是根据公司法及有关法律所规定的条件和程序而成立的。我国《公司法》对公司成立的条件和程序都作了较为严格的规定。从条件来讲，成立公司必须满足以下条件：第一，人的条件，即股东人数符合法律规定；第二，资本的条件，即有符合公司章程规定的全体股东认缴的出资额或者全体发起人认购的股本总额或者募集的实收股本总额；第三，章程条件，即发起人共同制定公司章程；第四，组织条件，即建立符合法定要求的组织机构；第五，物质条件，即还要有住所。从程序看，成立公司必须按照《公司法》

规定的程序运作，经公司登记机关登记注册，否则，就不能设立公司，即使设立也没有法律效力，同时还要承担一定的法律责任。

2. 公司有自己独立的必要财产

这是公司具备法人资格，从事经营活动的最基本的物质条件和基础，也是公司对外承担义务和责任的物质保证。公司独立的财产来源于股东出资和公司盈利积累。股东一旦把自己的财产投入公司，所投入的资产就与股东发生分离，形成公司的财产，公司就享有股东投资形成的全部法人财产权，股东丧失财产权取得的是对公司的股权。

3. 有自己的名称、组织机构和场所

公司的名称是一个公司区别于其他公司的符号标志，是反映公司法定种类、经营范围或特点的标志，是该公司享有权利和承担义务的标志；公司必须要有自己的名称，只有有了自己的名称，才能在法律上享有独立的人格。公司是人的有机集合体，健全的组织机构是其团体意志得以实现的组织保障。我国《公司法》第二章的第二节和第四章分别对有限责任公司和股份有限公司的组织机构作了详细的规定，主要包括议事机关即权力机关、执行机关和监督机构。公司场所是公司为实现其设立目的所实施经营行为的地方。公司还要有自己的住所，它是确定民事诉讼管辖权的依据和送达诉讼文书的处所。我国《公司法》第 10 条规定："公司以其主要办事机构所在地为住所。"这表明我国公司的住所为法定住所。

4. 公司能够独立承担法律责任

公司既然有自己独立的财产，那么就理所当然地应该独立承担法律责任。这主要表现在如下几个方面：首先，公司能够以自己的名义自主地从事经营活动、自负盈亏。公司独立享有因自己的经营而获得的权利，并承担相应的义务，并对公司的亏损独立承担责任。其次，公司对其法定代表人和代理人在其权限范围内所从事的经营活动，承担民事责任。我国《民法通则》第 43 条规定："企业法人对它的法定代表人和其他工作人员的经营活动，承担民事责任。"再次，公司能以自己的名义在法院起诉和应诉，它不仅是一个独立的民事主体，而且也是一个独立的诉讼主体。公司独立地承担法律责任，必须区别股东的责任与法人责任。股东不对公司的债务直接负责，股东和公司是两个各自独立的责任主体，公司所负债务统一由公司独立负责清偿，无论是有限责任股东还是无限责任股东，都不对公司债务负直接清偿责任。如果是无限责任公司先由公司以其全部财产清偿债务，如果不足清偿，无限责任股东则要间接承担责任。

5. 标准的法定性

从上述公司的定义可知，这里的标准是指条件标准和程序标准。也就是说，公司的设立需要满足哪些条件和程序，《公司法》对其都进行了明确的规定，这一内容我们在"地位的法人性"中已作详述，这里不再赘述。

三、公司与合伙企业的比较

公司与合伙企业作为两种最主要的商事主体，既有一些相同之处，也有许多不同之处。

(一)共同点

1. 主体相同

两者都必须有两个或两个以上的出资人或投资人，都体现了出资人或投资人的互相合作。

2. 出资与权益分配相同

合伙企业中的合伙人和公司中的股东都必须出资，且每个人都有自己的出资份额，盈利的分配和亏损的分担通常也都是与出资多少成正比的。

3. 目的相同

两者都以营利为目的，都具有经营共同事业的内容。

4. 名称相同

两者都可以有自己的商业名称，其活动都受商业法规的调整。

(二)不同点

1. 法律依据不同

公司设立的法律依据是《公司法》，合伙企业设立的法律依据是《合伙企业法》。

2. 法律地位不同

公司是法人企业，具有独立于其组成人员的法人资格；而合伙企业则不是法人企业，不具备法人资格，没有区别于其单个成员的完全独立的法律人格。

3. 设立基础不同

公司成立的基础是公司章程，而合伙企业成立的基础则是合伙协议。合伙协议与公司章程不同，前者是由全体合伙人共同制定的；后者则是由发起人制定的；前者的内容是不公开的，而后者的内容则是公开性的文件。

4. 构成人员及其人员之间的关系不同

公司的构成人员是股东，而合伙企业的构成人员是合伙人。公司股东之间主要是一种财产关系；而合伙企业的合伙人之间在很大程度上是一种人身信任关系。

5. 出资方式不同

公司的出资方式具有其局限性，根据《公司法》第27、83条的规定，股东可以用货币出资，也可以用实物、知识产权、土地使用权等可以用货币估价并可以依法转让的非货币财产作价出资；但是法律、行政法规规定不得作为出资的财产除外。从这两条规定来看，劳务是不能作为公司出资的。而合伙企业出资方式则较多样化，而且在经全体合伙人一致同意，劳务可以作为合伙企业的出资方式。

6. 出资转让不同

公司出资转让较为容易，根据《公司法》第71条的规定，有限责任公司的股东之间可以相互转让其全部或者部分股权。股东向股东以外的人转让股权，应当经其他股东过半数同意。股东应就其股权转让事项书面通知其他股东征求同意，其他股东自接到书面通知之日起满30日未答复的，视为同意转让。其他股东过半数以上不同意转让的，不同意的股东应当购买该转让的股权；不购买的，视为同意转让。经股东同意转让的股权，在同等条件下，其他股东有优先购买权。两个以上股东主张行使优先购买权的，协商确定各自的购买比例；协商不成的，按照转让时各自的出资比例行使优先购买权。公司章程对股权转让另有规定的，从其规定。而合伙企业则较为困难，《合伙企业法》对合伙企业财产的转让做了限制性的规定：在合伙企业存续期间，合伙人向合伙人以外的人转让其在合伙企业中的全部或部分财产份额时，须经其他合伙人一致同意；合伙人之间转让其在合伙企业中的全部或部分份额时，应当通知其他合伙人；合伙人依法转让其财产份额时，在同等条件下，其他合伙人有优先受让的权利。

7. 财产结构不同

公司是独立型财产结构，公司的财产与股东的财产是分离，股东财产投资公司后，就形成公司的财产，股东丧失财产权取得股权，公司对股东投资而形成的财产享有全部法人财产权。合伙企业则是共有型财产结构，我国《合伙企业法》只规定合伙企业的财产由全体合伙人依法共同管理和使用，以法律条文所体现的精神来看，在我国合伙企业的财产应为全体合伙人共同享有，即合伙人对合伙企业的财产不分份额地、公平地行使所有权。

8. 责任形式不同

公司的责任形式为有限责任。股东以出资额为限对公司承担有限责任，公司以其全部资产为限对公司债务承担有限责任。公司作为法人具有独立承担责任的能力，公司债权人不能直接向股东提出偿债请求。而合伙企业的责任形式为无限责任，合伙企业不具有法人资格，其财产归合伙人共有，当合伙企业的财产不足以清偿债务时，合伙人应当用自己个人的财产承担该不足部分的清偿责任。

9. 法定代表人不同

公司的法定代表人一般是公司董事长，根据《公司法》第13条的规定，公司法定代表人依照公司章程的规定，由董事长、执行董事或经理担任，并依法登记。公司法定代表人变更，应当办理变更登记。而合伙企业的法定代表人则是执行合伙事务的合伙人。

10. 表决办法不同

公司股东是按出资比例来行使表决权，出资比例多，股东所拥有的表决权就多；出资比例少，股东所拥有的表决权就少。《公司法》第42条规定："股东会会议由股东按照出资比例来行使表决权；但是，公司章程另有规定的除外。"合伙企业的表决办法不是按出资比例来行使表决权，而是按人头来行使表决权，即实行一人一票制。合伙人无论其出资多少，在对合伙事务议事时，每个合伙人都只有一票。

11. 争议解决的方式不同

公司受《公司法》强制规范的调整，其内部争议通常只能通过法院来解决；而合伙企业内部争议的解决可以在合伙协议中作出专门规定，这表明合伙企业内部争议的解决方式可以由当事人选择。

12. 盈余分配法定方式不同

公司的盈余分配法定方式是按照出资比例的多少来分配的。而合伙企业的盈余分配法定方式有两种：第一，合伙协议对盈余分配有约定分配比例的，合伙人依照合伙协议约定的比例分配；第二，合伙协议对盈余分配未约定分配比例的，由各合伙人平均分配。

13. 法定人数不同

公司的法定人数可以是一人，一个自然人或一个法人皆行；而合伙企业的法定人数只能是两人以上，并且只能是两个以上的自然人，不能是法人。

为了便于理解和记忆，我们可以把公司与合伙企业的区别用表格的形式表现如下：

序号	比较项目	公司	合伙企业
1	法律依据	《公司法》	《合伙企业法》
2	法律地位	法人	非法人
3	设立基础	公司章程	合伙协议
4	构成人员	股东	合伙人
5	出资方式	局限性	多样化
6	出资转让	较为容易	十分困难
7	财产结构	独立型	共有型
8	责任形式	有限责任	无限连带
9	法定代表人	董事长	执行合伙事务的合伙人
10	表决办法	按出资比例来行使表决权	按人头来行使表决权
11	争议解决的方式	只能通过法院来解决	可以由当事人选择
12	盈余分配法定方式	按照出资比例的多少来分配	依照协议约定比例分配或平均分配
13	法定人数	可以是一人	必须为二人以上

四、公司的基本分类

公司的分类有两个标准：法定标准和学理标准。

(一)公司的法定分类

1. 以股东对公司所负的责任为标准，可以把公司分为无限责任公司、有限责任公司、两合公司、股份有限公司、股份两合公司等

(1)无限责任公司(unlimited liability company)。无限责任公司简称无限公司，它是最早的公司形式，在法国称为普通公司；后改名为合名公司，在日本称为合名会社；在德国称为开名公司(把股东姓名公开就行)；在中国清朝时期称为合资公司(资本联合)，因为不太确切，后来改为无限公司，一直延续至今。

无限责任公司是指由两个以上的股东所组成的股东对公司的债务负连带

无限清偿责任的公司。无限公司有如下特点：①股东人数必须是两人以上。②大多数国家规定无限责任公司的股东只能是自然人而不能是法人。③公司的所有权与经营权是合二为一的，不发生分离。④股东对公司债务负连带无限清偿责任。⑤它是一个典型的人合公司。公司的资本并不重要，更重要的是组成公司成员的人品。

无限公司作为最早的一种公司形式，股东承担的风险极大，股东的信用在公司中表现得尤为重要，股东之间的关系具有浓厚的合伙性。因此，通常是在家族及亲朋之间的股东成立这种公司。伴随着其他现代公司形式的产生，这种公司形式的采用正日益减少。我国《公司法》没有规定无限公司这种形式，因为它可以用合伙企业来代替。

(2) 有限责任公司（limited liability company）。有限责任公司简称"有限公司"，首创于德国，日本称"有限会社"，美国称为"封闭式有限公司"，英国称为"私公司"。所谓有限责任公司是指股东以其出资额为限对公司承担责任，公司以其全部资产对公司的债务承担责任的公司。由于本书第四章专章讲述，在此不再赘述。

(3) 两合公司（limited partnership company）。两合公司是大陆法系国家的称谓，日本称为"合作会社"，在英国和美国没有两合公司的概念，仅有与两合公司相似的有限合伙。所谓两合公司是指由一个以上的无限责任股东和一个以上的有限责任股东组成的，无限责任股东对公司债务负连带无限清偿责任，有限责任股东对公司债务仅以其出资额为限对公司的债务负责的公司。两合公司具有如下特征：①股东有两种，一种是有限责任股东；另一种是连带无限责任股东。②两种股东在公司中的地位不同，有限责任股东不能执行公司的业务；无限责任股东执行公司业务，对外代表公司。③两合公司是人合兼资合公司，侧重点是人合。因此它可准用无限公司的有关规定。我国《公司法》没有规定这种形式，因为有限合伙企业可以代替它。

(4) 股份有限公司（limited company by share）。股份有限公司，简称"股份公司"，日本称为"株式会社"，美国称为"开放式有限公司"，英国称为"公公司"或"上市公司"。所谓股份有限公司是指将全部资本划分为等额股份，股东以其所持有的股份对公司承担责任，公司以其全部资本对公司债务承担责任的公司。由于本书第五章专章讲述，在此不再赘述。

(5) 股份两合公司（limited partnership company by share）。所谓股份两合公司是指由一人以上人次无限责任股东与五人以上人次有限股份股东所共同组成的，无限责任股东对公司的债务负连带无限责任，有限责任股东对公司的债务以其所认购的出资额为限对公司的债务负有限清偿责任。股份两合公司是由无限公司和股份有限公司的结合发展而来,这种公司的大多数问题适用无限责任公司和股份有限责任公司的有关法律规定。股份两合公司,在德、日、法等国家的公司立法中曾均有规定,但因这种公司实际上很少采用,德、日两国便予以废除。由此可见,股份两合公司基本上成为一种已被时代淘汰了的公司形式。我国《公司法》也没有确认这种公司形式。

根据我国《公司法》第2条的规定,我国公司的法定类型为有限责任公司和股份有限公司。

2. 以公司之间的控制关系为标准,可以把公司分为母公司和子公司

母公司是指拥有另一公司一定比例的股权或通过协议的方式能够对另一公司进行实际控股的公司。子公司是指其一定比例以上的股权被另一公司所拥有或通过协议的方式受另一公司实际控制的公司。母公司、子公司都具有独立的法人资格。我国《公司法》第14条第2款规定:"公司可以设立子公司,子公司具有法人资格,依法独立承担民事责任。"

3. 以组织管辖系统分类为标准,可以把公司分为总公司和分公司

总公司亦称本公司,是指对所属机构的经营、资金调度、人事安排等进行管辖和统一指挥的公司。总公司具有法人资格,在组织上统辖其分公司,总公司有权对分公司实行统一领导、协调指导和监督检查,总公司对分公司承担法律责任。最少要有3个以上的分公司才能称得上总公司。

分公司是指与总公司相对应,总公司在其住所以外依照法定条件和程序设立的并受其统辖的从事经营活动的不具有法人资格的分支机构或者附属机构。分公司不具有法人资格,分公司是总公司的组成单位,从本质上讲,分公司不是公司而是总公司的组成部分,分公司不能独立承担法律责任,分公司经营范围不能超过总公司的经营范围,分公司的一切活动都要事先经过总公司授权,经过总公司许可,分公司的行为所致的法律责任由总公司承担。正因为如此,我国《公司法》第14条第1款规定:"公司可以设立分公司。设立分公司,应当向公司登记机关申请登记,领取营业执照。分公司不具有法人资格,其民事责任由公司承担。"

4. 以国籍为标准,可以把公司分为本国公司和外国公司

本国公司是指依照本国的公司立法,在本国境内登记成立的公司;外国公司是指依照外国公司的立法,在中国境外登记设立的公司。我国《公司法》第191条规定:"本法所称外国公司是指依照外国法律在中国境外设立的公司。"按照我国《公司法》的规定,外国公司可以在我国境内设立分支机构,从事生产经营活动,但外国公司属于外国法人,其在中国境内设立的分支机构不具有中国法人资格。

(二)公司的学理分类

1. 以公司对外信用基础为标准,可以把公司分为人合公司、资合公司和人合兼资合公司

人合公司是指以股东个人的名誉、地位、声望作为公司对外经营活动的信用基础的公司。与这种公司进行交易时,不注重公司资本的多少,而注重每个股东个人的信用。无限公司是典型的人合公司。

资合公司是指以资本的结合作为公司对外经营活动的信用基础的公司。股份有限公司是典型的资合公司。

人合兼资合公司,亦称人资两合公司或折中公司,是指以股东信用的结合与资本的结合共同作为对外经营活动的信用基础的公司。最典型的人合兼资合公司是两合公司。

2. 以股东责任形式是否相同为标准,可以把公司分为一元公司和二元公司

一元公司又叫一元化公司或单元公司,是指由同类责任股东所组成的公司,即股东所负的责任形式相同的公司。

二元公司又叫二元化公司或复元公司,是指由负不同责任的两种股东所共同组成的公司。同一公司内部股东的责任形式有两种,一种股东负有限责任,另一种股东负无限责任。

第二节 公司法概述

一、公司法的概念

公司法是指国家为了实现对公司的宏观调控而制定的调整公司在设立、变更、终止以及其他对内对外活动中所发生的社会关系的法律规范的总称。其主要内容包括公司的种类、法律地位、性质、设立、内部组织结构和管理、财务制度、变更、解散与结算、公司责任等。由此可见,公司法是公司活动的行为准则,是国家管理公司的重要工具,是确立公司法律地位及其权利义务的基本依据。

对公司法的理解有两种:一种是广义的,即实质意义上的公司法。广义的公司法是指规定公司的设立、组织、活动、解散以及其他对内对外关系中所发生的社会关系的法律规范的总称。除《公司法》外,还包括其他法律、行政法规中有关公司组织和公司行为的立法。例如《中外合资经营企业法》、《中外合作经营企业法》、《外资企业法》中关于外商投资的有限责任公司的

特别规定;《商业银行法》中关于商业银行组织方面的特别规定以及《保险法》中关于保险公司的特别规定等。另一种是狭义的,即形式意义上的公司法,狭义的公司法仅指冠以"公司法"字样的公司法典或者单行公司法律、法规。如我国当前的公司法就其狭义而言,就是指于1993年12月29日第八届全国人民代表大会常务委员会第五次会议通过,于1999年、2004年、2005年、2013年多次修正的《中华人民共和国公司法》。此外,在有的国家,除成文法以外,有关公司方面的司法解释、判例、习惯、法理也被视为公司法法源,这属于广义公司法之列。

二、公司法的调整对象

依据上述公司法的定义,我们可以归纳出公司法的调整对象为:一定范围的特定的内外部关系,其具体表现为:

(一)公司的内部关系

公司的内部关系主要表现在以下五个方面:
(1)发起人之间的关系;
(2)股东之间的关系;
(3)发起人、股东与公司之间的关系;
(4)公司内部各组织机构之间的关系;
(5)公司内部经营管理关系;
其中股东与公司之间关系为最基本的内部关系。

(二)公司的外部关系

公司的外部关系主要表现在以下五个方面:
(1)公司与债权人之间的关系;
(2)公司与政府之间的关系;
(3)公司与有关专业性机构之间的关系;
(4)公司与证券交易所之间的关系;
(5)关联公司之间的关系。

三、公司法的性质

目前,学界有关公司法性质的主要观点有:"团体法说",即公司法具有团体法的性质,因为公司是一种团体;"人格法说",即公司法具有人格法的性质,因为颁布公司法的目的是为了确立公司的人格;"交易法说",即公司法具有交易法的性质,因为制定公司法的目的是为了保障公司交易的安全;"私法公法化说",即公司法具有私法公法化的性质,因为它是私法但又带有公法的性质;"成文法说",即从法的渊源来看的,公司法具有成文法性质。我们认为公司法的性质是指公司法的主要属性,即公司法在法律分类体系中的基本类别属性。从法律性质的视角来界定公司法的性质,公司法应属私法、商事法和商事主体法。

(一)公司法属于私法

早在古代罗马时期就存在公法与私法的划分。在查士丁尼的《学说汇纂》的前言中选用了罗马法学家乌尔比安的一句话:"有关罗马国家的法为公法,有关私人的法为私法。"[①]现代法学一般认为,凡涉及公共权利、公共关系、公共利益和上下服从关系、管理关系、强制关系的法,即为公法;而凡属个人利益、个人权利、自由选择、平权关系的法即为私法。我们认为,公司法属于私法的范畴。其原因在于公司法主要调整私人或民事主体之间的关系,调整的直接目的是保护和协调民事主体的私人利益,促进商业活动的增长和发展;调整的方法则主要是通过民事权利义务的设定和民事责任的追究。进入现代资本主义时期以来,西方国家政府开始更多地干预和管理社会经济活动,并将其政策规定于法律之中,从而出现了"私法公法化"的趋势。商事法也日益具有公法的色彩,尤其是其中的公司法更多地包含了公法性质的内容,但就其本性而言,公司法仍应属于私法。

(二)公司法属于私法中的商事法

在西方,商法是一个重要的法律部门,是调整各种商事关系的法律规范。按照各种商法所调整的具体对象的不同,商法又有许多分支,其中比较重要的有买卖法、商业登记法、公司法、票据法、保险法、海商法、破产法等。当然,商法本身有形式的商法与实质的商法之分。形式的商法,是指在民商分立的国家所制定的,以"商法典"命名的法典。实质的商法,则是指各种调整商事关系的法律规范,其中除统一的商法典外,也包括各种单行商事法规。无论在何种意义上,公司法都是商法中的一个重要分支。在民商分立的国家中,把公司法规定在商法典中;在民商合一的国家中,在民法中包括了公司法性质的规定;而许多国家,在商法或民法的一般规定外,又单独制定了单行的公司法。

(三)公司法属于商事法中的主体法

商事法中有的侧重调整商事主体,有的侧重调整商事活动,有的则侧重调整商事关系的客体或对象,而公司法是其中的商业组织法或商事主体法。公司是一种法人组织,因而对其实行法律调整的公司法即具有主体法或组织

---

① 朱景文著:《比较法导论》,中国检察出版社1992年版,第183页。

法的性质。

公司法作为主体法或组织法，首先它确认了公司的法律地位，赋予其法人资格。其次，公司法对公司从产生到消灭整个过程的各种法律关系和活动都作了具体、详尽的规定。

三、公司法的特征

（一）公司法是国家对公司进行宏观调控的法律依据

国家主要通过以下几种方式来对公司进行调控：首先，国家通过政策对公司进行间接调控；其次，运用经济杠杆对公司进行调控引导；再次，制定相应的政策进行调控；最后，制定管理规章进行调控。所有的这些宏观调控手段都以公司法为依据，都在公司法规范许可的范围内展开。

（二）公司法是组织法

所谓组织法是指规定某种社会组织的设立、解散、组织机构和活动范围的法律规范。组织法的突出特点是对所调整的社会组织的内部及外部关系作全面规范。由于公司是企业的一种组织形式，因此公司法在内容和形式上都具有组织法的特性。这主要表现为，公司法首先确认公司的法律地位，明确赋予其法人资格；同时对公司从设立到解散的全过程中发生的内部和外部关系作了全面、系统的规定，其中包括公司财产关系、公司内部组织管理机构的设置及其相互关系、公司与股东，以及股东与股东之间的关系等。

（三）公司法是公司自身活动的行为准则

公司不仅具有组织调整功能，而且还具备行为规范职能，也就是说公司法不仅是组织法，同时，它还是自身活动的行为准则，即行为法。需要说明的是，我们说公司是行为法，并不是说公司法对公司的全部经营活动和各种具体的商事行为都要进行规范。公司的活动范围很广，一般可以分为两类，一是与公司组织特点直接相关的商事活动，如股票的发行、交易，债券的发行和转让等；二是与公司组织特点无关的，但又是普遍的、具体的商事活动，如买卖合同等。公司法作为行为法并不规定各种具体的商事行为，而只是规定进行营利活动的形式和手段。也就是说，公司法只调整前一类活动，而不调整后一类活动，后一类活动由相关的法律予以调整，如合同法等。

（四）公司法是实体法和程序法相结合的法律部门

作为实体法，公司法规定了公司的一系列权利和义务关系；作为程序法，公司法详尽规定了不同的公司类型设立、变更、终止以及相关事务的程序和步骤等。

(五)公司法的规范具有强制性和任意性相结合的特点

法律规范包括任意性规范和强制性规范。所谓规范的强制性是指必须严格依照规范的规定执行，不能以个人的意志予以变更，公司法规范的强制性体现了国家对社会经济生活的干预。一方面，公司的设立和运作必须严格遵守公司法的规定，对违法者依法追究法律责任；另一方面，国家对依法设立的公司给予认可并通过公司法的强制性规范保护其合法权益不受侵犯。在我国 1993 年颁布的《公司法》中大量充斥着强制性规范，但是，过多的强制性规范在理论和实践上淡化了公司法的私法本质，强化了其公法特点。对于与公司法规定不一致的行为或者公司法没有规定的行为，行政和司法部门一般都视为无效。这无疑加大了公司的运作成本，降低了公司的经营效率，同时也不利于交易安全。我国 2005 年在对《公司法》进行修订的时候，弱化了其强制性，增加了很多任意性规范，如"公司章程另有规定的除外"、"公司章程另有规定或者全体股东另有约定的除外"、"除本法有规定的外，由公司章程规定"等任意性规范。因此，从整个单行公司法典来看，公司法的规范具有强制性和任意性相结合的特点。

(六)公司法是具有涉外因素的国内法

公司法是国内法，但是它不同于一般的国内法，而是含有涉外因素的国内法，其涉外因素主要体现在：(1)从立法的过程上来看，由于世界各国公司组织形态的相同或相似，各国的公司立法在某些内容上互相借鉴而使公司法具有国际性。(2)从我国公司法的具体内容来看，首先，我国公司法适用于外商投资的有限责任公司；其次，外国的法人、自然人在我国法律规定的范围内可以作为设立股份有限公司的发起人；最后，我国公司法对外国公司的分支机构作了专门规定。

第三节　有限责任公司

从公司类型发展的历史沿袭来看，有限责任公司在公司立法史中属于出现最晚的一种公司类型。有限责任公司最早可以追溯到德国于 1892 年颁布的《有限责任公司法》，至今也就百余年历史。这一公司形式基本上吸收了无限公司和股份有限公司的优点，避免了二者的不足，是对既有公司形式及实践经验的总结，也是对公司组织形式的发展和改革，顺应了经济发展和中小企业的需要。

一、有限责任公司的定义

对于什么是有限责任公司,在不同的国家,法律上的界定也不一样。德国 1892 年颁布的《有限责任公司法》规定,有限责任公司是指由一人或数人依法设立的,对公司债务仅依其公司财产向债权人承担责任的商事公司;法国 1966 年戴高乐政府制定的公司法规定,有限责任公司是指由一人或若干人仅依其出资额为限承担损失而设立的公司。

在我国,有限责任公司是指股东以其出资额为限对公司承担责任,公司则以公司的全部资产对公司的债务承担责任的企业法人。

跟其他国家和地区的公司法定义进行比较,我国的公司法定义着重强调以下三个方面的内容:(1)责任的"两个有限",一是股东以出资额为限对公司承担有限责任,另一个是公司以其全部出资为限对公司债务承担有限责任;(2)有限责任公司的法律性质,为企业法人;(3)对股东的人数未作规定,这一点不同于其他国家,我们对有限责任公司股东人数的规定是放在有限责任公司设立的条件中的。我国《公司法》第 24 条规定:"有限责任公司由 50 个以下股东出资设立。"

二、有限责任公司的法律特征

1. 责任的有限性

责任的有限性主要表现在两个方面:股东责任的有限性(内部责任),即股东以其出资额为限对公司承担有限责任;公司责任的有限性(外部责任),公司以其全部资产为限对公司承担有限责任。

2. 封闭性

有限责任公司封闭性的表现主要有:

首先,从股东人数来看具有封闭性,我国《公司法》对有限责任公司股东人数采用上限限制法,即有限责任公司由 50 个以下股东出资设立。

其次,从设立方式上来看具有封闭性,有限责任公司只能采用发起设立方式而不能采用募集设立方式,即筹集资本只能向发起人发起而不能向社会公众筹资。

再次,从股权证明来看具有封闭性,有限责任公司股东于公司成立后领取股单而非股票,该股单是不能上市交易的,也不能自由转让。

最后,经营管理方面也具有封锁性,例如,财务账户等不必向社会公开,转让出资困难,出资证明书也不像股票那样能上市交易。

3. 设立程序较为简便

在我国，有限责任公司的设立原则一般为准则主义，特殊情况的才须经过审批。也就是说，设立者只要满足《公司法》规定的设立有限责任公司所需的条件，办理登记手续后，公司即可成立。在设立过程中所涉及的许多事务主要表现为股东之间的内部事务，如设立协议的签订、公司章程的制定和出资的履行均主要由出资人自己掌握，立法不作过多的干预，从这些方面讲，其设立程序的确较为简便。

4. 组织机构的设置比较灵活

在我国，公司的组织机构可以根据公司的生产经营规模和股东人数的多少来选择设立不同规格的组织机构，这反映了有限责任公司组织机构设置的灵活性。比如公司的生产经营规模大且股东人数多，我们可以把有限责任公司的组织机构设置为股东会、董事会、经理和监事会；公司的生产经营规模小且股东人数少，我们可以把有限责任公司的组织机构设置为股东会、执行董事和执行监事会。国有独资公司其组织机构的设置则更为灵活，它不设股东会，只设有董事会、经理、监事会和职代会。

5. 人资两合性

有限责任公司不仅是人合公司而且是资合公司。有限责任公司本身就是汲取了无限公司和股份有限公司两者之长而舍其所短的产物。它汲取了股份有限公司的资合性，为的是使有限责任公司股东对公司债务能够以其出资额为限而承担有限责任，公司以其全部资产为限对公司债务承担有限责任；汲取无限公司人合性是为了加强有限责任公司股东之间的凝聚力。

三、有限责任公司设立的法定条件

有限责任公司作为法定公司形式之一，一个重要表现即在于该种公司的设立必须符合立法所规定的条件，依法定条件，获准国家注册机关的成立注册，取得法人资格。我国《公司法》第23条明确规定了设立有限责任公司的条件，具体包括有：

（一）人的条件——股东符合法定人数

从严格意义上讲，这里的股东实际上是指发起人。股东符合法定人数包括法定资格和所限人数两重含义。

1. 股东的法定资格

法定资格是指国家法律、法规和政策规定的可以作为股东的资格。根据我国《公司法》的规定，除国有独资的有限责任公司外，任何法人和自然人都可以设立有限责任公司，而且对发起人的国籍也没有具体限制，包括国家

(国有资产监督管理机构代表)、企业法人、事业单位和社会团体法人、公民个人和外商投资者。同时,依据我国现行法律规定,禁止党政机关及国家公务人员、限制民事行为能力的个人及无行为能力的个人作为公司的发起人。

2. 股东的法定人数

关于股东人数的立法限制,国外有两种形式:一种是单额限制,又叫上限限制法或下限限制法即单就股东人数最高额或最低额所作的限制;二是双额限制法,又叫上下限限制法即对股东人数的最高额和最低额都进行限制。这里的法律限定人数是指公司法规定的设立有限责任公司的股东人数。我国《公司法》第 24 条则对有限责任公司的股东人数限定为 50 个以下,允许一个法人或一个自然人投资设立一人有限责任公司,或由国有资产监督管理机构代表国家设立国有独资公司。这一规定表明我国公司立法对股东人数的规定已由过去的对一般的有限责任公司采取双额限制法和对国有有限责任公司采取单额限制法转化为单一的上限限制法。此种限制的目的,主要在于保证有限责任公司具有"人合性",同时也充分考虑到了国际上对一人有限责任公司普遍认同的趋势,也有利于社会资金投向经济领域。

(二)资本条件——有符合公司章程规定的全体股东认缴的出资额

公司资本是公司人格的绝对性构成要素之一,也是公司具有权利能力和责任能力的财产基础。2013 年修正的《公司法》规定了"有限责任公司的注册资本为在公司登记机关登记的全体股东认缴的出资额。法律、行政法规以及国务院决定对有限责任公司注册资本实缴、注册资本最低限额另有规定的,从其规定"。因此,在我国开办公司,法律不再强制规定在公司设立时必须要有最低限额的注册资本,而是可以由公司股东(发起人)在公司章程中自主约定认缴出资数额、出资方式及出资期限。

股东的出资方式也灵活多样,股东可以用货币出资,也可以用实物、知识产权、土地使用权等可以用货币估价并可以依法转让的非货币财产作价出资;但是,法律、行政法规规定不得作为出资的财产除外。对作为出资的非货币财产应当评估作价,核实财产,不得高估或者低估作价;法律、行政法规对评估作价有规定的,从其规定。股东应当按期足额缴纳公司章程中规定的各自所认缴的出资额。股东以货币出资的,应当将货币出资足额存入有限责任公司在银行开设的账户;以非货币财产出资的,应当依法办理其财产权的转移手续。有限责任公司成立后,发现作为设立公司出资的非货币财产的实际价额显著低于公司章程所定价额的,应当由交付该出资的股东补足其差额;公司设立时的其他股东承担连带责任。

(三)章程条件——股东共同制定公司章程

共同制定章程是公司设立的必要条件和必经程序之一。

1. 制定人及其方式

有限责任公司章程的制定在国外有两种立法例：一是共同订立主义，即有限责任公司章程必须由全体股东共同制定；二是委托订立主义，即有限责任公司的章程可以由一名或数名股东接受全体股东的委托而起草，再由全体股东同意及签名并使之成立。依据我国《公司法》第23条的规定，设立有限责任公司，由全体股东共同制定公司章程。

2. 公司章程的内容

公司章程的内容包括绝对记载事项、相对记载事项和任意记载事项。我国《公司法》第25条只对有限责任公司公司章程应载明的绝对记载事项予以规定，对相对记载事项交由全体股东依法作出选择后在章程中予以规定。对任意记载事项交由全体股东在章程中予以约定。依据我国《公司法》第25条的规定，有限责任公司章程应当载明下列事项：

(1)公司名称和住所；

(2)公司经营范围；

(3)公司注册资本；

(4)股东的姓名或者名称；

(5)股东的出资方式、出资额和出资时间；

(6)公司的机构及其产生办法、职权、议事规则；

(7)公司法定代表人；

(8)股东会会议认为需要规定的其他事项。

股东应当在公司章程上签名、盖章。

绝对记载事项是每个公司章程都必须一一记载的。在公司章程中，绝对记载事项如有缺少，或记载不合法，都会导致整个章程的无效。

3. 制定公司章程的要求

(1)公司章程上的法定条款要齐备；(2)章程的内容必须真实；(3)章程的内容要合法。

(四)名称与组织条件——有公司名称、建立符合有限责任公司要求的组织机构

1. 设立有限公司要有公司的名称

公司的名称是一公司区别另一公司的特定标志。有限责任公司作为权利义务的主体，具有法律上的人格，就应当要有自己的名称，这是设立有限责任公司应当具备的条件之一。公司的名称，须经公司的登记机关批准后才可

以使用。未经公司登记机关核准的名称，公司不准使用。

2. 设立有限责任公司，要建立符合有限责任公司要求的组织机构

根据有限责任公司生产经营规模的大小和股东人数的多少，有限责任公司组织机构可设计为股东会→董事会（执行董事）→监事会（执行监事）。

(五) 物质条件——有公司住所

依据我国《公司法》第10条的规定，公司以其主要办事机构所在地为住所。需要强调的是住所不同于生产经营场所。生产经营场所是指公司生产经营机构所在地，它的范围比住所要广泛，它既可以是公司主要办事机构所在地，也可以是公司其他生产经营机构所在地。随着商品经济的发展，公司规模不断扩大，一些公司开始拥有多处经营场所。跨国公司的发展甚至使公司的主要经营地与公司的主要办事机构所在地处于不同的国家，因此，从法律上确定公司的住所具有重要的意义。国际上有两种做法：一种是主要经营场所为公司住所，另一种是以主要办事机构所在地为公司住所。世界上多数国家是以主要办事机构所在地为公司住所。我国公司法就采用第二种做法，因为这样做既可以从总体上把握公司的情况，又有利于对公司的监督和管理。

四、有限责任公司设立的法定方式

关于有限责任公司的设立方式，按当代各国立法的规定，只能采用发起设立的方式而不允许采用募集设立的方式。根据发起人人数的多寡，发起设立又分为一人发起设立和数人发起设立。其中，一人发起设立又称为单独投资设立或者单独发起设立，数人发起设立又称为共同出资设立或者复数发起设立。一人发起设立是指发起人仅为一人的发起设立，此种设立方式仅为少数国家所认可。数人发起设立是指发起人为两人以上的发起设立。多数国家的立法规定，有限责任公司的设立必须采取复数发起设立方式。在我国，有限责任公司由50个以下股东出资设立。这表明我国有限责任公司的设立方式为一人发起设立和数人发起设立两种并存的设立方式：对一般的有限责任公司（发起人为2人以上50人以下）采用的设立方式为数人发起设立；对一人有限公司和国有独资公司采用的设立方式为一人发起设立。

五、设立的法定程序

根据《公司法》第二章及其他相关法律法规的规定，有限责任公司的设立主要经过以下程序：

(一) 发起人发起并签订设立协议

首先，发起人要具备法定资格条件。我国《公司法》对有关发起人资格

未作明确规定，但是依据我国有关法律法规可知，自然人作为发起人应当具有完全民事行为能力，法人作为发起人时不能违反现行立法的禁止性规定。其次，发起设立公司的可行性及预测。发起人首先要对拟设立的有限责任公司进行可行性分析和预测、确定设立公司的意向和组建方案。再次，共同签订发起人协议，通过发起人协议来明确发起人之间的权利和义务。最后，发起设立的法律责任。如果公司设立成功，该协议履行完毕，因设立所生的权利义务由公司承担；如果设立不成，如因设立对外负有债务，则应依设立协议由设立人对第三人承担连带责任。

(二)共同制定公司章程

首先，要共同制定公司章程，也就是说，每个股东都要参与章程的制定；其次，有关章程的内容要合法、规范、真实；最后，全体发起人要在章程上签名、盖章，并报登记机关批准后，方能正式生效。

(三)申请公司名称预先核准

根据《公司登记管理条例》第17条和《企业名称登记管理实施办法》第22条的规定，设立公司应当申请名称预先核准。法律、行政法规或者国务院决定规定设立公司必须报经批准，或者公司经营范围中属于法律、行政法规或者国务院决定在登记前须经批准的项目的，应当在报送批准前办理公司名称预先核准，并以公司登记机关核准的公司名称报送批准。公司名称预先核准有效避免了可能出现的公司名称不恰当、不规范、不合法状态下影响公司及时成立的状况，节省了设立者的时间和精力。至于公司名称预先核准的程序我们在前面章节已作介绍，在此就不再赘述。

(四)设立审批

这一程序并非所有有限责任公司的设立都必须经过的程序，一般情况下，只要不涉及法律、法规的特别要求，其设立直接注册登记即可。但是依照我国《公司法》第6条第2款的规定，对于法律、行政法规规定必须报经批准的，应当在公司登记前依法办理批准手续。根据我国法律的规定，需要办理审批的有限责任公司有以下几类：一是法律、法规规定必须经审批的，如设立经营证券业务类的有限责任公司，就应事先经证券管理部门批准；二是公司营业项目中有必须报经审批的公司，如设立烟草买卖方面的公司，就必须经过国家烟草管理部门进行审批方可设立；此外，我国国有企业股份制改组为有限责任公司也必须经过审批。

(五)足额缴纳出资

我国《公司法》第28条对此作了明确的规定，加之我们在有限责任公司的设立条件中对有限责任公司的出资作了详尽的分析，在此我们也不赘述。

(六)申请设立登记

股东认足公司章程规定的出资后,由全体股东指定的代表或者共同委托的代理人向公司登记机关报送公司登记申请书、公司章程等文件,申请设立登记。

(七)登记发照

登记机关对申请登记时提供的材料进行审查后,认为符合法律规定的,将予以登记并发给营业执照,有限责任公司即告成立。公司营业执照签发之日,为有限责任公司成立之日。自成立之日起,公司取得法人资格,可以公司的名义对外从事经营活动。凭登记机关颁发的企业法人营业执照,公司可以刻制印章、开立银行账户、申请纳税登记。

为了便于学习和记忆,我们把有限责任公司的设立程序表示如下:

发起人发起并签订设立协议→共同制定公司章程→申请公司名称预先核准→设立审批→足额缴纳出资→申请设立登记→登记发照。

第四节 有限责任公司的组织机构

公司的组织机构是公司的权力机关、执行机关和监督机关等机构的总称。有限责任公司组织机构的设置因公司股东人数多少和规模大小而有所不同,一般来讲,有限责任公司的组织机构主要包括股东会、董事会或执行董事、经理、监事会或监事。

一、股东会

(一)股东会的性质

依据我国《公司法》第36条的规定,有限责任公司股东会由全体股东组成。股东会是公司的权力机构,依照本法行使职权。它包括以下几个方面的含义:

(1)股东会由全部股东构成;

(2)股东会是公司的权力机构,是表达股东意愿和要求,维护其权益的意思机构;

(3)关系到公司的存亡安全问题由股东会来决定;

(4)股东会又产生了董事会和监事会,由它们对它负责并作报告工作;

(5)股东会是一种非常设机构,股东会对外不代表公司,对内不执行公司的业务。

(二)股东会的职权

依据我国《公司法》第37条的规定,股东会行使下列职权:

(1)决定公司的经营方针和投资计划;

(2)选举和更换非由职工代表担任的董事、监事,决定有关董事、监事的报酬事项;

(3)审议批准董事会的报告;

(4)审议批准监事会或者监事的报告;

(5)审议批准公司的年度财务预算方案、决算方案;

(6)审议批准公司的利润分配方案和弥补亏损方案;

(7)对公司增加或者减少注册资本作出决议;

(8)对发行公司债券作出决议;

(9)对公司合并、分立、解散、清算或者变更公司形式作出决议;

(10)修改公司章程;

(11)公司章程规定的其他职权。

对上述所列事项股东以书面形式一致表示同意的,可以不召开股东会会议,直接作出决定,并由全体股东在决定文件上签名、盖章。

为了便于理解和记忆,我们可以把股东会的职权归纳总结如下:

(1)决定权:①决定公司的经营方针和投资计划;②决定有关董事、监事的报酬事项。

(2)选举变更权:选举和更换非由职工代表担任的董事、监事。

(3)审议批准权。审议批准的内容主要体现在两个报告三个方案上,两个报告是指董事会报告和监事会或者监事的报告;三个方案是指年度财务预决算方案、利润分配方案和弥补亏损方案。

(4)决议权:①增加或者减少公司的注册资本;②发行公司债券;③公司合并、分立、解散、清算或者变更公司形式。

(5)修改权:修改公司章程的权利。

(6)其他章定权利。

(三)股东会的议事方式和表决程序

我国《公司法》第43条第1款规定:"股东会的议事方式和表决程序,除本法有规定的外,由公司章程规定。"也就是说,凡是《公司法》对议事方式作出规定的,依据《公司法》的规定;《公司法》没有规定的,依据公司章程的规定。即我国公司法对股东会的议事方式采用法定和章定相结合的立法例,主要由公司章程规定。关于股东的表决权,域外立法既有奉"均一主义"标准的,也有奉"资额主义"标准的。前者是指一个股东不论出资多少即有一项表决权,侧重于维护公司的人合性;后者是指按股东的出资股数或出资比例来分配股东表决权,侧重于维护公司的资合性。依我国《公司法》第42条"股东会会议由股东按照出资比例行使表决权;但是,公司章程另有规定的除外"的规定,在股东权的配给方面,我国采用"资额主义"标准。关于股东会的决议,根据其议事方式和表决程序的不同,一般可以分为普通决议与特别决议两种。普通决议是就公司的一般事项所作的决议,需要代表1/2以上表决权的股东通过。特别决议则是就公司特别重大的事项所作的决议,需要代表2/3或者3/4以上表决权的股东通过。我国《公司法》第43条第2款规定:"股东会会议作出修改公司章程、增加或者减少注册资本的决议,以及公司合并、分立、解散或者变更公司形式的决议,必须经代表2/3以上表决权的股东通过。"相比较而言,我国立法所规定的特别决议的表决权数比西方国家低。

(四)股东会会议制度

1. 股东会会议的类型

股东会会议的类型因召开的原因、时间的不同,而有所区别。股东会会议可以分为首次会议、定期会议和临时会议。

(1)首次会议,是指有限责任公司成立后的第一次会议。首次股东会会议由出资最多的股东召集和主持,依照《公司法》规定行使职权。

(2)定期会议。定期会议应当依照公司章程的规定按时召开。由于实践中该期限多为1年,因此又可以称为股东会年度会议。

(3)临时会议,是指根据公司情况,依照法定程序不定时召开的股东会会议。股东会临时会议的召开,应满足以下条件:代表1/10以上表决权的股东,1/3以上的董事,监事会或者不设监事会的公司的监事提议召开临时会议的,应当召开临时会议。

2. 股东会会议的召集与主持

有限责任公司设立董事会的,股东会会议由董事会召集,董事长主持;董事长不能履行职务或者不履行职务的,由副董事长主持;副董事长不能履行职务或者不履行职务的,由半数以上董事共同推举一名董事主持。

有限责任公司不设董事会的,股东会会议由执行董事召集和主持。

董事会或者执行董事不能履行或者不履行召集股东会会议职责的,由监事会或者不设监事会的公司的监事召集和主持;监事会或者监事不召集和主持的,代表1/10以上表决权的股东可以自行召集和主持。

3. 股东会会期

召开股东会会议,应当于会议召开15日前通知全体股东;但是,公司章程另有规定或者全体股东另有约定的除外。关于会议通知的形式，我国《公司法》没有明确规定。公司法对会议通知应有形式上的要求，一般应采用信函的方式发出，有的国家，如德国、奥地利特别要求采用挂号信函的方式发出。

4. 股东会会议记录

股东会应当对所议事项的决定作成会议记录，出席会议的股东应当在会议记录上签名。会议记录应当妥善保存。

二、董事会

（一）董事会的性质

有限责任公司董事会的性质，我们可以从以下几个方面来把握：首先，董事会是有限责任公司的业务执行机构或者经营管理机关；其次，它由有限责任公司股东会产生且对它负责；再次，它对内有权执行公司业务，对外有权代表公司；最后，它是一个常设性机构。

（二）董事会的构成

（1）从成员的构成看，董事长1人，可以设立副董事长的，副董事长人数为1~2人和董事若干人；其成员总人数为3~13人。

（2）董事长、副董事长的产生办法由公司章程规定，一般情况下，董事长是公司的法定代表人。

（3）不管是股东还是非股东都可以被选为董事；也就是说，董事是由两种人员构成的：一种是职工代表作为董事，另一种是股东作为董事即非职工代表董事。职工代表董事一般是由公司职工通过职工代表大会、职工大会或者其他形式民主选举产生。非职工董事是由股东会选举产生。我国《公司法》第45条对董事成员的构成是分两种情况的，一种是国有有限责任公司，其董事会成员中"应当"有公司职工代表；另一种是一般的有限责任公司，其董事会成员中"可以"有公司职工代表。

（4）董事的任期。我国《公司法》第45条规定："董事任期由公司章程规定，但每届任期不得超过3年。董事任期届满，连选可以连任。董事任期届满未及时改选，或者董事在任期内辞职导致董事会成员低于法定人数的，在改选出的董事就任前，原董事仍应当依照法律、行政法规和公司章程的规定，履行董事职务。"

（三）董事会的职权

董事会对股东会负责，行使下列职权：

（1）召集股东会会议，并向股东会报告工作；

(2) 执行股东会的决议；

(3) 决定公司的经营计划和投资方案；

(4) 制订公司的年度财务预算方案、决算方案；

(5) 制订公司的利润分配方案和弥补亏损方案；

(6) 制订公司增加或者减少注册资本以及发行公司债券的方案；

(7) 制订公司合并、分立、解散或者变更公司形式的方案；

(8) 决定公司内部管理机构的设置；

(9) 决定聘任或者解聘公司经理及其报酬事项，并根据经理的提名决定聘任或者解聘公司副经理、财务负责人及其报酬事项；

(10) 制定公司的基本管理制度；

(11) 公司章程规定的其他职权。

为了便于学习和记忆，我们把董事会的职权归纳总结为：召集报告权→执行权→制订权→决定权→制定权→其他职权。

在这里我们要着重强调以下几个问题。第一，决定权，它包括三个方面的内容：一是决定公司的"经营计划和投资方案"，这里一定要与股东会行使决定公司的"经营方针和投资计划"的权利相区别；二是决定公司内部管理机构的设置；三是决定经理和副经理的聘任或者解聘及其报酬事项，实际上这也是在讲经理和副经理的产生办法和辞退办法。第二，要严格区分制定权与制订权在权利范围上的区别。

(四) 董事会会议

1. 董事会会议的种类

董事会分为定期会议和临时会议两种。董事会的定期会议，应当按公司章程的规定按时召开。通常每半年至少召开一次。董事会临时会议仅在必要时召开。

2. 董事会的召集与主持

董事会会议由董事长召集和主持；董事长不能履行职务或者不履行职务的，由副董事长召集和主持；副董事长不能履行职务或者不履行职务的，由半数以上董事共同推举一名董事召集和主持。

3. 董事会的议事方式和表决程序

董事会的议事方式和表决程序，除《公司法》有规定的外，由公司章程规定。董事会决议的表决，实行一人一票，董事长也只有一票。

4. 董事会会议记录

董事会应当对所议事项的决定作成会议记录，出席会议的董事应当在会议记录上签名。

需要补充说明的是，对于董事会会议的会期和程序，各国公司立法多无限制性的规定。我国1993年制定的《公司法》曾规定每次会议应当于会议召开前10日内通知全体股东，但2005年修订后的《公司法》取消了这一限制，这是与国际通例接轨的。

(五)经理

1. 经理的性质

经理是辅助董事会的机构。我国《公司法》第13条规定："公司法定代表人依照公司章程的规定，由董事长、执行董事或者经理担任，并依法登记。公司法定代表人变更，应当办理变更登记。"2005年《公司法》对经理的定性不同于1993年的《公司法》。1993年《公司法》对经理的定性为：经理是公司的高级职员而不是公司的法定代表人，是辅助董事会的机构。2005年《公司法》对经理的定性为：经理是辅助董事会的机构。依照公司章程的规定，经理是可以担任公司法定代表人的。

2. 经理的职权

根据我国《公司法》第49条的规定，有限责任公司可以设经理，由董事会决定聘任或者解聘。经理对董事会负责，行使下列职权：

(1) 主持公司的生产经营管理工作，组织实施董事会决议；
(2) 组织实施公司年度经营计划和投资方案；
(3) 拟订公司内部管理机构设置方案；
(4) 拟订公司的基本管理制度；
(5) 制定公司的具体规章；
(6) 提请聘任或者解聘公司副经理、财务负责人；
(7) 决定聘任或者解聘除应由董事会决定聘任或者解聘以外的负责管理人员；
(8) 董事会授予的其他职权。

公司章程对经理职权另有规定的，从其规定。经理列席董事会会议。

三、监事会

(一)监事会的性质

监事会是有限责任公司的监督、检查机构，是对公司董事和高级管理人员的经营管理行为以及公司财务进行监管的常设机构。

(二)监事会的组成

监事会由监事组成，其成员不得少于3人。股东人数较少或者规模较小的有限责任公司，可以设1~2名监事，不设监事会。监事会应当包括股东代表和适当比例的公司职工代表，其中职工代表的比例不得低于 1/3，具体比例由公司章程规定。监事会中的职工代表由公司职工通过职工代表大会、职工大会或者其他形式民主选举产生。董事、高级管理人员不得兼任监事。监事会设主席 1 人，由全体监事过半数选举产生。

(三) 监事会的职权

依据我国《公司法》第 53 条的规定，监事会、不设监事会的公司的监事行使下列职权：

(1) 检查公司财务；

(2) 对董事、高级管理人员执行公司职务的行为进行监督，对违反法律、行政法规、公司章程或者股东会决议的董事、高级管理人员提出罢免的建议；

(3) 当董事、高级管理人员的行为损害公司的利益时，要求董事、高级管理人员予以纠正；

(4) 提议召开临时股东会会议，在董事会不履行本法规定的召集和主持股东会会议职责时召集和主持股东会会议；

(5) 向股东会会议提出提案；

(6) 依照本法第 152 条的规定，对董事、高级管理人员提起诉讼；

(7) 公司章程规定的其他职权。

监事可以列席董事会会议，并对董事会决议事项提出质询或者建议。监事会、不设监事会的公司的监事发现公司经营情况异常，可以进行调查；必要时，可以聘请会计师事务所等协助其工作，费用由公司承担。

为了便于学习和记忆，我们把监事会的职权归纳总结为：检查权→监督罢免权→纠正权→临时会议提议召开权→提案权→提起诉讼权→质询建议权→调查权→其他职权。

(四) 监事的任期

监事的任期每届为 3 年。监事任期届满，连选可以连任。监事任期届满未及时改选，或者监事在任期内辞职导致监事会成员低于法定人数的，在改选出的监事就任前，原监事仍应当依照法律、行政法规和公司章程的规定，履行监事职务。

(五) 监事会会议

1. 监事会会议类型

监事会会议可分为定期会议和临时会议。定期会议每年至少要召开一次会议。临时会议可由监事根据公司的具体情况提议召开。

2. 监事会的议事方式和表决程序

监事会的议事方式和表决程序，除《公司法》有规定的外，由公司章程规定。监事会决议应当经半数以上监事通过。

3. 监事会的召集与主持

监事会主席召集和主持监事会会议；监事会主席不能履行职务或者不履行职务的，由半数以上监事共同推举1名监事召集和主持监事会会议。

4. 监事会的会议记录

监事会应当对所议事项的决定作成会议记录，出席会议的监事应当在会议记录上签名。

5. 监事会会费负担

监事会、不设监事会的公司的监事行使职权所必需的费用，由公司承担。

第五节 一人有限责任公司和国有独资公司

一、一人有限责任公司的概念和特征

一人有限责任公司是指只有一个自然人股东或一个法人股东的有限责任公司。其特征主要表现为以下方面：

(1) 股东的唯一性。不论是一名自然人发起设立的一人有限责任公司，还是有限公司的股份全部转归一人持有的一人公司，在其成立或存续期间，公司股东仅为一人，要么是一个自然人，要么是一个法人。

(2) 责任的有限性。一人有限责任公司的股东以其出资为限对公司债务承担有限责任，公司以其全部资产为限对公司债务独立承担责任。

(3) 一人有限责任公司，特别是自然人一人有限责任公司的所有者和经营者大多是不分的。

二、一人有限责任公司的特别规定

(一) 严格的衍生设立制度

依据《公司法》第58条第2款的规定，一个自然人只能投资设立一个一人有限责任公司。在这里要强调两个问题：首先，一人有限责任公司的衍生设立只能进行一次，不能在衍生设立后的一人有限责任公司的基础上再进行二次衍生设立；其次，一人有限责任公司一次衍生设立说是针对一个自然人投资设立的一人有限责任公司，对于由一个法人投资设立的一人有限责任公司则不受一次衍生设立说的限制，也就是说，一个法人投资设立的一人有限责任公司是可以进行二次衍生设立的。

(二) 严格的登记公示制度

一人有限责任公司应当在公司登记中注明自然人独资或者法人独资，并在公司营业执照中载明。其目的在于使与之交易的第三人能够清楚地知道公司的唯一股东是自然人还是法人，第三人在明知一人有限责任公司股东属性的基础上进行信用和风险的自主判断后，进而决定是否与之进行交易。

(三) 严格的财务审计制度

一人有限责任公司应当在每一会计年度终了时编制财务会计报告，并经会计师事务所审计。而一般有限责任公司的公司财务具有封闭性，在一般情况下不让他人知晓，更不会经会计事务所审计，它属于公司的内部信息。之所以如此规定，其目的在于保护善意第三人的合法利益。

(四) 人格否认制度

一人有限责任公司的股东不能证明公司财产独立于股东自己的财产的，应当对公司债务承担连带责任。也就是说，一人有限责任公司不能证明公司财产独立于个人财产，那么《公司法》就对一人有限责任公司法人资格进行否定，责令其对公司债务承担无限责任。这样就发生了两个变化：一是一人有限责任公司性质和地位发生了变化——由法人变成了非法人；二是责任形式发生了变化——由有限责任变成了无限责任。

三、国有独资公司

(一) 国有独资公司的概念和特征

国有独资公司，是指国家单独出资、由国务院或者地方人民政府授权本级人民政府国有资产监督管理机构履行出资人职责的有限责任公司。与一般有限责任公司相比较，国有独资公司具有以下特征：

1. 股东的单一性

国有独资公司的股东是唯一的，要么是国家，要么是国务院或者地方人民政府授权的本级人民政府国有资产监督管理机构。

2. 资产的国有性

国有独资公司资产属于国家所有。

3. 责任的有限性

与一般有限责任公司一样，股东以出资额为限对公司承担有限责任，公司以其全部资产为限对公司承担有限责任。

4. 适用范围的特定性

国有独资公司适用于国务院确定的生产特殊产品的公司或者属于特定行业应当采取国有独资公司的形式。通常，以下两类企业采用国有独资公司形式：一类是国家投资处于独占地位的企业，应当采取国有独资公司形式；另一类是非竞争性或竞争性不强的企业，根据需要可以采取国有独资公司形式。

5. 职工民主管理

依照我国《公司法》第67、70条的规定，董事会成员中应当有公司职工代表。董事会成员中的职工代表由公司职工代表大会选举产生。国有独资公司监事会成员不得少于5人，其中职工代表的比例不得低于1/3，具体比例由公司章程规定。监事会成员中的职工代表由公司职工代表大会选举产生。从其规定来看，国有独资公司实行职工民主管理制度，这也是国有独资公司与一般有限责任公司的显著特征。

（二）国有独资公司组织机构的特别规定

1. 国有独资公司权力机关的特别规定

国有独资公司不设股东会，由国有资产监督管理机构行使股东会职权。国有资产监督管理机构可以授权公司董事会行使股东会的部分职权，决定公司的重大事项，但公司的合并、分立、解散、增加或者减少注册资本和发行公司债券，必须由国有资产监督管理机构决定；其中，重要的国有独资公司合并、分立、解散、申请破产的，应当由国有资产监督管理机构审核后，报本级人民政府批准。所谓的重要的国有独资公司，按照国务院的规定确定。在这里我们要强调的是，国有独资公司不设立股东会，其决策权由国有资产监督管理机构来行使，这是国有独资公司决策权主体的原则性规定；在这个原则性的大前提下，国有独资监督机构可以通过授权的形式把股东会的部分职权让渡给董事会来行使，但是董事会行使的只是部分股东会职权而不是全部。也就是说，对于重大国有企业的合并、解散或者申请破产，国家授权投资机构只有审核权，批准权掌握在本级人民政府手中。

2. 国有独资公司执行机关——董事会的特别规定

国有独资公司设董事会，其职权的行使与有限责任公司相同。董事每届任期不得超过3年。董事会成员中应当有公司职工代表。董事会成员由国有资产监督管理机构委派；但是，董事会成员中的职工代表由公司职工代表大会选举产生。董事会设董事长一人，可以设副董事长。董事长、副董事长由国有资产监督管理机构从董事会成员中指定。在这里要强调几个问题。首先，董事的人选来自两个方面：一是委派产生，即董事会成员由国有资产监督管理机构委派；二是选举产生，即董事会成员中的职工代表由公司职工代表大会选举产生。其次，董事长、副董事长的产生办法由国有资产监督管理机构从董事会成员中指定。即董事长和副董事长不是通过选举产生而是通过指定产生。最后，董事的每届任期不得超过3年，但是董事任期届满以后可否连选连任，我国《公司法》没有明确规定。而根据我国《公司法》第45条第1款的规定，有限责任公司董事任期届满，连选可以连任。

3. 国有独资公司监督机关——监事会的特别规定

国有独资公司监事会成员不得少于5人，其中职工代表的比例不得低于1/3，具体比例由公司章程规定。监事会成员由国有资产监督管理机构委派；但是，监事会成员中的职工代表由公司职工代表大会选举产生。监事会主席由国有资产监督管理机构从监事会成员中指定。在这里要强调几个问题。首先，监事的人选来自两个方面：一是委派产生，即监事会成员由国有资产监督管理机构委派；二是选举产生，即监事会成员中的职工代表由公司职工代表大会选举产生。其次，监事会主席的产生办法由国有资产监督管理机构从监事会成员中指定。即监事会主席不是通过选举产生而是通过指定产生。再次，有关职工监事比例的问题，原则性不低于1/3，具体比例由公司章程规定。最后，监事会行使本法第54条第(1)项至第(3)项规定的职权(检查权、监督罢免权和纠正权)和国务院规定的其他职权。

第六节　股份有限公司的法律界定

一、股份有限公司的概念

关于股份有限责任公司的概念，不少国家或地区的公司法进行了界定。如德国公司法规定：股份有限责任公司有5个以上发起人，其基本资本划分成股份，是有独立法人资格的商事公司；法国公司法规定：股份有限责任公司是指公司的资本划分成股份，由以其出资额为限承担责任的股东设立的公司，为股份有限公司，股东的人数不应低于7人。我国的股份有限公司是指其全部资本划分为等额股份，股东以其所持有的股份为限，对公司承担责任，公司以其全部资产为限，对公司债务承担责任的企业法人。

二、股份有限公司的法律特征

股份有限责任公司具有以下特征：

1. 信用基础的资合性

公司的资本和资产不仅是公司进行经营的基本条件，也是公司对外承担债务的总担保。因此，股份有限公司实行严格的资本确定原则、资本维持原则和资本不变原则。股份有限公司对外的信用在于公司的资本，与公司成员的信用无关,这明显区别于人合公司;股份有限公司的股份可以自由转让,股东的频繁变动不会影响公司的存续及经营状况;股份有限公司的资合性决定了公司股东只能以现金或实物出资,而不能以信用或劳务出资。

2. 资本的股份化和股份的均等化

资本的股份化和股份的均等化是指把股份有限公司的全部资本划分为股份,且每股的金额又是相等的。股份乃公司资本的最小计算单位,一股一权,权数与持股数成正比,股东权的计算、行使、转让均以股份为单位。资本的股份化和股份的均等化不仅能适应股份有限公司公开发行股份、募集社会资金的需要,而且也便于股东权的行使和利润分配。

3. 责任的有限性

责任的有限性主要表现在两个方面:股东责任的有限性(内部责任),即股东以其出资额为限对公司承担有限责任;公司责任的有限性(外部责任),公司以其全部资产为限对公司承担有限责任。

4. 经营状况的公开性

一些英美法系国家因股份有限公司具有这一特征而直接称其为开放式公司。股份有限公司股份发行的公开性及股份转让的自由性,使得股份有限公司的经营状况不仅要向股东公开,而且还要向社会公开,使社会公众了解公司的经营状况,以最大限度地保护公司股东、债权人及社会公众的利益。对于公开发行股票的股份有限公司来说,因其社会性更强,其经营状况的公开性则表现得更为突出。上市公司必须将其一切重要的经营事项全面、及时、准确地向社会公开。就法定或重大事项而言,上市公司是没有秘密的,这种公开性的特点与有限责任公司的封闭性完全不同。

5. 资金来源的广泛性和股东的变迁性

从股份有限责任公司的设立方式来看,公司资本的公开募集有利于广泛吸收社会资金,积少成多,形成规模型企业所需的资本。股份转让的自由性也决定了股东的变迁性。公众只要支付股金、购买股票就可以成为公司的股东;也可以在法定场所依法定方式抛售股票,转让自己的股东身份。

6. 两权的分离性

从经济学的视角来看,股份有限公司使得社会生产的管理职能与资本所有者相分离,即股份有限公司的经营权与资本所有者的所有权相分离,股东享有所有权,董事、经理享有经营权;同时,从法学的视角来看,股份有限公司实现了股东的股权与公司的法人财产权相分离,股东享有股权,公司享有法人财产权。

第七节 股份有限公司的设立

一、股份有限责任公司设立的法定条件

股份有限公司的设立,从本质上讲,与其他公司一样,都是设立人为了使公司成立并取得法人资格而依照法定程序依次所进行的一系列法律行为的总称。股份有限公司只有经过设立的法定程序,才能使公司成立,才能取得从事生产经营的资格和独立的法人资格。

我国《公司法》第76条规定:"设立股份有限公司,应当具备下列条件:(一)发起人符合法定人数;(二)有符合公司章程规定的全体发起人认购的股本总额或者募集的实收股本总额;(三)股份发行、筹办事项符合法律规定;(四)发起人制订公司章程,采用募集方式设立的经创立大会通过;(五)有公司名称,建立符合股份有限公司要求的组织机构;(六)有公司住所。"下面我们围绕这六个条件分别展开详述。

(一)人的条件——发起人符合法定人数

我国《公司法》第78条规定:"设立股份有限公司,应当有2人以上200人以下为发起人,其中须有半数以上的发起人在中国境内有住所。"

1. 发起人的定义

何为发起人?目前学界无统一规定,归纳起来有两种定义方式,一种是形式说,另一种是实体说。形式说认为,在公司章程上签章的人即为公司的发起人。我国台湾学者柯芳枝认为:"股份有限公司之设立人,谓之发起人……故凡在章程签章之人,即为发起人,至于事实上是否参与公司的设立,则非所问。"①实体说认为,参与公司设立活动并在其设立过程中起实质性作用的设立人为公司的发起人。1877年科伯恩(Cockbum)大法官在Twgeross v. Grant 一案中认为发起人是按一定方案组织公司,使公司运转,并采取必要的程序完成这一目的的人。② 我国《公司法》对发起人的概念没有直接进行界定,但从相关法律条文的规定我们可以看出,我国对发起人的界定采用"形式说+实体说"。如我国《公司法》第77条规定:"发起设立,是

---

① 柯芳枝著:《公司法论》,台湾三民书局印行1984年初版,第168页。

② See Kenneth Smith and Denis Keenan: *Company Law*, Pitman Publishing Limited, 1986, pp. 11-12;转引自顾功耘主编:《公司法的设立与运作》,复旦大学出版社1996年版,第53页。

指由发起人认购公司应发行的全部股份而设立公司；募集设立，是指由发起人认购公司应发行股份的一部分，其余股份向社会公开募集或者向特定对象募集而设立公司。"第 79 条规定："股份有限公司发起人承担公司筹办事务。发起人应当签订发起人协议，明确各自在公司设立过程中的权利和义务。"第 81 条规定："股份有限公司章程应当载明下列事项：……（五）发起人的姓名或者名称……"综上所述，我们可以将我国《公司法》所规定的发起人定义如下：公司的发起人是指具有创办公司的共同意思，认购股份，承担公司筹办事务并签章于公司章程的人。

2. 发起人的资格

我国《公司法》对发起人的资格未作专门规定，一般认为无论是法人还是自然人，都必须是具有完全民事行为能力的人。

3. 发起人的人数、国籍和住所

对发起人的人数我国《公司法》采取上下限制法，规定为：2 人以上 200 人以下，同时须有半数以上的发起人在中国境内有住所。

（二）资的条件——有符合公司章程规定的全体发起人认购的股本总额或者募集的实收股本总额

1. 注册资本的定义

依据我国 2013 年新修订的《公司法》第 80 条的规定，股份有限公司的设立方式不同，其注册资本的定义也不一样。就发起设立方式而言，股份有限公司的注册资本为：在公司登记机关登记的全体发起人认购的股本总额。在发起人认购的股份缴足前，不得向他人募集股份。认购是指以书面形式承诺购买的意思，不同于实缴，实缴为实际缴纳之意。就募集设立方式而言，股份有限公司的注册资本为：在公司登记机关登记的实收股本总额。法律、行政法规以及国务院决定对股份有限公司注册资本实缴、注册资本最低限额另有规定的，从其规定。这就意味着除法律、法规有另行规定外，在我国要注册公司，已经没有了最低注册资本的要求。

2. 出资方式的规定

我国《公司法》第 82 条规定："发起人的出资方式，适用本法第 27 条的规定。"即股东可以用货币出资，也可以用实物、知识产权、土地使用权等可以用货币估价并可以依法转让的非货币财产作价出资；但是，法律、行政法规规定不得作为出资的财产除外。在这里我们需要强调的是，发起人的出资方式在发起设立与募集设立中相同。在募集设立中，只有发起人才可以用法定的非货币财产出资，其余社会公众的认股只能用货币，而不能是其他。

3. 出资比例的要求

出资比例因设立方式的不同而有别。在发起设立中，发起人应当书面认足公司章程规定其认购的股份，并按照公司章程规定缴纳出资。以非货币财产出资的，应当依法办理其财产权的转移手续。发起人不依照上述规定缴纳出资的，应当按照发起人协议承担违约责任。在募集设立中，以募集设立方式设立股份有限公司的，发起人认购的股份不得少于公司股份总数的35%；但是，法律、行政法规另有规定的，从其规定。

(三)股份发行、筹办事项符合法律规定

股份有限公司的股份发行、筹办事项主要包括制定公司章程、发起人认购法定股份、足额缴纳股款、发起人募股、认股人认股、缴足股款、召开创立大会等。关于这些事项的办理，法律均有严格的规定。这类法律规定，发起人应该严格遵守。只有全部筹办事项符合法律规定时，公司才能得以有效成立。从理论上讲，股份的发行和筹办事项条件既是实质性条件，也是程序性条件。

(四)章程条件——发起人制定公司章程，采用募集方式设立的经创立大会通过

公司章程是公司的宪法，详言之，公司章程是指经发起人全体同意并依法定程序制定的规定公司的宗旨、组织原则以及经营管理方式等事项的必备法律文件，是公司组织和行为的根本行为准则，是公司登记机关必须审查的重要文件，也是公众了解股份有限公司的重要内容。以发起设立的股份有限公司，其章程须经全体发起人一致同意后才能生效，以募集设立方式设立的股份有限公司，其章程须经创立大会通过才能生效。

在国外，一般把公司章程的内容分为绝对记载事项、相对记载事项和任意记载事项三种类型。我国《公司法》只是笼统地在《公司法》第86条规定应当载明的事项。总之，公司章程的制定，是公司设立的必要条件，公司没有章程就失去了活动的依据，也就无法正式成立。

(五)组织条件——有公司名称，建立符合股份有限公司要求的组织机构

股份有限公司设立的组织条件概述可参见有限责任公司，在此不再赘述。但是，股份有限公司的组织机构设计为股东大会→董事会→监事会。

(六)物质条件——有公司住所

股份有限公司设立的物质条件在有限责任公司部分已作详述，在此不再赘述。

二、股份有限责任公司设立的法定方式

我国《公司法》第 77 条规定:"股份有限公司的设立,可以采取发起设立或者募集设立的方式。发起设立,是指由发起人认购公司应发行的全部股份而设立公司。"

三、股份有限责任公司的设立程序

根据股份有限责任公司的设立程序方式不同,可以将其分为发起设立程序和募集设立程序两种。

(一)发起设立程序

1. 签订发起人协议

我国《公司法》第 79 条第 2 款规定:"发起人应当签订发起人协议,明确各自在公司设立过程中的权利和义务。"发起人协议是一种典型的合伙契约。签订发起人协议是发起设立的必经程序。

2. 订立公司章程

公司章程是由全体发起人在协商一致的基础上共同制定的。只要章程内容合法,该章程就成为成立后公司的章程。

3. 办理批准手续

我国《公司法》第 6 条规定:"设立公司,应当依法向公司登记机关申请设立登记。符合本法规定的设立条件的,由公司登记机关分别登记为有限责任公司或者股份有限公司;不符合本法规定的设立条件的,不得登记为有限责任公司或者股份有限公司。法律、行政法规规定设立公司必须报经批准的,应当在公司登记前依法办理批准手续。公众可以向公司登记机关申请查询公司登记事项,公司登记机关应当提供查询服务。"

4. 发起人认足股份并缴纳股款

我国《公司法》第 83 条规定:"以发起设立方式设立股份有限公司的,发起人应当书面认足公司章程规定其认购的股份,并按照公司章程规定缴纳出资。以非货币财产出资的,应当依法办理其财产权的转移手续。发起人不依照前款规定缴纳出资的,应当按照发起人协议承担违约责任。"因为股份公司是典型的资合公司,所以这里的非货币出资只能是实物、知识产权、土地使用权等可以用货币估价并可以依法转让的非货币财产,不能是劳务和信用。

5. 选举董事会和监事会

董事会是股份有限公司的业务执行机构,监事会是股份有限公司的常设

监督机构。发起人首次缴纳出资后,应当选举董事会和监事会,由董事会向公司登记机关报送公司章程、由依法设定的验资机构出具的验资证明,以及法律、行政法规规定的其他文件,申请设立登记。

6. 申请登记

公司登记机关收到申请人提交的符合法定的全部文件后,发给《公司登记受理通知书》,公司登记机关自发出《公司登记受理通知书》之日起30日内,作出核准登记或不予登记的决定。公司登记机关核准登记的,应当自作出决定之日起15日内通知申请人,发给企业法人营业执照。公司的企业法人营业执照签发之日,即为股份有限公司的成立之日。

7. 发布公告

股份有限公司在其设立登记被核准后的30日内,应当发布设立登记公告。

为了便于学习和记忆,我们把股份有限公司发起设立登记的程序归纳总结为:

签订发起人协议→订立公司章程→办理批准手续→发起人认足股份并交纳股款→选举两会→申请登记→发布公告。

(二)募集设立程序

与发起设立相比,募集设立的程序须经向他人募股,除此之外,两者基本相同。募集设立须经程序为:→签订发起人协议→公司名称预先核准→制定公司章程→审批→发起人认购法定股份→足额缴纳股款→发起人募股→认股人认股→缴足股款→验资→召开创立大会→登记→发布公告→上报备案。

在这里,我们主要把须经向他人募集股份的程序予以展开详细论述:

1. 制作招股说明书

招股说明书是公司向社会募集股份的重要法律文件,公司向社会公开募集股份前必须制作招股说明书。根据我国《公司法》第86条的规定,招股说明书应当附有发起人制定的公司章程,并载明下列事项:

(1)发起人认购的股份数;

(2)每股的票面金额和发行价格;

(3)无记名股票的发行总数;

(4)募集资金的用途;

(5)认股人的权利、义务;

(6)本次募股的起止期限及逾期未募足时认股人可以撤回所认股份的说明。

2. 签订股票承销协议

我国《公司法》第87条规定:"发起人向社会公开募集股份,应当由依法设立的证券公司承销,签订承销协议。"

3. 签订代收股款协议

我国《公司法》第88条规定:"发起人向社会公开募集股份,应当同银行签订代收股款协议。代收股款的银行应当按照协议代收和保存股款,向缴纳股款的认股人出具收款单据,并负有向有关部门出具收款证明的义务。"

4. 向国务院证券监督管理机构提出募股申请

依据我国《公司法》和《证券法》的规定,发起人向社会公开募集股份时,必须向国务院证券管理机构递交募股申请,并报送相关文件。

5. 公告招股说明书

依据我国《公司法》和《证券法》的规定,向社会公众发行股票,必须公告招股说明书。招股说明书是信息披露的重要内容。

6. 制作认股书

发起人向社会公开募集股份,必须公告招股说明书,并制作认股书。认股书应当载明《公司法》第86条所列事项,由认股人填写认购股数、金额、住所,并签名、盖章。认股人按照所认购股数缴纳股款。

7. 缴纳股款

认股人在填写认股书后,应当向代收股款的银行缴纳股款。代收股款的银行应当按照协议代收和保存股款,向缴纳股款的认股人出具收款单据,并负有向有关部门出具收款证明的义务。

还需要补充说明的是,发行股份的股款缴足后,必须经依法设立的验资机构验资并出具证明。发起人应当自股款缴足之日起30日内主持召开公司创立大会。创立大会由发起人、认股人组成。

发行的股份超过招股说明书规定的截止期限尚未募足的,或者发行股份的股款缴足后,发起人在30日内未召开创立大会的,认股人可以按照所缴股款并加算银行同期存款利息,要求发起人返还。

发起人应当在创立大会召开15日前将会议日期通知各认股人或者予以公告。创立大会应有代表股份总数过半数的发起人、认股人出席,方可举行。

创立大会行使下列职权:(1)审议发起人关于公司筹办情况的报告;(2)通过公司章程;(3)选举董事会成员;(4)选举监事会成员;(5)对公司的设立费用进行审核;(6)对发起人用于抵作股款的财产的作价进行审核;(7)发生不可抗力或者经营条件发生重大变化直接影响公司设立的,可以作出不设立公司的决议。创立大会对前述所列事项作出决议，必须经出席会议的认股人所持表决权过半数通过。

发起人、认股人缴纳股款或者交付抵作股款的出资后，除未按期募足股份、发起人未按期召开创立大会或者创立大会决议不设立公司的情形外，不得抽回其股本。

董事会应于创立大会结束后30日内，向公司登记机关报送下列文件，申请设立登记：(1)公司登记申请书；(2)创立大会的会议记录；(3)公司章程；(4)验资证明；(5)法定代表人、董事、监事的任职文件及其身份证明；(6)发起人的法人资格证明或者自然人身份证明；(7)公司住所证明。

以募集方式设立股份有限公司公开发行股票的，还应当向公司登记机关报送国务院证券监督管理机构的核准文件。

四、股份有限责任公司设立的法律责任

对股份有限公司的设立者课以法律责任主要基于两点考虑：一是增强其责任感，督促其尽心设立公司；二是为了保护认股人、债权人以及即将成立的公司利益，进而促进交易安全和社会经济秩序的稳定。所以各国公司法对股份有限公司发起人的设立行为都规定了严格的法律责任，我国《公司法》也不例外。这主要体现在以下几个方面：

1. 资本充实责任

资本充实责任表现在两个方面：一是缴纳担保责任。我国《公司法》第93条第1款规定："股份有限公司成立后，发起人未按照公司章程的规定缴足出资的，应当补缴；其他发起人承担连带责任。"二是差额填补责任。《公司法》第93条第2款规定："股份有限公司成立后，发现作为设立公司出资的非货币财产的实际价额显著低于公司章程所定价额的，应当由交付该出资的发起人补足其差额；其他发起人承担连带责任。"

2. 出资违约责任

第83条第2款的规定："发起人不依照前款规定缴纳出资的，应当按照发起人协议承担违约责任。"

3. 公司不能成立时的发起人的民事责任

依据我国《公司法》第94条的规定，股份有限公司的发起人应当承担下列责任：(1)公司不能成立时，对设立行为所产生的债务和费用负连带责任；(2)公司不能成立时，对认股人已缴纳的股款，负返还股款并加算银行同期存款利息的连带责任。

4. 发起人对公司的损害赔偿责任

我国《公司法》第94条规定:"在公司设立过程中,由于发起人的过失致使公司利益受到损害的,应当对公司承担赔偿责任。"

第八节 股份有限公司的股份发行和转让

一、股份与股票的法律界定

(一)股份的概念和特征

我国《公司法》第125条第1款规定:"股份有限公司的资本划分为股份,每一股的金额相等。"据此,我们可以把股份定义为:股份是指均等划分股份有限公司资本,确认股东权益,以股票为其表现形式的基本计量单位。股份具有如下特征:

(1)金额性。股份都要用货币金额来表示而不能用该股份与公司资本总额的比例和份数来表示。

(2)平等性。每一股代表的金额是平等的;每一股代表的权益是平等的。

(3)不可分割性。股份是公司资本最小的计量单位。

(4)可转让性。在法定场所依法定方式转让。

(5)证券性。股份必须通过股票这种证券来表示。

(二)股票的概念和特征

我国《公司法》第125条第2款规定:"公司的股份采取股票的形式。股票是公司签发的证明股东所持股份的凭证。"因此,股份的表现形式是股票,在股份和股票的关系上,股份是股票的实质内容,股票是股份的外在表现形式。股票具有如下特征:

(1)具有股权凭证性。从法律性质上看,股票是证明股东所持股份的凭证,是一种证权证券。

(2)与股份的密不可分性。股份是股票的实质内容,股票是股份的外在表现形式。

(3)投资的永久性。股票没有股东期限,除非公司终止,否则它将一直存在。

(4)较大的风险性。

(5)收益的不固定性。

(6)构成要素的法定性。股票是一种要式证券。我国《公司法》第128条规定:"股票采用纸面形式或者国务院证券监督管理机构规定的其他形式。"

股票应当载明下列主要事项:(1)公司名称;(2)公司成立日期;(3)股票种类、票面金额及代表的股份数;(4)股票的编号。股票由法定代表人签名,公司盖章。发起人的股票,应当标明发起人股票字样。

二、股份的分类

根据我国《公司法》的规定,对股份有限公司的股份或股票可以作以下几种分类:

1. 根据股票是否记载股东姓名,股票可分为记名股和无记名股

记名股是指在股票的票面和股东名册上记载股东姓名或名称的一种股票。否则,就是无记名股。我国《公司法》第129条规定:"公司发行的股票,可以为记名股票,也可以为无记名股票。公司向发起人、法人发行的股票,应当为记名股票,并应当记载该发起人、法人的名称或者姓名,不得另立户名或者以代表人姓名记名。"

记名股一律用股东的本名。凡是部门、机构或者法人所持有的股票,必须记载部门、机构或者法人的名称,不允许另立户名或以代表人的姓名记名。股份有限公司向社会发行的股票可以记名,也可以无记名。此外,根据有关法律规定,股份公司发行的境内上市外资股,采用记名股票形式,股份有限公司向境外投资者募集并在境外上市的股份采用记名股票的形式。根据我国《公司法》第130条的规定,公司发行记名股票的,应当置备股东名册,记载下列事项:(1)股东的姓名或者名称及住所;(2)各股东所持股份数;(3)各股东所持股票的编号;(4)各股东取得股份的日期。发行无记名股票的,公司应当记载其股票数量、编号及发行日期。

2. 根据股份所代表的股东权利、义务的不同,股票可分为普通股和特别股

普通股是股东拥有的权利义务完全相等,没有差别待遇的股份。它是股份公司最主要发行的一种股份。特别股是由法律和公司章程作出区别于普通股权的特殊规定的股份,如在股息、红利分配、剩余财产分配、表决权行使等方面的优先股。

3. 依据股票是否载有一定金额为标准,股票分为面额股和无面额股

面额股是指股票的票面记载有一定金额的股份。否则,就是无面额股。

4. 根据投资主体不同,股票可分为国家股、法人股、个人股和外资股

国有股,是指有权代表国家投资的部门或机构以国有资产向公司投入而形成的股份。国有股由国务院授权的部门或机构持有,并向公司委派股权代

表。国有股一般不采用股票形式。

法人股，是指企业法人或具有法人资格的事业单位或社会团体，依法以其可支配的资产向公司投入而形成的股份。作为发起人的企业法人和具有法人资格的事业单位和社会团体，在认购股份时可以用货币出资，也可以用其他形式的资产，如实物、工业产权、非专利技术、土地使用权作价出资。但对其他形式的资产必须进行评估作价、核实财产，不得高估或者低估作价。此外，法人股在互相持股方面有一定的条件。

个人股，是社会公众或本公司职工以其个人合法财产投入而形成的股份，所以又叫公众股。个人股有两种形式，即公司职工股和社会公众股。个人股一般都采用股票形式。

外资股，是专供外国和我国港、澳、台地区投资者购买的人民币特种股票，这是我国股份有限公司吸收外资的一种方式。1992年1月，上海真空电子器件股份有限公司发行了1亿元人民币特种股票，标志着我国外资股票的出现。目前的外资股股票主要有B种股票和H种股票。

三、股份的发行

（一）股份发行的概念

股份发行是指股份有限公司以募集资本为目的，分配或出售公司股份的行为。由于股份有限公司采用股票的形式，故股份的发行又叫股票的发行。

（二）股份发行的分类

1. 依据股份发行时公司所处的阶段不同，股份发行可分为设立发行和新股发行

设立发行是指公司在设立过程中为筹集组建公司所需资本所进行的股份发行。设立发行的主体是设立中的公司，设立发行的目的是为了筹集公司设立所需要的资本。

新股发行是指公司成立后在原有公司股份的基础上所进行的股份发行。新股发行的主体是已经成立的公司，新股发行的目的是为了增加公司资本，改变公司股份结构或股东持股结构。我国《公司法》对新股发行规定了较设立发行更为严格的条件。

2. 依据发行新股的目的，股份发行可分为通常发行和特别发行

通常发行是指以募集资金为目的而发行新股。特别发行是基于特定目的，如为了把公积金转化为资本，或为了把公司债转化为股份等而发行新股。

3. 依据股份发行是否增加公司资本，股份发行可分为增资发行和非增资发行

增资发行是指公司为了增加资本而发行新股。所发行的新股是在公司章程规定的资本总额之外。非增资发行是指在资本总额范围内，不增加资本而发行新股。非增资发行一般发生在授权资本制股份分次发行的股份有限公司中。

4. 依据股票发行是否面向社会以及投资者是否特定，股份发行可分为公开发行和非公开发行

公开发行，又称公募发行，是指面向社会，向不特定的任何人发行股份，我国《公司法》规定，公开募集股份，必须经国务院证券监督管理部门批准。非公开发行，又称私募发行，是指向特定的投资者，采用特定的方式发行股份。非公开发行的对象包括个人投资者和机构投资者。

5. 依据股票发行价格的不同，股份发行可分为平价发行、折价发行和溢价发行

平价发行是指依据票面价格发行；折价发行是指低于票面价格发行；溢价发行是指高于票面价格发行。

（三）股票发行的审核

由于立法理念的不同，世界各国对股份发行的审核体制和管理机构均有不同规定，目前股份发行的审核体制主要有两种：一种是注册制；另一种是核准制。我国对股票的发行采用核准制。我国《证券法》第 10 条规定："公开发行证券，必须符合法律、行政法规规定的条件，并依法报经国务院证券监督管理机构或者国务院授权的部门核准；未经依法核准，任何单位和个人不得公开发行证券。"

（四）股票的发行原则

我国《公司法》第 126 条规定："股份的发行，实行公平、公正的原则，同种类的每一股份应当具有同等权利。同次发行的同种类股票，每股的发行条件和价格应当相同；任何单位或者个人所认购的股份，每股应当支付相同价额。"2005 年修订后的《公司法》和《证券法》规定股份的发行方式，既包括公开发行又包括非公开发行。非公开发行则不以公开发行为原则，但是公开发行则是股份公开发行应遵守的基本原则。因此，在一般情况下，股份发行应遵守公开原则、公正原则和公平原则。公开原则是指股份有限公司应当把发行股票的相关情况都要向社会公开。公正原则，是指对股份发行活动的监管和对股份发行争议或纠纷的处理应正确适用法律，对当事人公正对待，处

理结果客观公正。公平原则,是指股份发行对所有投资者应给予平等的对待,一视同仁,不得歧视。这主要体现在"三同"上,即同股同价、同股同权、同股同利。

(五)股份的发行价格

一般来说,股票有平价、溢价、折价三种发行价格。我国《公司法》第127条规定:"股票发行价格可以按票面金额,也可以超过票面金额,但不得低于票面金额。"也就是说,在我国股票的发行价格只有两种,即平价发行和溢价发行,不能采用折价发行。

(六)股份的发行的条件和程序

我国《公司法》没有集中规定股份发行的条件和程序,只是规定了股份发行中应当注意的几个问题,而是把股份的发行的条件和程序交由《证券法》详细规定。

1. 发行新股的决议事项

根据我国《公司法》第133条的规定,公司发行新股,股东大会应当对下列事项作出决议:(1)新股种类及数额;(2)新股发行价格;(3)新股发行的起止日期;(4)向原有股东发行新股的种类及数额。

2. 新股发行的核准与公告

我国《公司法》第134条规定:"公司经国务院证券监督管理机构核准公开发行新股时,必须公告新股招股说明书和财务会计报告,并制作认股书。本法第87条、第88条的规定适用于公司公开发行新股。"

3. 新股发行的作价方案

我国《公司法》第135条规定:"公司发行新股,可以根据公司经营情况和财务状况,确定其作价方案。"

4. 登记与公告

我国《公司法》第136条规定:"公司发行新股募足股款后,必须向公司登记机关办理变更登记,并公告。"

四、股份的转让

(一)股份转让的概念和意义

我国《公司法》第137条规定:"股东持有的股份可以依法转让。"股份转让是指股份有限公司的股份所有人,依法自愿地将自己的股份让渡给其他人,而受让人依法取得该公司所有权的法律行为。关于股份转让的意义,可以概括为:(1)有利于维持公司资本的稳定。(2)有利于公司股权的合理集中与分散。(3)有利于公司成员以及公司内部机构的合理化调整。(4)有利于股东投资资产的适时变现及其风险转移。(5)有利于潜在投资者加入公司。①

(二)股份转让的方式

股份转让的方式因股票是否记名而有别,一般来讲记名股票采用背书方式转让,无记名股票采用交付方式转让。依据我国《公司法》第139~140条的规定,记名股票,由股东以背书方式或者法律、行政法规规定的其他方式转让;转让后由公司将受让人的姓名或者名称及住所记载于股东名册。股东大会召开前20日内或者公司决定分配股利的基准日前5日内,不得进行前述规定的股东名册的变更登记。但是,法律对上市公司股东名册变更登记另有规定的,从其规定;无记名股票的转让,由股东将该股票交付给受让人后即发生转让的效力。

(三)股份转让的原则

股份转让以自由转让为主,限制转让为辅。我国《公司法》对股份转让的限制主要体现在以下几个方面:

1. 对股份转让场所的限制

股东转让其股份,应当在依法设立的证券交易场所进行或者按照国务院规定的其他方式进行。

2. 对发起人转让股份的限制

发起人持有的本公司股份,自公司成立之日起1年内不得转让。

3. 对上市公司股东转让股份的限制

公开发行股份在证券交易所上市交易的,公司公开发行股份前股东持有的股份,自公司股票在证券交易所上市交易之日起1年内不得转让。

4. 对公司负责人转让股份的限制

公司董事、监事、高级管理人员应当向公司申报所持有的本公司的股份及其变动情况,在任职期间每年转让的股份不得超过其所持有本公司股份总数的25%;所持本公司股份自公司股票上市交易之日起1年内不得转让。上述人员离职后半年内,不得转让其所持有的本公司股份。公司章程可以对公司董事、监事、高级管理人员转让其所持有的本公司股份作出其他限制性规定。

5. 对公司收购本公司股份的限制

我国《公司法》原则上禁止公司收购本公司股份,但对于某些特殊情况采取了例外规定。我国《公司法》第142条规定:"公司不得收购本公司股

---

① 覃有土主编:《商法学》,中国政法大学出版社1999年版,第139页。

份。但是，有下列情形之一的除外：（一）减少公司注册资本；（二）与持有本公司股份的其他公司合并；（三）将股份奖励给本公司职工；（四）股东因对股东大会作出的公司合并、分立决议持异议，要求公司收购其股份的。

公司因前款第（一）项至第（三）项的原因收购本公司股份的，应当经股东大会决议。公司依照前款规定收购本公司股份后，属于第（一）项情形的，应当自收购之日起10日内注销；属于第（二）项、第（四）项情形的，应当在6个月内转让或者注销。

公司依照第一款第（三）项规定收购的本公司股份，不得超过本公司已发行股份总额的5%；用于收购的资金应当从公司的税后利润中支出；所收购的股份应当在1年内转让给职工。"

6. 对接受本公司股票作为抵押权标的的限制

我国《公司法》第142条第4款规定："公司不得接受本公司的股票作为质押权的标的。"

五、记名股票被盗、遗失或者灭失的处理

我国《公司法》第143条规定："记名股票被盗、遗失或者灭失，股东可以依照《中华人民共和国民事诉讼法》规定的公示催告程序，请求人民法院宣告该股票失效。人民法院宣告该股票失效后，股东可以向公司申请补发股票。"

六、上市公司股票交易的特别规定

依据我国《公司法》第144、145条的规定，上市公司的股票，依照有关法律、行政法规及证券交易所交易规则上市交易。上市公司必须依照法律、行政法规的规定，公开其财务状况、经营情况及重大诉讼，在每会计年度内半年公布一次财务会计报告。

第九节 公司债券的法律界定

一、公司债券的概念

（一）债券的一般含义

债券是指政府、金融机构、公司以及企业等组织为了筹集社会资金，依照法定条件和程序向社会公众发行的证明持券人在约定期限能够得到偿还本金和支付利息承诺的债券凭证。依据债券发行的主体不同，债券可分为政府

债券、金融债券、公司债券和企业债券。

(二)公司债券的概念

我国《公司法》所称的公司债券,是指公司依照法定程序发行、约定在一定期限还本付息的有价证券。公司发行公司债券应当符合《中华人民共和国证券法》规定的发行条件。我们在理解这个概念的时候要把握以下几点:

(1)这里的公司是指我国《公司法》规定的公司,主要是指股份有限公司和国有有限公司。

(2)公司债券本身无价值,但是它是有价格的,因为它能给持有人带来利益,是一种资本化的收入。

(三)公司债券的性质

1. 经济性质

从经济学角度来看,公司债券不是一种真正资本而是一种虚拟资本,是实际资本的纸制复本。

2. 法律性质

从持券人的角度来看,公司债券是一种债权凭证;从公司和持有人双方的角度来看,公司债券是债权债务凭证。

二、公司债券的特征

1. 公司债券是一种债权凭证

公司债券是一种证权证券,是公司债券的发债人与债券持有人债权债务关系的凭证。

2. 公司债券具有相对的安全性

发债人向债券的持票人支付的是预先确定的利息,无论发债人经营情况的好坏,发债人原则上都应当向债券持有人在规定的期间内还本付息。"相对的安全性"意味着还可能有风险存在,公司债券的风险主要来源于三个方面:发行者违约;银行利率上涨;转让蚀损。

3. 公司债券具有一定的期限性

公司债券是约定在一定"期限"内还本付息的有价证券。

4. 公司债券具有流通性

我国《公司法》第159条规定:"公司债券可以转让,转让价格由转让人与受让人约定。公司债券在证券交易所上市交易的,按照证券交易所的交易规则转让。"

5. 公司债券具有收益性

公司债券的持有人是公司的债权人，享有按照约定期限取得利息、收回本金的权利。这里的利息就体现了公司债券的收益性。

6. 公司债券是一种要式证券

公司债券作为一种要式债券，其制作和记载必须按照公司法规定方式进行。我国《公司法》第155条规定："公司以实物券方式发行公司债券的，必须在债券上载明公司名称、债券票面金额、利率、偿还期限等事项，并由法定代表人签名，公司盖章。"

三、公司债券的种类

1. 根据是否记载持有人的姓名或名称，公司债券可分为记名公司债券和无记名公司债券

我国《公司法》第156条规定："公司债券，可以为记名债券，也可以为无记名债券。"记名债券是指公司债券的票面记载有持票人的姓名或名称的公司债券。无记名债券是指公司债券的票面没有记载有持票人的姓名或名称的公司债券。我国《公司法》第157条规定："公司发行公司债券应当置备公司债券存根簿。发行记名公司债券的，应当在公司债券存根簿上载明下列事项：(1) 债券持有人的姓名或者名称及住所；(2) 债券持有人取得债券的日期及债券的编号；(3) 债券总额，债券的票面金额、利率、还本付息的期限和方式；(4) 债券的发行日期。发行无记名公司债券的，应当在公司债券存根簿上载明债券总额、利率、偿还期限和方式、发行日期及债券的编号。"两者的主要区别在于发行对象和转让的方式不同。

我国《公司法》第160条规定："记名公司债券，由债券持有人以背书方式或者法律、行政法规规定的其他方式转让；转让后由公司将受让人的姓名或者名称及住所记载于公司债券存根簿。无记名公司债券的转让，由债券持有人将该债券交付给受让人后即发生转让的效力。"

2. 根据公司债务能否转换成股票，公司债券可分为可转换公司债券和非转换公司债券

依据我国《公司法》第161~162条的规定，上市公司经股东大会决议可以发行可转换为股票的公司债券，并在公司债券募集办法中规定具体的转换办法。上市公司发行可转换为股票的公司债券，应当报国务院证券监督管理机构核准。发行可转换为股票的公司债券，应当在债券上标明可转换公司债券字样，并在公司债券存根簿上载明可转换公司债券的数额。发行可转换为

股票的公司债券的，公司应当按照其转换办法向债券持有人换发股票，但债券持有人对转换股票或者不转换股票有选择权。这里要强调几点：(1)可转换公司债券的发行主体必须是上市公司，非上市公司不能成为可转换公司债券的发行主体。(2)应当在债券上标明"可转换公司债券"字样，并把可转换公司债券的数额在公司债券存根簿上载明；(3)还要经股东大会的决议和国务院证券监督管理机构核准；(4)债券持有人对转换股票或者不转换股票有选择权。

四、公司债券和股票的比较

(一)相同点

公司债券和股票作为公司筹集资金的主要形式，具有很多相似性，具体体现在：都是有价证券；都是向不特定的主体发行；都是要式证券；都是投资者的投资工具；都具有一定的流通性。

(二)不同点

(1)法律性质不同，前者是债权凭证，后者是股权凭证。

(2)期限不同，前者有期限规定，后者无期限规定。

(3)发行主体不同，前者主体是股份公司或国有有限公司，后者只能是股份有限公司。

(4)主要收益不同，前者收益是利息，后者收益是股息或红利。

(5)认购方式不同，前者认购方式是货币方式，后者认购方式是货币和非货币方式都可以。

(6)风险程度不同，前者风险较小，后者风险较大。

(7)收益开支不同，前者是税前开支可摊入成本，后者是税后开支不可摊入成本。

(8)发行价格不同，前者可平价、溢价、折价发行，后者则只能平价或溢价发行。

(9)交易场所不同，前者多在柜台市场交易，后者多在证券交易所交易。

(10)清偿顺序不同，前者是优于后者。即在债券利息得到全额支付之前，公司不能向股东分派任何股息。

为了便于理解和记忆，我们可以把公司债券和股票的区别用表格的形式表示如下：

序号	比较项目	公司债券	股票
1	法律性质	债券凭证	股权凭证
2	期限	有	无
3	发行主体	股份有限公司和国有有限公司	股份有限公司
4	主要收益	利息	股息或红利
5	认购方式	货币	货币或非货币
6	风险程度	较小	较大
7	收益开支	税前开支可摊入成本	税后开支不可摊入成本
8	发行价格	平价、溢价、折价	平价、溢价
9	交易场所	多在柜台市场交易	多在证券交易所交易
10	清偿顺序	先	后

第十节 公司债券的发行和转让

一、公司债券的发行

（一）公司债券的发行主体

我国《公司法》第153条第2款规定："公司发行公司债券应当符合《中华人民共和国证券法》规定的发行条件。"我国《证券法》第10条规定："公开发行证券，必须符合法律、行政法规规定的条件，并依法报经国务院证券监督管理机构或者国务院授权的部门核准；未经依法核准，任何单位和个人不得公开发行证券。"可见，自从2005年以后，《公司法》取消了关于公司债券发行主体的限制，即无论是股份有限公司，还是有限责任公司，只要符合发行公司债券的条件，经过核准，履行相关的手续后，都可以发行债券。

（二）公司债券的发行条件

根据我国《证券法》第16条的规定，公开发行公司债券，应当符合下列条件：

（1）净资产额条件——股份有限公司的净资产不低于人民币3 000万元，有限责任公司的净资产不低于人民币6 000万元；

（2）债券总额条件——累计债券余额不超过公司净资产的40%；

（3）利润条件——最近3年平均可分配利润足以支付公司债券1年的

利息；

(4) 资金投向条件——筹集的资金投向符合国家产业政策；

(5) 利率条件——债券的利率不超过国务院限定的利率水平；

(6) 其他条件——国务院规定的其他条件。

公开发行公司债券筹集的资金，必须用于核准的用途，不得用于弥补亏损和非生产性支出。上市公司发行可转换为股票的公司债券，除应当符合前述规定的条件外，还应当符合《证券法》关于公开发行股票的条件，并报国务院证券监督管理机构核准。

(三) 公司债券的禁止发行

我国《证券法》第18条规定："有下列情形之一的，不得再次公开发行公司债券：

(一) 前一次公开发行的公司债券尚未募足；

(二) 对已公开发行的公司债券或者其他债务有违约或者延迟支付本息的事实，仍处于继续状态；

(三) 违反本法规定，改变公开发行公司债券所募资金的用途。"

(四) 公司债券的发行程序

2005年修订后的《证券法》，把公司债券的发行审核模式由原来的审批制改为核准制，这样使公司债券的发行程序比原来简单多了，简而言之，主要经历以下几个步骤：

公司内部作出决定或决议→提交申请→核准申请→公告公司债券募集方法→承销发售→置备公司债券存根簿。

二、公司债券的转让

(一) 公司债券的转让场所

依据我国《公司法》和《证券法》的相关规定，我国公司债券转让的场所为证券交易所和柜台转让市场。

(二) 公司债券的转让价格

我国《公司法》没有明确规定公司债券转让价格。公司债券转让价格由转让人与受让人约定。转让市场在证券交易所的，它是一种竞价转让。转让市场在柜台市场时，它是一种协商议价转让。

(三) 公司债券的转让方式

记名公司债券，由债券持有人以背书方式或者法律、行政法规规定的其他方式转让；转让后由公司将受让人的姓名或者名称及住所记载于公司债券存根簿。无记名公司债券的转让，由债券持有人将该债券交付给受让人后即

第四章 公司法

发生转让的效力。

【思考题】

1. 甲、乙、丙设立一有限公司,制定了公司章程。下列哪些约定是合法的?（　　）(2013年全国司法考试试卷三第68题)

   A. 甲、乙、丙不按照出资比例分配红利

   B. 由董事会直接决定公司的对外投资事宜

   C. 甲、乙、丙不按照出资比例行使表决权

   D. 由董事会直接决定其他人经投资而成为公司股东

2. 华昌有限公司有8个股东,麻某为董事长。2013年5月,公司经股东会决议,决定变更为股份公司,由公司全体股东作为发起人,发起设立华昌股份公司。下列哪些选项是正确的?（　　）(2013年全国司法考试试卷三第69题)

   A. 该股东会决议应由全体股东一致同意

   B. 发起人所认购的股份,应在股份公司成立后两年内缴足

   C. 变更后股份公司的董事长,当然由麻某担任

   D. 变更后的股份公司在其企业名称中,可继续使用"华昌"字号

3. 李方为平昌公司董事长。债务人姜呈向平昌公司偿还40万元时,李方要其将该款打到自己指定的个人账户。随即李方又将该款借给刘黎,借期1年,年息12%。下列哪些表述是正确的?（　　）(2013年全国司法考试试卷三第70题)

   A. 该40万元的所有权,应归属于平昌公司

   B. 李方因其行为已不再具有担任董事长的资格

   C. 在姜呈为善意时,其履行行为有效

   D. 平昌公司可要求李方返还利息

4. 甲、乙、丙成立一家科贸有限公司,约定公司注册资本100万元,甲、乙、丙各按20%、30%、50%的比例出资。甲、乙缴足了出资,丙仅实缴30万元。公司章程对于红利分配没有特别约定。当年年底公司进行分红。下列哪一说法是正确的?（　　）(2012年全国司法考试试卷三第25题)

   A. 丙只能按30%的比例分红

   B. 应按实缴注册资本80万元,由甲、乙、丙按各自的实际出资比例分红

   C. 由于丙违反出资义务,其他股东可通过决议取消其当年分红资格

   D. 丙有权按50%的比例分红,但应当承担未足额出资的违约责任

5. 甲、乙、丙拟共同出资50万元设立一有限公司。公司成立后，在其设置的股东名册中记载了甲乙丙3人的姓名与出资额等事项，但在办理公司登记时遗漏了丙，使得公司登记的文件中股东只有甲乙2人。下列哪一说法是正确的？（　　）(2012年全国司法考试试卷三第26题)

A. 丙不能取得股东资格

B. 丙取得股东资格，但不能参与当年的分红

C. 丙取得股东资格，但不能对抗第三人

D. 丙不能取得股东资格，但可以参与当年的分红

6. 郑贺为甲有限公司的经理，利用职务之便为其妻吴悠经营的乙公司谋取本来属于甲公司的商业机会，致甲公司损失50万元。甲公司小股东付冰欲通过诉讼维护公司利益。关于付冰的做法，下列哪一选项是正确的？（　　）(2012年全国司法考试试卷三第27题)

A. 必须先书面请求甲公司董事会对郑贺提起诉讼

B. 必须先书面请求甲公司监事会对郑贺提起诉讼

C. 只有在董事会拒绝起诉情况下，才能请求监事会对郑贺提起诉讼

D. 只有在其股权达到1%时，才能请求甲公司有关部门对郑贺提起诉讼

7. 方圆公司与富春机械厂均为国有企业，合资设立富圆公司，出资比例为30%与70%。关于富圆公司董事会的组成，下列哪些说法是正确的？（　　）(2012年全国司法考试试卷三第68题)

A. 董事会成员中应当有公司职工代表

B. 董事张某任期内辞职，在新选出董事就任前，张某仍应履行董事职责

C. 富圆公司董事长可由小股东方圆公司派人担任

D. 方圆公司和富春机械厂可通过公司章程约定不按出资比例分红

8. 下列有关一人公司的哪些表述是正确的？（　　）(2012年全国司法考试试卷三第69题)

A. 国有企业不能设立一人公司

B. 一人公司发生人格或财产混同时，股东应当对公司债务承担连带责任

C. 一人公司的注册资本必须一次足额缴纳

D. 一个法人只能设立一个一人公司

9. 某市房地产主管部门领导王大伟退休后，与其友张三、李四共同出资设立一家房地产中介公司。王大伟不想让自己的名字出现在公司股东名册上，在未告知其弟王小伟的情况下，直接持王小伟的身份证等证件，将王小

伟登记为公司股东。下列哪一表述是正确的？（　　）（2011年全国司法考试试卷三第26题）

A. 公司股东应是王大伟

B. 公司股东应是王小伟

C. 王大伟和王小伟均为公司股东

D. 公司债权人有权请求王小伟对公司债务承担相应的责任

第五章 反垄断法

【学习目的与要求】通过本章的学习，理解垄断的含义、构成要件及反垄断法的概念和特征，领会反垄断法的任务和作用，掌握反垄断法的主要实体规范，了解反垄断法的适用除外制度和域外效力，熟悉反垄断的工作机制。

第一节 反垄断法概述

反垄断法的任务是对市场上产生的垄断进行控制，以及对具有市场支配地位的企业进行监督，防止它们滥用市场支配地位影响正常的市场秩序。《反垄断法》通过国家干预纠正市场失灵，使市场运行机制正常运转，维护社会整体利益。同时，《反垄断法》所维护的社会整体利益，是社会通过市场机制的正常运转而产生的经济净增长，并不是单个或若干生产者和消费者的利益总和，它所强调的是整个社会的发展。因此，《反垄断法》具有非常重要的意义和作用。

一、垄断

（一）垄断的含义

垄断是由于自由竞争中生产高度集中所必然引起的，作为竞争的对立面而存在的，表现为对竞争的限制或阻碍。一般而言，反垄断法规制的垄断，是指经营者以独占或有组织联合等形式，凭借经济优势或行政权力，操纵或支配市场，限制和排斥竞争的行为。

（二）垄断的特征

1. 垄断的主要方式是独占或有组织的联合行动

垄断者凭借自己在市场中的独占地位，靠操纵市场来谋取非法利润；或者经营者通过达成合谋协议来安排或协同行动，形成联合力量，对局外企业或中小企业的经济活动加以限制，以实现其排挤竞争对手，控制市场，经济统治的目的。

2. 垄断大多凭借的是经济优势或行政权力

凭借经济优势形成的垄断属于经济性垄断；凭借行政权力形成的垄断属于行政性垄断。不论是经济性垄断还是行政性垄断都是为了操纵或者支配市场，获得垄断利润。

3. 垄断排斥和限制竞争

排斥竞争，是指在一定的交易领域内，垄断者使其他企业和经济组织的经济活动难以正常进行，从而把它们从市场中驱逐出去的行为。限制竞争，是指垄断者对其他企业和经济组织的生产经营活动进行约束，剥夺他们在经济活动中自由竞争的行为。垄断的直接结果是垄断者控制市场，垄断价格，排挤竞争对手，使市场中没有了竞争对手，垄断使竞争机制作用失效，从而限制和排斥了竞争。

4. 垄断具有违法性和危害性

垄断行为是违反各国法律的明文禁止的规定，并同时对市场竞争构成实质性危害的行为或状态。如果有些独占企业或有些限制竞争的行为，虽然也对市场竞争构成一定的威胁，但或者得到法律的豁免，或者尚未滥用已经享有的市场优势，则不能列入反垄断法规制的范围。

（三）垄断的构成要件

第一，主体要件。这是法律规定的某一垄断形态在主体上的要求，垄断行为的主体一般为经营者，此外还有行政机关和法律、法规授权的具有管理公共事务职能的组织。

第二，主观要件。这是垄断主体对其所实施的垄断行为及其后果所持的心理态度。绝大多数垄断形态必须以垄断主体实施某种行为时一般具有一定的限制竞争的意图。

第三，客观条件。即为垄断所侵害的，为反垄断法所保护的社会关系，要求垄断行为在一定交易领域内实质上限制或损害了竞争。

第四，客观方面。即构成垄断的客观的现实特征，包括垄断行为、垄断状态、垄断结果等。

判断垄断行为是合法或违法，是看该行为对于竞争是否正当、对于市场经济是否合理。[1] 例如，在波音与麦道的合并案中，波音和麦道公司分别是美国航空制造业的老大和老二，居世界航空制造业的第1位和第3位。1996年年底，波音公司用166亿美元兼并了麦道公司。在干线客机市场上，合并后的波音不仅成为全球最大的制造商，而且是美国市场唯一的供应商，占美

---

[1] 史际春著：《反垄断法理解与适用》，中国法制出版社2007年版，第24~25页。

国国内市场的份额几乎达百分之百。但是，美国政府不仅没有阻止波音兼并麦道，而且利用政府采购等措施促成了这一兼并活动。其主要原因是：美国政府在监管企业并购时，不仅仅根据国内市场占有率来判断是否垄断，还要考虑在整个市场范围内是否能够形成垄断。对全球寡占垄断行业，需要分析全球市场的条件，而不能局限于本国市场范围。同时，还要考虑国家整体产业竞争力。因此，在执行反垄断法时，美国政府还是以国家利益为重，为了提高美国企业在全球的竞争力，支持大型企业的重组和并购。

反不正当竞争法中的不正当竞争行为的确认标准是民法中诚实信用的商业道德。反垄断法在确认垄断或者限制竞争行为时，必须考虑企业是否具有市场支配力、是否滥用权利、企业合并对市场结构影响等因素，其规制的标准涉及非道德判断的经济、统计等技术因素。如认定经营者具有市场支配地位，应当依据的因素为：第一，该经营者在相关市场的市场份额，以及相关市场的竞争状况；第二，该经营者控制销售市场或者原材料采购市场的能力；第三，该经营者的财力和技术条件；第四，其他经营者对该经营者在交易上的依赖程度；第五，其他经营者进入相关市场的难易程度；第六，与认定该经营者市场支配地位有关的其他因素。

二、反垄断法概述

（一）反垄断法的概念

反垄断法是市场经济发展到近代以后出现的旨在规制市场中一系列独占市场、滥用市场优势、消除和限制竞争、损害社会公共利益行为的法律制度。为了适应经济发发展对法律调整的需要，1890年美国颁布了《谢尔曼法》，该法被各国公认为现代反垄断法的鼻祖，自此，德、日等国家相继以该法为蓝本或在其影响下制定了本国的反垄断法。

我国最早提出反垄断任务的规范性文件是1980年国务院颁布的《关于开展和保护社会主义竞争的暂行规定》（"竞争十条"）。《中华人民共和国反垄断法》（以下简称《反垄断法》）由第十届全国人民代表大会常务委员会第二十九次会议于2007年8月30日通过，自2008年8月1日起施行，将《中华人民共和国反不正当竞争法》中限制竞争、行政垄断的行为纳入其中。

反垄断法从名称上来说因国而异，如美国称之为《反托拉斯法》，联邦德国称《反限制竞争法》和《卡特尔法》，日本称为《禁止垄断法》，英国称为《限制性商业惯例法》，法国称为《价格和竞争自由法》等。截至目前，全球有近90个国家和地区颁布和实施了反垄断法，反垄断法已成为各国维护公平竞争和市场经济秩序的重要基石。

反垄断法是指在反对垄断或限制竞争过程中发生的市场监管关系的法律规范的总称。它与禁止以违反诚实信用原则和其他公认的商业道德等不正当手段从事市场竞争行为、维护公平竞争秩序的反不正当竞争法共同构成完整的竞争法。①

(二) 反垄断法的特征

1. 国家干预性

这里所说的国家干预是以市场经济作为共同的基础的，因而它与在自然经济和计划经济基础上的国家经济统制完全不同。而在市场经济的基础上所进行的国家干预也呈现出不同的情形，大体上可以分为干预不足、干预过度和干预适度三种情形。《反垄断法》反对非法垄断、保护有效竞争，是促进和保证国家适度干预的重要力量。显然，这种国家干预不应是为干预而干预，不是为了限制、扼杀经济自由而干预，恰恰相反，是为了扫除对经济自由的不正当限制以实现自由、公平的竞争而干预。反垄断法所体现的国家干预不是对民商法所确认的营业自由和契约自由的否定，而是为了更好地确保这种自由，是立足于社会整体利益而进行的调整。

2. 社会本位性

反垄断法的社会本位性表明，它保护的既不是单纯的国家利益，也不是完全的社会个体的利益，而是同这两者既有密切联系又有明显区别的社会公共利益，即广大人民群众所享受的利益。反垄断法对社会公共利益的维护是通过对自由和公平的市场竞争秩序的维护来实现的。它对垄断结构和垄断行为的规制是以社会公共利益为出发点和目的的，其实际效果亦应如此。"从严格意义上说，竞争法乃至整个经济法的着眼点，并不在于对单个竞争者利益的保护，而在于实现社会公平正义。"②尽管反垄断法维护自由公平竞争本身与保护竞争者的合法权益往往是一致的，但是在总体上明确反垄断法直接保护的是代表社会整体利益的竞争机制和竞争秩序，而不是代表具体的个别利益的竞争者，是很有必要的。反垄断法的这一特征实际上是对其主体(国家和各类市场参与者)行为的引导和限制，无论是国家还是各类市场参与者在竞争问题上都必须对社会共同尽责。

3. 经济政策性

这不仅表现在反垄断法的制定、修改本身与国家的经济政策密切相关，

---

① 漆多俊主编：《经济法学》，高等教育出版社 2007 年版，第 112 页。
② 王保树：《适应建立社会主义市场经济法律体系的要求 积极推进民法学经济法学研究》，载《法学与实践》1993 年第 4 期。

而且其执法和司法活动也带有很强的政策性,从而具有较大的灵活性,同样的法条在不同的国家以及不同国家的不同时期的执行情况可能有很大的差异。在反垄断法中,合法不合法之间的明晰区别往往是没有的,基本都是昏暗不明的灰色区域。同一形式和内容的法律行为由于不同情况可能是合法的,也有可能是非法的。例如,签订买卖合同和建立公司(或联合、协作关系)的合同,是市场经济条件下最普通的法律行为,保护签订合同的自由就是保护竞争法的一个内容;但是这样的合同也有可能是套购合同或建立垄断组织的合同,亦即破坏竞争的合同。反垄断法的这一特点就对有关执法者的经济理论素养和政策水平提出了更高的要求。

(三)《反垄断法》的立法目的和适用范围

1. 反垄断法的立法目的

《反垄断法》第1条是有关立法目的的阐释:"为了预防和制止垄断行为,保护市场公平竞争,提高经济运行效率,维护消费者利益和社会公共利益,促进社会主义市场经济健康发展,制定本法。"

从中可以看出,"为了预防和制止垄断行为,保护市场公平竞争,提高经济运行效率"是其直接目的,"维护消费者利益和社会公共利益,促进社会主义市场经济健康发展"是其根本目的。这样理解使得反垄断法与其功能最为相近的《反不正当竞争法》的联系与区别更加清晰可辨。

2.《反垄断法》的调整对象和范围

《反垄断法》调整的主要是具有竞争关系的经营者之间的法律关系,因此必须对经营者作出定义。该法第12条第1款规定:"本法所称经营者,是指从事商品生产、经营或者提供服务的自然人、法人和其他组织。"而经营者之间的竞争关系,主要存在于相关市场之中。对相关市场,《反垄断法》第12条第2款将其定义为"经营者在一定时期内就特定商品或者服务(以下统称商品)进行竞争的商品范围和地域范围";同时结合我国实际,延续《反不正当竞争法》的思路,《反垄断法》将具有行政垄断性质的反竞争行为纳入调整范围。如该法规定,行政机关和法律、法规授权的具有管理公共事务职能的组织不得滥用行政权力,排除、限制竞争。

《反垄断法》作为内国法,适用于在中华人民共和国境内经济活动中从事的垄断行为自不待言;但是考虑到随着经济全球化的发展,经济活动(特别是大型企业的垄断行为)的影响并不限于一国境内。为此,《反垄断法》第2条进一步明确规定:"中华人民共和国境外的垄断行为,对境内市场竞争产生排除、限制影响的,适用本法。"这一规定是在参考了许多国家的竞争法之后作出的、符合国际惯例的选择。

3.《反垄断法》的基本原则

根据《反垄断法》第一章总则的相关规定，我国《反垄断法》的基本原则可以概括为：

(1)健全统一、开放、竞争、有序的市场体系的原则。《反垄断法》的出台，使其与《反不正当竞争法》一同构筑起我国竞争法体系的骨架，形成了与社会主义市场经济相适应的竞争规则。

(2)保护经济自由权与监管和调控相结合的原则。《反垄断法》抑制垄断并不消灭垄断。它承认并保护经营者的经济自由权，允许经营者通过公平竞争、自愿联合，依法实施集中，扩大经营规模，提高市场竞争能力；同时为建立健全统一、开放、竞争、有序的市场体系而监管和调控经营者的反竞争（如垄断协议、恶意并购、限制竞争等）行为。

第二节 反垄断法的主要实体规范

一、禁止垄断协议

(一)垄断协议的概念

垄断协议又称限制竞争协议，是指两个或两个以上经营者之间达成旨在排除、限制竞争或者实际上具有排除、限制竞争效果的协议、决定或者其他协同一致的行为。在市场经济条件下，垄断协议广泛地存在于经济生活的各个阶段和各个方面，与滥用市场支配地位、经营者集中等垄断行为相比较，其表现出发生量大、涉及面广、对市场影响速度快等特点，对有效竞争的破坏具有普遍性和持续性。对垄断协议的禁止性规定是《反垄断法》的支柱内容之一。而且从现实发生的垄断行为来看，限制竞争协议是属第一位的，其实际发生的数量和执法机关查处的数量远远高于其他垄断行为。

垄断协议可以表现为企业间限制竞争的合同或协议、企业团体的决议及企业间的协同行为等形式。我国《反垄断法》第13条第2款规定："本法所称垄断协议，是指排除、限制竞争的协议、决定或者其他协同行为。"

垄断协议有横向垄断协议与纵向垄断协议之分。所谓横向垄断协议是指两个或两个以上因经营同类产品或服务而在生产或销售过程中处于同一经营阶段的同业竞争者之间的垄断协议，如两家汽车生产公司之间的联合；纵向垄断协议是指两个或两个以上在同一产业中处于不同阶段而有买卖关系的企业间的垄断协议，如汽车生产商与汽车销售商之间的联合。将垄断协议分为横向垄断协议与纵向垄断协议是因为二者对竞争危害的程度不同，法律对它们亦区别对待。横向垄断协议作为同业竞争者之间的联合行为，对竞争的危害既直接又严重，因而一直是反垄断法所规制的重点；纵向垄断协议由于主体之间处于不同的经营阶段，不具有直接的竞争关系，其联合行为对竞争的影响较横向垄断协议间接得多，程度也轻得多，法律对其管制的严厉程度也远远不及横向垄断协议，限制、处理的灵活性也较大。

我国《反垄断法》用了3条对垄断协议加以规范。第13条第1款是关于横向垄断协议的规定，第14条是关于纵向垄断协议的规定，第16条专门就行业协会组织本行业经营者从事垄断协议作出了禁止性规定。

(二)对垄断协议的法律规制

1. 横向垄断协议与纵向垄断协议

我国《反垄断法》禁止以下具有横向垄断性质的协议。根据该法第13条的规定，禁止具有竞争关系的经营者达成下列垄断协议：

(1)固定或者变更商品价格；
(2)限制商品的生产数量或者销售数量；
(3)分割销售市场或者原材料采购市场；
(4)限制购买新技术、新设备或者限制开发新技术、新产品；
(5)联合抵制交易；
(6)国务院反垄断执法机构认定的其他垄断协议。

我国《反垄断法》禁止以下具有纵向垄断性质的协议。根据该法第14条的规定，禁止经营者与交易相对人达成下列垄断协议：

(1)固定向第三人转售商品的价格；
(2)限定向第三人转售商品的最低价格；
(3)国务院反垄断执法机构认定的其他垄断协议。

2. 行业协会限制竞争行为

行业协会种类繁多，典型的行业协会应该是由单一行业的经营者组成，具有非营利性和中介性，维护成员利益并代表本行业利益从事活动的社团法人。

我国《反垄断法》对行业协会在竞争法上的义务提出了要求，其第11条规定："行业协会应当加强行业自律，引导本行业的经营者依法竞争，维护市场竞争秩序。"在"垄断协议"一章又专条规定："行业协会不得组织本行业的经营者从事本章禁止的垄断行为。"这些规定将有效抑制行业协会的反竞争倾向，也使得对行业协会的规范有了具体的依据。

3. 垄断协议的豁免

对于并非以限制竞争为目的或者为某种公共利益而达成的合意或者一致

行动,《反垄断法》是允许的。这就是第 15 条有关垄断协议的豁免条款,即有下列情形之一的,不适用前述第 13 条和第 14 条的规定:

(1) 为改进技术、研究开发新产品的;

(2) 为提高产品质量、降低成本、增进效率,统一产品规格、标准或者实行专业化分工的;

(3) 为提高中小经营者经营效率,增强中小经营者竞争力的;

(4) 为实现节约能源、保护环境、救灾救助等社会公共利益的;

(5) 因经济不景气,为缓解销售量严重下降或者生产明显过剩的;

(6) 为保障对外贸易和对外经济合作中的正当利益的;

(7) 法律和国务院规定的其他情形。

但是对于第(1)项至第(5)项的情形,经营者还应当证明"所达成的协议不会严重限制相关市场的竞争,并且能够使消费者分享由此产生的利益",才可免除法律责任。

(三) 法律责任

我国《反垄断法》明文规定垄断协议的法律责任包括民事责任、行政责任和刑事责任三种。

1. 垄断协议的民事责任

经营者实施垄断行为,给他人造成损失的,必须依法承担相应的法律后果。我国《反垄断法》第 50 条规定:"经营者实施垄断行为,给他人造成损失的,依法承担民事责任。"垄断协议作为垄断行为的表现形式之一,自然应该依其规定承担民事责任。但《反垄断法》未就民事责任所涉及的其他具体内容,如归责原则、责任形式、责任范围等作进一步规定,表明这里的"依法"是指依照我国现行的民事法律制度追究经营者实施垄断协议的民事责任。

2. 垄断协议的行政责任

《反垄断法》第 46 条用 3 款从三个方面对垄断协议的行政责任作出规定:

一是一般规定,"经营者违反本法规定,达成并实施垄断协议的,由反垄断执法机构责令停止违法行为,没收违法所得,并处上一年度销售额 1%以上 10%以下的罚款;尚未实施所达成的垄断协议的,可以处 50 万元以下的罚款"。

二是宽容条款,"经营者主动向反垄断执法机构报告达成垄断协议的有关情况并提供重要证据的,反垄断执法机构可以酌情减轻或者免除对该经营者的处罚"。

三是行业协会的责任,"行业协会违反本法规定,组织本行业的经营者达成垄断协议的,反垄断执法机构可以处50万元以下的罚款;情节严重的,社会团体登记管理机关可以依法撤销登记"。

据此分析,垄断协议的行政责任主要有以下几种形式:

第一,责令停止违法行为。反垄断执法机构认定经营者达成的协议属于垄断协议的,有权责令经营者停止实施该垄断协议。

第二,没收违法所得。对于经营者因实施垄断协议而获得的违法收入,全部予以没收。这里的违法所得指的是经营者通过实施垄断协议获得的收益。

第三,罚款。在垄断协议认定中,经营者只要实施了达成协议的行为,即可认定构成违法,无须考虑结果要件。但达成垄断协议并予以实施与仅仅达成协议尚未实施对竞争所产生的危害以及对行为人收益的影响是不同的,需要在处罚时区别对待。因此,《反垄断法》就此两种情况规定了不同的罚款数额:对于经营者达成垄断协议但尚未实施的,可以处50万元以下的罚款;对达成并实施了垄断协议的,除没收违法所得外,处上一年度销售额10%以下的罚款。

第四,撤销登记。这一责任方式是针对行业协会实施垄断协议而规定的。行业协会作为依法成立、实行行业服务和自律管理的非营利性社团法人,在整个运行过程中必须遵守国家的法律、法规,遵守社团法人的章程,忠实地履行职责。如果行业协会实施垄断协议行为,情节严重的,社会团体登记管理机关可依法撤销登记,以消灭其主体资格的方式,排除其对竞争的危害。

3. 垄断协议的刑事责任

我国《反垄断法》没有与《刑法》衔接追究垄断行为的刑事责任的条款,自然也没有关于追究垄断协议的刑事责任的规定。但这并不等于我国所有的垄断协议行为都不会承担刑事责任。如串通招投标行为属于我国《反垄断法》规定的垄断协议行为,《刑法》第223条明确规定:"投标人相互串通投标报价,损害招标人或者其他投标人利益,情节严重的,处3年以下有期徒刑或拘役,并处或者单处罚金。投标人与招标人串通投标,损害国家、集体、公民的合法利益的,依照前款的规定处罚。"这表明违反《反垄断法》的垄断协议行为同样有可能承担刑事责任。

二、禁止滥用市场支配地位

(一) 市场支配地位的概念

市场支配地位，又称市场控制地位，是反垄断法中的重要概念。它描述的是企业或企业联合组织在市场上所达到或具有的某种状态，该状态反映出企业或企业联合组织在相关的产品市场、地域市场和时间市场上拥有决定产品产量、价格和销售等方面的控制能力。

市场支配地位本身，并不受道德谴责，也不必然被反垄断法禁止或制裁。只有当具有市场支配地位的企业利用其市场支配地位危害竞争，损害公共利益和私人利益时，反垄断法才会挥动达摩克利斯之剑，扮演市场竞争秩序守护神的角色。

(二) 市场支配地位的认定因素和方法

1. 认定市场支配地位的主要因素

我国《反垄断法》所称的市场支配地位，是指经营者在相关市场内具有能够控制商品价格、数量或者其他交易条件，或者能够阻碍、影响其他经营者进入相关市场能力的市场地位。据此可知，经营者是否具备市场支配地位首先取决于其在相关市场中是否具有"控制交易的条件"、"阻碍、影响其他经营者的能力"。如何判断经营者是否具备这种能力，是反垄断法必须解决的问题。从世界范围看，在反垄断的立法与司法实践中形成了"以市场份额为主、兼顾反映企业综合经济实力的其他因素"的认定标准。我国《反垄断法》第18条总结并借鉴世界范围内相关立法经验指出，认定经营者具有市场支配地位，应当依据下列因素：

(1) 该经营者在相关市场的市场份额，以及相关市场的竞争状况；
(2) 该经营者控制销售市场或者原材料采购市场的能力；
(3) 该经营者的财力和技术条件；
(4) 其他经营者对该经营者在交易上的依赖程度；
(5) 其他经营者进入相关市场的难易程度；
(6) 与认定该经营者市场支配地位有关的其他因素。

这一规定较好地反映了世界各国以及国际组织反垄断法有关市场支配地位认定标准的共性。

为了方便执法和司法实践中的操作，我国《反垄断法》第19条设计了市场支配地位的推定制度。该制度由相互关联的三项内容构成。

首先，是一般规定，即有下列情形之一的，可以推定经营者具有市场支配地位：

(1)一个经营者在相关市场的市场份额达到1/2的；
(2)两个经营者在相关市场的市场份额合计达到2/3的；
(3)三个经营者在相关市场的市场份额合计达到3/4的。

其次，是例外规定，即有前述第(2)项、第(3)项规定的情形，其中有的经营者市场份额不足1/10的，不应当推定该经营者具有市场支配地位。

最后，是反证规定，即被推定具有市场支配地位的经营者，有证据证明不具有市场支配地位的，不应当认定其具有市场支配地位。

2. 市场支配地位的认定方法

在判断市场支配地位的标准中，涉及"相关市场"和"企业支配能力"的认定。对此，我国《反垄断法》第12条指出："本法所称相关市场，是指经营者在一定时期内就特定商品或者服务(以下统称商品)进行竞争的商品范围和地域范围。"在此基础上判断企业的支配能力取决于包括市场份额在内的多种因素。其主要方法是对影响企业市场支配能力的因素进行考察，对各种指标做定性、定量分析，作出企业是否具有支配能力和支配能力大小的结论。如在分析市场份额这一影响企业支配能力的主要因素时即需从三个方面予以考虑：

一是市场份额的计算方法，即被告在相关市场上的销售额，除以该市场的总销售额，再乘以百分之百，以此方法计算所得出的百分比，即为该企业的市场份额。

二是市场份额的数值因素，一般而言，涉嫌具有市场支配地位的企业，其市场份额越大，行使市场力量的可能性就越大。

三是市场份额的时间因素，即瞬间拥有巨大的市场份额并不必然使得企业具有支配地位，只有当企业能够在较长时间内维持该优势时，才构成支配地位。

3. 滥用市场支配地位行为的判断

滥用市场支配地位行为是指具有市场支配地位的企业，利用其市场支配地位危害竞争，损害竞争对手和社会公共利益及其他私人利益的行为。我国《反垄断法》对常见的滥用市场支配地位行为采取列举方式加以规范，根据第17条的规定，禁止具有市场支配地位的经营者从事下列滥用市场支配地位的行为：

(1)以不公平的高价销售商品或者以不公平的低价购买商品；
(2)没有正当理由，以低于成本的价格销售商品；
(3)没有正当理由，拒绝与交易相对人进行交易；
(4)没有正当理由，限定交易相对人只能与其进行交易或者只能与其指定的经营者进行交易；

(5)没有正当理由搭售商品，或者在交易时附加其他不合理的交易条件；

(6)没有正当理由，对条件相同的交易相对人在交易价格等交易条件上实行差别待遇；

(7)国务院反垄断执法机构认定的其他滥用市场支配地位的行为。

现分析如下：

①垄断价格是指在市场缺乏竞争的情况下，拥有市场支配地位的经营者通过价格策略获取垄断利润的盘剥行为。

②亏本销售，是指上述第(2)项"以低于成本的价格销售商品"的情形。企业是营利性组织，低于成本的定价若无正当理由，其实质是打击竞争对手以争夺市场和顾客；一旦其目的达到，就会抬高价格。因此，这类行为又称为掠夺性定价，是《反垄断法》规制的对象。如果为了避免鲜活产品腐烂、推销过季产品、清偿到期债务等，以尽可能减少损失或缓解经营中遇到的特殊困难等，则被认为是正常经营的需要，即使低于成本价销售，也不构成掠夺性定价。

③拒绝交易又称瓶颈垄断，是指具有市场支配地位的经营者没有正当理由，拒绝与其交易相对人进行交易，或限制交易的数量与范围等的行为。《反垄断法》关注的拒绝交易，主要是指由市场支配地位的公用企业（如供水、供电等企业）实施的拒绝交易行为。这些企业本身的特殊地位及提供商品和服务的特殊性，决定了其具有普遍服务义务。违反该义务，拒绝与交易相对人交易，将会严重影响人们的日常生活和社会稳定，必须坚决予以禁止。

④强制交易是指经营者违背他人意愿强制其进行某种交易活动。《反垄断法》第17条规定了两种情况：一是具有市场支配地位的经营者限定他人与自己交易；二是具有市场支配地位的经营者限定他人与自己指定的第三者进行交易。

《反垄断法》与《反不正当竞争法》关于强制交易的规定有所不同，后者将实施强制交易的主体仅限于"公用企业和其他依法具有独占地位的经营者"，使该主体以外的强制交易行为无法得到追究；并且将强制交易的情形限于强制安排他人间的交易，从而将强制他人与自己交易这一重要强制交易形式排除在外。《反垄断法》的规定弥补了这两方面的不足，使我国对强制交易的规制得到进一步完善。

⑤搭售或附加不合理的条件是指经营者在提供用户所需的产品或者服务

时，额外附加其他产品或者服务；若对方不接受附加的产品或者服务，则所需产品或者服务亦无法获得，所以又被称为"捆绑式"销售。搭售行为的本质是具有市场支配地位的经营者将其在特定市场或者特定产品上的竞争优势不公平地延伸至被搭售产品的市场上，从而限制、甚至排除了被搭售的产品及所属企业在市场上的公平竞争机会。附加其他不合理条件的交易行为与搭售行为的本质相同，亦受到《反垄断法》的规制。

⑥关于差别待遇。经营者对不同的交易相对人采取不同的交易条件，是其选择交易对象的一种权利，也是一种常见的营销策略。但当具有市场支配地位的经营者实施差别待遇时，有可能对竞争产生损害。特别是当交易对象"条件相同"时对之实行差别待遇，因缺乏合理性而受到《反垄断法》的禁止。此外应注意，差别待遇的形式主要表现为价格的差异，但不仅仅限于价格，并且若具有合理的理由，法律上则认可一定的差别待遇。这些正当理由包括：基于制造、销售、运输成本不同所致的价格差别；基于影响市场条件的变化而产生的价格变化；基于促销容易变质腐烂的商品、季节性商品而采取的不同价格，等等。

(三) 法律责任

1. 滥用市场支配地位的民事责任

根据《反垄断法》第 50 条的规定，经营者实施垄断行为，给他人造成损失的，依法承担民事责任。这里的"他人"，可以是受害的竞争者，也可以是用户或者消费者。至于责任的方式，理论上应包括我国《民法通则》及相关民事法律、法规所定的所有责任形式，但实践中基于滥用市场支配地位行为的经济性特点，承担责任的方式主要是损害赔偿。

2. 滥用市场支配地位的行政责任

对经营者违反本法规定，滥用市场支配地位的，反垄断执法机构可以责令停止违法行为，没收违法所得，并处上一年度销售额 1% 以上 10% 以下的罚款。

三、控制经营者集中

(一) 经营者集中的含义

经营者集中是一个宽泛模糊的概念，近似的概念有企业合并或者收购、经济力集中、企业并购或者兼并等。它的核心是指两个或两个以上企业以一定的方式或手段所形成的企业间的资产、营业和人员的整合。

我国《反垄断法》使用了"经营者集中"这一概念，但却未正面给出其定义，而是在第 20 条以列举方式对其予以限定。该条指出经营者集中是指下列情形：

(1) 经营者合并；

(2) 经营者通过取得股权或者资产的方式取得对其他经营者的控制权；

(3) 经营者通过合同等方式取得对其他经营者的控制权或者能够对其他经营者施加决定性影响。

经营者集中对市场经济的发展和有序竞争具有积极促进与消极妨碍双重作用。因此进行法律调控时，一方面必须遵从经济规律，承认规模经济的合理性，允许经济力集中和企业适度合并，同时又要预防经营者以不法手段实施集中，或者使经营者集中失控，导致一定市场或者行业内竞争的丧失。所以，综观各国反垄断法，都建立了一系列制度密切关注经营者集中，并对可能发生的具有反竞争性质的合并等进行规制。

（二）经营者集中的申请和审查

要求某些经营者集中事先提出申报并对其进行审查是《反垄断法》设立的重要制度。现分别予以说明和分析。

1. 经营者集中的申报制度

经营者集中申报制度主要包括申报的时间、申报的标准、申报的例外以及申报的文件与资料等内容。

(1) 关于申报时间。《反垄断法》第 21 条规定："经营者集中达到国务院规定的申报标准的，经营者应当事先向国务院反垄断执法机构申报，未申报的不得实施集中。"

(2) 申报的标准。从考量经营者集中对竞争消极影响的角度出发，只有达到一定标准的集中，《反垄断法》才要求申报，并予以监督。我国《反垄断法》未涉及经营者集中申报的具体标准，而只在第 21 条规定，经营者集中达到"国务院规定的申报标准"的，经营者应当申报。这表明，我国经营者集中的申报标准由国务院制定。

(3) 申报的例外。按照国际上的普遍做法，对经营者的除外规定主要涉及两种情况，一是已经形成控制与被控制关系的经营者之间的集中；二是受同一经营者控制的经营者集中。借鉴这一经验，我国《反垄断法》第 22 条规定："经营者集中有下列情形之一的，可以不向国务院反垄断执法机构申报：（一）参与集中的一个经营者拥有其他每个经营者 50%以上有表决权的股份或者资产的；（二）参与集中的每个经营者 50%以上有表决权的股份或者资产被同一个未参与集中的经营者拥有的。"

(4) 应提交的申报文件和资料。为了审查企业的市场影响能力和企业集中可能给竞争造成的后果，法律要求申报者提供特定的文件与材料。根据各国法律规定，这些材料主要包括两类，一是真实反映参与集中的经营者的事实资料；二是对拟进行的经营者集中所作的说明和评价。我国《反垄断法》第 23 条要求申报集中的经营者应当向国务院反垄断执法机构提交下列文件、资料：

①申报书；

②集中对相关市场竞争状况影响的说明；

③集中协议；

④参与集中的经营者经会计事务所审计的上一会计年度财务报告；

⑤国务院反垄断执法机构规定的其他文件、资料。同时还规定，经营者提交的文件、资料不完备的，应当在国务院反垄断执法机构规定的期限内补交文件、资料；逾期未补交的，视为未申报。

2. 经营者集中的审查制度

对经营者集中的审查主要包括两部分内容：

（1）关于审查内容。根据《反垄断法》第 27 条的规定，国务院反垄断执法机构在审查经营者集中时，应当考虑下列因素：

①参与集中的经营者在相关市场的市场份额及其对市场的控制力。

②相关市场的市场集中度。

③经营者集中对市场进入、技术进步的影响。

④经营者集中对消费者和其他有关经营者的影响。

⑤经营者集中对国民经济发展的影响。

⑥国务院反垄断执法机构认为应当考虑的影响市场竞争的其他因素。

若对上述因素的评价是正面的，集中便有可能获得批准，否则就会被禁止。

（2）关于审查程序。我国《反垄断法》规定的经营者集中程序由"初步审查"和"进一步审查"组成。但是每个个案并非必须经过这两个程序，只有在审查中出现《反垄断法》规定的情形时，才需要"进一步审查"，即启动第二个审查程序。

①初步审查。初步审查是指国务院反垄断执法机构对经营者拟实施的集中依法所进行的第一次审查。根据《反垄断法》第 25 条的规定，初步审查的期限为国务院反垄断执法机构收到申请文件、资料之日起 30 日内。如果经营者提交的文件、资料不完备的，则应当在规定的期限内补交文件、资料，初步期限自经营者补交文件、资料之日起计算。初步审查的决定分为两种：一是通过审查，可以实施集中；二是实施进一步审查的决定。若国务院反垄断执法机关逾期未作出决定的，视为通过审查，经营者可以实施集中。但是

在国务院反垄断执法机构作出决定以前,法定期限又未到的,经营者不得实施集中。此外,国务院反垄断执法机构不论是实施进一步审查的决定,还是作出不实施进一步审查的决定,都必须采用书面形式通知经营者。

②进一步审查。进一步审查是指国务院反垄断执法机构对没有通过初步审查的经营者集中案进行的第二次审查。根据我国《反垄断法》第26条的规定,进一步审查的期限分为两种情况:一是一般期限,即指国务院反垄断执法机构作出实施进一步审查决定之后,对经营者集中申报实施进一步审查并作出决定的期限。该期限为90日,就作出实施进一步审查的决定之日起计算。二是延长期限,即当法定情形出现时,国务院反垄断执法机构可以在一般审查期限之外,延长进一步审查的期限。但延长的期限最长不得超过60日,且应书面通知经营者。

所谓法定情形,是指《反垄断法》第26条第2款列举的情形:

一是经营者同意延长审查期限的;

二是经营者提交的文件、资料不准确,需要进一步核实的;

三是经营者申报后有关情况发生重大变化的。需要注意的是,在延长期限内,经营者不得实施集中。

国务院反垄断执法机构完成经营者集中申报的进一步审查工作后,应依法作出决定。决定分为两种:一种是禁止集中。作出禁止经营者集中的决定,应当说明理由。另一种是不予禁止。

不论是哪种决定,都必须采用书面形式通知经营者。同样地,国务院反垄断执法机构"逾期未作出决定",其法律效果等同于对经营者集中不予禁止的决定,即经营者可以实施集中。

此外,对涉及外资并购境内企业或者以其他方式参与经营者集中,涉及国家安全的,必须经过特别的审查程序——国家安全审查。外资并购作为一种具有特殊复杂性的经营者集中方式,不仅要受到反垄断法的规制,同时还要受到国家有关外资并购安全审查法律的约束。我国《反垄断法》借鉴国际上的通行做法,结合我国实际情况,在第31条对经营者集中审查与外资并购国内企业的审查作了衔接性的规定:"对外资并购境内企业或者以其他方式参与经营者集中,涉及国家安全的,除依照本法规定进行经营者集中审查外,还应当按照国家有关规定进行国家安全审查。"而且,我国于2006年新修订的《关于外国投资者并购境内企业的规定》,不仅在第3条明确规定外国投资者并购境内企业"不得造成过度集中、排除或限制竞争,不得扰乱社会经济秩序和损害社会公共利益",还专章规定了外资并购境内企业的"反垄断审查"问题。这些规定,较好地解决了反垄断法律制度与外资并购安全审查的法律制度之间的衔接和协调问题。

(三)应予禁止的经营者集中及其除外规定

由于经营者集中存在着积极和消极两方面作用，即使被认定为对竞争有损害的经营者集中，只要其对经济的积极促进作用大于消极作用也有可能获得批准。这些积极作用主要表现为：优化资源配置、提高经济效益、增强企业的国际竞争力、促进产业发展与转型、贯彻国家产业政策、促进就业等整体经济利益及社会公共利益等。尤其在经济全球化背景下，"整体经济"、"公共利益"以及"国际竞争力"等成为许多国家在企业合并判例中对合并不予禁止的主要理由。借鉴国外经验，我国《反垄断法》第28条对禁止经营者集中的例外也作了明确规定："经营者能够证明该集中对竞争产生的有利影响明显大于不利影响，或者符合社会公共利益的，国务院反垄断法执法机构可以作出对经营者集中不予禁止的决定。"为了有效预防这类集中可能带来的负面影响，我国《反垄断法》第29条还规定："对不予禁止的经营者集中，国务院反垄断执法机构可以决定附加减少集中对竞争产生不利影响的限制性条件。"这显示出立法者对经营者集中采取了较为灵活的态度，给予了反垄断执法机构相对宽松的执法裁量空间，以便在产业政策与竞争政策之间寻求到合理的平衡点，更好地发挥《反垄断法》作为一种政策工具的特点。

(四)法律责任

1. 经营者集中过程中不同阶段的违法行为

(1)未向国务院反垄断执法机构申报而实施集中的行为。《反垄断法》第21条规定："经营者集中达到国务院规定的申报标准的，经营者应当事先向国务院反垄断执法机构申报，未申报的不得实施集中。"

(2)违法实施集中的行为。这些行为包括：第一，国务院反垄断执法机构初步审查决定作出前，经营者实施的集中；第二，在国务院反垄断执法机构进一步审查期间实施集中的行为；第三，不按照国务院反垄断执法机构对经营者集中附加的限制性条件实施集中的行为；第四，在国务院反垄断执法机构作出禁止实施集中的决定后仍实施集中的行为。

2. 法律责任

(1)由国务院反垄断执法机构责令停止实施集中。对于违法实施的经营者集中，责令停止实施，是阻止、避免违法行为产生不良后果的最直接、最有效的手段。这种措施是用于经营者已经开始实施集中但尚未完成的情况。

(2)责令限期处置。责令限期处置是指由国务院反垄断执法机构责令违法的经营者限期处分股份或者资产、限期转让营业。针对已经完成的违法经营者集中，必须采取相应的措施，恢复到经营者集中前的状态，防止因经营者集中而产生或者加强市场支配地位，而不能仅仅处罚了事。具体手段可以有：停止实施集中，限期处分股份或者资产，限期转让营业，包括在必要时强制对经营者进行拆分。对于通过合同、技术控制干部兼任等方式实施的经营者集中，应当责令其解除合同、撤回干部或者采取其他必要的措施。

（3）罚款。在采取有效措施使违法实施的经营者集中恢复到集中前状态的同时，国务院反垄断执法机构还可以根据情况，对违法实施集中的经营者处50万元以下的罚款。

四、禁止滥用行政权力排除、限制竞争

（一）行政权力排除、限制竞争的含义

滥用行政权力排除、限制竞争是指拥有行政权力的政府机关以及其他依法具有管理公共事务职能的组织滥用行政权力，排除、限制竞争的各种行为。我国《反垄断法》第8条规定："行政机关和法律、法规授权的具有管理公共事务职能的组织不得滥用行政权力，排除、限制竞争。"这一原则性规定与该法第五章列举的滥用行政权力排除、限制竞争的主要表现形式互为补充，使得反垄断执法机构能够较好地运用反垄断法规范行政垄断。

（二）行为方式及其要件

滥用行政权力排除、限制竞争的行为方式多种多样，《反垄断法》重点约束的主要有以下几类：

（1）地区封锁。这是指地方政府以及其他依法具有管理公共事务职能的组织为了本地区利益，利用行政权力排除、限制竞争的行为。它往往由地方政府及其所属部门以政府命令、文件或通知等方式出现，通过对这些命令、文件、通知等的执行达到封锁市场，保护地方利益。

我国《反垄断法》第33~35条规定了地区封锁的三种表现形式：

第一，限制商品在地区间自由流通。这包括行政机关和其他依法具有管理公共事务职能的组织实施的下列五类行为：一是对外地商品设定歧视性收费项目、实施歧视性收费标准，或者规定歧视性价格；二是对外地商品规定与本地同类商品不同的技术要求、检验标准，或者对外地商品采取重复检验、重复认证等歧视性技术措施，限制外地商品进入本地市场；三是采取专门针对外地商品的行政许可，限制外地商品进入本地市场；四是设置关卡或者采取其他手段，阻碍外地商品进入本地市场或者本地商品运出；五是妨碍商品在地区间自由流通的其他行为。

第二，排斥或限制招标投标行为。即行政机关和其他依法具有管理公共事务职能的组织滥用行政权力以设定歧视性资质要求、评审标准或者不依法

发布信息等方式，排斥或者限制外地经营者参加本地的招标投标活动。

第三，排斥或者限制外地投资或设立分支机构。即行政机关和其他依法具有管理公共事务职能的组织滥用行政权力，采取与本地经营者不平等的待遇方式，排斥或者限制外地经营者在本地投资或设立分支机构。

(2)强制交易。这是指中央政府部门、地方政府及其他依法具有管理公共事务职能的组织，利用行政权力强制安排市场交易活动，限制和排斥竞争、妨碍公平交易的行为。我国《反垄断法》第32条规定："行政机关和法律、法规授权的具有管理公共事务职能的组织不得滥用行政权力，限定或者变相限定单位或者个人经营、购买、使用其指定的经营者提供的商品。"

(3)强制经营者实施危害竞争的垄断行为。这是指行政管理者为了本地区或本部门的利益，违背经营者的意愿，强制其从事有利于本地区、本部门的垄断行为。如强制联合(合并)限制竞争就是其中最典型的一种。

我国《反垄断法》第36条就行政机关以及其他具有管理公共事务职能的组织滥用行政权力强制经营者从事垄断行为作出了明确规定："行政机关和法律、法规授权的具有管理公共事务职能的组织不得滥用行政权力，强制经营者从事本法规定的垄断行为。"

(4)制定含有限制竞争内容的行政法规、行政命令等。这是指行政机关利用行政权力；通过制定行政法规、规章或者发布具有普遍约束力的决定、命令，将具有限制竞争性质的条款或内容包含其中，要求相对人执行以达到限制竞争之目的。由于行政机关以及其他具有管理公共事务职能的组织的限制竞争行为与行政管理活动混淆在一起，增加了识别的难度和危害的普遍性。特别是近些年来，行政机关以及其他具有管理公共事务职能的组织，越来越倾向于通过地方政府规章或者有关文件中规定一些排除、限制竞争的内容，作为实施某些垄断行为的"法定依据"。因此，我国《反垄断法》第37条明确规定："行政机关不得滥用行政权力，制定含有排除、限制竞争内容的规定。"

综合上述行为的共性，判断是否构成滥用行政权力排除、限制竞争，一般应从以下要件入手：

第一，从行为的实施者来看必须是行政机关或者依照法律、法规授权具有管理公共事务职能的其他组织。这两类主体的特点是均拥有一定的行政权力。

第二，上述主体实施了"滥用行政权力"的行为。

第三，该行为产生了破坏市场机制、损害公平竞争秩序，排除或者限制竞争的严重后果。

(三)法律责任

《反垄断法》第51条规定:"行政机关和法律、法规授权的具有管理公共事务职能的组织滥用行政权力,实施排除、限制竞争行为的,由上级机关责令改正;对直接负责的主管人员和其他直接责任人员依法给予处分。反垄断执法机构可以向有关上级机关提出依法处理的建议。"据此规定,滥用行政权力限制竞争的法律责任主要包括以下几方面内容:

(1)责令改正,是指对滥用行政权力限制竞争行为由上级机关责令改正。

(2)个人的行政责任,是指对滥用行政权力限制竞争负有直接责任的主管人员和其他直接责任人员依法给予处分。

此外,反垄断执法机构可以就滥用行政权力限制竞争行为,向有关上级机关提出处理建议,以便预防此类行为再次发生。从性质上看,这是法律赋予反垄断执法机构的权利,而并非违法者承担的责任。但是由于反垄断执法机构职能与地位的特殊性,其依据事实与法律提出的要求依法处理的建议,有关上级机关应该而且也会予以重视,从而使滥用行政权力者承担相应的法律后果。同时,为了使《反垄断法》中有关滥用行政权力限制竞争的处理规定能够与已有规定衔接、协调,该法第51条专门规定:"法律、行政法规对行政机关和法律、法规授权的具有公共管理事务职能的组织滥用行政权力实施排除、限制竞争行为的处理另有规定的,依照其规定。"

第三节 反垄断调查机制及反垄断法的适用除外制度

一、反垄断调查机制

(一)反垄断调查机构及其职权

1. 宏观协调机构及其职权

我国《反垄断法》规定由国务院设立反垄断委员会,负责组织、协调、指导反垄断工作,其主要职责包括:

(1)研究拟订有关竞争政策;

(2)组织调查、评估市场总体竞争状况,发布评估报告;

(3)制定、发布反垄断指南;

(4)协调反垄断行政执法工作;

(5)国务院规定的其他职责。反垄断委员会的组成和工作规则由国务院规定。

2. 反垄断法执行机构

《反垄断法》第 10 条规定："国务院反垄断执法机构根据工作需要,可以授权省、自治区、直辖市人民政府相应的机构,依照本法规定负责有关反垄断执法工作。"

在立法过程中,"不设立统一的反垄断机构,维持现有的职能分工,由各有关部门各司其职,共同负责反垄断执法"的意见获得多数部门的支持。这种模式,大体上维持了目前国务院机构设置和职能分工的现状。由于体制关系,我国现行多部法律、行政法规中都有反垄断的内容,并由相对应的不同机构来执行。如《价格法》中规定了禁止固定价格、掠夺性定价等内容;《反不正当竞争法》规定了禁止强制交易、差别待遇、搭售以及行政性垄断等;《对外贸易法》中作出了不得在对外贸易活动中实施垄断行为的规定;《电信条例》中规定了禁止差别待遇、禁止拒绝进入网络等内容。这些法律、行政法规的执法职能主要是按照现行各有关部门的职能分工实施的,如发展改革委员会、商务部、工商总局、物价局等部门,及信息产业部、民航总局、银监会等有关行业监管机构均有权依照相关法律对某些限制竞争行为进行查处。分散又有所交叉的执法管理模式,有利亦有弊;从这一现实出发,设立反垄断委员会、发挥其组织协调功能对保证我国《反垄断法》得到真正实施关系重大。

(二)反垄断调查程序

1. 调查的启动

调查的启动,涉及由何种主体以何种方式启动对涉嫌垄断、限制竞争行为的调查。我国《反垄断法》将此项权利赋予了反垄断执法机构和私人主体。该法第 38 条第 1 款规定:"反垄断执法机构依法对涉嫌垄断行为进行调查。"而且,鼓励和保障私人主体举报涉嫌垄断的行为。《反垄断法》第 38 条第 2 款规定:"对涉嫌垄断行为,任何单位和个人有权向反垄断执法机构举报。"同时,还要求反垄断执法机构采取保密措施以保障举报人的权利;当举报采用书面形式并提供相关事实和证据的,反垄断执法机构应当进行必要的调查。

2. 调查措施

调查措施是指反垄断执法机构在对涉嫌垄断行为的调查过程中依法可以采取的措施。根据《反垄断法》第 39 条的规定,反垄断执法机构调查涉嫌垄断行为,可以采取下列措施:

(1)进入有关场所进行检查。检查有关场所指反垄断执法机构的执法人员可以依法进入被调查的经营者的营业场所或者其他有关的场所进行实地搜寻、查看。

（2）询问有关人员。询问有关人员是指反垄断执法机构的执法人员可以依法询问被调查的经营者、利害关系人或者其他有关单位或者个人，要求其说明有关情况。

（3）查阅、复制有关资料。即反垄断执法机构的执法人员可以依法通过查阅、复制或者要求被调查的经营者、利害关系人或者其他单位和个人提供等方式，获取有关单证、协议、会计账簿、业务函电、电子数据等文件、资料。

（4）查扣相关证据。查扣相关证据是指在行为人存在重大违法嫌疑并具有销毁证据的危险时，反垄断执法机构的执法人员可以依法查封、扣押涉嫌垄断行为的证据材料。

（5）查询经营者的银行账户。查询经营者的银行账户是指反垄断执法机构的执法人员在必要的情况下，可以依法对经营者的银行账户进行查询，以了解其财产状况和营利情况，判断其是否构成违法。

反垄断执法机构在采取以上的调查措施时不能随意而为，必须严格依照有关的程序性规则：首先，采取调查措施应由反垄断执法机构主要负责人书面批准；其次，调查涉嫌垄断行为，执法人员不得少于两人，并应当出示执法证件；再次，执法人员进行询问和调查，应当制作笔录，并由被询问人或者被调查人签字；最后，执法人员在调查过程中还应该奉行回避的制度，以保证执法过程的公正进行。这样规定，一方面有利于反垄断执法机构认定和处理不法垄断行为，另一方面也防止了反垄断执法机构滥用权力。

（三）调查者与被调查者的义务

1. 调查者的义务

调查者的义务是指反垄断执法机构的执法人员在对涉嫌垄断行为的调查过程中依法应承担的义务。

（1）调查者对执法过程中知悉的商业秘密负有保密的义务。如果不对调查者课以保密的义务，市场的竞争关系和竞争状况将会剧烈恶化，公众对政府权力机构的信赖将消失殆尽。

（2）调查者负有义务保障被调查的经营者和利害关系人依法能够充分行使参与调查程序的权利。被调查的经营者在反垄断调查的过程中应当享有知悉权、陈述权、申辩权和申请权等基本的程序性权利，以维护自己的合法权益。与程序的结果有利害关系或者可能因该结果蒙受不利的任何人，同样也应当有权参与程序并提出自己的主张和证据。《反垄断法》第43条规定："被调查的经营者、利害关系人有权陈述意见。反垄断执法机构应当对被调

第三节 反垄断调查机制及反垄断法的适用除外制度

查的经营者、利害关系人提出的事实、理由和证据进行核实。"不过这些规定还比较粗略，我们期待《反垄断法》的实施细则能够将相应的程序性规则具体化和完善化。

（3）调查者负有向社会公布相关处理决定的义务。我国《反垄断法》第44条规定："反垄断执法机构对涉嫌垄断行为调查核实后，认为构成垄断行为的，应当依法作出处理决定，并可以向社会公布。"根据该条规定，反垄断执法机构作出的认为构成垄断行为的处理决定，可以向社会公布、也可以不向社会公布；未认定构成垄断的申请案则不必公布。

2. 被调查者的义务

被调查者的义务是指被调查的涉嫌垄断行为的经营者、利害关系人或者其他有关单位或者个人在反垄断执法机构的执法人员进行调查的过程中依法应承担的法律义务。在此阶段，被调查者的主要义务是配合调查者依法进行调查工作。我国《反垄断法》第42条规定："被调查的经营者、利害关系人或者其他有关单位或者个人应当配合反垄断执法机构依法履行职责，不得拒绝、阻碍反垄断执法机构的调查。"并且在该法第52条规定了相应的法律责任。当然，被调查者对执法人员违法进行调查所采取的措施有权予以拒绝。

(四) 调查的中止、终止和恢复

1. 调查中止

调查中止是指在反垄断执法机构已经启动调查程序但尚未结束之前，被调查的经营者承诺在反垄断执法机构认可的期限内采取具体措施消除该行为后果的，反垄断执法机构可以决定暂时停止调查。调查的中止不同于调查的终止，它只是附条件的暂时停止调查程序；并且反垄断执法机构也可以视违法行为的性质、程度和持续的时间等因素不作出中止调查的决定。

调查中止程序可以促使被调查者主动采取措施消除不法垄断行为的后果，节约反垄断执法机构的执法成本，提高审查效率；对于被调查者来说，也可以避免漫长的调查和审理程序对自己经营活动的影响，避免不良后果的加重。

2. 调查终止

在中止调查后，若经营者履行了承诺，并消除了垄断行为的后果，反垄断执法机构可以决定终止调查，即针对该被调查者的调查程序宣告结束。

3. 调查恢复

调查的恢复是指调查中止后，出现了法律规定的某些情形，反垄断执法机构重新恢复调查的一种程序。根据《反垄断法》第45条的规定，此种情形有三种：

一是经营者未履行承诺的。在这种情况下，其涉嫌垄断的行为对市场竞争的消极作用依然存在，相应的不利后果仍未消除，因而必须恢复调查，以确定经营者的法律责任，维护市场的有效竞争秩序。

二是作出中止调查决定所依据的事实发生了重大变化的。反垄断执法机构作出的中止调查的决定是根据经营者的申请并依据一定的事实作出的，如果所依据的事实发生了重大的变化，情势发生了重大的变更，并且对原来作出的决定产生了实质性的影响，反垄断执法机构应当重新恢复调查。

三是中止调查的决定是基于经营者提供的不完整或者不真实的信息作出的。此时，不仅应该恢复调查，并且对经营者故意隐瞒信息或者提供虚假信息的行为，反垄断执法机构还可以依法给予处罚。

二、违反反垄断法的法律责任

（一）违法经营者的法律责任

反垄断执法机构对违法经营者的处罚类型主要有：责令停止违法行为、没收违法所得以及罚款。依照法律的规定，反垄断执法机构在确定罚款的具体数额时，应当考虑违法行为的性质、程度和持续的时间等因素，以确保处罚的公正性。经营者违反反垄断法的情形主要有以下三种：

第一，经营者违反《反垄断法》的规定，达成垄断协议并实施或者虽然达成垄断协议但尚未实施的行为。我国《反垄断法》第46条第1、2款规定："经营者违反本法规定，达成并实施垄断协议的，由反垄断执法机构责令停止违法行为，没收违法所得，并处上一年度销售额1%以上10%以下的罚款；尚未实施所达成的垄断协议的，可以处50万元以下的罚款"，"经营者主动向反垄断执法机构报告达成垄断协议的有关情况并提供重要证据的，反垄断执法机构可以酌情减轻或者免除对该经营者的处罚"。

第二，经营者违反《反垄断法》的规定，滥用市场支配地位的行为。我国《反垄断法》第47条规定："经营者违反本法规定，滥用市场支配地位的，由反垄断执法机构责令停止违法行为，没收非法所得，并处上一年度销售额1%以上10%以下的罚款。"

第三，经营者违反反垄断法的规定实施集中的行为。我国《反垄断法》第48条规定："经营者违反本法规定实施集中的，由国务院反垄断执法机构责令停止实施集中、限期处分股份或者资产、限期转让营业以及采取其他必要措施恢复到集中前的状态，可以处50万元以下的罚款。"

经营者实施垄断行为，给他人造成损失的，除承担相应的行政责任外，还须依法承担赔偿责任。世界上许多国家和地区的法律中都有相应的规定，有的甚至规定受害人可以请求多倍赔偿(即惩罚性赔偿)。我国《反垄断法》第50条规定:"经营者实施垄断行为,给他人造成损失的,依法承担民事责任。"这里虽然规定了经营者应当承担民事责任,但是《反垄断法》没有赋予垄断行为的受害人以直接的赔偿请求权,实务中只能转而求助《民法通则》及《民事诉讼法》的规定行使诉权。

(二)行业协会的法律责任

《反垄断法》在第46条第3款对于行业协会违法组织本行业的经营者达成垄断协议的行为规定了相应的处罚:"行业协会违反本法规定,组织本行业的经营者达成垄断协议的,反垄断执法机构可以处50万元以下的罚款;情节严重的,社会团体登记管理机关可以依法撤销登记。"

(三)对滥用行政权力的行政主体的处罚

发达国家由于其法治程度比较高,一般不对行政主体的垄断行为作特别的规定,而是将其纳入反垄断法规制的主体之列,其救济程序和承担的法律责任与一般的自然人、法人别无二致。由于多种原因,在经济实践中我国一些行政机构滥用行政权力,实施排除、限制竞争行为的情况还比较突出,《反垄断法》将行政垄断专章列出,并且在法律责任部分与经营者的违法责任进行了区别对待。我国《反垄断法》第51条规定:"行政机关和法律、法规授权的具有管理公共事务职能的组织滥用行政权力,实施排除、限制竞争行为的,由上级机关责令改正;对直接负责的主管人员和其他直接责任人员依法给予处分。反垄断执法机构可以向有关上级机关提出依法处理的建议。法律、行政法规对行政机关和法律、法规授权的具有管理公共事务职能的组织滥用行政权力实施排除、限制竞争行为的处理另有规定的,依照其规定。"

据此可知,行政机关和法律、法规授权的具有管理公共事务职能的组织滥用行政权力承担法律责任的形式仅限于"责令改正"和对直接负责的主管人员和其他直接责任人员"依法给予处分",并没有规定损害赔偿和罚款等财产责任。然而在我国相关的法律中已经建立了行政主体损害赔偿制度,如《行政诉讼法》第67条第1款规定:"公民、法人或者其他组织的合法权益受到行政机关或者行政机关工作人员作出的具体行政行为侵犯造成损害的,有权要求赔偿。"《行政复议法》第29条第1款也规定:"申请人在申请行政复议时可以一并提出行政赔偿请求,行政复议机关对符合国家赔偿法的有关规定应当给予赔偿的,在决定撤销、变更具体行政行为或者确认具体行政行为违法时,应当同时决定被申请人依法给予赔偿。"可见,虽然我国《反垄断法》没有规定滥用行政权力的行政主体的赔偿责任,但依据其他法律仍然可以追究其滥用行政权力排除、限制竞争给他人造成损失的民事赔偿责任。

另外，我国《反垄断法》第37条规定："行政机关不得滥用行政权力，制定含有排除、限制竞争内容的规定。"该条提及的"规定"仅限于行政机关制定的规范性文件，而不包括立法机关制定的法律、地方性法规、自治条例和单行条例，也不包括行政法规、部委规章和地方政府规章，其范围极为有限。并且，在《反垄断法》第七章的"法律责任"部分并无相应的法律条文与之对应，再加上《行政诉讼法》将抽象行政行为排除在行政诉讼的受案范围之外，该条对行政机关的规制就形同虚设了。建议我国尽快建立违宪审查制度，这对于解决行政垄断问题将起到釜底抽薪的作用。

（四）对有关主体，违反配合义务行为的处罚

所谓有关主体违反配合义务的行为，是指被调查的经营者、利害关系人或者其他有关单位或者个人拒绝向反垄断执法机构提供有关材料、信息，或者提供虚假材料、信息，或者隐匿、销毁、转移证据的行为，以及其他拒绝、阻碍反垄断执法机构调查的行为。为了提高反垄断执法的效率，我国《反垄断法》第52条规定："对反垄断执法机构依法实施的审查和调查，拒绝提供有关材料、信息，或者提供虚假材料、信息，或者隐匿、销毁、转移证据，或者有其他拒绝、阻碍调查行为的，由反垄断执法机构责令改正，对个人可以处2万元以下的罚款，对单位可以处20万元以下的罚款；情节严重的，对个人处2万元以上10万元以下的罚款，对单位处20万元以上100万元以下的罚款；构成犯罪的，依法追究刑事责任。"

（五）对反垄断执法机构工作人员的处分

我国《反垄断法》第54条规定："反垄断执法机构工作人员滥用职权、玩忽职守、徇私舞弊或者泄露执法过程中知悉的商业秘密，构成犯罪的，依法追究刑事责任；尚不构成犯罪的，依法给予处分。"反垄断执法机构的工作人员如果在其执法的过程中滥用职权、玩忽职守、徇私舞弊或者泄露执法过程中知悉的商业秘密，同样不能够免予法律的处罚。这不仅有助于规范反垄断执法机构及其工作人员的执法行为，而且也是建设社会主义法治国家的应有之义。

三、《反垄断法》的适用除外

前已述及，《反垄断法》是维护正当竞争的法，它所规范的重心在于反竞争的垄断行为而非垄断状态。同时，为了促进科技进步、保护幼稚产业或者弱势团体，维护全体或者长远的社会公共利益，对于某些领域、某些行业还需承认、维持某种垄断。我国《反垄断法》秉持上述理念，同时借鉴国外立法经验，对不适用《反垄断法》的领域及行业作出了规定。

(一)自然垄断

所谓自然垄断就是国家有时对某些行业的价格和进入实行全行业管制只允许一家企业垄断全部生产。一般认为自然垄断行业包括交通运输、电信、电力、石油、天然气、供热、供水、邮政等以提供公共服务为职能的企业或部门。在这样的垄断市场里，市场定价的功能失去了作用，如果任由自然垄断的企业自由定价，它就会将价格定在垄断高价上，这样既降低了效率，又损害了公平。因此，从全社会公共利益出发对自然垄断行业必须进行规制，实行垄断经营。但是，如果自然垄断企业滥用市场支配地位的行为，是不能得到《反垄断法》的豁免的。面对科学技术日新月异的发展变化，应及时调整自然垄断领域的范围，以适应时代的发展和需要。

(二)知识产权领域

知识产权保护一般是指法律保护知识产权权利人依法行使知识产权的行为。由于知识产权具有法定独占性、垄断性使得知识产权的保护与反垄断法有所冲突。因此各国反垄断法一般都将行使知识产权的行为排除在反垄断法的规制对象外。知识产权法为了鼓励创新，对发明创造的权利人给予一定期限的垄断特权。知识产权的权利人行使知识产权的行为，从表面上看与反垄断法禁止的行为近似，实则恰恰是促进科技进步必须予以保护的合法行为。为避免法律之间的冲突，我国《反垄断法》第55条规定："经营者依照有关知识产权的法律、行政法规规定行使知识产权的行为，不适用本法；但是，经营者滥用知识产权，排除、限制竞争的行为，适用本法。"

(三)中小企业兼并或限制竞争的协议——效益型垄断

如果某些协议，没有产生限制竞争的效果，反而提高了市场的竞争力，则应受到法律的保护，适用除外制度。例如：(1)为应付不景气，企业合理组合的共同行为；(2)旨在使经济过程合理化的协议决议，但以该协议和决议适合于从根本上提高参与企业在技术方面、企业经济方面或组织方面的工作效率或经济效率，并因此能改善对需求的满足为限。合理化的效果应当同与之相关联的限制竞争之间保持适当的关系。(3)为帮助中小企业弥补在与大企业竞争中的结构和规模的不利地位，只要旨在提高效率，提高中小企业的竞争力，并且未实质性的损害竞争的中小企业之间的联合协议，都是应当允许的。

(四)农业生产者及农村经济组织的联合

我国《反垄断法》第56条规定："农业生产者及农村经济组织在农产品生产、加工、销售、运输、储存等经营活动中实施的联合或者协同行为，不适用本法。"对于农业生产者及农村经济组织从事农产品的生产经营活动给予特别保护,免予《反垄断法》的规制,不仅有利于疏导农业生产风险,促进我国农业的规模化经营,同时也是符合国际惯例的。

【思考题】

1. 某品牌白酒市场份额较大且知名度较高,因销量急剧下滑,生产商召集经销商开会,令其不得低于限价进行销售,对违反者将扣除保证金、减少销售配额直至取消销售资格。关于该行为的性质,下列哪一判断是正确的?(　　)(2013年全国司法考试试卷一第27题)

   A. 维护品牌形象的正当行为
   B. 滥用市场支配地位的行为
   C. 价格同盟行为
   D. 纵向垄断协议行为

2. 关于市场支配地位,下列哪些说法是正确的?(多选)(　　)(2011年全国司法考试试卷一第64题)

   A. 有市场支配地位而无滥用该地位的行为者,不为《反垄断法》所禁止
   B. 市场支配地位的认定,只考虑经营者在相关市场的市场份额
   C. 其他经营者进入相关市场的难易程度,不影响市场支配地位的认定
   D. 一个经营者在相关市场的市场份额达到二分之一的,推定为有市场支配地位

3. 根据《反垄断法》规定,关于经营者集中的说法,下列哪些选项是正确的?(　　)(2010年全国司法考试试卷一第66题)

   A. 经营者集中就是指企业合并
   B. 经营者集中实行事前申报制,但允许在实施集中后补充申报
   C. 经营者集中被审查时,参与集中者的市场份额及其市场控制力是一个重要的考虑因素
   D. 经营者集中如被确定为可能具有限制竞争的效果,将会被禁止

4. 2007年8月30日,我国制定了《反垄断法》,下列说法哪些可以成立?(　　)(2009年全国司法考试试卷一第54题)

   A. 《反垄断法》的制定是以我国当前的市场经济为基础的,没有市场经济,就不会出现市场垄断,也就不需要《反垄断法》,因此可以说,社会是法律的母体,法律是社会的产物
   B. 法对经济有积极的反作用,《反垄断法》的出台及实施将会对我国市场经济发展产生重要影响

C. 我国市场经济的发展客观上需要《反垄断法》的出台,这个事实说明,唯有经济才是法律产生和发展的决定性因素,除经济之外法律不受其他社会因素的影响
D. 为了有效地管理社会,法律还需要和其他社会规范(道德、政策等)积极配合,《反垄断法》在管理市场经济时也是如此

第六章 反不正当竞争法

【学习目的与要求】理解反不正当竞争法的概念和调整对象；掌握具体的不正当竞争行为的概念表现形式及构成要件；了解不正当竞争行为的监督检查和法律责任；思考反不正当竞争法的修订和完善。

第一节 反不正当竞争法概述

一、反不正当竞争法的概念和调整对象

（一）反不正当竞争法的概念

反不正当竞争法是指由国家制定的，为保护国家和人民的利益、保护社会主义竞争秩序，制裁生产经营者不正当竞争过程中发生的社会关系的法律规范的总称。反不正当竞争法有广义与狭义之分，广义的反不正当竞争法是指有关反不正当竞争行为的法律、法规、司法解释等法律规范的总和；狭义的反不正当竞争法仅指 1993 年颁布的《中华人民共和国反不正当竞争法》（以下简称《反不正当竞争法》）。

《反不正当竞争法》第 1 条非常明确地表述了立法目的："为保障社会主义市场经济健康发展，鼓励和保护公平竞争，制止不正当竞争行为，保护经营者和消费者的合法权益，制定本法。"这说明了反不正当竞争法是维护市场竞争秩序的基本法律，它通过对具体不正当竞争行为的禁止和公平竞争的保护，确保经营者在市场交易中遵守自愿平等、公平、诚实信用的原则以及遵守公认的商业道德，维护统一开放、竞争有序的市场经济秩序。反不正当竞争法不仅要保护善意竞争者的利益及其合法财产权，而且还要保护消费者、维护市场公平竞争秩序和保障社会主义市场经济健康发展的功能。[1]

（二）反不正当竞争法的调整对象

反不正当竞争法的调整对象是在市场经济活动中，经营者违反竞争原

---

[1] 王保树主编：《经济法原理》，社会科学文献出版社 1999 年版，第 210 页。

则，进行不正当竞争活动所引起的社会关系，其中包括：

（1）各级人民政府在保护公平竞争、制止不正当竞争行为过程中的权责关系；

（2）竞争主管机关在行使查处不正当竞争行为职权时与不正当竞争行为人之间发生的关系；

（3）不正当竞争行为的受害人与不正当竞争行为人之间发生的请求赔偿的关系；

（4）单位和个人因在对不正当竞争行为进行监督时，与不正当竞争行为主管机关之间所发生的奖励和保护关系；

（5）监督检查不正当竞争行为的国家机关工作人员的权责关系。

二、反不正当竞争法的基本原则和作用

（一）反不正当竞争法的基本原则

《反不正当竞争法》第2条第1款规定："经营者在市场交易中，应当遵循自愿、平等、公平、诚实信用的原则，遵守公认的商业道德。"上述规定为反不正当竞争法奠定了法律的基本原则：

1. 自愿原则

自愿原则也是我国民法的基本原则，它是指公民、法人等民事主体在市场交易和民事活动中都必须遵守自愿协商的原则，都有权按照自己的真实意愿独立自主地选择、决定交易对象和交易条件，建立和变更民事法律关系，并同时尊重对方的意愿和社会公共利益，不能将自己的意志强加给对方或任何第三方。只要进行交易或其他民事活动等行为不违反法律规定，其他任何机关、团体、个人等第三方都不能干涉。以欺诈、强迫、威胁等违背交易主体意志的不正当竞争行为，都为法律所禁止。

2. 平等与公平竞争原则

平等原则是指当事人之间在从事市场交易等民事活动中的法律地位平等，不论交易主体的财产所有制形式是个体、私营、国营、集体等，以及规模大小、强弱等，都不受歧视地平等参与市场竞争。公平原则强调在市场经济中，对任何经营者都只能以市场交易规则为准则，公平合理地对待，任何人既不享有特权，也不履行任何不公平的义务。

3. 诚实信用原则

诚实信用原则，是指经营者在经营活动中，应当以诚待人，恪守信用，不得弄虚作假、为所欲为。诚实信用原则也是我国民法的基本原则。在市场经济活动中，遵守诚实信用原则具有特殊的重要意义。诚信原则要求经营者

遵守公认的商业道德原则，即指经营者在市场交易中遵守那些长期形成、广泛适用、为市场经济所认可的不成文的市场规范，如"货真价实"、"童叟无欺"等。

4. 遵守公认的商业道德

遵守公认的商业道德，是反不正当竞争法规定的一项特定原则。它要求经营者应当遵守市场经济公认的商业道德进行经营运作。市场经济公认的商业道德是发扬中华民族传统美德和吸收世界国际贸易惯例兼容并蓄的产物。任何违反商业道德，违反约定俗成的行业规则和国际惯例的行为都会导致侵害社会公共利益和社会经济秩序的结果。社会公认的商业道德，一般是指忠于职守、诚信无欺、公平竞争、文明经商、礼貌待客等。

(二) 反不正当竞争法的作用

法的作用与法的目的紧密相连，法的目的就是立法者所要发挥的该法的作用。我国《反不正当竞争法》第1条规定的立法目的，亦即反不正当竞争法的作用，主要表现为：

1. 规范经营者的竞争行为，制止不正当竞争行为

(1) 保护公平竞争。《反不正当竞争法》根据公平竞争原则对市场主体提供平等的法律保护。市场主体在资格上是平等的，但客观实际却存在着规模、资金、技术、人力等方面的差异。如果法律不加以引导和规范，这些客观上的差异很容易导致不正当竞争。《反不正当竞争法》注意了市场主体竞争在同一起跑线的公平与均衡：对大企业、知名企业，规定了保护其企业与商品的名誉权与知识产权的条款，使它们在竞争中免遭假冒等行为的侵害；对中小企业则规定了禁止共用企业的独占经营、大企业的倾销与垄断行为，防止大企业利用雄厚的经济实力对它们进行排挤，使它们面临生存的威胁。保证机会公平，鼓励和保护小型企业以及个体经营者，凭借自身的优势，在市场竞争中一显身手。

(2) 制止不正当竞争行为。《反不正当竞争法》对于禁止不正当竞争的违法行为作了明确的约束，对经营者的假冒行为、欺诈行为、垄断独占行为、商业贿赂行为、通谋投标行为、非法有奖销售等不正当竞争行为作了具体的规定。《反不正当竞争法》对滥用行政权力的行为进行了严格的规范。《反不正当竞争法》把滥用行政权力的限制竞争行为、垄断行为、地方利益保护主义列入了不正当竞争手段之列，并在条款中对滥用行政权力的行为，规定了经济的、行政的法律责任与处罚原则，这对制止政府及其所属部门采用不正当手段从事市场交易，损害竞争对手的行为是一种严厉的遏制，对禁止不正当竞争行为的实施增强了严肃性和权威性。《反不正当竞争法》对不正当竞

争的犯罪行为和监督检查人员的犯罪行为也作了明确的制裁规定。

2. 保护经营者和消费者的合法权益

(1) 对经营者权益保护。对经营者利益的保护有两种：第一种是特定的保护。即某一经营者的不正当竞争行为是针对某一特定的对象的，这种特定的具体的经营者因受到不正当竞争行为的侵犯而致使合法的权益受到损失。《反不正当竞争法》禁止这种不正当竞争行为，从而达到保护特定的经营者对象的目的，主要表现在禁止假冒他人的注册商标，禁止擅自使用他人企业的名称。第二种是不特定保护。即某一经营者的不正当竞争行为不是针对某一具体的竞争对象的，而是针对不确定的、众多的竞争对象的违法行为。

(2) 对消费者权益保护。《反不正当竞争法》对消费者利益的保护也有两种：第一种是禁止销售中的不正当竞争行为，直接保护消费者的利益。例如禁止销售假冒伪劣商品和违背意愿搭售商品的行为，就会使消费者减少直接的经济损失，或者消除对身体的直接伤害。第二种是间接保护，就是通过禁止某种不正当竞争行为，保护经营者的合法权益，从而最终保护消费者的利益。如商业贿赂行为，提高了经营成本，导致商品价格上扬。若消费者购买了这些质次价高的商品，必然遭受经济损失。因此，制止商业贿赂行为，既是保护经营者的合法权益，也是防止经营者把商业贿赂的支出转嫁于消费者。

3. 建立统一的社会主义市场经济秩序，保障社会主义市场经济健康发展

中国经济改革的目标是建立社会主义市场经济体制，《反不正当竞争法》与社会主义市场经济息息相关，《反不正当竞争法》最根本的作用就是保障社会主义市场经济的健康发展。要发展市场经济，其中最关键的是要培育和发展市场体系，发挥机制在资源配置中的基础性作用。

当前我国的市场经济体制建设正处于初级阶段，首先要着重发展生产要素市场、规范市场行为，打破地区、部门的分割和封锁，反对不正当竞争，创造平等竞争的环境，形成统一、开放、竞争、有序的大市场。制定《反不正当竞争法》正是迎合了培育和发展市场体制的需要，建设统一、开放、竞争、有序的市场经济大市场，保障市场经济的发展。另外，竞争是商品经济的一般规律，竞争也是市场活动的核心，是市场经济中占主导地位的最重要的调节手段。因为，市场经济要遵循商品活动的价值规律，用价值规律的原理来促进和实现资源的有效、合理、优化配置。而价值规律的作用是通过正当竞争来实现的，价值的实现离不开正当竞争机制，竞争机制是市场经济最基本的运行机制。如果社会经济生活中的正当竞争遭到排斥或者削弱，市场

经济机制就会出现结构性的、全局性的障碍，市场经济秩序就会发生混乱，市场经济就不能顺利发展。因此，我们要发展市场经济，保障市场经济有序健康地发展，就必须采取措施制止妨碍竞争的行为出现。通过反不正当竞争立法，维护和促进正当竞争，保护市场经济的健康发展是十分重要的。

第二节 不正当竞争行为

一、不正当竞争行为的概念和构成要件

（一）不正当竞争行为的概念

按照《反不正当竞争法》第2条的规定，不正当竞争行为是指经营者违反法律规定损害其他经营者的合法权益，扰乱社会经济秩序的行为。构成不正当竞争行为，在经营者之间可能不发生任何经济交往关系，但是只要一方的行为直接或间接地侵害了其他经营者的经营利益，那么就构成了不正当竞争行为。例如，甲和乙都是经营家电的经营者，如果甲在销售家电时总是有意地使其销售价格低于乙的定价，虽然他们之间虽然没有发生任何经济交往，但如果甲的销售价格明显低于成本，那么即对乙构成了不正当竞争，因此甲要承担相应的法律责任。

（二）不正当竞争行为的构成要件

根据《反不正当竞争法》的规定，构成不正当竞争行为应当具备以下要件：

（1）不正当竞争行为的主体是按照《反不正当竞争法》的规定，实施了法律规定的不正当竞争行为的市场经营者。所谓经营者，是指一切从事商品市场经营或者服务活动的公民、法人和其他组织，包括企业法人；从事营利活动的事业单位法人；参与商业、服务业竞争活动的其他经济组织以及公民个人和合伙组织等。在市场中处于消费者地位的民事主体不属于经营者。

（2）不正当竞争行为侵害的对象主要是同业经营者之间的不正当竞争行为，主要是不法行为人对其同行业其他经营者权益的侵害。经营者实施不正当竞争行为有时对消费者的权益也构成损害，但消费者权益应当按照《消费者权益保护法》的规定进行保护，该种行为不属于《反不正当竞争法》调整、规范的范围。由于竞争发生在同行业企业的生产经营活动中，因此不正当竞争行为侵害的对象也同样是生产或经营同类商品的企业，提供同类服务的企业。

（3）不正当竞争行为的违法性，主要是指这种行为直接违反《反不正当

竞争法》的具体规定。如果违反了其他法律而没有违反《反不正当竞争法》，则这种行为一般不属于不正当竞争行为。

（4）不正当竞争行为的危害性。经营者实施的不正当竞争行为，通常会导致其他经营者合法权益的损害；也可能损害尚未发生，但同业经营者合法权益却已存在现实的危险。如果放任不正当竞争行为继续进行必然会造成损害的结果。因此，不正当竞争行为的危害性包括对其他经营者权益的实际损害以及现实的侵权危险。如行为人为与他人开展不正当竞争，进行印刷虚假宣传品、订立印制仿冒他人注册商标的合同等，即使该宣传品尚未散发或合同尚未履行、商标尚未印制，但均已经构成了侵权危险。受害人要求法院制止这种行为的，应当获得支持。

二、不正当竞争行为

1. 欺骗性交易行为

欺骗性交易行为，又称假冒或混淆行为，它是指经营者在其经营活动中以虚假不实的方式或手段来推销自己的商品和服务损害其他经营者及消费者利益的行为，具体表现为：

（1）假冒他人注册商标。这种行为是指未经商标所有权人的许可而擅自使用其注册商标的行为，它既侵犯了商标所有人的商标专用权，又构成了不正当竞争行为。2001年5月，两名浙江人在香港注册的"香港松下电器国际集团有限公司"，将其"Paretionic"商标和"香港松下电器"文字标记以许可的方式许可广东顺德市容桂区奇安特电器燃具厂使用。顺德奇安特电器燃具厂随即在其产品及产品包装箱、说明书上使用"Paretionic"商标和"香港松下电器"文字标记，并冠以香港松下电器国际集团有限公司的企业名称，在市场上销售相关产品。2002年3月，广东省工商行政管理局接到松下电器（中国）有限公司投诉后在全省范围内组织开展了专项执法活动，查封了涉嫌侵权产品。顺德市工商行政管理局对奇安特电器燃具厂的违法行为进行了处罚，认定其仿冒"松下"注册商标。[①]

（2）与知名商品相混淆的行为。它是指擅自使用知名商品特有的名称、包装、装潢或者使用与知名商品相近似的名称、包装、装潢，造成和他人知名商标相混淆，使购买者误认的行为。这里的知名商品是指在市场上有一定知名度，并在一定范围内为相关公众所知悉的商品，其特有的名称是指与通

[①] 国家工商行政管理总局网：2003年公布《反不正当竞争法》颁布实施10年来，全国各级工商行政管理机关查处的十大典型案例之一。

用的名称具有显著区别的商品名称、包装、装潢。1995年,北京卢沟桥酒厂生产的"古德牌"、"卢沟桥牌"北京醇酒的商品名称与北京市牛栏山酒厂所生产的"华灯牌"北京醇酒的商品名称相同,包装、装潢相近似,足以造成消费者的误认。1996年春,北京市房山区工商局根据北京市牛栏山酒厂的投诉,依法对北京卢沟桥酒厂仿冒北京市牛栏山酒厂知名商品"华灯牌"北京醇酒特有的名称、包装、装潢行为进行了调查,认定北京卢沟桥酒厂的上述行为违反了《反不正当竞争法》。①

(3)擅自使用他人的企业名称或者姓名,使人误认为是他人的商品,这种行为使被冒用名称或姓名的企业的竞争优势因此被削弱。

(4)伪造、冒用各种质量标志和产地的行为。如非环保产品加上环保标志,非绿色食品加上绿色食品标志等,或者乙地的产品冒充甲地的产品,这种行为侵害的是被冒用的经营者和其他合法的经营者的利益。

2. 商业贿赂行为

商业贿赂行为是指经营者为争取交易机会给予交易对方相关人员和能够影响交易的其他相关人员以财物或其他好处的行为。在现实生活中具体的表现形式有回扣、折扣、佣金、介绍费等。但并不是所有的佣金、回扣、折扣、介绍费都是商业贿赂,以账外暗中给付的方式支付回扣就是商业贿赂,折扣和佣金不如实入账是商业贿赂。例如,成都市电信局工程总公司自1995年3月至1996年1月,在购进移动电话的经营活动中,与供货方私下串通,暗中约定在谈妥基本价格之后每台移动电话再加价1 000元至1 500元,该工程总公司按加价后的价格支付货款。供货方照此价格开具增值税专用发票,并按每台移动电话600元至800元暗中支付回扣给工程公司,其行为违反了《中华人民共和国反不正当竞争法》的规定。成都市工商局对该工程总公司作出罚款10万元、没收违法所得857.843万元的处罚,对其性质认定为收受回扣行为。②

3. 虚假宣传行为

虚假宣传行为是指经营者利用广告和其他方法对产品的质量和性能、成分、用途、产地等所做的引人误解的宣传。

虚假宣传既损害消费者及用户的合法权益,同时对其他经营同类业务和

---

① 国家工商行政管理总局网:2003年公布《反不正当竞争法》颁布实施10年来,全国各级工商行政管理机关查处的十大典型案例之一。

② 国家工商行政管理总局网:2003年公布《反不正当竞争法》颁布实施10年来,全国各级工商行政管理机关查处的十大典型案例之一。

相同行业经营者构成不正当竞争。所谓引人误解的宣传就是宣传内容容易引起他人的错误联想，从而导致其作出错误的购买决策，它具有极大隐蔽性，容易引起消费者和用户的误认。进行虚假宣传的主体包括经营者、广告的制作者和广告的发布者，这三类主体对虚假宣传所产生的法律后果依法应承担连带责任。2001年，天王电子有限公司在产品简介中对其天王牌手表所获"金桥奖"的评比、颁奖单位及"全国销售量第一"的统计单位作了不真实的宣传。河北省保定市工商局根据查证的事实认定天王电子有限公司的行为违反了《反不正当竞争法》，对该公司作出行政处罚，对其性质认定为虚假宣传行为。天王电子有限公司不服，向法院提起诉讼。2002年7月，保定市中级人民法院作出终审判决，驳回天王电子有限公司的上诉，维持原判。[①]

4. 侵犯商业秘密的行为

侵犯商业秘密的行为是指利用非法手段获取、使用、披露其他经营者的商业秘密的行为。这里所说的商业秘密，是指不为公众所知悉、能为权利人带来经济利益、具有实用性并经权利人采取保密措施的技术信息和经营信息。国家工商局针对《反不正当竞争法》第10条的规定，制定了《关于禁止侵犯商业秘密行为的若干规定》。该"若干规定"规定了经营者不得采取下列手段侵犯商业秘密：第一，以盗窃、利诱、胁迫或其他不正当手段获取权利人的商业秘密；第二，披露、使用或者允许他人使用以前项手段获取的权利人的商业秘密；第三，根据法律和合同有义务保守商业秘密的人披露、使用或允许他人使用其所掌握的商业秘密。此外，如果第三人明知或应知上述所列违法行为，获取、使用或披露他人的商业秘密则被视为侵犯商业秘密。2001年年初，金莱克公司浒关二分厂厂长潘荣跳槽到金育电器有限公司任总经理，组织人员盗用金莱克公司的技术资料，生产与金莱克公司开发的JC302产品相似的PRINCESS牌手持吸尘器。苏州市工商局依法认定金育电器有限公司的行为构成侵犯商业秘密行为，责令金育电器有限公司停止违法行为。金育电器有限公司不服，向法院提起诉讼。经苏州市两级人民法院审理，维持了工商行政管理机关的行政处罚，对其性质认定为侵犯商业秘密行为。[②]

5. 不正当有奖销售行为

有奖销售是市场经济条件下经营者常用的一种刺激购买力的促销手段，

---

① 国家工商行政管理总局网：2003年公布《反不正当竞争法》颁布实施10年来，全国各级工商行政管理机关查处的十大典型案例之一。

② 国家工商行政管理总局网：2003年公布《反不正当竞争法》颁布实施10年来，全国各级工商行政管理机关查处的十大典型案例之一。

法律并不禁止所有的有奖销售行为,只禁止下列不正当的有奖销售行为:第一,谎称有奖实则无奖,或者对奖项内容作虚假、引人误解的表示;第二,故意让内定人员中奖;第三,故意将设有标志的商品、奖券不与同类商品同时投放;第四,抽奖式的有奖销售最高奖金额超过5000元;第五,利用有奖销售手段推销质次价高的商品;第六,其他欺骗性有奖销售行为。1999年2月,海南新大洲摩托车股份有限公司制定了《新大洲2000之旅促销活动的实施方案》,主要内容是新大洲公司于1999年3月15日至9月15日在全国范围内开展"新大洲2000之旅"促销活动,活动奖项设置为超级大奖——欧洲游40名等。海南省工商局经调查认定新大洲公司的行为构成了不正当有奖销售。[①]

6. 商业诋毁行为

商业诋毁行为是指经营者故意捏造、散布虚假事实,损害竞争对手的商业信誉、商品声誉,为自己取得竞争优势的行为。这里需要注意的是,构成这样的行为必须是出于主观过错捏造、散布虚假的事实,如果不是故意捏造、散布虚假的事实,而是采取对比的方式,对产品或服务的客观情况给予描述,即使是通过这种方式使竞争对手的优势明显低于经营者,那么也不能构成商业诋毁行为。

第三节 不正当竞争行为的监督检查

一、不正当竞争行为的监督检查部门

所谓监督检查,是指法定机关依照法定程序对涉嫌违法行为的经营者采用的了解、取证、督促措施以及必要的行政强制措施。

《反不正当竞争法》第3条规定:"县级以上人民政府工商行政管理部门对不正当竞争行为进行监督检查;法律、行政法规规定由其他部门监督检查的,依照其规定。"可见,我国对不正当竞争行为进行监督检查的部门主要是县级以上的工商行政管理部门,此外,也包括法律、行政法规规定的有权进行监督检查的其他部门。例如,国内贸易部和对外贸易经济合作部有权对国内贸易和涉外贸易中的不正当竞争行为进行监督;国家技术监督局有权对有关质量的不正当竞争行为进行监督;专利局和出版总署有权对与专利和出

---

① 国家工商行政管理总局网:2003年公布《反不正当竞争法》颁布实施10年来,全国各级工商行政管理机关查处的十大典型案例之一。

版业有关的不正当竞争行为进行监督；监察部、公安部、建设部、化工部、文化部等部、委依法也有权对与其职能、行业相关的不正当竞争行为进行监督。值得注意的是，依据我国《反不正当竞争法》的规定，只有县级以上的监督检查部门，才可以对不正当竞争行为进行监督检查。

二、监督检查部门在监督检查不正当竞争行为中的职权

监督检查部门在监督检查不正当竞争行为时，享有以下四种职权：

1. 询问权

监督检查部门有权按照规定程序询问被检查的经营者、利害关系人、证明人，并要求其提供证明材料或者与不正当竞争行为有关的其他材料，被询问人必须如实提供。

2. 查询复制权

监督检查部门在监督检查不正当竞争行为时，可以查询、复制与不正当竞争行为有关的协议、账册、单据、文件、记录、业务函电和其他资料。

3. 检查权

监督检查部门有权对与上述的假冒名牌行为有关的财物进行检查，必要时可以责令被检查的经营者说明该商品的来源和数量，也可责令其暂停销售，听候检查，禁止其转移、隐匿和销毁该财物。

4. 处罚权

监督检查部门有权对不正当竞争行为进行处罚，处罚的具体形式包括责令停止违法行为、消除影响、没收违法所得、吊销营业执照、处以罚款。

第四节 不正当竞争行为的法律责任

一、行政责任

承担行政责任的方式主要有：

（1）强制行为人停止不正当竞争行为。比如强制停止虚假广告宣传行为、停止以低于成本的价格销售商品等。

（2）没收非法所得。对假冒名优商品、商标、擅自使用知名商品特有的名称、包装、装潢，以及制作、发布虚假广告等行为，所得利润，应予以没收。

（3）处以罚款。对擅自制作知名商品特有的名称、包装、装潢，对采用财物或其他手段进行贿赂，对违反规定得有奖销售，对侵犯他人商业秘密等

不正当竞争行为给予金额不等的罚款。

（4）吊销营业执照。不正当竞争行为者经教育不改，给他人造成经济损失或其他影响的，可以吊销其营业执照。

二、民事责任

承担民事法律责任方式，主要包括停止侵害、消除影响和赔偿损失。

根据《反不正当竞争法》的规定，经营者假冒其他企业的注册商标，擅自使用知名商品持有的名称、包装、装潢等，以排挤竞争对手为目的低于成本的价格销售商品，侵犯他人商业秘密等行为，均得责令其停止侵害他人的不正当竞争行为，并给被侵害人消除影响、恢复名誉。

行为人的不正当竞争行为给他人造成经济损失的，行为人应当给予经济赔偿。赔偿的数额，以被侵害人实际发生的可计算的实际损失为限。如果损失难以计算的赔偿额为侵权人在侵权期间因侵权所获得的利润。除此之外，侵害人还应当承担被侵害的经营者因调查该经营者侵害其合法权益行为所支付的合理费用。

三、刑事责任

（1）经营者不正当竞争行为情节严重，造成重大损失的，应当承担刑事责任。《反不正当竞争法》规定，销售伪劣商品，采用贿赂手段以销售或购买商品，情节严重，构成犯罪的，依法追究刑事责任。

（2）监督检查不正当竞争行为的国家机关工作人员的刑事责任。监督检查不正当竞争行为的国家机关工作人员滥用职权、玩忽职守，徇私舞弊，对明知有违法构成犯罪的行为的经营者故意包庇不使其受追诉的，依法追究刑事责任。

（3）我国《刑法》中还规定了侵害他人商业信誉罪、商品声誉罪、虚假广告罪、串通投标罪、侵犯商业秘密罪。这些是对《反不正当竞争法》刑事责任的补充。

第五节　反不正当竞争法的修订和完善

一、反不正当竞争法修订的原因

《反不正当竞争法》已经出台十几年了。行政执法的实践表明，《反不正当竞争法》对于鼓励公平竞争，反对不正当竞争，保护经营者和消费者的合法权益，发挥了重要作用，但是其中暴露出一些问题，如缺乏可操作性，缺乏规范的不正当竞争行为、执法手段和法律责任与现实经济生活存在着明显的不适应，应亟待进一步完善。

建议修改《反不正当竞争法》的另一个重要原因是要与《反垄断法》相衔接。现在的《反不正当竞争法》中有关垄断的内容归并到已出台的《反垄断法》中，因此有必要将性质不同的法律关系分别立法进行规范。

二、反不正当竞争法的完善措施

（一）应增加新的不正当竞争行为的规定

法律的稳定性相对于法律所调整的社会经济关系的变动性、灵活性而言是滞后的。法律一旦制定就具有稳定性，而社会经济关系则是在不断变化的。在国外，不正当竞争行为以其广泛且不确定而著称。我国现行的《反不正当竞争法》根据当时经济领域不正当竞争的情形，只规定了几种不正当竞争行为，每种行为都有明确的适用界定，致使许多新出现的不正当竞争行为无法纳入到现行法律的调整范围。不正当竞争行为的认定不应该以法律的规定为标准，而应依一时一地的商业道德、依大多数人的看法为标准。在将来修改《反不正当竞争法》时可以针对一些新出现的不正当竞争行为增设一些新的条款，同时应该设有一个兜底条款，因为现实生活中的不正当竞争行为五花八门，难以预料。对不正当竞争行为的认定应采取概括与列举相结合的方式，衡量标准是违反公认的商业道德。①

（二）完善行政执法手段，加大制裁力度

目前，作为反不正当竞争行为主管机关的工商行政管理机关，在查处不正当竞争行为案件时，往往显出执法职权和执法手段力度不够，缺乏扣留、查封、强行划拨等强制手段，执法手段太弱严重影响了行政执法的效果。

因此，在修订《反不正当竞争法》时，应该从法律上赋予执法部门行政执法的权力，但是执法部门在被赋予权力的同时，也要承担相应的责任。对于因为错误行使权力，执法机关仍需要承担相应的法律责任，甚至赔偿。

（三）消费者诉讼权利规定

《反不正当竞争法》第20条第2款规定："被侵害的经营者的合法权益受到不正当竞争行为损害的，可以向人民法院提起诉讼。"除被侵害的经营

---

① 史际春：《社会主义市场竞争法治的进一步完善——史际春教授谈〈反不正当竞争法〉修改》，http://article.chinalawinfo.com/article/user/article_display.asp?ArticleID=30318。

者外,并没有规定消费者是否也可以提起诉讼。在修订《反不正当竞争法》时,应该从程序上和实体上明确消费者权利受侵害时候可寻求的救济方式及途径。

(四)反不正当竞争应以民事责任为主并增加责任的承担方式

我国《反不正当竞争法》的规定,是行政、民事、刑事三种责任并存的制度,主要以行政责任为主。以行政责任来体现对违法者的制裁,则过分地突出了行政强制的作用,相对人只是被动地接受处罚,同时对受害者的保护也只能是间接的、有限的。而且当前我国行政执法还未完全到位,没有达到反不正当竞争所要求的水平,这势必影响诚实经营者和消费者反不正当竞争的积极性。在我国市场经济法律体系尚不完善、公众法律保护意识不强的情况下,作为过渡性规定,可暂时侧重于行政责任,但这绝不是完善《反不正当竞争法》法律责任制度的方向。

由于平等主体之间的经济活动多为民法的调整范围,行政手段应该从宏观的角度规范市场行为,而注重民事责任,较少突出行政处罚有利于市场主体自觉、自发地遵守市场规则,杜绝不正当竞争行为的发生。因此,我国《反不正当竞争法》应以民事责任为主,辅以刑事责任和行政责任。①

(五)竞争法体系完善

关于《反垄断法》与《反不正当竞争法》应该根据各自规制法律关系的不同,分别立法,反垄断法已经出台,那么修订《反不正当竞争法》时需要对《反垄断法》的相关规制内容剔除,使二者共同成为完整的竞争法体系的一部分。

按法律关系分别立法规范的原因包括:首先,这两者的性质不同。不正当竞争行为侵犯的是具体、个别生产经营者的财产权和人身权,是商事领域的竞争超出正常竞争所允许限度的一种表现,这种限度由某一社会的一般商业道德和法律规范所决定。因而《反不正当竞争法》的要旨是静态地保障个别主体的财产权和人身权,它是传统民事侵权法在经济市场化和社会化程度提升以后,向商事及公法领域的一种自然延伸。这种延伸表现为从法律上具体确认市场竞争中的特殊侵权形式,以及不同程度地令行为人承担行政责任和刑事责任。其次,在法律适用上,《反不正当竞争法》主要是事后救济、不告不理。它的作用是通过将市场竞争中的反伦理行为定为侵权行为,并予以具体调整,而不像民商法仅止于依诚实信用原则宣告其为不法,以防止及

---

① 程家斌:《我国反不正当竞争法的缺陷探讨和完善》,北大法律信息网:http://article.chinalawinfo.com/article/user/article_search.asp,2005年10月13日。

消除竞争过度、恶性竞争的影响，借此维护微观的竞争秩序。垄断行为则是限制竞争，它会导致某时、某地、某一经济领域甚至整个国民经济陷于某种缺乏竞争的状态，而这种限制竞争或缺乏竞争的状态可能对经济有害，也可能有利。要衡量某种垄断是否对竞争构成限制及权衡其利弊，需要动态地乃至宏观地考察社会交易环境和交易方式，因而与一国在某一时期的经济发展要求及相应的产业政策、竞争政策有着密切的联系。因此，《反垄断法》的要旨是从宏观上防止市场竞争不足，以保持经济具有相当的活力，提升本国企业和整个经济的竞争力。它具有鲜明的政策性、灵活性和行政主导性等特征，它主要不是为了维护个别主体的具体权益，它与国家产业政策的制定和执行关系密切，而同商业道德没有什么关系。在法律适用上，《反垄断法》偏重事前管制和行政手段，如调查市场结构、掌握和公布市场垄断情况、认定某些交易方式的合法与不法、核准企业兼并和卡特尔协议、引导企业达到具有效益和竞争力的规模等，专门的反垄断执法机关以及民事和行政的公诉也属不可或缺。两法分立在我国的法制实践中，其立法成本也是低的。①

【思考题】

1. 甲厂与工程师江某签订了保密协议。江某在劳动合同终止后应聘至同行业的乙厂，并帮助乙厂生产出与甲厂相同技术的发动机。甲厂认为保密义务理应包括竞业限制义务，江某不得到乙厂工作，乙厂和江某共同侵犯其商业秘密。关于此案，下列哪些选项是正确的？（   ）（2013年全国司法考试试卷一第65题）

    A. 如保密协议只约定保密义务，未约定支付保密费，则保密义务无约束力

    B. 如双方未明确约定江某负有竞业限制义务，则江某有权到乙厂工作

    C. 如江某违反保密协议的要求，向乙厂披露甲厂的保密技术，则构成侵犯商业秘密

    D. 如乙厂能证明其未利诱江某披露甲厂的保密技术，则不构成侵犯商业秘密

2. 某县"大队长酒楼"自创品牌后声名渐隆，妇孺皆知。同县的"牛记酒楼"经暗访发现，"大队长酒楼"经营特色是，服务员统一着20世纪60年

---

① 史际春：《社会主义市场竞争法治的进一步完善——史际春教授谈〈反不正当竞争法〉修改》，http://article.chinalawinfo.com/article/user/article_display.asp?ArticleID=30318。

代服装,播放该年代歌曲,店堂装修、菜名等也具有时代印记。"牛记酒楼"遂改名为"老社长酒楼",服装、歌曲、装修、菜名等一应照搬。根据《反不正当竞争法》的规定,"牛记酒楼"的行为属于下列哪一种行为?(　　)(2012年全国司法考试试卷一第27题)

A. 正当的竞争行为
B. 侵犯商业秘密行为
C. 混淆行为
D. 虚假宣传行为

3. 下列哪一选项属于《反不正当竞争法》和《反垄断法》均明文禁止的行为?(　　)(2011年全国司法考试试卷一第27题)

A. 甲省政府规定,凡外省生产的汽车,必须经过本省交管部门的技术安全认证,领取省内销售许可证以后,方可在本省市场销售
B. 乙省政府决定,在进出本省的交通要道设置关卡,阻止本省生产的猪肉运往外省
C. 丙省政府规定,省内各机关和事业单位在公务接待等活动时需要消费香烟的,只能选用本省生产的"金丝雀"牌香烟,否则财政不予报销
D. 丁省政府规定,外省生产的化肥和农药在本省销售的,一律按销售额加收15%的环保附加费

4. 根据《反不正当竞争法》规定,下列哪些行为属于不正当竞争行为?(　　)

A. 甲企业将所产袋装牛奶标注的生产日期延后了两天
B. 乙企业举办抽奖式有奖销售,最高奖为5 000元购物券,并规定用购物券购物满1 000元的可再获一次抽奖机会
C. 丙企业规定,销售一台电脑给中间人5%佣金,可不入账
D. 丁企业为清偿债务,按低于成本的价格销售商品

5. 某市政府所属有关部门的下列哪一行为违反《反不正当竞争法》的规定?(　　)(2007年全国司法考试试卷一第21题)

A. 市卫生局成立的儿童保健专家组受某生产厂家委托,对其婴儿保健产品提供质量认证标志并收取赞助费
B. 市工商局和市电视台联合举办消费者信得过产品评选活动,评选中违反公平程序而使当选的前八名全部为本市产品
C. 市交管局规定,全市货运车辆必须在指定的两种品牌中选择安装一款车辆运行记录器,否则不予年检;其指定品牌为本地的"波浪"牌

和法国的 NJK 牌

D. 市政府决定对市酒厂减免地方税以提供财政支持

6. 根据《反不正当竞争法》的规定，下列哪一行为属于不正当竞争行为中的混淆行为？（　　）（2007年全国司法考试试卷一第22题）

A. 甲厂在其产品说明书中作夸大其词的不实说明

B. 乙厂的矿泉水使用"清凉"商标，而"清凉矿泉水厂"是本地一知名矿泉水厂的企业名称

C. 丙商场在有奖销售中把所有的奖券刮奖区都印上"未中奖"字样

D. 丁酒厂将其在当地评奖会上的获奖证书复印在所有的产品包装上

第七章　产品质量法

【学习目的与要求】 通过本章的学习，了解产品质量法的概念及其调整对象，掌握生产者以及销售者的产品质量义务以及违反我国《产品质量法》的法律责任。

第一节　产品质量法概述

一、产品与产品质量法

(一)产品的概念

《中华人民共和国产品质量法》第2条规定："本法所称产品是指经过加工、制作，用于销售的产品。建设工程不适用本法规定；但是，建设工程使用的建筑材料、建筑构配件和设备，属于前款规定的产品范围的，适用本法。"第73条规定："军工产品质量监督管理办法，由国务院、中央军事委员会另行制定。"

可见，《中华人民共和国产品质量法》上所指的"产品"必须满足以下条件：经过加工、制作，不包括未加工的天然品也不包括初级农产品，如煤、油、水等；农副产品和用于销售，自产自用的产品不包括在内；不动产不属于产品的范畴，如房屋、桥梁、其他建筑物等建筑工程；军工产品不属于产品质量法的调整范围，军工产品是指武器装备、弹药及其配套产品，包括专用的原材料、元器件。但军工企业生产的民用产品适用《中华人民共和国产品质量法》。

(二)产品质量

产品质量是产品满足规定或潜在要求(或需要)的特征和特性的总和。产品质量的实体是产品的各种使用属性，产品的使用属性可分为产品的特征和特性。所谓特征，是据以区别同类产品中不同品种的使用属性；所谓特性，是指那些可用以区别不同类别的产品的使用属性。产品的特征和特性必须相对于一定的要求(或需要)，或者说是用途，否则，就无法确定产品质量。产品质量是产品特征和特性的总和,其含义主要包括以下几方面:(1)使用性,是指产品在一定条件下,实现预定目的或规定用途的能力。(2)安全性,是指产品在使用和贮藏过程中保证人身和环境不受危害的能力。(3)可靠性,是指产品在规定条件下和规定时间内完成规定功能的能力。(4)维修性,是指产品在发生故障后能迅速修复其功能的能力。(5)有效性,是指可修复的产品维持其规定功能的能力。

根据产品质量是否符合法律的规定,是否满足用户和消费者的要求及符合、满足的程度,产品质量可分为合格与不合格两大类。其中产品质量不合格包括以下几类:(1)瑕疵。瑕疵是指产品质量不符合用户、消费者所需的某些要求,但不存在危及人身、财产安全的不合理危险,或者未丧失原有的使用价值。产品瑕疵可分为表面瑕疵和隐蔽瑕疵两种。(2)缺陷。缺陷是指产品存在危及人体健康、人身、财产安全的不合理的危险,包括设计上的缺陷、制造上的缺陷和未预先通知的缺陷。(3)劣质。劣质是指产品标明的成分和含量与法律规定的标准不符,或已超出使用期限。(4)假冒。假冒是指产品根本未含法律规定的标准内容,或者是非法生产、已经变质的根本不具有应有的使用功能的产品。

(三)产品质量法

1. 产品质量法的概念

我国的产品质量法分为广义和狭义两种。广义的产品质量法是调整在产品生产、流通、消费以及对产品监督管理过程中因产品质量所发生的社会关系的法律规范的总称。狭义的产品质量法则是指1993年2月22日第七届全国人民代表大会常务委员会第三十次会议通过,自1993年9月1日起施行的《中华人民共和国产品质量法》(以下简称《产品质量法》)。2000年7月8日第九届全国人民代表大会常务委员会第十六次会议又通过了《关于修改〈中华人民共和国产品质量法〉的决定》。

2. 产品质量法的调整对象

(1)产品质量监督管理关系。这是发生在行政机关在履行产品监督管理职能的过程中与生产经营者之间的关系,是管理、监督与被管理、被监督的关系,是一种纵向关系。

(2)产品质量责任关系。这是发生在生产经营者与消费者,用户及其相关第三人之间的、因产品质量问题引发的损害赔偿责任关系,是一种横向的民事权利义务关系,是平等的民事主体之间的权利义务关系。它包括人身关系和财产关系。

3. 产品质量法的适用范围

(1) 根据《产品质量法》第 2 条的规定，在中华人民共和国境内从事产品生产、销售活动，必须遵守本法。

这就说明，凡在我国境内从事产品生产、销售活动的法人、其他组织和个人及外国人，均适用《产品质量法》。同时，与在我国境内从事产品生产、销售活动的法人、其他组织和个人发生关系的机构、机关法人、其他组织和个人，亦适用《产品质量法》。建设工程使用的建筑材料、建筑构配件和设备等，作为属于经过加工、制作，用于销售的产品，也属于《产品质量法》的调整范围。

(2) 根据《产品质量法》第 62 条的规定，服务业、修理业中用于经营性的产品，亦属于《产品质量法》的调整范围。

对于服务业、修理业的经营者，无论主观上是故意还是过失，只要在其经营性服务中使用了法律禁止销售的产品，就应承担法律责任。

(3) 根据《产品质量法》第 61 条的规定，我国的《产品质量法》将故意为法律禁止生产、销售的产品提供运输、保管、仓储等便利条件的，或者为以假充真的产品提供制假技术的，也明确纳入了其调整范围，行为人要为此承担相应的责任。

第二节　产品质量的监督管理制度

一、产品质量的监督管理制度概述

产品质量监督管理制度，是指用法律、法规等形式，调整生产者、销售者与政府有关行政主管部门之间在产品质量监督管理过程中所发生的权利、义务、责任关系而形成的一系列管理制度的总称。监督管理内容包括国家对产品质量的宏观监督及行政监督、产品质量的社会监督和对产品质量检验、认证机构的管理等方面。

二、产品质量的监督管理体系

依据《产品质量法》的规定，我国对于产品质量的监督管理已经形成了从中央到地方，从生产、销售主体内部到社会外部的全方位监管体系。具体地可以分为以下层次：

(1) 国务院产品质量监督管理部门主管全国产品质量监督工作。

(2) 国务院有关部门在各自的职责范围内负责产品质量监督工作。

(3)县级以上地方产品质量监督部门主管本行政区域内的产品质量监督工作。

(4)县级以上地方人民政府有关部门在各自的职责范围内负责产品质量监督工作。

(5)生产者、销售者应当建立健全其内部产品质量管理制度,实施岗位质量规范、质量责任及相应的考核办法。

(6)依法设立的社会中介性质的产品质量检验机构和认证机构,对特定的法检产品的质量通过检验或认证,实行社会监督。

(7)消费者权益保护组织对造成消费者损害的产品质量实行社会监督。

(8)任何单位和个人有权对违反《产品质量法》的行为进行检举、揭发,国家不仅为检举人保密,并将按照规定给予奖励。

三、产品质量管理制度

(一)产品标准化制度

标准是指为了在一定的范围内获得最佳秩序,经协商一致制定并由公认机构批准,共同使用的和重复使用的一种规范性文件。标准宜以科学、技术和经验的综合成果为基础,以促进最佳的共同效益为目的。我国目前把产品标准划分为国际标准、国家标准、部分标准、地区标准等几种类型。国际标准、行业标准又可以分为强制性标准和推荐性标准。强制性标准必须执行,不符合强制性标准的产品,禁止生产、销售和进口;推荐性标准,国家鼓励资源企业采用。我国《产品质量法》第13条规定:"可能危及人体健康和人身、财产安全的工业产品,必须符合保障人体健康和人身、财产安全的国家标准、行业标准;未制定国家标准、行业标准的,必须符合保障人体健康和人身、财产安全的要求。禁止生产、销售不符合保障人体健康和人身、财产安全的标准和要求的工业产品。具体管理办法由国务院规定。"

(二)企业质量体系认证制度

企业质量体系认证,是通过依法设立的认证机构对企业的质量体系进行评价,达到相关标准,给予企业质量体系认证注册,并发给质量体系认证书。现在国际通用的"质量管理和质量保证"系列标准,是国家标准化组织(ISO)于1987年3月发布的ISO9000系列国际标准,它为世界各国积极推行企业质量体系认证制度提供了国际统一的、通用的依据。

企业质量认证的实质是对企业的质量保证能力作出评价,向社会提供可以信赖的质量信息,其意义不可低估。《产品质量法》第14条规定:"国家根据国际通用的质量管理标准,推行企业质量体系认证制度。企业根据自愿原则可以向国务院产品质量监督部门认可的或者国务院产品质量监督部门授权的部门认可的认证机构申请企业质量体系认证。经认证合格的,由认证机构颁发质量体系认证证书。"

(三)产品质量认证制度

产品质量认证是指依据具有国际水平的产品标准和技术要求,经过认证机构确认,证明产品符合相应标准和相关技术规范的强制性要求或者标准的合格评定活动。我国《产品质量法》第14条第2款规定:"国家参照国际先进的产品标准和技术要求,推行产品质量认证制度。企业根据自愿原则可以向国务院产品质量监督部门认可的或者国务院产品质量监督部门授权的部门认可的认证机构申请产品质量认证。经认证合格的,由认证机构颁发产品质量认证证书,准许企业在产品或者其包装上使用产品质量认证标志。"根据这一规定,我国产品质量认证实行第三方认证制度,即由一个独立于生产方和使用方的第三方认证机构,对工厂的产品抽样,按规定的技术规范、技术规范中的强制性要求或者标准进行检验,并对工厂的质量管理保证体系进行评审,以作出产品是否符合有关技术规范、技术规范中的强制性要求或者标准,工厂能否稳定地生产合格产品的结论。

(四)工业产品生产许可证制度

生产许可证,是指国家对于具备生产条件并对其产品检验合格的工业企业,发给许可其生产该项产品的凭证。工业产品生产许可证制度是我国政府为了加强产品质量管理,保证重要产品质量,依据国家的有关法规、规章,对影响国计民生、危及人体健康和人身财产安全的重要工业产品实施的一项质量监控制度。政府根据国民经济发展的需要,确定实施生产许可证管理的产品目录,制定每类产品的质量安全监督管理办法,规定质量标准、安全技术规范、质量保证体系和生产必备条件等要求,并组织有关部门予以实施,以达到贯彻国家质量政策,保证产品质量,保护消费者权益的目的。

四、产品质量监督检查

(一)国家机关的监督

国家对产品质量实行以抽查为主要方式的监督检查制度,对可能危及人体健康和人身、财产安全的产品,影响国计民生的重要工业产品以及消费者、有关组织反映有质量问题的产品进行抽查。抽查的样品应当在市场上或者企业成品仓库内的待销产品中随机抽取。监督抽查工作由国务院产品质量监督部门规划和组织。县级以上地方产品质量监督部门在本行政区域内也可以组织监督抽查。法律对产品质量的监督检查另有规定的,依照有关法律的规定执行。

国家监督抽查的产品,地方不得另行重复抽查;上级监督抽查的产品,下级不得另行重复抽查。

根据监督抽查的需要,可以对产品进行检验。检验抽取样品的数量不得超过检验的合理需要,并不得向被检查人收取检验费用。监督抽查所需检验费用按照国务院规定列支。

生产者、销售者对抽查检验的结果有异议的,可以自收到检验结果之日起 15 日内向实施监督抽查的产品质量监督部门或者其上级产品质量监督部门申请复检,由受理复检的产品质量监督部门作出复检结论。

(二)社会监督

保护消费者权益的社会组织,主要是指消费者协会和其他消费者组织,依法可以就消费者反映的产品质量问题,建议有关部门负责处理,支持消费者对因产品质量造成的损害向人民法院起诉。

(三)用户、消费者监督

消费者、用户是产品的最终使用者,也是产品质量的最终受害者,因此,消费者有权就产品质量问题,向产品的生产者、销售者查询;向产品质量监督部门、工商行政管理部门及有关部门申诉,接受申诉的部门应当负责处理。

第三节 生产者和销售者的产品质量责任和义务

一、生产者的产品质量责任和义务

《产品质量法》第 26 条规定:"生产者应当对其生产的产品质量负责。"这一规定是法律对生产者产品质量义务的基本要求,同时也说明了保证产品质量是生产者的首要义务。

我国《产品质量法》关于生产者产品质量义务的具体规定,主要有以下几个方面:

(一)产品内在质量符合法定要求

(1)不存在危及人身、财产安全的不合理的危险,有保障人体健康和人身、财产安全的国家标准、行业标准的,应当符合该标准。

(2)具备产品应当具备的使用性能,但是,对产品存在使用性能的瑕疵作出说明的除外。

(3)符合在产品或者其包装上注明采用的产品标准,符合产品说明、实物样品等方式表明的质量状况。

(二)产品包装标识符合法定要求

根据《产品质量法》第 27 条的规定,产品或其包装上的标识必须真实,并符合下列要求:

(1)有产品质量检验合格证明。

(2)有中文标明的产品名称、生产厂名和厂址。

(3)根据产品的特点和使用要求,需要标明产品规格、等级、所含主要成分的名称和含量的,用中文相应予以标明;需要事先让消费者知晓的,应当在外包装上标明,或者预先向消费者提供有关资料。

(4)限期使用的产品,应当在显著位置清晰地标明生产日期和安全使用期或者失效期。

(5)使用不当容易造成产品本身损坏或者可能危及人身、财产安全的产品,应当有警示标识或者中文警示说明。

裸装的食品和其他根据产品的特点难以附加标识的裸装产品,可以不附加产品标识。

(三)特殊产品包装符合要求

易碎、易燃、易爆、有腐蚀、有放射性等危险物品以及储运中不能倒置和其他有特殊要求的产品,其包装必须符合相应的要求,有警示标识或中文警示说明,表明储运注意事项。

(四)不得违反的禁止性规定

(1)生产者不得生产国家明令淘汰的产品。

(2)生产者不得伪造产地,不得伪造或者冒用他人的厂名、厂址。

(3)生产者不得伪造或者冒用认证标志等质量标志。

(4)生产者生产产品,不得掺杂、掺假,不得以假充真,以次充好,不得以不合格产品冒充合格产品。

二、销售者的产品质量责任和义务

销售者的产品质量责任和义务可以归纳为以下四项:

(1)销售者应当建立并执行进货检查验收制度,验明产品合格证明和其他标识。

(2)销售者应当采取措施,保证销售产品的质量。

(3)销售者不得销售国家明令淘汰并停止销售的产品和失效、变质的产品。

(4)销售者销售的产品的标识应当符合上述对生产者所规定的有关标识

的五项要求。

（5）销售者不得伪造产地，不得伪造或者冒用他人的厂名、厂址。

（6）销售者不得伪造或者冒用认证标志、名优标志等质量标志。

（7）生产、销售的产品，不得掺杂、掺假，不得以假充真、以次充好，不得以不合格产品冒充合格产品。

第四节 违反产品质量法的法律责任

一、产品质量责任与产品责任

产品质量责任是指产品生产者、销售者和其他相关责任者，违反国家有关法律、法规所规定的产品质量义务，因产品存在缺陷而给消费者、使用者造成人身、财产损害时，应当承担的法律责任，它是一种综合性的责任，包括民事损害赔偿责任、行政责任和刑事责任。产品质量责任不同于产品责任。产品责任是一种因产品侵权而引起的民事法律责任，按照国际上通用的理解，它是指"生产者和销售者对于因其生产和销售有缺陷产品而使该产品的购买者、使用者乃至其他相关者遭受人身伤害或财产损失而进行赔偿的法律责任"，是一种在有缺陷产品给消费者造成实际损害后的消极责任，因此产品责任仅仅是产品质量责任的一种。

二、违反产品质量法的民事责任

（一）违反产品质量担保义务的损害赔偿责任

1. 损害赔偿责任

按照我国《产品质量法》的规定，销售者售出的产品有下列情形之一的，销售者应当负责修理、更换、退货；给购买产品的消费者造成损失的，销售者应当赔偿损失：

（1）不具备产品应当具备的使用性能而事先未作说明的；

（2）不符合在产品或者其包装上注明采用的产品标准的；

（3）不符合以产品说明、实物样品等方式表明的质量状况的。

销售者依照上述规定负责修理、更换、退货、赔偿损失后，属于生产者的责任或者属于向销售者提供产品的其他销售者（以下简称供货者）的责任的，销售者有权向生产者、供货者追偿。

生产者之间，销售者之间，生产者与销售者之间订立的买卖合同、承揽合同有不同约定的，合同当事人按照合同约定执行。

2. 生产者的免责事由

因产品存在缺陷造成人身、缺陷产品以外的其他财产(以下简称他人财产)损害的,生产者应当承担赔偿责任。

生产者能够证明有下列情形之一的,不承担赔偿责任:

(1)未将产品投入流通的;

(2)产品投入流通时,引起损害的缺陷尚不存在的;

(3)将产品投入流通时的科学技术水平尚不能发现缺陷的存在的。

(二)产品质量侵权责任

1. 构成要件

(1)产品有缺陷。产品有缺陷,是指产品存在危及人身、他人财产安全的不合理的危险;产品有保障人体健康和人身、财产安全的国家标准、行业标准的,是指不符合该标准。产品缺陷包括三种类型,即制造缺陷、设计缺陷和警示缺陷。

制造缺陷,是指产品在制造、加工过程中,因原材料、配件、工艺程序等方面存在错误,导致制作的最终产品具有不合理的危险。在产品存在制造缺陷的情况下,产品的不合理危险产生于产品的生产、制造过程中。

设计缺陷,是指产品设计时在产品结构、配方等方面存在不合理的危险。与制造缺陷不同的是,设计缺陷存在于有关设计者对产品预先形成的构思、方案、计划中。如果存在设计缺陷,则该缺陷必定与产品相伴而生,设计缺陷无法在生产、销售过程中予以克服,因此受到影响的不只是个别产品而是成批产品。

警示缺陷,是指产品设计、生产均无问题,质量也符合标准,只是未对产品的安全使用提供充分的提示和警告。

(2)有人身、财产损害的事实。产品侵权责任中的损害事实包括人身损害、财产损害。人身损害包括致人死亡和致人伤残。如果产品有缺陷,但并没有造成人身或财产损害,或者仅仅造成缺陷产品本身的损害,均不构成产品侵权责任;在这种情况下,生产者或者销售者仅按法律相关于产品瑕疵担保责任的规定,承担修理、更换、退货或者赔偿损失的责任。

(3)有因果关系。产品侵权责任的因果关系要件,是指产品的缺陷与受害人的损害事实之间存在的引起与被引起的关系。确认产品责任的因果关系,须由受害人承担举证责任,证明损害是由于使用或消费有缺陷的产品所致。受害人首先要证明缺陷产品曾被使用或消费过,其次要证明使用或消费缺陷产品是损害发生的原因。

第四节 违反产品质量法的法律责任

2. 归责原则

产品侵权责任的归责原则,是指据以确定产品的生产者和销售者承担产品责任的基本准则。

(1) 生产者承担责任的原则。

在我国,生产者承担责任的原则是无过错责任原则。《产品质量法》第41条规定,因产品存在缺陷造成人身、缺陷产品以外的其他财产(以下简称他人财产)损害的,生产者应当承担赔偿责任。这里没有考虑生产者是否主观上有过错,也就是说因产品存在缺陷造成人身、财产损害的,无论生产者是否有过错,都应当向受害人赔偿,受害人也无须对生产者的过错承担举证责任。

但生产者能够证明有下列情形之一的,不承担赔偿责任:①未将产品投入流通的;②产品投入流通时,引起损害的缺陷尚不存在的;③将产品投入流通时的科学技术水平尚不能发现缺陷的存在的。

(2) 销售者承担责任的原则。

《产品质量法》第42条规定:"由于销售者的过错使产品存在缺陷,造成人身、他人财产损害的,销售者应当承担赔偿责任。销售者不能指明缺陷产品的生产者也不能指明缺陷产品的供货者的,销售者应当承担赔偿责任。"这表明,销售者是根据过错原则来承担责任的。销售者主观上存在过错是销售者承担侵权损害赔偿责任的主观要件。如果销售者不能指明缺陷产品的生产者也不能指明缺陷产品的供货者,例如,销售未标明厂名、厂址的匿名产品造成损害的,此时,即使不能证明销售者有过错,销售者也必须承担赔偿责任。

3. 赔偿范围

(1) 人身伤害的赔偿范围。

因产品存在缺陷造成受害人人身伤害的,侵害人应当赔偿医疗费、治疗期间的护理费、因误工减少的收入等费用;造成残疾的,还应当支付残疾者生活自助具费、生活补助费、残疾赔偿金以及由其扶养的人所必需的生活费等费用;造成受害人死亡的,并应当支付丧葬费、死亡赔偿金以及由死者生前扶养的人所必需的生活费等费用。

(2) 财产损害的赔偿范围。

因产品存在缺陷造成受害人财产损失的,侵害人应当恢复原状或者折价赔偿。受害人因此遭受其他重大损失的,侵害人应当赔偿损失。侵害他人财产的,财产损失按照损失发生时的市场价格或者其他方式计算。侵害他人人身权益造成财产损失的,按照被侵权人因此受到的损失赔偿;被侵权人的损失难以确定，侵权人因此获得利益的，按照其获得的利益赔偿；侵权人因此获得的利益难以确定，被侵权人和侵权人就赔偿数额协商不一致，向人民法院提起诉讼的，由人民法院根据实际情况确定赔偿数额。

4. 诉讼时效

诉讼时效是指权利人在法定期间内不行使请求权，即丧失依诉讼程序强制义务人履行义务的权利的法律制度。权利人能够依诉讼程序强制义务人履行义务的法定期间，是诉讼时效期间。

因产品存在缺陷造成损害要求赔偿的诉讼时效期间为2年，自当事人知道或者应当知道其权益受到损害时起计算。因产品存在缺陷造成损害要求赔偿的请求权，在造成损害的缺陷产品交付最初消费者满10年丧失；但是，尚未超过明示的安全使用期的除外。

三、违反产品质量责任的刑事责任

为了加强对产品质量的监管，保护消费者和用户的合法权益，我国《产品质量法》还规定了"罚则"，明确了违反产品质量法行为所应当承担的刑事责任。

(1) 生产、销售不符合保障人体健康和人身、财产安全的国家标准、行业标准的产品的，责令停止生产、销售，没收违法生产、销售的产品，并处违法生产、销售产品(包括已售出和未售出的产品，下同)货值金额等值以上3倍以下的罚款；有违法所得的，并处没收违法所得；情节严重的，吊销营业执照；构成犯罪的，依法追究刑事责任。

(2) 在产品中掺杂、掺假，以假充真，以次充好，或者以不合格产品冒充合格产品的，责令停止生产、销售，没收违法生产、销售的产品，并处违法生产、销售产品货值金额50%以上3倍以下的罚款；有违法所得的，并处没收违法所得；情节严重的，吊销营业执照；构成犯罪的，依法追究刑事责任。

(3) 生产国家明令淘汰的产品的，销售国家明令淘汰并停止销售的产品的，责令停止生产、销售，没收违法生产、销售的产品，并处违法生产、销售产品货值金额等值以下的罚款；有违法所得的，并处没收违法所得；情节严重的，吊销营业执照。

(4) 销售失效、变质的产品的，责令停止销售，没收违法销售的产品，并处违法销售产品货值金额2倍以下的罚款；有违法所得的，并处没收违法所得；情节严重的，吊销营业执照；构成犯罪的，依法追究刑事责任。

(5) 伪造产品产地的，伪造或者冒用他人厂名、厂址的，伪造或者冒用

第四节 违反产品质量法的法律责任

认证标志等质量标志的,责令改正,没收违法生产、销售的产品,并处违法生产、销售产品货值金额等值以下的罚款;有违法所得的,并处没收违法所得;情节严重的,吊销营业执照。

(6)产品标识不符合法律规定的,责令改正;有包装的产品标识不符合本法第27条第(4)项、第(5)项规定,情节严重的,责令停止生产、销售,并处违法生产、销售产品货值金额30%以下的罚款;有违法所得的,并处没收违法所得。

(7)拒绝接受依法进行的产品质量监督检查的,给予警告,责令改正;拒不改正的,责令停业整顿;情节特别严重的,吊销营业执照。

(8)在广告中对产品质量作虚假宣传,欺骗和误导消费者的,依照《中华人民共和国广告法》的规定追究法律责任。

(9)对生产者专门用于生产法律禁止的不符合国家标准、行业标准的产品,国家明令淘汰的产品或者以假充真的产品的原辅材料、包装物、生产工具,应当予以没收。

(10)知道或者应当知道属于《产品质量法》规定禁止生产、销售的产品而为其提供运输、保管、仓储等便利条件的,或者为以假充真的产品提供制假生产技术的,没收全部运输、保管、仓储或者提供制假生产技术的收入,并处违法收入50%以上3倍以下的罚款;构成犯罪的,依法追究刑事责任。

(11)服务业的经营者将《产品质量法》第49~52条规定禁止销售的产品用于经营性服务的,责令停止使用;对知道或者应当知道所使用的产品属于《产品质量法》规定禁止销售的产品的,按照违法使用的产品(包括已使用和尚未使用的产品)的货值金额,依照本法对销售者的处罚规定处罚。

(12)隐匿、转移、变卖、损毁被产品质量监督部门或者工商行政管理部门查封、扣押的物品的,处被隐匿、转移、变卖、损毁物品货值金额等值以上3倍以下的罚款;有违法所得的,并处没收违法所得。

同时,《产品质量法》第64条规定:"违反本法规定,应当承担民事赔偿责任和缴纳罚款、罚金,其财产不足以同时支付时,先承担民事赔偿责任。"

【思考题】

1.孙某从某超市买回的跑步机在使用中出现故障并致其受伤。经查询得知,该型号跑步机数年前已被认定为不合格产品,超市从总经销商煌煌商贸公司依正规渠道进货。下列哪些选项是正确的?(　　)(2013年全国司法考试试卷一第66题)

A. 孙某有权向该跑步机生产商索赔
B. 孙某有权向煌煌商贸公司、超市索赔
C. 超市向孙某赔偿后,有权向该跑步机生产商索赔
D. 超市向孙某赔偿后,有权向煌煌商贸公司索赔

2. 赵某从某商场购买了某厂生产的高压锅,烹饪时邻居钱某到其厨房聊天,高压锅爆炸致2人受伤。下列哪一选项是错误的?（　　）(2012年全国司法考试试卷一第28题)

A. 钱某不得依据《消费者权益保护法》请求赔偿
B. 如高压锅被认定为缺陷产品,赵某可向该厂也可向该商场请求赔偿
C. 如高压锅未被认定为缺陷产品则该厂不承担赔偿责任
D. 如该商场证明目前科技水平尚不能发现缺陷存在则不承担赔偿责任

3. 根据《产品质量法》规定,下列哪一说法是正确的?（　　）(2010年全国司法考试试卷一第24题)

A. 《产品质量法》对生产者、销售者的产品缺陷责任均实行严格责任
B. 《产品质量法》对生产者产品缺陷实行严格责任,对销售者实行过错责任
C. 产品缺陷造成损害要求赔偿的诉讼时效期间为2年,从产品售出之日起计算
D. 产品缺陷造成损害要求赔偿的请求权在缺陷产品生产日期满10年后丧失

第八章　消费者权益保护法律制度

【学习目的与要求】 通过本章的学习，了解有关消费者概念的界定，掌握消费者的法定权利和经营者的法定义务，能够运用相关法律知识分析具体问题，保护消费者的合法权益。

第一节　消费者与消费者的法律保护概述

一、消费者的概念

消费是社会再生产的重要环节之一，是生产、交换、分配的最终目的，它包括生产消费和生活消费两个方面。生活消费是在生产和再生产劳动力过程中发生的消费，是消费者权益保护法的调整领域；生产消费则由其他法律、行政法规调整。消费者是指为了满足生活消费需要而购买、使用商品或接受服务的个体社会成员。它具有以下三层基本含义：

1. 消费者是购买、使用商品或者接受服务的个体社会成员

这里的个体社会成员是指自然人或其家庭。个体社会成员作为消费者，是国内外消费者保护法立法的惯例。而团体社会成员是否消费者，在国内外法学界存在争议。我们认为生产消费、团体社会成员消费由合同法、产品质量法等法律法规调整，已足以保护交易双方的权益，而个体社会成员生活消费由于其特殊性，仅凭以上法律还难以对其权益进行有效保护。

2. 消费者是为获得商品、使用商品或者接受服务而向经营者支付一定代价的社会成员

即消费者要从经营者那里获得商品和服务，应当是有偿的。这种有偿性可以通过直接或间接的形式表现出来，一方面消费者为自身支付一定代价获得商品和接受服务；另一方面在消费者支付一定代价后，所获得的商品由第三人使用、服务，由第三人接受，此时，第三人亦是消费者。此外，有的经营者为宣传自己的商品和推荐自己的服务，而向社会成员赠与商品或免费提供服务，这些赠与商品的使用者或者免费服务的接受者，亦属于消费者。

3. 消费者是以生活消费为内容的社会成员

生活消费是指人们为了满足物质和文化生活需要而消耗各种物质产品、精神产品和劳动服务的行为和过程,表现在人们的衣、食、住、行等各个方面。生产消费则不包括以上内容,因为生产消费的最终结果是生产出满足人们需要的产品,其实质是生产而不是消费。尽管生产消费与生活消费有一定的联系,但两者有质的区别。这里应注意的是,农民购买、使用直接用于农业生产的生产资料的,是一种消费,但不属于生活消费的范畴,而属于生产消费。农民当然不属于消费者,但考虑到我国农民的实际情况,《消费者权益保护法》第62条规定,"农民购买、使用直接用于农业生产的生产资料,参照本法执行。"这表明农民享有《消费者权益保护法》规定的消费者的权利。

二、消费者权益保护法的概念和调整对象

消费者权益保护法,是指国家为了调整在保护消费者权益过程中发生的社会关系的法律规范的总称。

保护消费者合法权益的法律可分为狭义和广义两种。狭义的保护消费者合法权益的法律,一般特指《中华人民共和国消费者权益保护法》(以下简称《消费者权益保护法》);广义的保护消费者合法权益的法律,通常泛指与保护消费者合法权益有关的法律、法规的总称,不但包括《消费者权益保护法》,还包括物价、质量、标准、计量、安全、商标、广告以及化工、食品、药品等方面的法律、法规中有关保护消费者合法权益的规定。

《消费者权益保护法》的调整对象是因保护消费者利益而产生的各种社会关系。在社会主义市场经济条件下,这些社会关系主要包括三个方面:(1)国家对经营者为消费者提供其生产、销售的商品或者提供的服务进行监督管理过程中发生的关系;(2)国家为切实保护消费者利益而为消费者提供立法、行政执法、司法等方面保护的过程中所发生的关系;(3)在购买、使用商品或者接受服务过程中,经营者与消费者之间所发生的关系。此外,按照法律的规定,农民购买、使用直接用于农业生产的生产资料的过程中所发生的社会关系,亦属于《消费者权益保护法》的调整范围。

三、消费者权益保护法的立法

随着工业化社会的发展,科学技术的进一步提高,商品流通愈来愈频繁,伴之消费事故也大量发生,在这种情况下,为保护消费者的利益,便兴

起了消费者保护运动,为使该运动持久、合法地开展下去,消费者权益保护立法成为客观需要。在20世纪60年代,消费者权益保护立法逐渐兴起,如美国、日本、韩国、泰国、西班牙等国家都先后制定了消费者权益保护方面的专门的法律。特别是1985年联合国大会通过的《保护消费者准则》,明确规定了消费者的权利和各国政府的责任,规定了消费领域中的各种准则以及各国政府在保护消费者问题上的合作,这为各国在消费者权益保护立法方面提供了共同的目标。

我国也十分重视消费者权益保护方面的立法工作。党的十一届三中全会以来,我国制定了一大批以消费者权益保护为内容的法律、法规,其中直接相关的就有三十余件,如《中华人民共和国民法通则》、《中华人民共和国食品卫生法》、《中华人民共和国药品管理法》、《中华人民共和国商标法》、《中华人民共和国计量法》、《中华人民共和国标准化法》、《中华人民共和国产品质量法》等。为了适应新形势的迫切需要,1993年10月31日第八届全国人民代表大会常务委员会第四次会议通过的《消费者权益保护法》,根据2009年8月27日第十一届全国人民代表大会常务委员会第十次会议《关于修改部分法律的决定》第一次修正,根据2013年10月25日第十二届全国人民代表大会常务委员会第五次会议《关于修改〈中华人民共和国消费者权益保护法〉的决定》第二次修正,2014年3月新的《消费者权益保护法》正式实施,此法在消费者权益保护法律、法规中处于基本法的地位。它对于保护消费者的合法权益、加强对商品流通和服务的社会监督、促进社会主义市场经济的健康发展、维护社会的安定团结,具有十分重要的意义。

四、消费者权益保护法的宗旨和原则

我国《消费者权益保护法》的立法宗旨是保护消费者的合法权益,维护社会经济秩序,以促进社会主义市场经济健康发展。

为了实现以上宗旨,我国《消费者权益保护法》规定了如下基本原则:

(1)国家保护消费者的合法权益不受侵犯的原则。

(2)经营者应当依法提供商品或者服务的原则。

(3)经营者与消费者进行交易应当遵循自愿、平等、公平、诚实信用的原则。

(4)一切组织和个人对损害消费者合法权益的行为进行社会监督的原则。

第二节 消费者的权利

消费者权利是指消费者根据《消费者权益保护法》的规定，在消费活动中享有的各种权利。它是消费者利益在法律上的表现，在法律上赋予消费者多少权利，意味着消费者在多大程度上得到国家法律的保护。我国《消费者权益保护法》设立了消费者的权利，没有设立消费者的义务，主要原因是《消费者权益保护法》是以消费者为本位、以保护消费者利益为核心而制定的，且消费者作为分散、无序的个体，在与经营者发生关系时处于弱者的地位，这就需要立法给予特殊保护。当然，《消费者权益保护法》只规定了消费者的权利，不等于消费者不承担法律义务。在消费活动中，消费者与经营者发生合同法律关系和其他性质的法律关系，消费者要承担遵守法律和社会公德、加强自我保护、正确使用商品和服务、投诉和举证等相应义务。

根据我国《消费者权益保护法》的规定，消费者享有以下九项权利：

1. 安全权

安全权是指消费者在购买、使用商品或接受服务时享有的人身、财产安全不受损害的权利。它包括三个方面的内容：(1)人身安全权，即消费者在购买、使用商品或接受服务时，享有身体健康不受损害及生命不受危害的权利；(2)财产不受损害的权利。(3)享有个人信息不受侵害的权利。

2. 知情权

知情权是指消费者享有的知悉其购买、使用商品或接受服务真实情况的权利。它包括两个方面的内容：(1)知悉商品真实情况的权利，即消费者有权要求经营者提供商品的价格、产地、生产者、用途、性能、规格、等级、主要成分、生产日期、有效日期、检验合格证明、使用方法说明书、售后服务等有关情况；(2)知悉服务真实情况的权利，即消费者有权了解服务的内容、规格、费用等有关情况。

3. 选择权

选择权是指消费者依法享有的，根据其自身的消费需求、爱好和兴趣，完全自主地选择其购买的商品和接受的服务的权利。它包括四个方面的内容：(1)有权自主选择提供商品或者服务的经营者；(2)有权自主选择商品品种和服务方式；(3)有权自主购买或者不购买任何一种商品、接受或者不接受任何一项服务；(4)在自主选择商品或者服务时，有权进行比较、鉴别和挑选。

4. 公平交易权

公平交易权是指消费者在与经营者之间进行消费交易过程中依法所享有的获得公平交易条件的权利。它包括两个方面的内容：(1)有权获得质量保障、价格合理、计量正确等公平交易条件；(2)有权拒绝经营者的强制交易行为。公平交易是市场交易的基本要求。在消费领域中，公平交易是指消费者支付的价款与其获得的商品和服务的价值相当。

5. 索赔权

索赔权是指消费者因购买、使用商品或者接受服务时，其人身、财产受到损害，而享有的依法获得赔偿的权利。它包括以下内容：(1)人身伤害的索赔权；(2)财产损害的索赔权；(3)人身伤害及财产损害的索赔权。

6. 结社权

结社权是指消费者为维护自身合法权益享有依法成立社会团体的权利。消费者享有的结社权，是《宪法》规定的"公民有结社自由"这一基本权利在消费领域中的具体体现。由于消费者与经营者的地位在市场交易中处于一种法律上平等而事实上不平等的情况，当消费者合法权益受到经营者的非法侵害时，要维护其合法权益，单靠自身的力量是难以实现的。因此，法律规定，消费者有权成立维护自身合法权益的社会团体。这样，消费者在维护其受到不法侵害的权益时，就能够获得自己团体的帮助和支持。消费者依法成立社会团体，是保护消费者合法权益的重要组织保障。

7. 获知权

获知权是指消费者享有的获得有关消费和消费权益保护方面的知识的权利，它包括两个方面的内容：(1)获得有关消费知识的权利。消费知识主要是指消费者在购买、使用商品或接受服务中所应了解和知悉的有关情况，如商品服务的价格、质量、性能、安全性、可靠性等。(2)获得消费权益保护方面知识的权利。消费权益保护知识，主要是有关自我保护和国家及社会保护的知识，如消费者的权利、经营者的义务、国家机关在保护消费者利益方面的职能和作用，消费者协会的职能和作用以及当自己合法权益受损害时的解决方式等。

8. 受尊重权

受尊重权是指消费者在购买、使用商品或接受服务时，享有的人格尊严、民族风俗习惯得到尊重的权利。它包括三方面的内容：(1)消费者的人格权受到尊重；(2)消费者民族风俗习惯受到尊重；(3)消费者的个人信息依法得到保护。

9. 监督权

监督权是指消费者享有的对商品和服务以及保护消费者权益工作进行监督的权利。它包括两个方面的内容：（1）对商品和服务质量等问题进行监督；（2）对保护消费者权益工作进行监督。

经营者提供的商品和服务质量好坏以及消费者权益保护工作进行得好坏，与消费者利益有着密切的联系。发挥消费者对商品和服务及消费者权益保护工作的监督作用，对于经营者提高商品和服务质量、维护消费者自身的利益，有着十分重要的意义。因此，法律规定，消费者有权检举、控告侵害消费者权益的行为；有权检举、控告国家机关及其工作人员在对保护消费者权益工作中的违法失职行为；有权对保护消费者权益工作提出批评、建议。

第三节　经营者的义务

经营者是以营利为目的，从事商品生产、销售或服务提供的法人、其他经济组织和个人。由于经营者是与消费者进行交易的直接相对人，因此，为了保障消费者权利的实现，经营者应当承担相应的义务。经营者的义务是指经营者必须为或不为一定行为，以满足和实现消费者的生活消费需要的责任。这种义务既是经营者对消费者的，也是经营者对国家和社会应当依法承担的义务。我国《消费者权益保护法》明确规定经营者应当承担以下义务：

1. 严格履行法定和约定的义务

经营者向消费者提供商品或者服务，应当依照《消费者权益保护法》和其他有关法律、法规的规定履行义务。经营者和消费者有约定的，应当按照约定履行义务，但双方的约定不得违背法律、法规的规定。经营者向消费者提供商品或者服务，应当恪守社会公德，诚信经营，保障消费者的合法权益；不得设定不公平、不合理的交易条件，不得强制交易。

2. 听取意见和接受监督的义务

经营者应当听取消费者对其提供的商品或者服务的意见，接受消费者的监督。

3. 保障人身和财产安全的义务

经营者应当保证其提供的商品或者服务符合保障人身、财产安全的要求。对可能危及人身、财产安全的商品或者服务，经营者应当向消费者作出真实的说明和明确的提示，并说明和标明正确使用商品或者接受服务的方法以及防止危害发生的方法。

宾馆、商场、餐馆、银行、机场、车站、港口、影剧院等经营场所的经营者，应当对消费者尽到安全保障义务。

经营者发现其提供的商品或者服务存在缺陷，有危及人身、财产安全危险的，应当立即向有关行政部门报告和告知消费者，并采取停止销售、警示、召回、无害化处理、销毁、停止生产或者服务等措施。采取召回措施的，经营者应当承担消费者因商品被召回支出的必要费用。

4. 不作虚假宣传的义务

经营者向消费者提供有关商品或者服务的质量、性能、用途、有效期限等信息，应当真实、全面，不得作虚假或者引人误解的宣传。对消费者就其提供的商品或者服务的质量和使用方法等问题提出的询问，应当作出真实、明确的答复。

经营者提供商品或者服务应当明码标价。

租赁他人柜台或者场地的经营者，应当标明其真实名称和标记。

5. 出具凭证和单据的义务

经营者提供商品或者服务，应当按照国家有关规定或者商业惯例向消费者出具发票等购货凭证或者服务单据；消费者索要发票等购货凭证或者服务单据的，经营者必须出具。

6. 提供符合要求的商品或服务的义务

经营者应当保证在正常使用商品或者接受服务的情况下，其提供的商品或者服务应当具有的质量、性能、用途和有效期限；但消费者在购买该商品或者接受该服务前已经知道其存在瑕疵，且存在该瑕疵不违反法律强制性规定的除外。

经营者以广告、产品说明、实物样品或者其他方式表明商品或者服务的质量状况的，应当保证其提供的商品或者服务的实际质量与表明的质量状况相符。

经营者提供的机动车、计算机、电视机、电冰箱、空调器、洗衣机等耐用商品或者装饰装修等服务，消费者自接受商品或者服务之日起6个月内发现瑕疵，发生争议的，由经营者承担有关瑕疵的举证责任。

7. 承担"三包"和其他责任的义务

经营者提供的商品或者服务不符合质量要求的，消费者可以依照国家规定、当事人约定退货，或者要求经营者履行更换、修理等义务。没有国家规定和当事人约定的，消费者可以自收到商品之日起7日内退货；7日后符合法定解除合同条件的，消费者可以及时退货，不符合法定解除合同条件的，可以要求经营者履行更换、修理等义务。依照上述规定进行退货、更换、修理的，经营者应当承担运输等必要费用。

经营者采用网络、电视、电话、邮购等方式销售商品,消费者有权自收到商品之日起7日内退货,且无须说明理由,但下列商品除外:(1)消费者定作的;(2)鲜活易腐的;(3)在线下载或者消费者拆封的音像制品、计算机软件等数字化商品;(4)交付的报纸、期刊。除上述所列商品外,其他根据商品性质并经消费者在购买时确认不宜退货的商品,不适用无理由退货。

消费者退货的商品应当完好。经营者应当自收到退回商品之日起7日内返还消费者支付的商品价款。退回商品的运费由消费者承担;经营者和消费者另有约定的,按照约定。

8. 关于"格式条款"的说明义务

经营者在经营活动中使用格式条款的,应当以显著方式提请消费者注意商品或者服务的数量和质量、价款或者费用、履行期限和方式、安全注意事项和风险警示、售后服务、民事责任等与消费者有重大利害关系的内容,并按照消费者的要求予以说明。

经营者不得以格式条款、通知、声明、店堂告示等方式,作出排除或者限制消费者权利、减轻或者免除经营者责任、加重消费者责任等对消费者不公平、不合理的规定,不得利用格式条款并借助技术手段强制交易。

格式条款、通知、声明、店堂告示等含有上述所列内容的,其内容无效。

9. 信息公开的义务

采用网络、电视、电话、邮购等方式提供商品或者服务的经营者,以及提供证券、保险(放心保)、银行等金融服务的经营者,应当向消费者提供经营地址、联系方式、商品或者服务的数量和质量、价款或者费用、履行期限和方式、安全注意事项和风险警示、售后服务、民事责任等信息。

10. 保护消费者的个人信息的义务

经营者收集、使用消费者个人信息,应当遵循合法、正当、必要的原则,明示收集、使用信息的目的、方式和范围,并经消费者同意。经营者收集、使用消费者个人信息,应当公开其收集、使用规则,不得违反法律、法规的规定和双方的约定收集、使用信息。

经营者及其工作人员对收集的消费者个人信息必须严格保密,不得泄露、出售或者非法向他人提供。经营者应当采取技术措施和其他必要措施,确保信息安全,防止消费者个人信息泄露、丢失。在发生或者可能发生信息泄露、丢失的情况时,应当立即采取补救措施。

经营者未经消费者同意或者请求,或者消费者明确表示拒绝的,不得向其发送商业性信息。

11. 不得侵犯消费者人身权的义务

消费者的人身权是其基本人权，受国家法律保护。经营者不得对消费者进行侮辱、诽谤，不得搜查消费者的身体及其携带的物品，不得侵犯消费者的人身自由。

第四节 消费者合法权益的保护

一、国家保护

国家保护消费者的合法权益不受侵害，这是《消费者权益保护法》规定的一项基本法律制度，即国家采取各种措施，保障消费者依法行使权利，维护消费者的合法权益。具体体现在：

(一)立法保护

国家制定有关消费者权益的法律、法规、规章和强制性标准，应当听取消费者和消费者协会等组织的意见。国家立法机关在把关于消费者的政策上升为法律时，也应听取消费者的意见和要求。

(二)行政保护

各级人民政府应当加强领导，组织、协调、督促有关行政部门做好保护消费者合法权益的工作，落实保护消费者合法权益的职责。加强监督，预防危害消费者人身、财产安全行为的发生，及时制止危害消费者人身、财产安全的行为。

各级人民政府工商行政管理部门和其他有关行政部门应当依照法律、法规的规定，在各自的职责范围内，采取措施，保护消费者的合法权益。

有关行政部门应当听取消费者和消费者协会等组织对经营者交易行为、商品和服务质量问题的意见，及时调查处理。在各自的职责范围内，应当定期或者不定期对经营者提供的商品和服务进行抽查检验，并及时向社会公布抽查检验结果。发现并认定经营者提供的商品或者服务存在缺陷，有危及人身、财产安全危险的，应当立即责令经营者采取停止销售、警示、召回、无害化处理、销毁、停止生产或者服务等措施。

(三)司法保护

有关国家机关应当依照法律、法规的规定，惩处经营者在提供商品和服务中侵害消费者合法权益的违法犯罪行为。

人民法院应当采取措施，方便消费者提起诉讼。对符合《中华人民共和国民事诉讼法》起诉条件的消费者权益争议，必须受理，及时审理。

(四)社会保护

保护消费者的合法权益是全社会的共同责任。一切组织和个人都有权对损害消费者合法权益的行为进行社会监督。大众传播媒介应当做好维护消费者合法权益的宣传，对损害消费者合法权益的行为进行舆论监督。消费者组织的出现和发展有力地促进了消费者权益的社会保护。我国《消费者权益保护法》专门对消费者组织作了明文规定。

消费者协会和其他消费者组织是依法成立的对商品和服务进行社会监督的保护消费者合法权益的社会组织。消费者协会履行下列公益性职责：

(1)向消费者提供消费信息和咨询服务，提高消费者维护自身合法权益的能力，引导文明、健康、节约资源和保护环境的消费方式；

(2)参与制定有关消费者权益的法律、法规、规章和强制性标准；

(3)参与有关行政部门对商品和服务的监督、检查；

(4)就有关消费者合法权益的问题，向有关部门反映、查询，提出建议；

(5)受理消费者的投诉，并对投诉事项进行调查、调解；

(6)投诉事项涉及商品和服务质量问题的，可以委托具备资格的鉴定人鉴定，鉴定人应当告知鉴定意见；

(7)就损害消费者合法权益的行为，支持受损害的消费者提起诉讼或者依照本法提起诉讼；

(8)对损害消费者合法权益的行为，通过大众传播媒介予以揭露、批评。

各级人民政府对消费者协会履行职责应当予以必要的经费等支持。消费者协会应当认真履行保护消费者合法权益的职责，听取消费者的意见和建议，接受社会监督。依法成立的其他消费者组织依照法律、法规及其章程的规定，开展保护消费者合法权益的活动。

消费者组织不得从事商品经营和营利性服务，不得以收取费用或者其他牟取利益的方式向消费者推荐商品和服务。

第五节 消费争议的解决和违法责任

一、消费争议的解决途径

消费者与经营者发生的消费者权益争议，属于平等主体之间的民事争议，依据我国《消费者权益保护法》的规定，可以通过下列5种途径解决：

（1）与经营者协商和解；
（2）请求消费者协会或者依法成立的其他调解组织调解；
（3）向有关行政部门投诉；
（4）根据与经营者达成的仲裁协议提请仲裁机构仲裁；
（5）向人民法院提起诉讼。

消费者权益争议的当事人可以选择其中任何一种方式解决彼此间的争议。

二、承担损害赔偿责任的主体的确定

（一）由生产者、销售者、服务者承担

消费者在购买、使用商品时，其合法权益受到损害的，可以向销售者要求赔偿。销售者赔偿后，属于生产者的责任或者属于向销售者提供商品的其他销售者的责任的，销售者有权向生产者或者其他销售者追偿。

消费者或者其他受害人因商品缺陷造成人身、财产损害的，可以向销售者要求赔偿，也可以向生产者要求赔偿。属于生产者责任的，销售者赔偿后，有权向生产者追偿。属于销售者责任的，生产者赔偿后，有权向销售者追偿。

消费者在接受服务时，其合法权益受到损害的，可以向服务者要求赔偿。

（二）由展销会的举办者、租赁柜台的出租者承担

消费者在展销会、租赁柜台购买商品或者接受服务，其合法权益受到损害的，可以向销售者或者服务者要求赔偿。展销会结束或者柜台租赁期满后，也可以向展销会的举办者、柜台的出租者要求赔偿。展销会的举办者、柜台的出租者赔偿后，有权向销售者或者服务者追偿。

（三）由变更后的企业承担

消费者在购买、使用商品或者接受服务时，其合法权益受到损害，因原企业分立、合并的，可以向变更后承受其权利义务的企业要求赔偿。

（四）由营业执照的使用人或持有人承担

使用他人营业执照的违法经营者提供商品或者服务，损害消费者合法权益的，消费者可以向其要求赔偿，也可以向营业执照的持有人要求赔偿。

（五）由网络交易平台提供者承担

消费者通过网络交易平台购买商品或者接受服务，其合法权益受到损害的，可以向销售者或者服务者要求赔偿。网络交易平台提供者不能提供销售者或者服务者的真实名称、地址和有效联系方式的，消费者也可以向网络交

易平台提供者要求赔偿；网络交易平台提供者作出更有利于消费者的承诺的，应当履行承诺。网络交易平台提供者赔偿后，有权向销售者或者服务者追偿。

网络交易平台提供者明知或者应知销售者或者服务者利用其平台侵害消费者合法权益，未采取必要措施的，依法与该销售者或者服务者承担连带责任。

(六)由从事虚假广告行为的经营者和广告的经营者承担

消费者因经营者利用虚假广告或者其他虚假宣传方式提供商品或者服务，其合法权益受到损害的，可以向经营者要求赔偿。广告经营者、发布者发布虚假广告的，消费者可以请求行政主管部门予以惩处。广告经营者、发布者不能提供经营者的真实名称、地址和有效联系方式的，应当承担赔偿责任。

广告经营者、发布者设计、制作、发布关系消费者生命健康商品或者服务的虚假广告，造成消费者损害的，应当与提供该商品或者服务的经营者承担连带责任。

社会团体或者其他组织、个人在关系消费者生命健康商品或者服务的虚假广告或者其他虚假宣传中向消费者推荐商品或者服务，造成消费者损害的，应当与提供该商品或者服务的经营者承担连带责任。

三、违法责任

经营者和有关国家机关工作人员侵犯消费者合法权益应承担的法律责任，根据不同情况，可划分为民事责任、行政责任和刑事责任。

(一)民事责任

1. 侵犯消费者合法权益行为的民事责任的具体情形

经营者提供商品或者服务有下列情形之一的，除《消费者权益保护法》另有规定外，应当依照其他有关法律、法规的规定，承担民事责任：

(1)商品或者服务存在缺陷的；

(2)不具备商品应当具备的使用性能而出售时未作说明的；

(3)不符合在商品或者其包装上注明采用的商品标准的；

(4)不符合商品说明、实物样品等方式表明的质量状况的；

(5)生产国家明令淘汰的商品或者销售失效、变质的商品的；

(6)销售的商品数量不足的；

(7)服务的内容和费用违反约定的；

(8)对消费者提出的修理、重作、更换、退货、补足商品数量、退还货款和服务费用或者赔偿损失的要求，故意拖延或者无理拒绝的；

(9)法律、法规规定的其他损害消费者权益的情形。

经营者对消费者未尽到安全保障义务，造成消费者损害的，应当承担侵权责任。

2. 侵犯消费者合法权益行为的民事责任的具体内容

我国《消费者权益保护法》对侵犯人身权和财产权的民事责任作出了专门规定。

人身损害的民事责任，其具体内容包括：经营者提供商品或者服务，造成消费者或者其他受害人人身伤害的，应当赔偿医疗费、护理费、交通费等为治疗和康复支出的合理费用，以及因误工减少的收入。造成残疾的，还应当赔偿残疾生活辅助具费和残疾赔偿金。造成死亡的，还应当赔偿丧葬费和死亡赔偿金。

经营者侵害消费者的人格尊严、侵犯消费者人身自由或者侵害消费者个人信息依法得到保护的权利的，应当停止侵害、恢复名誉、消除影响、赔礼道歉，并赔偿损失。

经营者有侮辱诽谤、搜查身体、侵犯人身自由等侵害消费者或者其他受害人人身权益的行为，造成严重精神损害的，受害人可以要求精神损害赔偿。

财产损害的民事责任，其具体内容包括：经营者提供商品或者服务，造成消费者财产损害的，应当依照法律规定或者当事人约定承担修理、重作、更换、退货、补足商品数量、退还货款和服务费用或者赔偿损失等民事责任。

经营者以预收款方式提供商品或者服务的，应当按照约定提供。未按照约定提供的，应当按照消费者的要求履行约定或者退回预付款；并应当承担预付款的利息、消费者必须支付的合理费用。

依法经有关行政部门认定为不合格的商品，消费者要求退货的，经营者应当负责退货。

经营者提供商品或者服务有欺诈行为的，应当按照消费者的要求增加赔偿其受到的损失，增加赔偿的金额为消费者购买商品的价款或者接受服务的费用的3倍；增加赔偿的金额不足500元的，为500元。法律另有规定的，依照其规定。

经营者明知商品或者服务存在缺陷，仍然向消费者提供，造成消费者或者其他受害人死亡或者健康严重损害的，受害人有权要求经营者依照《消费者权益保护法》第49条、第51条等法律规定赔偿损失，并有权要求所受损失 2 倍以下的惩罚性赔偿。

(二)行政责任

经营者有下列情形之一,除承担相应的民事责任外,其他有关法律、法规对处罚机关和处罚方式有规定的,依照法律、法规的规定执行;法律、法规未作规定的,由工商行政管理部门或者其他有关行政部门责令改正,可以根据情节单处或者并处警告、没收违法所得、处以违法所得 1 倍以上 10 倍以下的罚款,没有违法所得的,处以 50 万元以下的罚款;情节严重的,责令停业整顿、吊销营业执照:

(1)提供的商品或者服务不符合保障人身、财产安全要求的;

(2)在商品中掺杂、掺假,以假充真,以次充好,或者以不合格商品冒充合格商品的;

(3)生产国家明令淘汰的商品或者销售失效、变质的商品的;

(4)伪造商品的产地,伪造或者冒用他人的厂名、厂址,篡改生产日期,伪造或者冒用认证标志等质量标志的;

(5)销售的商品应当检验、检疫而未检验、检疫或者伪造检验、检疫结果的;

(6)对商品或者服务作虚假或者引人误解的宣传的;

(7)拒绝或者拖延有关行政部门责令对缺陷商品或者服务采取停止销售、警示、召回、无害化处理、销毁、停止生产或者服务等措施的;

(8)对消费者提出的修理、重作、更换、退货、补足商品数量、退还货款和服务费用或者赔偿损失的要求,故意拖延或者无理拒绝的;

(9)侵害消费者人格尊严、侵犯消费者人身自由或者侵害消费者个人信息依法得到保护的权利的;

(10)法律、法规规定的对损害消费者权益应当予以处罚的其他情形。

经营者有前述规定情形的,除依照法律、法规规定予以处罚外,处罚机关应当记入信用档案,向社会公布。

(三)刑事责任

经营者违反本法规定提供商品或者服务,侵害消费者合法权益,构成犯罪的,依法追究刑事责任。经营者违反本法规定,应当承担民事赔偿责任和缴纳罚款、罚金,其财产不足以同时支付的,先承担民事赔偿责任。

以暴力、威胁等方法阻碍有关行政部门工作人员依法执行职务的,依法追究刑事责任;拒绝、阻碍有关行政部门工作人员依法执行职务,未使用暴力、威胁方法的,由公安机关依照《中华人民共和国治安管理处罚法》的规定处罚。

第五节 消费争议的解决和违法责任

国家机关工作人员玩忽职守或者包庇经营者侵害消费者合法权益的行为的，由其所在单位或者上级机关给予行政处分；情节严重，构成犯罪的，依法追究刑事责任。

【思考题】

1. F公司是一家专营进口高档家具的企业。媒体曝光该公司有部分家具是在国内生产后，以"先出口，再进口"的方式取得进口报关凭证，在销售时标注为外国原产，以高于出厂价数倍的价格销售。此时，已经在F公司购买家具的顾客，可以行使下列哪些权利？（　　）（2011年全国司法考试试卷一第65题）

   A. 顾客有权要求F公司提供所售商品的产地、制造商、采购价格、材料等真实信息并提供充分证明

   B. 如F公司不能提供所售商品的真实信息和充分证明，顾客有权要求退货

   C. 如能够确认F公司对所售商品的产地、材质等有虚假陈述，顾客有权要求双倍返还价款

   D. 即使F公司提供了所售商品的真实信息和充分证明，顾客仍有权以"对公司失去信任"为由要求退货

2. 甲公司租赁乙公司大楼举办展销会，向众商户出租展台，消费者李某在其中丙公司的展台购买了一台丁公司生产的家用电暖器，使用中出现质量问题并造成伤害，李某索赔时遇上述公司互相推诿。上述公司的下列哪些主张是错误的？（　　）（2010年全国司法考试试卷一第68题）

   A. 丙公司认为属于产品质量问题，应找丁公司解决

   B. 乙公司称自己与产品质量问题无关，不应承担责任

   C. 丁公司认为产品已交丙公司包销，自己不再负责

   D. 甲公司称展销会结束后，丙公司已撤离，自己无法负责

3. 郭某与10岁的儿子到饭馆用餐，入厕时将手提包留在座位上嘱儿子看管，回来后发现手提包丢失。郭某要求饭馆赔偿被拒绝，遂提起民事诉讼。根据消费者安全保障权，下列哪一说法是正确的？（　　）（2009年全国司法考试试卷一第25题）

   A. 饭馆应保障顾客在接受服务时的财产安全，并承担顾客随身物品遗失的风险

   B. 饭馆应保证其提供的饮食服务符合保障人身、财产安全的要求，但并不承担对顾客随身物品的保管义务，也不承担顾客随身物品遗失

的风险

C. 饭馆应对顾客妥善保管随身物品作出明显提示，否则应当对顾客的物品丢失承担赔偿责任

D. 饭馆应确保其服务环境绝对安全，应当对顾客在饭馆内遭受的一切损失承担赔偿责任

第九章 合 同 法

【学习目的与要求】 通过本章的学习，理解合同的概念和特征以及合同的效力，熟悉合同的订立，掌握合同的履行和担保，领悟合同的变更、转让及终止，了解合同的违约责任及合同法分论。

第一节 合同概述

一、合同的概念、特征和分类

（一）合同的概念和特征

《合同法》规定的合同，即我国民法学说通常所说的合同，是平等主体之间设立、变更、终止民事权利义务关系的协议（《合同法》第 2 条）。在民法及其学说史上，曾有合同和契约的区别。有一种观点认为，前者为当事人的目的相同，意思表示的方向也一致的共同行为；后者系当事人双方的目的对立，意思表示的方向相反的民事法律行为。我国现行法已不再作这样的区分，把二者均称为合同。

合同具有以下特征：（1）合同是一种民事法律行为；（2）合同是两方以上当事人的意思表示一致的民事法律行为；（3）合同是以设立、变更、终止民事权利义务关系为目的的民事法律行为；（4）合同是当事人各方在平等、自愿的基础上实施的民事法律行为。

在债的体系中，合同属约定之债，是债的发生原因之一。因此，债法总论关于债的成立、债的变更、债的转让、债的担保、债的消灭、债的履行等对合同之债同样适用。在法律行为体系中，合同属法律行为的一种，故《民法通则》关于民事法律行为的规定，对合同同样适用。

（二）合同的分类

1. 以给付义务是否由双方当事人互负为标准，合同分为双务合同与单务合同

双务合同，是双方当事人互负对待给付义务的合同。买卖合同、租赁合

同、承揽合同等均属此类。单务合同,是仅有一方当事人负给付义务的合同,赠与合同、借用合同等为其代表。一方当事人虽不负对待给付义务,但承担一定义务的(如附义务的赠与),亦为单务合同。

2. 以当事人取得权益是否须付相应代价为标准,合同分为有偿合同与无偿合同

有偿合同,是指当事人一方享有合同规定的权益,必须向对方当事人偿付相应代价的合同。买卖、租赁、保险等合同是其典型。无偿合同,是指当事人一方享有合同规定的权益,不必向对方当事人偿付相应代价的合同。赠与合同、借用合同等为其代表。

3. 以合同的成立是否须交付标的物或完成其他给付为标准,合同分为诺成性合同与实践性合同

诺成性合同,是指当事人各方的意思表示一致即成立的合同。实践性合同,又称为要物合同,是指除双方当事人的意思表示一致以外,尚须交付标的物或完成其他给付才能成立的合同。

4. 以合同的成立是否须采用法律要求的形式,合同分为要式合同与不要式合同

要式合同,是指法律要求必须具备一定的形式的合同。反之,法律不要求必须具备一定的形式的合同,即为不要式合同。应指出,不要式合同并非排斥合同采取书面、公证等形式,只不过法律不强求特定的形式,允许当事人自由选择合同的形式,当事人完全可以约定合同必须采取书面、公证等形式。

5. 以法律是否设有规范并赋予一个特定名称为标准,合同分为有名合同与无名合同

有名合同,又称典型合同,是指法律设有规范,并赋予一定名称的合同。《合同法》规定的买卖合同、借款合同、租赁合同等均为有名合同。无名合同,又称非典型合同,是指法律尚未特别规定,并亦未赋予一定名称的合同。合同法奉行合同自由原则,在不违反社会公德和社会公共利益以及强行性规范的前提下,允许当事人订立任何内容的合同。非典型合同的主要难题在于当事人的意思不完备时如何适用法律。首先必须强调的是,民法关于法律行为的规定和《合同法》的总则,对非典型合同均有适用余地;其次应说明的是,不同类型的非典型合同,适用法律规则不同,可以参照《合同法》分则或者其他法律最相类似的规定(《合同法》第124条)。

二、合同的订立与生效

(一)合同的订立

1. 合同的订立与成立的关系

合同的订立是指两个或者两个以上的当事人,在平等自愿的基础上就合同的内容经过协商达成协议的法律行为的过程。

合同的成立是指合同当事人经过订立合同的程序就合同的内容达成协议而建立了合同关系。

《合同法》在"合同的订立"一章既使用了合同订立的概念,也使用了合同成立的概念。二者的联系表现为:订立合同的目的在于在双方当事人之间形成合同,合同成立是当事人订立合同的直接结果。二者的区别主要表现为:合同的订立强调当事人就合同的内容协商一致的行为过程;合同成立则强调当事人协商一致所达成的协议这种法律后果。

2. 合同的条款

(1)合同的提示性条款。不同的合同因其性质、特点不同,应有不同的条款。《合同法》第12条规定了下列8项提示性条款,同时倡导当事人参照各类合同的示范文本订立合同:①当事人的名称或者姓名和住所;②标的;③数量;④品质;⑤价款或报酬;⑥履行的期限、地点和方式;⑦违约责任;⑧争议解决的方法。

(2)格式条款。《合同法》第39条规定:"格式条款是当事人为了重复使用而预先拟定,并在订立合同时未与对方协商的条款。"格式条款的运用,简化了订约的程序,节省了时间,降低了成本,但容易产生权利义务不公平的结果,需要法律对其规制。《合同法》对格式条款的规制表现如下:

①规定了提供格式条款当事人一方的特别义务。提供格式条款的一方应当遵循公平原则确立当事人之间的权利和义务,同时还应当采取合理的方式提请对方注意免除或者限制其责任的条款,并且还应当按照对方的要求,对该条款予以说明。

②规定了格式条款无效的特别表现。提供格式条款一方免除其责任、加重对方责任、排除对方主要权利的格式条款无效。

③对格式条款适用特殊的解释原则。对格式条款的理解发生争议时,应当按照通常理解予以解释。对格式条款有两种以上解释时,应当作出不利于提供格式条款一方的解释。格式条款与非格式条款不一致时,应当采取非格式条款。

(3)合同的基本条款。合同的基本条款,是指根据合同的性质和法律规定必须具备的条款,欠缺它,合同就不成立。上述合同的提示性条款,并非都是每一类合同都必须具备的主要条款。例如,价款是买卖合同的主要条款,却不是赠与合同的基本条款。

3. 订立合同的形式

《合同法》第10条规定:"当事人订立合同,有书面形式、口头形式和其他形式。法律、行政法规规定采用书面形式的,应当采用书面形式。当事人约定采用书面形式的,应当采用书面形式。"其他形式一般为推定形式,指合同当事人以某种表明法律意图的行为间接地表示合同的存在及内容的形式。这种形式的特点在于:当事人不是通过语言文字,而是通过积极行动来进行意思表示、订立合同,而其他人只能通过这一行为来推定合同的存在与内容。

4. 订立合同的一般程序

合同的订立一般经过两个阶段,即要约和承诺。

(1)要约。要约,是指希望与他人订立合同的意思表示。发出要约的一方称为要约人,要约所指向的人称为受要约人、相对人。

要约的有效条件包括:①要约必须是具有缔约能力的人所为的意思表示;②要约必须向相对人发出,但在特殊情况下,对不特定的人作出又无碍要约所达目的时,相对人亦可为不特定人,悬赏广告即是向不特定人发出的;③要约必须具有缔结合同的目的;④要约的内容必须具体和完整;⑤要约必须表明要约人在得到承诺时即受其约束的意旨。

与要约相类似的概念还有要约邀请。要约邀请是希望他人向自己发出要约的意思表示。要约邀请与要约的区别表现为:①要约的内容包括足以使合同成立的基本条款,而要约邀请的内容对于合同来说则是不完整、不确定的。②要约是一种有法律约束力的意思表示,要约生效后,受要约人要受到要约的约束;一经受要约人承诺,要约人则应承担要约所约定的义务。要约邀请只是诱使他人主动向自己发出要约,只是传达一种信息,并不发生要约的法律约束力的事实行为。③要约的对象通常是确定的,而要约邀请的对象通常是不确定的。

要约到达受要约人时生效。《合同法》第17条规定:"要约可以撤回。撤回要约的通知应当在要约到达受要约人之前或者与要约同时到达受要约人。"要约撤回后,等于要约人没有作出要约。在要约的有效期限内,要约人不得随意撤销要约,不得变更要约的内容。要约对于受要约人原则上没有约束力,受要约人只是取得了承诺的资格,但是,依照法律规定或者商业惯例受要约人负有承诺的义务时,受要约人一般不得拒绝承诺。如出卖人不得拒绝承诺买受人依某项国家下达的指令性任务发出的要约。

要约的撤销是指要约人在要约生效后，受要约人发出承诺通知之前作出的以取消要约为目的的意思表示。要约可以撤销，撤销要约的通知应当在受要约人发出承诺通知之前到达要约人。但是，有下列情形之一的，要约不得撤销：①要约人确定了承诺期限或者以其他形式明示要约不可撤销；②受要约人有理由认为要约是不可撤销的，并已经为履行合同作了准备工作。

有下列情形之一的，要约失效：①拒绝要约的通知达到要约人；②要约人依法撤销要约；③承诺期限届满，受要约人未作出承诺；④受要约人对要约的内容作出实质性变更。

(2)承诺。承诺是指受要约人同意要约的意思表示。作出承诺的受要约人称为承诺人。

承诺的有效条件一般包括：①承诺必须由受要约人作出。②承诺必须向要约人作出。③承诺的内容应当与要约的内容一致。合同的标的、数量、质量、价款或报酬、履行期限、履行地点和方式、违约责任和解决争议方法等条款，是合同的实质性内容。受要约人对这些内容的变更，即是对要约内容的实质性变更，不构成承诺，而是新要约。但承诺对要约的内容作出非实质性变更的，除要约人及时表示反对或者要约表明承诺不得对要约的内容作出任何变更的以外，属于有效承诺，合同的内容以承诺的内容为准。④承诺应当在承诺期限内达到要约人。迟到的承诺有两种表现：一是逾期承诺，即受要约人超过了承诺期限才发出的"承诺"；二是承诺逾期达到，即受要约人在承诺期限内发出了承诺，按照通常情形能够及时达到要约人，但因其他原因承诺达到要约人时超过承诺期限的承诺。对于逾期承诺，原则上属于新要约；但要约人及时通知受要约人该承诺有效的，具有承诺的效力。对于承诺逾期达到，原则上应认定其具有承诺的效力；但要约人及时通知受要约人因承诺超过期限不接受该承诺的，不具有承诺的效力。⑤承诺的方式应当符合要约的约定和法律规定。

承诺通知达到要约人时，承诺生效。承诺生效时合同成立，双方当事人订立合同的过程即告完结。承诺不得撤销，不得随意撤回。《合同法》第27条规定："承诺可以撤回。撤回承诺的通知应当在承诺通知达到要约人之前或者与承诺通知同时达到要约人。"

5. 合同的成立

合同的成立一般应当符合以下条件：①须有双方或多方当事人；②合同各方当事人的意思表示一致；③当事人一致的意思表示包含了合同得以成立的主要条款；④在形式上符合要约人或法律对合同成立形式的特别约定。

6. 缔约过失责任

缔约过失责任，是指在缔结合同的过程中，一方或者双方当事人因主观过错违反其根据诚实信用原则和交易习惯所应承担的先契约义务，而给对方当事人造成信赖利益损失时所应承担的赔偿损失的责任。《合同法》第42条、第43条规定了四种必须承担缔约过失责任的情形：①假借订立合同，恶意进行磋商；②故意隐瞒与订立合同有关的重要事实或者提供虚假情况；③泄露或者不正当使用对方的商业秘密；④其他违背诚实信用原则的行为。

（二）合同的生效

大多数情况下，合同的成立与合同的生效在时间上是一致的，但二者有着显著的区别：①合同的成立主要是解决合同是否存在的问题，而合同的有效主要是解决合同的法律效力问题。②合同的成立是当事人合意的成果，是一个事实判断；合同的有效反映的是国家对合同关系的肯定评价，是一种价值判断。③合同生效后，当事人的义务主要是约定义务，违反这些义务将主要承担违约责任；合同成立后不能生效，当事人将主要承担缔约过失责任，合同被确认为无效后，还可能引发行政责任，甚至刑事责任。

合同的有效要件包括以下四个方面：①意思表示真实；②合同的内容合法，即合同的内容不违反法律、行政法规的强行性规定，不违反国家利益和社会公共利益；③合同的标的确定和可能；④合同的形式符合法律的特别规定。

依法成立的合同生效后在当事人之间产生了一定的法律约束力。根据债的相对性的原则，合同原则上对第三人没有约束力。但事实上，合同的履行常常受到第三人的影响。因此，依法成立并生效的合同能够对第三人产生有限的拘束力，主要表现在赋予合同当事人具有排斥第三人妨害及在第三人非法侵害合同债权时享有要求其赔偿的权利；此外，合同对第三人有限的约束力还表现在法律允许债权人在特定情况下主张代位权与撤销权，即采取债的保全措施。

（三）合同的效力状态

1. 有效合同

有效合同，是指已成立的合同因具备了合同生效的要件，能依合同的约定产生相应法律约束力的合同。当事人应当按照合同的约定和法律规定全面履行自己的义务，不得擅自变更或解除合同。否则，应依法承担相应的违约责任。

2. 无效合同

无效合同，是指已经成立的合同因不符合法律、行政法规规定的合同有效要件，自始不具有法律约束力的合同。

根据《合同法》第 52 条的规定，无效合同主要有以下 5 种：①一方以欺诈、胁迫手段订立的损害国家利益的合同；②恶意串通，损害国家、集体或者第三人利益的合同；③以合法形式掩盖非法目的的合同；④损害社会公共利益的合同；⑤违反法律、行政法规的强制性规定的合同。

合同部分无效，不影响其他部分效力的，其他部分仍然有效。

3. 可撤销的合同

可撤销的合同，即可撤销、可变更的合同，是指已经成立的合同因当事人意思表示不真实，法律允许享有撤销权的当事人在一定期限内予以变更或撤销的合同。可撤销的合同在未被撤销以前，是有效的；一旦被撤销，则自始无效。对可撤销合同的撤销或变更，要由撤销权人通过行使撤销权或变更权来实现。

可撤销合同一般包括以下种类：①因重大误解订立的合同；②在订立时显失公平的合同；③一方以欺诈、胁迫的手段或者乘人之危，使对方在违背真实意思的情况下订立的合同。

享有撤销权的当事人应当自知道或应当知道撤销事由之日起 1 年内行使撤销权，否则撤销权消灭。

4. 效力未定的合同

效力未定的合同，是指已经成立的合同因不完全符合合同有效的要件，其效力能否发生尚未确定，一般须经权利人表示追认才能生效的合同。导致合同效力未定的主要原因是合同主体资格的欠缺。

效力未定的合同包括以下种类：①限制民事行为能力人订立的其依法不能独立订立的合同；②无权代理人订立的合同；③无财产处分权人订立的合同；④法定代表人越权订立的合同。

效力未定合同，经权利人追认后，自始有效；未经追认的，自始无效。无财产处分权的人事后取得了该财产处分权的，该合同自始有效。无权代理人的代理行为属于表见代理的，该合同对被代理人当然有效，无须追认。效力未定合同的相对人可以催告限制民事行为能力人的法定代理人、无权代理中的本人在 1 个月内予以追认。法定代理人、本人到期未作表示的，视为拒绝追认。相对人如果是善意的，在法定代理人、本人追认前，可以通知的方式撤销该合同。

三、合同的履行

(一)合同的履行规则

对于有效的合同，当事人应当按照合同约定的标的及其质量、数量，在适当的履行期限、履行地点,以适当的方式全面履行其合同义务。根据《合同法》第61条和第62条的规定,当事人对已经生效合同中的某些条款没有约定或者约定不明确的,应当由当事人协议补充,当事人不能达成补充协议的,应当按照合同有关条款或者交易习惯确定。按照这两种办法仍然不能确定的,应适用下列《合同法》的直接规定:

(1)质量要求不明确的,按照国家标准、行业标准履行;没有国家标准、行业标准的,按照通常标准或者符合合同目的的特定标准履行。

(2)价款或报酬不明确的,按照订立合同时履行地的市场价格履行;依法应当执行政府定价或者政府指导价的,按照规定履行。

(3)履行地点不明确的,给付货币的,在接受货币一方所在地履行;交付不动产的,在不动产所在地履行;其他标的,在履行义务一方所在地履行。

(4)履行期限不明确的,债务人可以随时履行;债权人也可以随时要求履行,但应当给对方必要的准备时间。

(5)履行方式不明确的,按照有利于实现合同目的的方式履行。

(6)履行费用负担不明确的,由履行义务一方负担;但因债权人的原因而增加的履行费用,应当由债权人承担。

(二)双务合同履行中的抗辩权

1. 同时履行抗辩权

同时履行抗辩权,是指双务合同当事人双方未约定谁先履行,一方当事人在对方未为对待给付以前,有权拒绝履行自己合同义务的权利。

同时履行抗辩权的构成要件包括:(1)双方当事人因同一双务合同互负债务;(2)双方互负的债务属于同时履行的情况且均已届清偿期;(3)对方未履行债务,或者对方部分履行或履行不适当;(4)对方的债务是可以履行的。

同时履行抗辩权属于延期抗辩权,不能消灭对方的请求权,也不能消灭自己所负的债务,当对方为对待给付提供了有效的担保,或者已全部履行了合同债务,同时履行抗辩权的效力即告终止,主张同时履行抗辩权的当事人一方应履行自己的合同义务。

2. 不安抗辩权

不安抗辩权,是指根据双务合同约定应先履行合同义务的当事人一方,有确切证据证明对方的财产或者履行债务的能力明显减少,以致可能难以履行合同义务,而对方也没有为履行合同提供担保时,有权中止履行自己义务的权利。

不安抗辩权的构成要件包括：(1)必须是双方当事人因同一合同互负债务。(2)当事人在双务合同中约定或按照交易习惯，一方必须向另一方先履行合同义务。(3)先履行合同义务的一方当事人有确切的证据证明对方有丧失或者可能丧失履行合同义务能力的情况。对此，《合同法》第68条规定了4种情形：①对方的经营状况严重恶化；②对方转移财产、抽逃资金，以逃避债务；③对方丧失商业信誉；④对方有其他丧失或者可能丧失履行债务能力的情况。(4)后履行合同义务的一方没有对其债务提供适当的担保。

不安抗辩权属于延期的抗辩权，其行使仅发生中止履行合同的效力，而不具有终止或者解除合同的效力。后履行义务一方在合理期限内恢复了履行能力或者提供了适当担保的，行使不安抗辩权的一方应当恢复履行。后履行义务一方在合理期限内未恢复履行能力且未提供适当担保的，中止履行合同的一方可以解除合同。当事人没有确切证据行使不安抗辩权而中止履行合同的，应当承担违约责任。

3. 先履行抗辩权

先履行抗辩权，是指双务合同中应当先履行的当事人未履行合同义务或者履行合同义务不符合约定时，后履行的一方有权拒绝其相应履行请求的权利。

先履行抗辩权的构成要件包括：(1)双方当事人因同一双务合同互负债务；(2)双方互负的债务有先后履行顺序；(3)先履行义务的一方当事人未履行义务或者履行义务不符合约定。

先履行抗辩权属于延期的抗辩权，当先履行义务的一方完全履行了合同债务时，先履行抗辩权即消灭。

(三)债的保全

债的保全，是指法律为防止债务人的财产不当减少而给债权人的债权带来危害，而允许债权人为保障其债权的实现而采取的法律措施。债的保全是对债的相对性原则的突破，是债的对外效力的体现，也是保护债权人利益的重要制度。

1. 债权人的代位权

债权人的代位权，是指当债务人怠于行使其对第三人享有的到期债权而对债权人的债权造成损害时，债权人为保全自己的债权，可以自己的名义代位行使债务人对第三人的债权的权利。

债权人的代位权的成立要件包括：(1)债权人与债务人之间存在合法的债权债务关系；(2)债务人享有对第三人的到期债权，且该债权非专属于债务人自身；(3)债务人怠于行使其债权；(4)债权人的债权已届清偿期或者债务人以陷于迟延履行;(5)债务人怠于行使其权利的行为对债权人造成了损害。

债权人应以自己的名义,以次债务人为被告,通过诉讼的方式行使债权人的代位权。代位权的行使范围以债权人的债权为限。债权人行使代位权的必要费用,由债务人负担。

2. 债权人的撤销权

债权人的撤销权,是指当债务人放弃对第三人的债权、无偿转让财产或者以明显不合理的低价处分财产而有害于债权人的债权时,债权人可以依法请求人民法院撤销债务人所实施的行为的权利。

从客观方面看,必须是债务人实施了一定的有害于债权人债权的行为,才能使债权人行使撤销权。在主观方面,如果债务人是无偿处分其财产,则不必有主观要件的存在,债权人就可以主张撤销;对于债务人以明显不合理的低价转让财产的行为,则必须以债务人和第三人在实施交易行为时有损害债权人债权的主观恶意为要件,只有一方是恶意的,则不成立债权人的撤销权。

债权人以自己的名义,向人民法院提起诉讼。债权人行使撤销权的范围以债权人的债权为限。债权人的撤销权应自债权人知道或者应当知道撤销事由之日起1年内行使,自债务人的行为发生之日起5年内没有行使的,该撤销权消灭。行使撤销权而复得的财产归债务人所有。债权人行使撤销权的必要费用,由债务人负担,第三人有过错的,应当适当分担。

四、合同的变更与转让

(一)合同的变更

合同的变更,是指合同有效成立后,履行完毕前,当事人对合同具体内容的变更。

《合同法》第77条规定:"当事人协商一致,可以变更合同。"法律、行政法规规定变更合同应当办理批准、登记等手续的,应当办理相应的批准、登记手续。

合同的变更无溯及力,即合同的变更对已经履行的部分不产生法律效力,当事人应当按变更后的合同内容履行。合同的变更也没有完全消灭原合同关系。合同的变更不影响当事人要求赔偿的权利。

(二)合同的转让

合同的转让,即合同主体的变更,是指在不改变合同内容的前提下,合同关系的一方当事人依法将其合同的权利或义务全部或者部分地转让给第三人的法律行为。

合同转让通常包括以下种类：

1. 债权让与

债权让与，即合同权利的转让，指不改变合同关系的内容，合同债权人通过转让协议将其债权全部或部分地转让给第三人的法律行为。

债权人转让债权的，应当通知债务人，否则，该转让对债务人不发生效力。通过债权让与，受让人取得与债权有关的从权利，但该从权利专属于债权人自身的除外。让与人对转让的债权承担权利瑕疵担保责任。

2. 债务承担

债务承担，即合同义务的转让，是指在不改变合同内容的前提下，债权人、债务人与第三人之间达成转让债务的协议，将债务全部或部分地转移给第三人承担。

债务承担须经债权人同意才能产生债务承担的效力。新债务人应当承担与主债务有关的从债务，但该从债务从属于原债务人自身的除外。新债务人可以主张原债务人对债权人的抗辩权。

3. 债权债务的概括转让

债权债务的概括转让，即合同权利义务的概括转让，是指原合同当事人一方将其合同权利义务一并转让给第三人，由第三人概括地继受这些权利和义务。债权债务的概括转让包括意定概括转让和法定概括转让。

五、违约责任

违约责任，又称为违反合同的民事责任，是指合同当事人不履行合同义务或者履行合同义务不符合约定时，依合同约定或法律规定必须承担的民事责任。违约责任有以下特征：(1)违约责任以违反合同义务为前提；(2)违约责任是一种财产性的民事责任；(3)违约责任的确定具有相对的任意性，即当事人可以在法律规定的范围内对违约责任作出事先的安排，但是如果当事人的约定不符合法律的要求就会被宣告无效，从而适用法定的违约责任；(4)违约责任具有相对性，即违约责任只能发生在特定的当事人之间，即合同关系中的债权人与债务人之间；(5)违约责任主要具有补偿性。

(一)违约责任的归责原则及承担违约责任的一般条件

违约责任的归责原则，是指确定违约当事人承担违约责任的根据和标准。《合同法》规定的违约责任的归责原则应是严格责任原则，即在违约发生后，确定违约当事人的责任，应主要考虑违约的结果是否因违约行为而造成，而不管违约方在主观上是否存在故意或过失。同时，为平衡当事人双方的利益和责任,在特定情况下也要考虑当事人的主观过错。

违约责任因其具体的责任形式不同,其承担具体责任的条件也不完全相同。一般来说,各种违约责任共同具有的条件为:(1)有违约行为。(2)不存在法定或约定的免责事由。法定的免责事由主要是不可抗力。不可抗力应发生在合同履行期限内。约定的免责事由即免责条款。只要这些约定不违反法律、行政法规,不损害国家利益和社会公共利益,则应有效。但合同中的下列免责条款无效:①造成对方人身伤害的免责条款;②因故意或重大过失造成对方财产损失的免责条款。

(二)违约行为及其形态

违约行为的形态,简称违约形态,是根据违约行为违反合同义务的性质、特定而对违约行为所作的分类。根据违约行为发生的时间不同可以分为预期违约与实际违约,根据违约行为的特点,对实际违约可进一步分为以下几种:

1. 预期违约

预期违约,又称为先期违约,是指合同履行期限到来之前,当事人一方明确表示或者以自己的行为表明不履行合同义务的行为。

预期违约表现为未来将不履行合同义务,而不是实际违反合同,守约方基于自身利益考虑,可以立即要求预期违约方承担违约责任,也可以不理会对方的预期违约,而等待履行期限届满后要求违约方按实际违约承担违约责任。

2. 履行不能

履行不能,是指由于某种情况,合同债务人在事实上已经不可能实际履行合同义务。

3. 迟延履行

迟延履行,是指合同义务人在合同履行期限届满而未履行合同义务,包括债务人迟延履行和债权人迟延受领。

4. 瑕疵履行

瑕疵履行,是指债务人履行的标的不符合合同约定的质量标准,可以分为违约瑕疵和加害瑕疵。违约瑕疵,是指债务人履行的标的物仅在品种、规格、技术要求等方面不符合合同的约定,尚未由于质量瑕疵造成他人人身或财产损失。加害瑕疵,是指债务人因交付的标的物的缺陷而造成他人人身、财产损害的行为。

5. 不适当履行

不适当履行,是指除瑕疵履行之外,债务人未按合同约定的标的、数量、履行方式、履行地点履行合同义务的行为。它主要包括：(1)部分履行行为；(2)履行方式不适当；(3)履行地点不适当；(4)其他违反附随义务的行为。

(三)违约责任的责任形式

1. 继续履行合同

《合同法》规定了两种继续履行合同的情况：

(1)对于金钱债务的继续履行。当事人一方未支付价款或报酬的，对方可以要求其支付价款或报酬。违约方还应当支付该价款或报酬的逾期利息。守约方有其他损失的，违约方应当赔偿。

(2)对非金钱债务的继续履行。《合同法》第110条规定："当事人一方不履行非金钱债务或者履行非金钱债务不符合约定的，对方可以要求履行，但有下列情形之一的除外：(一)法律上或者事实上不能履行；(二)债务的标的不适于强制履行或者履行费用过高；(三)债权人在合理期限内未要求履行。"

对质量瑕疵的补救措施，《合同法》第111条规定："质量不符合约定的，应当按照当事人的约定承担违约责任。对违约责任没有约定或者约定不明确，依照本法第61条的规定仍不能确定的，受损害方根据标的的性质以及损失的大小，可以合理选择要求对方承担修理、更换、重作、退货、减少价款或者报酬等违约责任。"

2. 赔偿损失

赔偿损失因具有补偿性，所以赔偿损失应坚持完全赔偿原则，即因违约方的违约使受害方遭受的全部损失都应当由违约方负赔偿责任。这里的损失包括直接损失和可得利益的损失。直接损失，是指现有财产的减少和为减少或者消除财产损失所支付的费用。可得利益的损失，是指违约行为的发生导致受害方丧失了合同如期履行所能够得到的预期利益。应当注意，可得利益必须是纯利润，而不应包括取得这些利益所支付的费用。

完全赔偿原则的适用受到有以下规制的限制：

①合理预见规制。即损失赔偿额不得超过违反合同一方订立合同时预见到或者应当预见到的因违反合同可能造成的损失。

②减轻损害规制。《合同法》第119条规定："当事人一方违约后，对方应当及时采取适当措施防止损失的扩大；没有采取适当措施致使损失扩大的，不得就扩大的损失要求赔偿。当事人因防止损失扩大而支出的合理费用，由违约方承担。"

③损益同销规制。即根据公平原则和补偿原则，受害方基于损失发生的

同一原因而获得某种利益时,在其应得的损失赔偿数额中应扣除其所得的利益部分。这种利益包括:因违约而避免的费用,如因违约停工而不必支付的工资等;因违约而避免的损失,如标的物价格在不断下跌等。《合同法》对此规制未作规定。

3. 支付违约金

在司法实践中,违约金的数额应与因违约所造成的损失大致相当,违约金低于或者过分高于所造成损失时会有失公平,应进行调整;约定的违约金低于造成的损失时,当事人可以请求人民法院或者仲裁机构予以增加;约定的违约金过分高于造成的损失的,当事人可以请求人民法院或者仲裁机构予以适当减少。

《合同法》第116条规定:"当事人既约定违约金,又约定定金的,一方违约时,对方可以选择适用违约金或者定金条款。"当事人就迟延履行约定违约金的,违约方支付违约金后,还应当履行债务。

4. 其他违约责任形式

除上述违约责任形式外,《合同法》还规定了承担违约责任的其他形式,主要包括价格制裁、定金罚则、解除合同等。

第二节 合同分论

一、买卖合同

(一)买卖合同的概念和特征

依《合同法》第130条的规定,买卖合同是指出卖人转移标的物的所有权于买受人,买受人支付价款的合同。

买卖合同具有以下特征:(1)买卖合同是出卖人转移财产所有权的合同;(2)买卖合同是买受人支付价款的合同;(3)买卖合同为诺成性合同、有偿合同、双务合同、不要式合同、要式合同。

(二)买卖合同当事人的权利和义务

1. 出卖人的义务

(1)交付标的物。出卖人应当按照约定的期限,于约定的地点交付标的物。

标的物有从物的,按照"从物随主物转移"的原则,除当事人另有约定外,出卖人于交付标的物时应一并交付从物。出卖人在交付标的物时,应当按照约定或者交易习惯向买受人交付提取标的物单证以外的有关单证和资料。

出卖人多交标的物的，买受人有权拒收多交的部分，但应当及时通知出卖人；也可以接受多交的部分并按合同的价格支付价款。出卖人少交标的物的，买受人可以要求出卖人继续交足，也可以拒绝接受。

(2) 转移标的物的所有权。

《合同法》第 134 条规定："当事人可以在买卖合同中约定买受人未履行支付价款或者其他义务的，标的物的所有权属于出卖人。"

《合同法》第 137 条规定："出卖具有知识产权的计算机软件等标的物的，除法律另有规定或者当事人另有约定的以外，该标的物的知识产权不属于买受人。"

(3) 物的瑕疵担保责任。物的瑕疵担保责任，是指出卖人就出卖的标的物本身所存在的瑕疵对于买受人所负担的担保责任。

物的瑕疵担保责任的构成须具备以下条件：①须标的物的瑕疵于交付时存在。②须买受人于合同订立时不知标的物有瑕疵。③须买受人于规定的期间内就标的物瑕疵通知出卖人。但出卖人知道或者应当知道提供的标的物不符合约定的，买受人不受规定的通知时间的限制，出卖人仍应承担瑕疵担保责任。

出卖人的瑕疵担保责任一经成立，应根据约定承担违约责任。

(4) 权利瑕疵担保责任。权利瑕疵担保责任，是出卖人就交付的标的物负有的保证第三人不得向买受人主张任何权利的义务。

权利瑕疵担保责任的构成须具备以下条件：①须权利瑕疵于买卖合同成立时存在。②须买受人不知有权利瑕疵的存在。③须于标的物交付时权利瑕疵仍未消除。

除法律另有规定外，出卖人交付的标的物上有权利瑕疵，不能完全转移所有权于买受人的，买受人有权要求减少价款或者解除合同。在买受人支付价款时，其有确切证据证明第三人可能就标的物主张权利的，买受人有权中止支付相应的价款，除非出卖人提供适当的担保。

2. 买受人的义务

(1) 支付价款。买受人应当按照约定的数额，在约定的时间内于约定的地点交付价款。买受人在规定的期间内未按照规定支付价款的，应当承担迟延履行的违约责任。

(2) 受领并检验标的物。买受人拒绝受领出卖人交付的标的物的，应负受领迟延的违约责任。但是对于出卖人多交的标的物，买受人有权拒收。买受人拒绝受领标的物的，应当及时通知出卖人，否则买受人应当承担因此而产生的损害赔偿责任。

依《合同法》第 157 条的规定,买受人收到标的物时应当在约定的检验期间内检验;没有约定检验期间的,应当及时检验。买受人受领标的物后,发现标的物的数量或者质量不符合约定的,应于约定或者规定的期间内通知出卖人。买受人怠于通知或者在规定期间内未通知出卖人的,视为受领的标的物的数量或者质量符合约定。

(三)标的物意外损毁灭失的风险负担和利益承受

对于标的物风险的负担,可以由当事人约定。当事人没有特别约定的,依以下原则确定:(1)除法律另有规定外,标的物损毁、灭失的风险依标的物的交付而转移;(2)因买受人的原因致使标的物不能按照约定的期限交付的,自约定交付之日起标的物损毁、灭失的风险转移给买受人承担;(3)出卖人出卖交由承运人运输的在途标的物的,标的物损毁、灭失的风险自合同成立时起由买受人承担;(4)当事人未明确约定交付地点或者约定不明确的,按照规定标的物需要运输的,自出卖人将标的物交给第一承运人后,标的物损毁、灭失的风险由买受人承担;(5)按照约定或者规定出卖人应于特定地点交付标的物的,出卖人将标的物置于交付地点,买受人违反约定没有收取的,自买受人违反约定之日起标的物的损毁、灭失的风险转移给买受人;(6)因标的物质量不符合质量要求致使不能实现合同目的,买受人拒绝接受标的物或者解除合同,标的物损毁、灭失的风险由出卖人承担。

利益承受,是指由于合同订立后标的物所生孳息的归属。利益承受一般与风险负担相一致。因此除当事人另有约定外,风险随标的物的交付而转移,利益承受也应随标的物的交付而转移。

(四)特殊的买卖合同

1. 分批交付的买卖

分批交付的买卖是指出卖人应按照一定的期限分批向买受人交付标的物的买卖。

《合同法》第 166 条规定:"出卖人分批交付标的物的,出卖人对其中一批标的物不交付或者交付不符合约定,致使该标的物不能实现合同目的的,买受人可以就该批标的物解除。出卖人不交付其中一批标的物或者交付不符合约定,致使今后其他各批标的物的交付不能实现合同目的的,买受人可以就该批以及今后其他各批标的物解除。买受人如果就其中一批标的物解除,该批标的物与其他各批标的物相互依存的,可以就已经交付和未交付的各批标的物解除。"

2. 分期付款买卖

分期付款买卖，是指买受人按照一定期限分批向出卖人支付价款的买卖。

分期付款买卖的出卖人为避免收不到价款的风险，必会在合同中约定特别有利于自己的条款。而买受人一般属于经济上的弱者，因此为保护出卖人和买受人双方的利益，法律对于分期付款的约款予以一定限制，主要包括以下两项：①丧失分期利益和解除合同的限制。《合同法》第 167 条规定："分期付款的买受人未支付到期价款的金额达到全部价款的五分之一的，出卖人才可以要求买受人支付全部价款或者解除合同。"②解除合同损害赔偿金额的限制。分期付款的出卖人解除合同的，有权向买受人要求支付该标的物的使用费；出卖人已收受价款的，只可以从其收受的价款中扣除该使用费而将余额返还之，若标的物受有损害时，出卖人得要求赔偿。但若双方应当于出卖人解除合同时对其已收受的价款不予返还，则该约定无效。

3. 凭样品买卖

凭样品买卖，又称货样买卖、样品买卖，是指以约定的样品质量来决定买卖标的物的质量。

若凭样品买卖的样品有隐蔽瑕疵而买受人又不知道的，则即使交付的标的物与样品相同，出卖人交付的标的物的质量仍然应当符合同种物的通常标准。

4. 试用买卖

试用买卖的特殊性在于，由买受人试用标的物并以买受人对标的物经试用后的认可为合同的生效条件。

试用买卖的当事人可以约定标的物的试用期间；当事人对试用期间没有约定或者约定不明确，依其他办法仍不能确定试用期间的，由出卖人确定试用期间。在试用期内买受人可以作出购买标的物的意思表示，也可以作出拒绝购买的意思表示。试用期间届满，买受人对是否购买标的物未作表示的，视为购买。但是，若标的物是在出卖人处由买受人试用而未交付给买受人，买受人于试用期届满后未作表示的，应视为买受人拒绝购买。

二、互易合同

互易合同，又称以物换物合同、易货贸易或易货交易合同，是当事人双方约定以货币以外的财物进行交换的协议。

《合同法》第 175 条规定："当事人约定易货交易，转移标的物的所有权的，参照买卖合同的有关规定。"

三、供用电、水、气、热力合同

(一)此类合同的特殊性

供用电、水、气、热力合同一般采用定型化的标准合同,合同条款是由供方单方拟定的,用方只能决定是否同意订立合同,而一般不能决定合同的相关内容。尽管用方在标的物的用量、用时上可以提出自己的要求,但最终的决定权完全在供方。所以这类合同属于附合合同、标准合同,合同条款多为格式条款。

由于电、水、气、热力的供应和使用具有连续性,合同的履行具有连续性。在合同规定的期间内,正常情况下,供方须连续地供电、水、气、热力,用方须按期支付相应的价款。

(二)当事人双方的权利和义务

《合同法》仅对供用电合同作了明确规定,并于第184条规定:"供用水、供用气、供用热力合同,参照供用电合同的有关规定。"因此,供用电、水、气、热力合同当事人双方的权利义务可以参照供用电合同双方的权利义务。

1. 供电人的主要义务

(1)安全供电的义务,即按照国家规定的供电质量标准和合同约定向用电人安全供电的义务。

(2)因故中断供电的通知义务。供电人因供电设施计划检修、临时检修、依法限电或者用电人违法用电等原因,需要中断供电时,应当按照国家有关规定事先通知用电人,以便其做好准备。

(3)因不可抗力断电的抢险义务。

2. 用电人的主要义务

(1)安全用电的义务。用电人应当严格按照规定安全合理用电,不得违章用电、违约用电,以免造成重大损失。

(2)交付电费的义务。《合同法》第182条规定:"用电人应当按照国家有关规定和当事人的约定及时交付电费。用电人逾期不交付电费的,应当按照约定支付违约金。经催告用电人在合理期限内仍不交付电费和违约金的,供电人有权按照国家规定的程序中止供电。"

四、赠与合同

依《合同法》第185条的规定,赠与合同是赠与人将自己的财产无偿地给予受赠人,受赠人表示接受赠与的合同。赠与合同只有在赠与人与受赠人双方意思表示一致时才能成立，只有赠与一方赠与的意思表示而无受赠一方接受赠与的意思表示，赠与不能成立，反之亦然。赠与合同为单务、无偿合同。

(一)赠与合同的效力

1. 一般赠与合同的效力

赠与人的义务主要是依照合同的约定交付并转移赠与物的财产权利给受赠人。赠与人在赠与财产的权利转移之前可以撤销赠与，因此，赠与人在赠与财产的权利转移之前撤销赠与的，赠与人不交付赠与物的，受赠人不能要求赠与人交付。但是因具有救灾、扶贫等社会公益、道德义务性质的赠与合同或者经过公证的赠与合同，赠与人不得任意撤销。

赠与人对赠与物的瑕疵一般不负担保责任。但赠与人故意不告知瑕疵或者保证无瑕疵，造成受赠人损失的，应当承担损害赔偿责任。

2. 附义务赠与合同的特别效力

在附义务的赠与合同中，赠与所附的义务是赠与合同的内容而不是另一合同的内容；赠与所附的义务不是赠与的对价，因此，除当事人有另外的特别约定外，只有在赠与人履行给付义务后，受赠人才应履行其负担的义务。

(1)受赠人所附义务的履行。

受赠人履行其义务，仅于受赠财产的价值限度内为之，若赠与所附义务超出赠与财产的价值，则对于超出部分，受赠人不负履行的责任。

(2)赠与人的瑕疵担保责任。

《合同法》第191条规定："附义务的赠与，赠与的财产有瑕疵的，赠与人在附义务的限度内承担与出卖人相同的责任。"

(二)赠与的撤销

赠与的撤销有任意撤销与法定撤销之分。我们这里说的赠与的撤销是指赠与的法定撤销。

1. 赠与人撤销赠与

赠与人可撤销赠与的法定事由主要有以下两种情况：

(1)因受赠人的行为。根据《合同法》第192条的规定，受赠人有下列情形之一的，赠与人可以撤销赠与：①严重侵害赠与人或者赠与人的近亲属；②对赠与人有抚养义务而不履行；③不履行赠与合同约定的义务。

在上述情形下，赠与人的撤销权自知道或者应当知道撤销原因之日起1年内不行使的，撤销权消灭。

(2)根据《合同法》第195条的规定，赠与合同生效后赠与人的经济状况显著恶化，严重影响其生产经营或者家庭生活时，赠与人有权撤销赠与，可以不再履行赠与义务。

2. 赠与人的继承人或监护人撤销赠与

依《合同法》第193条规定,因受赠人的违法行为致使赠与人死亡或者丧失民事行为能力的,赠与人的继承人或者法定代理人有权撤销赠与。

赠与人的继承人或者法定代理人的撤销权,自知道或者应当知道撤销原因之日起6个月内不行使的,撤销权消灭。

五、借款合同

(一)借款合同的概念和特征

依《合同法》第196条的规定,借款合同是借款人向贷款人借款,到期返还借款并支付利息的合同。

借款合同依贷款人是金融机构还是自然人的不同,有不同的特点。但总的来说,借款合同有以下特征:

(1)借款合同是以转让货币所有权为目的的合同。

(2)借款合同的标的物为货币。

(3)借款合同原则上为有偿合同,也可以为无偿合同。以金融机构为贷款人的借款合同均为有偿合同。自然人之间的借款,当事人双方可以约定利息,也可以不约定利息;当事人没有明确约定利息的,该合同则为无偿。

(4)借款合同为诺成性合同,但自然人之间的借款合同为实践性合同。

(5)借款合同为双务合同,但自然人之间的借款合同原则上为单务合同。因为借款合同原则上为诺成性合同,以金融机构为贷款人的借款合同自双方达成合意时成立生效,自合同成立后,贷款人负有按合同的约定交付借款的义务,借款人负有按期偿还借款和支付利息的义务。因此,借款合同应为双务合同,而并非单务合同。但是,由于依法律规定自然人之间的借款合同为实践性合同,只有贷款人将借款提供给借款人,合同才成立生效,而于合同生效后贷款人不再负担义务,仅有借款人一方负担返还借款的义务,所以,自然人之间的借款合同原则上为单务合同。

(6)借款合同为要式合同,但自然人之间的借款合同为不要式合同。

(二)借款合同当事人的权利义务

1. 贷款人的主要义务

自然人之间的借款合同为单务合同,在借款合同生效后,贷款人并不负担义务。而金融机构为贷款人的借款合同为诺成性合同、双务合同,自合同成立生效后,贷款人必须按照合同约定的借款时间和数额向借款人提供借款。

根据《合同法》第 200 条的规定，贷款人提供给借款人的借款金额应当符合合同中约定的数额，而不得从中预先扣除借款违约金或保证金或利息。利息预先在本金中扣除的，借款数额按照实际借款数额计算。

2. 借款人的主要义务

借款人的主要义务依贷款人是否为金融机构而有所不同。

(1) 按照合同约定的时间和数额收取借款。贷款人为金融机构的，借款人有义务按照合同中约定的时间和数额收取借款。《合同法》第 201 条规定："借款人未按照约定的日期、数额收取借款的，应当按照约定的日期、数额支付利息。"

(2) 接受借款人的用款监督，向贷款人提供必要的资料。

(3) 按照合同约定的贷款用途使用借款。《合同法》第 203 条规定："借款人未按照约定的借款用途使用借款的，贷款人可以停止发放借款、提前收回借款或者解除合同。"

(4) 按合同约定的还款期限和方式及时偿还借款。《合同法》第 207 条规定："借款人未按照约定的期限返还借款的，应当按照约定或者国家有关规定支付逾期利息。"《合同法》第 208 条规定："借款人提前偿还借款的，除当事人另有约定的以外，应当按照实际借款的期间计算利息。"

(5) 按照合同约定的利率和期限支付利息。《合同法》第 205 条规定："借款人应当按照约定的期限支付利息。对支付利息的期限没有约定或者约定不明确，依照本法第 61 条的规定仍不能确定，借款期间不满 1 年的，应当在返还借款时一并支付；借款期间 1 年以上的，应当在每届满 1 年时支付，剩余期间不满 1 年的，应当在返还借款时一并支付。"自然人之间的借款合同未明确约定利息的，视为不支付利息。1991 年最高人民法院《关于人民法院审理借贷案件的若干问题》中规定，民间借贷可以适当高于银行的利率，但最高不得超过银行同类贷款利率的 4 倍(包括利率本数)，超过此限度的利息不予保护。

六、租赁合同

《合同法》第 212 条规定："租赁合同是出租人将租赁物交付承租人使用、收益，承租人支付租金的合同。"租赁合同是转移财产使用权的合同。租赁合同为诺成性合同、双务合同、有偿合同。

(一) 租赁合同内容和形式的特别规定

1. 租赁期限的条款

当事人在合同中应明确约定租赁的期限。当事人在合同中未约定租赁期限或者约定不明确的,该租赁为不定期租赁。当事人约定的租赁期限不得超过法定的最长期限20年,超过的部分无效。

2. 租金条款

当事人在合同中必须约定租金条款,如果合同中没有租金的约定,则该合同不为租赁合同。当事人对于租金的约定也应明确具体,不仅应当约定数额和支付期限,还应约定支付的方式。

3. 租赁合同的形式

《合同法》第215条规定:"租赁期限6个月以上的,应当采用书面形式。当事人未采用书面形式的,视为不定期租赁。"但对于特殊的租赁合同,法律规定应当采用书面形式、依法办理其他手续的,应依法律的规定办理。例如,土地使用权租赁不论定期或不定期租赁,均应采取书面形式,并需要办理登记。又如,根据《城市房地产管理法》的规定,房屋租赁合同应签订书面租赁合同,并向房产管理部门登记备案。

(二)租赁合同当事人的权利义务

1. 出租人的义务

(1)交付租赁物及维持租赁物合于使用收益的状态。

(2)瑕疵担保责任。①物的瑕疵担保责任。《合同法》第231条明确规定:"因不可归责于承租人的事由,致使租赁物部分或者全部损毁、灭失的,承租人可以要求减少租金或者不支付租金;因租赁物部分或者全部损毁、灭失,致使不能实现合同目的的,承租人可以解除合同。"《合同法》第233条规定:"租赁物危及承租人的安全或者健康的,即使承租人订立合同时明知该租赁物质量不合格,承租人仍然可以随时解除合同。"②权利瑕疵担保责任。《合同法》第228条规定:"因第三人主张权利,致使承租人不能对租赁物使用、收益的,承租人可以要求减少租金或者不支付租金。"

(3)租赁物的维修。除当事人另有约定,出租人应当履行租赁物的维修义务。租赁物在承租人使用期间,如有维修的必要,并且有维修的可能,除出租人已知者外,承租人应当及时通知出租人。承租人应为通知而未为通知的,出租人不承担维修租赁物的义务。

(4)负担税负及费用的返还。租赁物有税负等负担时,除当事人另有约定外,出租人应当负担。出租人对于承租人为租赁物支出的费用有偿还的义务。

(5)在合同终止时接受租赁物和返还押金或担保物。

2. 承租人的义务

(1)按照约定的方式和范围对租赁物为使用收益。《合同法》第219条规定:"承租人未按照约定的方法或者租赁物的性质使用租赁物,致使租赁物受到损失的,出租人可以解除合同并要求赔偿损失。"

(2)妥善保管租赁物。

(3)有关事项的通知。当出现以下事项而出租人不知道时,承租人应当及时通知出租人:①租赁物有修理、防止危害之必要;②第三人就租赁物主张权利;③其他依诚实信用原则应当通知的事项。

(4)支付租金。《合同法》第226条规定:"承租人应当按照约定的期限支付租金。对支付期限没有约定或者约定不明确,依本法第61条的规定仍不能确定,租赁期间不满1年的,应当在租赁期间届满时支付;租赁期间1年以上的,应当在每届满1年时支付,剩余期间不满1年的,应当在租赁期间届满时支付。"《合同法》第227条规定:"承租人无正当理由未支付租金或者延迟支付租金的,出租人可以要求承租人在合理期限内支付。承租人逾期不支付的,出租人可以解除合同。"

(5)不得随意转租和转让租赁权。承租人非经出租人同意,不得将租赁物转租给他人;否则,出租人可以解除合同。只有在当事人有可转让租赁权的特别约定或者其后经出租人同意时,承租人才得转让租赁权;否则,转让行为不发生效力。

(6)返还租赁物。《合同法》第235条规定:"租赁期间届满,承租人应当返还租赁物。返还的租赁物应当符合按照约定或者租赁物的性质使用后的状态。"

七、融资租赁合同

(一)融资租赁合同的概念和特征

根据《合同法》第237条的规定,融资租赁合同是出租人根据承租人对出卖人、租赁物的选择,向出卖人购买租赁物,提供给承租人使用,承租人支付租金的合同。

融资租赁合同主要有以下不同于租赁合同的特征:(1)租赁标的物是由出租人按照承租人的要求购买的。(2)出租人须将为承租人购买的物件交付承租人使用收益。(3)出租人对租赁标的物无瑕疵担保责任。由于出租人仅是依承租人的指示和要求去筹措资金购买物件,因此,除承租人依赖出租人的技能确定租赁物或者出租人干预选择租赁物的情况外,出租人对租赁标的物不符合约定或者不符合约定使用目的不承担责任。(4)承租人须向出租人支付的租金非仅为使用租赁物的代价。融资租赁合同中的"租金"实际上是承租人分期对出租人购买租赁物件的价金的本息和其应获取的利润等费用的偿还。(5)承租人于租赁关系终止后享有选择权,可以按照约定支付租赁物残余的价值购买租赁物而取得其所有权。(6)出租人为专营融资租赁业务的租赁公司。

(二)融资租赁合同当事人的权利义务

1. 出租人的主要义务

(1)按照承租人的要求订立买卖合同购买租赁物。

(2)保证承租人对租赁物的占有和使用。

(3)协助承租人向出卖人索赔。《合同法》第240条规定:"出租人、出卖人、承租人可以约定,出卖人不履行买卖合同义务的,由承租人行使索赔的权利。承租人行使索赔权利的,出租人应当协助。"

2. 承租人的主要义务

(1)按时接受出卖人交付的标的物。承租人无正当理由不接受出卖人按照合同约定交付的标的物的,应当承担迟延履行的违约责任。

(2)按照约定支付租金。即使租赁标的物存有瑕疵、标的物因不可归责于双方的事由发生毁损灭失,承租人也不得拒付租金。因承租人违约而由出租人收回标的物时,承租人不能以标的物的收回而拒绝履行支付租金的义务。

(3)保管、维修标的物。

(4)因租赁物致人损害的赔偿责任。

(5)于合同终止时返还标的物。一般来说,融资租赁合同中一般约定在租赁期间届满后,承租人得请求以一定的价格买下租赁物(即留购),也可以请求继续租赁(即续租)。承租人要求留购的,承租人有优先购买权,得支付一定的价格买下租赁物。当事人也可以约定租赁期间届满租赁物即归承租人所有。

3. 出卖人的主要义务

(1)向承租人交付标的物。

(2)标的物的瑕疵担保责任。

八、承揽合同

(一)承揽合同的概念和特征

《合同法》第251条规定:"承揽合同是承揽人按照定作人的要求完成工作,交付工作成果,定作人给付报酬的合同。"

承揽合同具有以下特征:

(1)承揽合同以一定工作的完成为目的。

(2)承揽合同的承揽标的具有特定性。
(3)承揽合同的承揽人应以自己的风险独立完成工作。
(4)承揽合同是诺成性合同、有偿合同、双务合同、不要式合同。

(二)承揽合同当事人的权利义务

1. 承揽人的主要义务

(1)完成工作。承揽人应当按照合同约定的期限与质量要求,以自己的设备、技术、劳力完成工作的主要部分。《合同法》第 268 条规定:"定作人可以随时解除承揽合同,造成承揽人损失的,应当赔偿损失。"根据《合同法》第 253 条的规定,除当事人另有约定,承揽人应当以自己的设备、技术、劳力完成工作的主要部分;承揽人将其承揽的主要工作交由第三人完成的,应当就该第三人完成的工作成果向定作人负责。

(2)按合同约定提供原材料或接受并保管定作人提供的材料。

(3)对承揽的工作保密。

(4)接受定作人必要的监督、检验。定作人对承揽工作的监督检验不得妨碍承揽人的正常工作。定作人妨碍承揽人的工作,或者定作人指示错误,或者定作人中途变更设计图纸或者对工作的要求,因此而给承揽人造成损失的,定作人应负赔偿责任。

(5)交付所完成的工作成果。《合同法》第 261 条规定:"承揽人完成工作的,应当向定作人交付工作成果,并提交必要的技术资料和有关质量证明。"

(6)工作成果的瑕疵担保责任。《合同法》第 262 条规定:"承揽人交付的工作成果不符合质量要求的,定作人可以要求承揽人承担修理、重作、减少报酬、赔偿损失等违约责任。"

2. 定作人的主要义务

(1)协助承揽人完成工作。协助的内容既包括完成工作所需的材料、技术方面的,也包括完成工作所需的生活条件和生产环境方面的。

(2)受领并验收承揽人完成的工作成果。

(3)支付报酬等费用。

(三)承揽中的风险负担

(1)工作成果须实际交付的,在工作成果交付前发生风险的,由承揽人负担;交付后发生风险的,由定作人负担。但工作成果的毁损、灭失定作人受领迟延时发生的,则应由定作人承担风险。

(2)工作成果无须实际交付的,在工作成果完成前发生的风险由承揽人负担;在工作成果完成后发生的风险,则由定作人负担。

(四)承揽合同的终止

(1)承揽合同因一方行使解除权而终止。在定作人不履行协助义务致使承揽工作不能完成时,承揽人有权解除合同;在承揽人违反义务显然不能按期完成工作时,定作人有权解除合同。在有解除权的当事人一方行使解除权时,则承揽合同因解除而终止。

《合同法》第268条规定:"定作人可以随时解除承揽合同,造成承揽人损失的,应当赔偿损失。"

(2)承揽合同因当事人协议而终止。

(3)承揽合同的法定终止。根据承揽合同的性质,承揽合同可因下列事由而终止:

①承揽人死亡或者失去工作能力。

②定作人死亡,并且其继承人不需要该项工作。但于此情形下,定作人的继承人应将定作人死亡的事实和其不再需要承揽人继续完成未完成工作的意思通知承揽人;否则,定作人的继承人对于承揽人于定作人死亡后完成的工作仍应当受领并支付相应的报酬。

③承揽人或者定作人被宣告破产。

九、运输合同

(一)运输合同的概念和特征

《合同法》第288条规定:"运输合同是承运人将旅客或者货物从起运地点运输到约定地点,旅客、托运人或者收货人支付票款或者运输费用的合同。"

运输合同具有以下特征:

(1)运输合同以运送旅客或者货物为直接目的,以运输行为为标的。

(2)运输合同为双务合同、有偿合同。

(3)运输合同一般为诺成性合同、格式合同。

(二)客运合同

1. 客运合同的特殊性

(1)客运合同的成立时间。《合同法》第293条规定:"客运合同自承运人向旅客交付客票时成立,但当事人另有约定或者另有交易习惯的除外。"

(2)客运合同包括运送旅客行李的内容。承运人在运输旅客的同时,必须按照公告的规定,随同运输旅客一定数量的行李;对于超过规定数量的旅客的行李,旅客得凭票办理托运。

2. 客运合同当事人的权利义务

(1)承运人的主要义务是按照约定的或者通常的运输路线在约定期间或者合理期间内将旅客及其行李安全运送到目的地。具体来讲，有下列义务：①重要事项的告知义务；②按照客票运输的义务；③按照约定的运输工具运输的义务；④尽力救助旅客的义务；⑤保证旅客人身安全的义务；⑥保证旅客行李安全的义务。

(2)旅客的主要义务是支付运费和按约定乘坐运输工具。

(三)货运合同

1. 货运合同的特殊性

货运合同的标的虽是承运人的运输行为，但货运合同的承运人仅将货物送达目的地，其履行义务并不能完结。只有在将承运的货物送交收货人，承运人的运送义务才为履行完毕。

2. 货运合同当事人的权利义务

(1)托运人的主要义务是按照合同的约定托运货物。托运人必须如实申报托运的货物，并将货物按照约定交付托运。托运人必须按照规定支付运费等费用。

(2)承运人的主要义务，是将承运的货物按时安全地送达目的地，并交付给收货人。《合同法》第308条规定："在承运人将货物交付收货人之前，托运人可以要求承运人中止运输、返还货物、变更到达地或者将货物交给其他收货人，但应当赔偿承运人因此受到的损失。"

(3)收货人的权利的取得和行使。收货人虽然不是货运合同的订约当事人，但可直接取得提取货物的权利。收货人必须按承运人的通知及时提取货物，并且按照约定的期限检验货物。

(四)多式联运合同

1. 多式联运合同的概念和特征

多式联运合同，是指多式联运经营人负责两种以上的不同运输方式，将托运人托运的货物运输到目的地交付收货人，并收取全程运输费用的合同。多式联运合同除具有要式合同的一般特征外，还具有以下重要特征：(1)多式联运合同由两种以上的不同运输方式相继履行运输义务；(2)托运人是一次交费并使用同一运输凭证；(3)合同当事人是托运人与联运经营人，多式联运尽管在不同的区段由不同的承运人履行运输货物的义务，但各区段的承运人并非合同的当事人。

2. 多式联运合同联运经营人的权利、义务和责任

联运经营人负责履行或者组织履行多式联运合同。联运经营人收到托运

人交付的货物时,应当签发多式联运单据。联运经营人对货物的毁损、灭失承担损害赔偿责任。

十、保管合同

(一)保管合同的概念和特征

《合同法》第 365 条规定:"保管合同是保管人保管寄存人交付的保管物,并返还该物的合同。"

保管合同具有以下特征:

(1)保管合同原则上为实践性合同。《合同法》第 367 条规定:"保管合同自保管物交付时成立,但当事人另有约定的除外。"

(2)保管合同可以为无偿合同,也可以为有偿合同。《合同法》第 366 条规定:"当事人对保管费没有约定或者约定不明确,依照本法第 61 条的规定仍不能确定的,保管是无偿的。"

(3)保管合同原则上为不要式合同、双务合同。

(4)保管合同移转标的物的占有。

(二)保管合同当事人的权利义务

1. 保管人的义务

(1)保管凭证的给付义务。《合同法》第 368 条规定:"寄存人向保管人交付保管物的,保管人应当给付保管凭证,但另有交易习惯的除外。"

(2)妥善保管保管物的义务。保管人不得使用或者许可第三人使用保管物,除非当事人另有约定。保管人应亲自为保管行为,除非当事人另有约定。《合同法》第 374 条规定:"保管期间,因保管人保管不善造成保管物毁损、灭失的,保管人应当承担损害赔偿责任,但保管是无偿的,保管人证明自己没有重大过失的,不承担损害赔偿责任。"

(3)危险通知义务。

(4)返还保管物的义务。保管人应于保管终了时,亦即保管合同期限届满或者终止时,返还保管物。

2. 寄存人的义务

(1)负担必要费用和支付保管费。《合同法》第 379 条规定:"有偿的保管合同,寄存人应当按照约定的期限向保管人支付保管费。当事人对支付期限没有约定或者约定不明确,依照本法第 61 条的规定仍不能确定的,应当在领取保管物的同时支付。"

(2)有关情况的告知义务。

(3)领取保管物的义务。

第二节 合同分论

【思考题】

1. 甲乙签订一份买卖合同，约定违约方应向对方支付18万元违约金。后甲违约，给乙造成损失15万元。下列哪一表述是正确的？（　　）(2013年全国司法考试试卷三第14题)

　　A. 甲应向乙支付违约金18万元，不再支付其他费用或者赔偿损失

　　B. 甲应向乙赔偿损失15万元，不再支付其他费用或者赔偿损失

　　C. 甲应向乙赔偿损失15万元并支付违约金18万元，共计33万元

　　D. 甲应向乙赔偿损失15万元及其利息

2. 甲与同学打赌，故意将一台旧电脑遗留在某出租车上，看是否有人送还。与此同时，甲通过电台广播悬赏，称捡到电脑并归还者，付给奖金500元。该出租汽车司机乙很快将该电脑送回，主张奖金时遭拒。下列哪一表述是正确的？（　　）(2012年全国司法考试试卷三第4题)

　　A. 甲的悬赏属于要约

　　B. 甲的悬赏属于单方允诺

　　C. 乙归还电脑的行为是承诺

　　D. 乙送还电脑是义务，不能获得奖金

3. 甲公司未取得商铺预售许可证，便与李某签订了《商铺认购书》，约定李某支付认购金即可取得商铺优先认购权，商铺正式认购时甲公司应优先通知李某选购。双方还约定了认购面积和房价，但对楼号、房型未作约定。李某依约支付了认购金。甲公司取得预售许可后，未通知李某前来认购，将商铺售罄。关于《商铺认购书》，下列哪一表述是正确的？（　　）(2012年全国司法考试试卷三第10题)

　　A. 无效，因甲公司未取得预售许可证即对外销售

　　B. 不成立，因合同内容不完整

　　C. 甲公司未履行通知义务，构成根本违约

　　D. 甲公司须承担继续履行的违约责任

4. 甲与乙教育培训机构就课外辅导达成协议，约定甲交费5万元，乙保证甲在接受乙的辅导后，高考分数能达到二本线。若未达到该目标，全额退费。结果甲高考成绩仅达去年二本线，与今年高考二本线尚差20分。关于乙的承诺，下列哪一表述是正确的？（　　）(2012年全国司法考试试卷三第11题)

　　A. 属于无效格式条款

　　B. 因显失公平而可变更

　　C. 因情势变更而可变更

D. 虽违背教育规律但属有效

5. 甲将其对乙享有的10万元货款债权转让给丙，丙再转让给丁，乙均不知情。乙将债务转让给戊，得到了甲的同意。丁要求乙履行债务，乙以其不知情为由抗辩。下列哪一表述是正确的？（　　）（2012年全国司法考试试卷三第13题）

    A. 甲将债权转让给丙的行为无效

    B. 丙将债权转让给丁的行为无效

    C. 乙将债务转让给戊的行为无效

    D. 如乙清偿10万元债务，则享有对戊的求偿权

6. 乙在甲提存机构办好提存手续并通知债权人丙后，将2台专业相机、2台天文望远镜交甲提存。后乙另行向丙履行了提存之债，要求取回提存物。但甲机构工作人员在检修自来水管道时因操作不当引起大水，致乙交存的物品严重毁损。下列哪一选项是错误的？（　　）（2012年全国司法考试试卷三第4题）

    A. 甲机构构成违约行为

    B. 甲机构应承担赔偿责任

    C. 乙有权主张赔偿财产损失

    D. 丙有权主张赔偿财产损失

7. 甲公司在2011年6月1日欠乙公司货款500万元，届期无力清偿。2010年12月1日，甲公司向丙公司赠送一套价值50万元的机器设备。2011年3月1日，甲公司向丁基金会捐赠50万元现金。2011年12月1日，甲公司向戊希望学校捐赠价值100万元的电脑。甲公司的3项赠与行为均尚未履行。下列哪一选项是正确的？（　　）（2012年全国司法考试试卷三第15题）

    A. 乙公司有权撤销甲公司对丙公司的赠与

    B. 乙公司有权撤销甲公司对丁基金会的捐赠

    C. 乙公司有权撤销甲公司对戊学校的捐赠

    D. 甲公司有权撤销对戊学校的捐赠

8. 甲委托乙采购一批电脑，乙受丙诱骗高价采购了一批劣质手机。丙一直以销售劣质手机为业，甲对此知情。关于手机买卖合同，下列哪些表述是正确的？（　　）（2012年全国司法考试试卷三第54题）

    A. 甲有权追认

    B. 甲有权撤销

    C. 乙有权以甲的名义撤销

D. 丙有权撤销

9. 甲公司与乙公司签订商品房包销合同，约定甲公司将其开发的10套房屋交由乙公司包销。甲公司将其中1套房屋卖给丙，丙向甲公司支付了首付款20万元。后因国家出台房地产调控政策，丙不具备购房资格，甲公司与丙之间的房屋买卖合同不能继续履行。下列哪些表述是正确的？（　　）（2012年全国司法考试试卷三第60题）

A. 甲公司将房屋出卖给丙的行为属于无权处分
B. 乙公司有权请求甲公司承担违约责任
C. 丙有权请求解除合同
D. 甲公司只需将20万元本金返还给丙

10. 甲公司与乙公司签订建设工程施工合同，将工程发包给乙公司施工，约定乙公司垫资1 000万元，未约定垫资利息。甲公司、乙公司经备案的中标合同中工程造价为1亿元，但双方私下约定的工程造价为8 000万元，均未约定工程价款的支付时间。7月1日，乙公司将经竣工验收合格的建设工程实际交付给甲公司，甲公司一直拖欠工程款。关于乙公司，下列哪些表述是正确的？（　　）（2012年全国司法考试试卷三第61题）

A. 1 000万元垫资应按工程欠款处理
B. 有权要求甲公司支付1 000万元垫资自7月1日起的利息
C. 有权要求甲公司支付1亿元
D. 有权要求甲公司支付1亿元自7月1日起的利息

第十章 财政法

【学习目的与要求】 通过本章的学习，应了解财政与财政法的概念与特征，财政法的体系与原则；掌握预算法、国债法、政府采购法与转移支付法的概念与基本内容、预算管理的程序、国债的发行、偿还与管理、政府采购的方式与程序。学会运用所学知识分析实际案例，解决现实中存在的一些问题。

第一节 财政与财政法概述

一、财政概述

（一）财政的概念

财政，又称国家财政、公共经济、政府经济，是指国家和其他公共团体为满足公共需要而取得、使用和管理资财的活动的总称，它包括中央财政和地方财政。财政是国家参与国民收入的分配和再分配的重要手段，在宏观调控和保证社会稳定方面都具有重要的作用。

财政作为一个经济范畴，是以国家为主体的社会经济关系，属于分配范畴；财政作为经济活动，是国家（政府）的公共经济行为，是国家整体活动和社会福利最大化的代表；财政作为经济机制，是国家（政府）为主体的社会经济关系即分配关系的实现方式。

可以说，财政是政府收入和支出的管理，是公共部门经济。它不仅是政府配置资源的重要方式，政府调控社会经济运行的重要经济手段，也是实现国家职能的经济杠杆。

（二）财政的特征

财政的基本特征为：（1）财政的主体是国家，它以国家的强制力为保障，同时，政府活动需以国家的法律为依据，促使国家实现自身职能。（2）财政的目的是满足公共欲望，实现公共需要。（3）财政的内容包括财政收入、财政支出、财政管理三个部分，其涉及领域广阔，并围绕满足公共欲望

这 中心展开。(4)财政分配具有强制性、非营利性和永续性。

(三)我国财政的体系

我国作为社会主义国家,其财政体系与资本主义国家有所不同,其财政体系主要包括以下内容:

1. 国家预算

国家预算是指国家以实现其职能为目的,有计划地筹集和分配财政资金,按照法定的程序制定基本财政计划的一种活动。它是财政体系的主导和核心环节。

2. 国有企业财务

国有企业财务是指企业在业务活动时,通过货币资金的筹集、分配和使用与有关各方之间所发生的资金的缴纳与拨付关系。

3. 预算外资金

预算外资金是指出各地区、各部门、各单位自收自支,放在国家预算外单独管理的财政性资金。预算外资金的管理与使用是我国财政体系的重要补充环节。

4. 财政监督

财政监督是指国家各级财政部门在资金的筹集、分配和运用过程中,对企事业单位以及有关国家机关的经济活动所进行的一种检查监督活动。

(四)财政的职能

财政的职能是财政范畴所内含的基本功能。财政的职能主要有如下四种:

1. 分配收入的职能

由于财政的内容是财政收入、财政支出和财政管理活动,即集中部分社会财富而后再进行分配,因此,分配收入是财政的最原始、最基本的职能。财政分配收入的职能,具体地表现为对分配关系的调节,即财政能够调节国家、企业、居民等各分配主体之间的物资利益关系。

2. 配置资源的职能

财政资源配置职能,是指财政通过收支活动,调节和影响社会资源配置的方向和数量,使社会总资源得到有效的利用,以满足社会全体成员在生产和生活中的需要。财政配置资源的手段,主要有预算、税收、国债、转移支付、投资支出、财政补贴等。

3. 宏观调控职能

财政的宏观调控职能,是指国家财政在参与社会产品分配时,由于引起有关各方在生产要素分布和国民收入占有份额上发生变化,从而对国民经济运行状况进行引导、调节和控制。国家财政的宏观调控主要体现为间接的宏观调控，并以规范、合法和注重效率为原则，侧重于政策调节和宏观管理，目的是弥补市场短缺。国家运用财政杠杆调节国民经济中的重大比例关系，主要是通过国民收入价值的分配和再分配来实现的。

4. 监督职能

财政的监督职能，是指财政在分配与调节社会产品或国民收入的过程中，对国家财政管理相对人的财政收支与财务收支的合法性、真实性、有效性，依法实施监督检查，对社会经济活动情况进行全面的信息控制，以及对社会经济各个方面进行有效制约的职能。财政监督职能贯穿于整个财政分配活动中，通过财经监督，使财政管理活动依法进行。

二、财政法概述

(一)财政法的概念与调整对象

财政法是指调整财政关系的法律规范的总称。它包括国家预算法、国债法、税收法、政府采购法、企业财务管理法、行政事业单位财务管理法以及财政监督法等。

财政法的调整对象是财政关系。所谓财政关系，是指国家凭借政治权力对一部分社会产品和国民收入进行分配和再分配过程中所形成的以国家为一方主体的一种分配关系，主要包括预算关系、税收关系、国债关系、政府采购关系、企业财务管理关系、行政事业财务管理关系、财政信用关系以及财政监督关系等。具体来说，我国财政法主要调整下列财政关系：(1)调整国家预算的编制、审查、批准、下达、执行程序方面和国家决算的编制、审批程序方面的财政关系；(2)调整国家机关、企事业单位在资金收入方面的财政关系；(3)调整与企事业单位和公民缴纳税收有关的财政关系；(4)调整国家机关、企事业单位在资金使用方面的财政关系；(5)调整与财政监督有关的财政关系。

(二)财政法的特征

财政法的特征因分析角度和比较对象的不同，可以作出不同的归纳[①]：

(1)与私法及其各部门法相比，财政法属于公法，具有公法的一切特征。国家始终是财政关系中主体的一方，并且主体各方的地位是不平等的。

(2)财政法与经济法以外的公法部门相比，尽管都属于公法，但它们之间不仅调整对象不同，而且法域、宗旨都是不同的，特定的财政领域和所需

---

① 张守文主编：《经济法》，科学出版社2008年版，第88页。

解决的财政问题的特殊性,决定了财政法与经济法以外的其他公法的部门法的不同。

(3)作为经济法的一个部门法,财政法与经济法的其他部门法最主要的区别点在于它有自己独特的调整对象,即财政关系。

此外,通过财政法的调整对象也可揭示财政法的调整手段,该调整手段是法律化的财政手段,即财政收支,这一调整手段与其他经济法的部门法的调整手段也是不同的,因而也是财政法的特征的一个方面。

(三)财政法的作用

财政是重要的宏观调控手段,根据公共财政学者的深入分析,财政的基本任务必须包括公平收入分配、优化资源配置和促进经济稳定三类。[1] 财政法的作用就在于保障这些任务的实现。

第一,保证国家管理和经济建设所需要的资金的筹集与合理使用。建设社会主义现代化强国,必须筹集大量的资金,并且有计划地合理分配和使用。这就需要由国家来组织财政收入和财政支出。财政法对国家组织财政收入和支出,起重要的保证作用。对资金的来源、取得的方法和比例,分配使用的原则和办法,制定法律加以规范,就能对合理地生财、聚财和用财,起到保证作用。

第二,通过财政法律的规范作用,保证财政支出的合理分配。通过合理分配财力,引导人力、物力的流向,形成符合国民经济发展需要的产业结构和经济地区结构,达到资源的合理配置。在财政支出的合理分配中,最重要的是积累与消费的比例,生产性建设与非生产性建设的比例,三大产业的比例,农、轻、重的比例等。财政支出在这些方向的分配得到法律的有效保障,是国民经济和社会健康发展的重要保证。

第三,保障调节分配关系,促进社会公平的实现。市场经济和竞争会造成初次分配的巨大差距,甚至造成两极分化,这是与社会公平的原则相悖的。财政调节的重要目标之一,就是缓解和协调不合理的分配关系,减少社会不公,财政法通过调节各分配主体之间的物质利益关系,通过财政、税收等手段适当缩小差距调节分配的矛盾,就能促进社会公平的实现。

第四,保障经济稳定的实现。社会经济的发展应当力求稳定,避免大起大落,过度波动。经济稳定一般应该包括充分就业、物价稳定和收支平衡。这些都要靠有效的财政政策来保障。一部科学而有效的财政法,是促进这一

---

[1] 参见[美]理查德·A. 马斯格雷夫、佩吉·B. 马斯格雷夫:《财政理论与实践》,邓子基、邓力平译,中国财政经济出版社 2003 年版,第 6 页。

目标实现的有力保障。

（四）财政法的体系

财政法是由预算法、税收法、国债法、政府采购法、补助支出法和国有资产管理法等构成的。

1. 预算法

预算法是调整国家预算收支关系的法律规范的总称。预算法在财政法体系中处于核心地位。预算法的主要内容包括国家预算的原则、体制、管理职权、预算收支范围、预算编制、预算执行和监督、预算调整等。

2. 税收法

税收法是调整税收征纳关系的法律规范的总称。税收法是财政法的重要组成部分，主要内容包括税法的基本原则、税法结构、税收管理体制、具体税种的主体与客体、税收征收管理、违反税法的法律责任等。

3. 国债法

国债法是调整在国债的发行、使用、偿还和管理过程中发生的经济关系的法律规范的总称。国债法的主要内容包括国债的分类和结构、国债的发行、国债的使用、国债的偿还、国债的管理、违反国债法的法律责任等。

4. 政府采购法

政府采购法，又称公共采购法，是指规范政府以购买者身份采购货物、工程和服务行为的法律规范的总称。政府采购法的主要内容包括政府采购模式的选择、政府采购的主体、政府采购的资金来源和管理等。

5. 补助支出法

补助支出法是规范政府将一部分财政资金无偿转移给特定主体行为的法律规范的总称。它包括社会保障支出和财政补贴两部分。补助支出法的主要内容包括政府补助支出的对象、范围、形式、程序、管理和监督等。

6. 国有资产管理法

国有资产管理法是调整在管理国有资产过程中发生的经济关系的法律规范的总称。国有资产管理法的主要内容包括国有资产管理和经营体制、产权界定、产权登记、产权交易等。

（五）我国财政法的基本原则

我国的财政法作为社会主义国家的财政法，它主要有以下几项基本原则：

1. 财政收支平衡原则

财政收支平衡是指国家通过财政分配所形成的财政资金的收入与支出之间的平衡。财政收入与财政支出是财政分配中既对立又统一的两个方面。因此，我国必须坚持财政收支平衡原则，严格控制赤字，使国家财政收支基本平衡。

2. 实现国家产业政策，促进经济结构有效调整原则

该原则的含义主要是指，我国财政法在处理财政支出之间的矛盾和比例关系时。既要促进产业结构的有效调整，同时还要从全局出发。保证重点照顾，充分发挥财政资金的最佳使用效益，保证国民经济持续、快速、健康地发展。

3. 厉行节约，有效使用财政资金原则

我国经济建设中的一个突出问题就是财力有限、资金不足，因此。提倡厉行节约。有效使用财政资金，反对铺张浪费，就更成为必然的选择。

第二节 预 算 法

一、预算的概念与特点

预算，即国家预算，它是依照法定程序编制的基本财政收支计划，是国家有计划地集中和分配资金，调节社会经济生活的主要财政手段。它包括预算收入和预算支出两部分。国家预算一般应当做到收支平衡。但是，在某种特定的情况下，也允许与国民经济发展相适应的赤字财政。国家预算由中央预算和地方预算组成。中央预算由中央各部门(含直属单位)的预算组成，地方预算由各省、自治区、直辖市的预算组成。

预算具有以下特点：

1. 法定性

预算是依照预算法规定的程序编制的、由法定机构审批的具有法律效力的文件，任何单位或个人都无权变更，如需调整必须依照法律规定进行。

2. 期限性

预算是有期限的，一般是以一个预算年度为限。一个预算年度通常为1年。各国规定的预算年度的起止时间不同，有的采取公历年制，即自公历1月1日至12月31日；有的采取跨年制。我国采取的是公历年制。

3. 预测性

财政预算是一项超前性的测算工作，在每年预算年度到来之前，国家有关部门将根据经济信息进行预测和计算，国家财政计划是否平衡在很大程度上取决于这种超前性工作的科学性和准确性。

预算法是财政法的重要组成部分，是国家调整预算收支关系的法律规范

的总称。我国调整预算关系的法律规范主要是指《中华人民共和国预算法》（以下简称《预算法》）。制定《预算法》的目的是为了强化预算的监督职能，健全国家对预算的管理，加强国家宏观调控，保障经济和社会的健康发展。

二、预算管理体制

预算管理体制，是在中央与地方政府之间、地方各级政府之间，划分预算收支范围，预算资金支配权和预算管理权限的一项重要制度。预算管理体制的实质是解决各级政府之间在财政分配中集权和分权的关系。我国国家职能是由各级政府共同来完成的，各级政府都分担着一定的政治经济任务，因此，在中央与地方政府之间、地方各级政府之间，必须明确划分各自的预算收支范围，并确定各自的预算资金支配权和预算管理权。

按照预算权主体的层次不同，预算权可以分为中央预算权和地方预算权。中央预算权主要限定为中央权力机关、中央行政机关和其他中央机关部门（含直属单位）等所享有；地方预算权主要限定为地方各级权力机关、行政机关以及地方其他各部门预算单位所享有。针对不同的预算主体单位，《预算法》均明确规定了相应的职权。

三、预算管理程序

预算管理程序是指国家在管理预算活动中的工作顺序，主要包括预算的编制、预算的审查和批准、预算的执行和调整、决算。

（一）预算的编制

政府任何财政支出都必须首先编制预算方案并报权力机关批准，这是民主国家都应该做到的。美国的汉密尔顿也曾经说："确保议会会对政府进行有效监督的工具中，掌握财政预算的权利被认为是最完善和最有效的武器，任何宪法利用这种武器，就能把人民的直接代表武装起来，纠正一切偏差，实行一切有正当有益的措施。"①

各级政府、各部门、各单位应当按照国务院规定的时间编制预算草案。中央预算和地方各级政府预算按照复式预算编制。

复式预算是指全面反映国家预算年度内的性质不同的预算收支活动，由两个以上的系列所形成的计划。复式预算是在单式预算的基础上发展演变而成的，为现代大多数国家所采用。它的编制原理是，将同一预算年度内的全部预算收支按性质分类，对应汇集、编制成两个或两个以上的"收支平衡

---

① [美]汉密尔顿等著：《联邦党人文集》，商务印书馆1980年版，第298页。

表"。复式预算优于单式预算之处在于：它能适应市场经济发展所带来的预算资金分配格局的变化；有助于对国家预算资金进行成本—效益的分类、分析与控制，可以清晰地反映预算平衡状况和预算赤字的原因，以便采取有效手段进行调整。

(二)预算的审查和批准

中央预算草案由财政部编成，并附以文字说明，经国务院审查通过后，提请全国人民代表大会审批，批准以前按草案执行。

全国人民代表大会审查和批准国家预算的过程：财政部长代表国务院向全国人民代表大会作关于中央和地方预算草案的报告，由全国人民代表大会财政经济委员会负责审查，并将审查结果向全国人民代表大会作报告，提请全国人民代表大会讨论和审查。全国人民代表大会审查中央和地方预算草案，批准中央预算。也就是说，全国人民代表大会只批准中央预算，审查但不批准地方预算，地方预算由本级人民代表大会批准。

(三)预算的执行和调整

国家预算经审查批准后，即具有了法律效力，各地区、各部门、各单位必须认真执行。国家预算的执行，是组织完成预算收支任务的活动。具体地说，各级预算由本级政府组织执行，具体工作由本级政府财政部门负责。预算收入征收部门，必须依照法律、行政法规的规定，及时、足额征收应征的预算收入，不得违反法律、行政法规的规定，擅自减征、免征或者缓征应征的预算收入，不得截留、占用或者挪用预算收入。各级政府财政部门必须依照法律、行政法规和国务院财政部门的规定，及时、足额地拨付预算支出资金，加强对预算支出的管理和监督。各部门、各单位应当加强对预算收入和支出的管理。不得截留或者动用应当上缴的预算收入，也不得将不应当在预算内支出的款项转为预算内支出。

预算调整是指经全国人民代表大会批准的中央预算和经地方各级人民代表大会批准的本级地方预算在执行中因特殊情况需要增加支出或者减少收入，使原批准的收支平衡的预算的总支出超过总收入，或者使原批准的预算中举借债务的数额增加的部分变更。各级政府对于必须进行调整的预算，应当编制预算调整方案。中央预算的调整方案必须提请全国人民代表大会常务委员会审查和批准。县级以上地方各级政府预算的调整方案必须提请本级人民代表大会常委会审查和批准；乡、民族乡、镇政府预算的调整方案必须提请本级人民代表大会审查和批准。未经批准，不得调整预算。

(四)决算

国家决算是全年预算执行的总结，每一级预算都要编制决算。决算草案由各级政府、部门、单位在每一预算年度终了后按国务院规定的时间编制，具体事项内国务院财政部门部署。

编制决算草案，必须符合法律、行政法规，做到收支数额准确、内容完整、报送及时。

各部门对所属各单位的决算草案，应当审核并汇总编制本部门的决算草案，在规定的时间内报本级政府财政部门审核，如发现有不符合法律、法规规定者，有权予以纠正。

国务院财政部门编制中央决算草案，报本级政府审定后，由国务院提请全国人民代表大会常务委员会审查批准；县级以上地方各级政府编制的本级决算草案，报本级政府审定后，由本级政府提请本级人大常委会审查批准；乡、民族乡、镇的政府编制本级决算草案，提请本级人民代表大会审查批准。

(五)违反预算法的法律责任

根据《预算法》的规定，违反预算法的法律责任主要有以下方面：

(1)各级政府未经批准擅自变更预算，使经批准的收支平衡的预算总支出超过总收入或使经批准的预算中举借债务的数额增加的，对负有直接责任的主管人员和其他直接责任人员追究行政责任。

(2)隐瞒预算收入或者将不应当在预算内支出的款项转为预算内支出的，由上一级政府或者本级政府财政部门责令纠正，并由上级机关给予负有直接责任的主管人员和其他直接责任人员行政处分。

(3)违反法律、行政法规的规定，擅自动用国库款或者擅自以其他方式支配已入国库的库款的，由政府财政部门责令退还或者追回国库库款，并由上级机关给予负有直接责任的主管人员和其他直接责任人员行政处分。

第三节 国 债 法

一、国债的概念、特点和职能

(一)国债的定义

国债，又称国家债券，是国家以其信用为基础，按照债的一般原则，通过向社会筹集资金所形成的债权债务关系。在这种债权债务关系中，国家作为债务人，根据还本付息的信用原则，通过在国内发行债券或向外国政府、金融机构借款方式筹集财政资金，取得财政收入。国债是现代国家财政收入的一种。

(二)国债的特点

从法律关系的主体来看，国债的债权人既可以是国内外的公民、法人或其他组织，也可以是某一国家或地区的政府以及国际金融组织，而债务人一般只能是国家。

从法律关系的性质来看，国债法律关系的发生、变更和消灭较多地体现了国家单方面的意志，尽管与其他财政法律关系相比，国债法律关系属于平等型法律关系，但与一般债权债务关系相比，则又体现出一定的隶属性和国家政策性，这在国家内债法律关系中表现得更加明显。

从法律关系实现来看，国债属风险性最小的债权债务关系。国债以国家信用和国家财力作为担保，一般不需要其他特别担保，债权债务关系容易实现。一般来说，国债到期国家财政会足额偿还本息，因此，风险很小甚至可以说没有风险。

(三)国债的职能

1. 弥补财政赤字

由于用发行国债的方式来弥补财政赤字，比采取增加税收、增发货币或财政透支等方式更好，因而各国均重视通过发行国债来弥补财政赤字。但发行国债的规模必须适度，对其管理也必须适当。

2. 宏观调控的职能

由于国债是财政分配的组成部分，国债收入的取得和使用、偿还等在宏观上均具有经济调节的功能，因而运用国债手段可以进行宏观调控。特别是可以通过国债调节生产、消费和投资方向，促进经济结构的合理化和经济总量的平衡。

二、国债法的概念

国债法，是指由国家制定的调整国债在发行、流通、转让、使用、偿还和管理等过程中所发生的社会关系的法律规范的总称。它主要规范国家(政府)国债中介机构和国外投资者涉及国债时的行为，调整国债主体在国债行为过程中所发生的各种国债关系。

国债法的职能从整体上说是保障国债的各项职能的实现，保障国债活动的有序进行。国债法主要有以下两大职能：

1. 保障国债弥补财政赤字、筹集建设资金的职能的实现

这一职能通常要体现在国债法的具体法律规定之中，这样才能使国债手段法律化，才能依法律的强制力保障国债弥补财政赤字和筹集建设资金的职能的实现。

2. 保障国债的宏观调控职能的实现

这一基本职能蕴含在国债法的法律规定之中，使得国债法成为财政法的一个部门法，并且，它与财政法的其他部门法一样，都是整个经济法中宏观调控法的不可分割的一个组成部分。

三、国债的分类

按照不同的划分标准，国债可以作如下分类：

1. 按举借债务方式不同，国债可分为国家债券和国家借款

国家债券，是通过发行债券形成国债法律关系，它是国家内债的主要形式。我国发行的国家债券主要有国库券、财政债券、国家经济建设债券、国家重点建设债券等。国家借款，是指按照一定的方式和程序，由借贷双方共同协商，签订协议，形成国债法律关系。国家借款是国家外债的主要形式，包括外国政府贷款、国际金融组织贷款和国际商业组织贷款等。

2. 按照偿还期限的不同，国债可分为定期国债和不定期国债

定期国债，是指国家发行的严格规定有还本付息期限的国债。定期国债按还债期限的长短又可分为短期国债（1年以内）、中期国债（1~10年）和长期国债（10年以上）。不定期国债，是指国家发行的不规定还本付息期限的国债。该类国债的债权人可按期取息，但无权要求清偿本金，如英国曾发行的永久性国债即属此类。

3. 按发行地域不同，国债可分为国家内债与国家外债

国家内债，是指在国内发行的国债，其债权人一般是本国的公民、法人或其他组织，且以本国货币还本付息。国家外债，是指在本国境外举借的债，其债权人一般是外国政府、国际组织或外国企业和居民，一般以外币支付本息。外债发行过多会导致债务国的国际收支不平衡，但根据本国的偿还能力适量发行外债有利于利用外资，引进先进技术设备，加快本国经济的发展。

4. 按使用用途不同，国债可分为赤字国债、建设国债和特种国债

赤字国债是指用于弥补财政赤字的国债。建设国债是指用于国家经济建设的国债。在特定范围内为满足特定需要或特定用途而发行的国债为特种国债。

5. 按是否可以上市流通，国债可分为上市国债和不上市国债

上市国债是指可以在证券交易所自由买卖的国债，如我国发行的无记名国债。该类国债的买卖价格，取决于国债市场的供求，并随币值的变化而波动。不能上市自由买卖的国债为不上市国债，如我国发行的凭证式国债。

此外，按发行性质的不同，国债可分为自由国债和强制国债；按偿付方式的不同，可分为普通国债与有奖国债等。新中国成立以来，我国已发行的国家内债种类有 20 世纪 50 年代发行的人民胜利折实公债、经济建设公债，80 年代以来发行的国库券、国家重点建设债券、国家建设债务、财政债券、特种国债等。

四、国债的发行、偿还与管理

（一）国债的发行

国债的发行是指国债契约的订立这一过程，通常主要是指国债的售出或国债被企业和个人认购的过程。它是国债运行的起点和运用国债进行宏观调控的前提，也是国债法中极为重要的内容。

国债的发行方式主要有以下三种：

（1）公募法，是指国家向社会公众公开募集国债的方法，它既可用于上市国债，也可用于不上市国债。

（2）包销法，是指国家将发行的债券统一售于银行，再由银行向外发售的方法。

（3）公卖法，是指政府委托经纪人在证券交易所出售公债的方法。该发行法的优点是可以吸取大量的社会游资，促进社会资金的运转；缺点是易受证券市场的影响，公债收入不够稳定，同时也给证券交易造成较大的压力。

国债的发行规模一旦确定，那么不管其种类如何，都必须经历一个推销的过程。推销的顺利与否取决于一系列的条件。政府在推销国债时，首先面临的一个重要问题便是国债发行的一些基本条件，如债券的票面额、发行价格、发行利率、发行期限、是否可转让等规定，其中，最主要的发行条件是发行价格和发行利率。

1. 发行价格[①]

国债的发行价格是指政府债券的出售价格或购买价格，即政府债券的发行价格不一定就是票面值，可以低于票面值发行，少数情况下也可以高于票面值发行，所以就有一个发行的行市问题。

按照国债发行价格与其票面值的关系，可以分为平价发行、折价发行和溢价发行三种发行价格：

（1）平价发行，是指政府债券按票面值出售，认购者按国债票面值支付

[①] 徐信艳、马晓青主编：《财政与税收》，上海交通大学出版社 2011 年版，第 82 页。

购金，政府按票面值取得收入，到期亦按票面值还本。政府债券按照票面值出售，必须有两个前提条件：一是市场利率要与国债发行利率大体一致；二是政府的信用必须良好。唯有在政府信用良好的条件下，人们才会乐于按票面值认购，国债发行任务的完成才能有足够的保障。

(2)折价发行，是指政府债券以低于票面值的价格出售，即认购者按低于票面值的价格支付购金，政府按这一折价取得收入，到期仍按票面值还本。

(3)溢价发行，是指政府债券以超过票面值的价格出售，即认购者按高于票面值的价格支付购金，政府按这一增价取得收入，到期则按票面值还本。

2. 发行利率

国债的利率就是政府因举债所应支付的利息额与借入本金额之间的比率。利率的确定，主要参照以下三种因素：

(1)金融市场利率水平。金融市场利率高，国债利率必须相应提高；金融市场利率低，国债利率也可相应降低。否则，如果二者相去甚远，就会出现因国债利率过低而致使国债发售不出去，或出现国债利率过高而致使政府蒙受不必要损失的情况。

(2)政府信用状况。政府作用良好，国债利率可相应降低，政府信用不佳，国债利率只能较高。

(3)社会资金供给量。社会资金供给充裕时，国债利率可相应下调；社会资金供给缺乏时，国债利率就必须上调。

(二)国债的偿还

国债的偿还，是指依法定或约定，对到期国债支付本金和利息的过程。国债的偿还是国债运行的终点。

1. 国债的偿还方法

(1)市场收买偿还法，是指在国债到期前，政府通过中央银行依市场价格在证券市场上陆续收买国债而实现偿还的方法，它与国债发行上的公卖法相对应。

(2)直接偿还法，是指国债到期时，政府不是通过市场，而是按国债的面值向国债持有者直接偿还的方法。它包括比例偿还法、轮次偿还法、抽签偿还法三种：①比例偿还法，是指政府按照国债的数据，分期按比例偿还的方法，它具体还包括按期平均比例偿还、逐年递增比例偿还、逐年递减比例偿还等方法。②轮次偿还法，是指政府按照债券号码的一定顺序分次偿还的方法。③抽签偿还法，是指政府通过定期抽签以确定应偿还的国债的方法。

2. 国债偿还资金的来源

一般而言，还本资金来源有以下几种：

（1）设立偿债基金。即由政府预算设置专项基金用以偿还国债，即每年从财政收入中拨交一笔专款设立基金，由特定机关管理专门偿付国债之用，不用作其他用途。而且，在国债未还清之前，每年的预算拨款不能减少，以期逐年减少债务，故又称为"偿债基金"。

（2）通过预算列支。即将每年的国债偿还数额作为财政支出的一个项目而列入当年支出预算，由正常的财政收入保证国债的偿还。

（3）举借新债。即政府通过发行新债券，为到期债务筹措偿还资金。

（三）国债的管理

国债管理是指一国政府通过国债的发行、使用、偿还等活动，对国债的总额增减、结构变化、利率升降等方面制定适当方针，采取有效措施，以达到筹措财政资金与稳定经济的目的。

1. 国债管理的原则

国债管理贯穿于国债活动的全过程中，这使得国债管理实际上无所不在。一般说来，国债管理应遵循以下原则：

（1）促进经济的稳定与增长。进行国债管理，其目的是更好地实现国家的财政政策，更好地进行宏观调控，根本目标是促进经济的稳定与增长，因此，国债管理必须遵循促进经济的稳定与增长的原则。

（2）兼顾投资者的利益与需要。在任何自愿的交易中，双方均应互惠互利，否则交易就难以进行。在债券类型的选择和利率、期限的确定等方面，亦应兼顾投资者的利益和需要，以求做到互利互惠。

（3）力争利息成本最小化。在同国家的财政政策、货币政策等经济政策相一致的前提下，应力争使国债的利息总额尽可能低，在国债管理方面，只要不与其他经济政策目标相矛盾，就应遵循力争利息成本最小化的原则。

（4）减少国债的流动性。国债的流动性是指国债兑现的方便程度，即国债持有者将国债转变为现金的难易和迅捷程度。一般说来，短期国债的流动性大、变现力强，而长期国债的流动性小、变现力弱。因此应当尽可能地减少国债的流动性，避免大量的国债集中于短期市场。

2. 国债管理的主要内容

（1）国债规模管理。对国债规模的管理，主要体现为对国债总额的调控。所谓国债总额，是指当年新债额与历年积累额的总和，即截至某日的现存的、尚未清偿的债务总额。

国债总额的调控是国债管理的重要内容，它是指国家的国债管理部门为实现一定的经济和社会目标而对国债总额进行的调节和控制。通常,政府通过其财政部或中央银行在市场上买卖国债,就能够实现对国债总额的调节。在国债总额的控制方面,一直有"国债限额论"和"国债无限额论"两种不同的观点,并且,有的国家在事实上还规定了国债上限,财政部不得逾越,以此来控制国债的总额。

(2)国债结构管理。国债结构包括国债的类型结构、所有权结构和期限结构三个方面,国家可以在经济周期的不同阶段采取不同的措施,以求通过改变国债的结构来达到稳定经济的目的。

国债可分为多种类型,不同类型的国债必然有不同的所有者和不同的期限,从而形成国债的所有权结构和期限结构。通常,在国债管理方面,通过改变国债的类型结构和期限结构,都能够影响到所有权结构的改变,而所有权结构的变化,则会直接影响到社会经济的运行和稳定。例如,个人持有国债一般不会引发通货膨胀,而商业银行持有国债则能膨胀信用,因此,在力求充分就业时应扩大个人的国债持有份额,在经济萧条时则应增加商业银行持有国债的份额。

在国债结构管理方面,期限结构、所有权结构(或称所有者结构)都是很重要的,它们直接影响着国债的类型结构(或称品种结构)。而对于类型结构有着重要影响的,还有国债的利率结构,因而还涉及国债利率管理。

(3)国债利率管理。国债的利率管理,主要涉及对国债利息率的调控。国债的利率,也是调控经济运行的一个重要杠杆,对于国债的利息率的确定,一般认为国债的利率不应太高,因为如果国家发行国债的利率较高,则不仅会增加国家付息的压力,而且会使人们把用于投资的资本用于购买国债,从而出现国家和私人在借贷资本上的借债竞争现象,导致市场利息率上升,不利于生产投资,不利于经济发展和充分就业的实现。

以上是国债管理的主要内容,这些内容同样也是整个国债法的不可分割的重要组成部分,在我国实行市场经济之初,加强这些方面的法制建设尤其具有现实意义。

第四节 政府采购法与转移支付法

一、政府采购法

(一)政府采购与政府采购法的概念

《中华人民共和国政府采购法》(以下简称《政府采购法》)第2条第2款

规定:"本法所称政府采购,是指各级国家机关、事业单位和团体组织,使用财政性资金采购依法制定的集中采购目录以内的或者采购限额标准以上的货物、工程和服务的行为。"

政府采购具有以下特点:

(1)采购资金是财政性资金。政府采购的首要特点是采购资金是财政性资金。我国的财政性资金包括财政预算内资金和预算外资金。这也是政府采购与私人采购的不同之处。

(2)采购人的特定性。在政府采购中,采购人是特定的。政府采购人包括集中采购人和分散采购人。集中采购的采购机构必须经批准才能成立。分散采购的采购人虽然是使用人,但也必须经过批准才能进行采购,并且只限于使用财政资金的国家机关、事业单位和团体组织。

(3)政府采购的非营利性。政府采购是一种非商业性的采购行为,它不以营利为目的,而是为了实现政府职能和公共利益,确保财政资金得以合理使用。

(4)政府采购对象的广泛性和复杂性。政府采购的对象从一般的办公用品到武器、航天飞机等,几乎无所不包,涉及货物、工程和服务等各个领域,范围非常广泛。

(5)采购程序的法定性。《政府采购法》明确、详细地规定了政府采购的程序、步骤,采购人和供应商都应当严格按照法定的程序进行采购和供应。

政府采购法,简单地说,就是调整在政府采购过程中所发生的社会关系的法律规范的总称。

上述在政府采购过程中所发生的社会关系,可以简称为政府采购关系。作为政府采购法的调整对象,政府采购关系相对较为复杂。从财政法的角度来看,它至少包括以下几类关系:

(1)政府采购体制关系,涉及政府采购由什么国家机关去管理,相关国家机关或其他主体如何分权、如何制衡等问题。

(2)政府采购支出关系,涉及政府采购这种重要的财政支出由谁支付、依据什么支付、支付多少等问题。

(3)政府采购管理关系,涉及对相关的财政支出主体、采购受益主体以及其他相关主体的管理等问题。

(二)政府采购法的基本内容

对于政府采购法,各个国家或国际组织出于诸多原因,在立法上必然会有很多差别。但人们一般认为,从立法的共通性来看,政府采购法至少应涉及以下内容:

1. 政府采购模式的选择

政府采购模式可分为由主管机构或其授权机构统一采购的集中采购模式,以及由使用单位自行采购的分散采购模式或称自行采购模式。选择哪种模式,关系到采购法中各类主体的权利、采购管理体制,也关系到采购法的实效。

2. 政府采购法的主体

政府采购法的主体一般应包括采购主管机构、采购受益机构、采购中介机构、供应商或者承包商等。其中,采购主管机构一般是财政机关;采购受益机构是需要所购对象的国家机关、事业单位、社会团体等;采购中介机构是招标代理机构、采购代理机构等。我国目前规定的政府采购当事人包括采购人、供应商和采购代理机构。

3. 政府采购的资金来源

政府采购的资金来源一般是财政性资金,包括财政拨款,以及受益机构的各种收入等;政府采购的对象一般包括三大类,即货物、工程和服务。政府采购的方式包括招标和谈判等。

(三)政府采购法的基本原则

1. 公开透明原则

政府采购的信息应向全社会公开,政府采购的所有程序应置于公众的监督之下。

2. 公平竞争原则

公平竞争原则有三个含义:其一是普遍竞争,凡是符合条件的供应商都可参与竞争;其二是规则统一,没有特权阶层存在;其三是充分竞争。在制度设计时,要有利于竞争的彻底性和充分性的发挥。

3. 公正原则

这主要是基于供应商相对于政府部门的弱势地位而言。第一,对所有供应商一视同仁;第二,政府采购必须按照事先的约定条件和程序进行。第三,管理机构与执行机构分设机制,让财政部门与执行部门各司其职。第四,要事先公开评标规则,要赋予供应商质疑和投诉的权利。

4. 诚信信用原则

政府采购当事人应本着诚实、守信的态度履行各自的权利和义务,讲究信誉,实现承诺。

5. 社会公共利益原则

要充分发挥政府采购的宏观调控作用,以利于社会公共利益的实现。

(四)政府采购法的主体

政府采购法的主体可以分为两类：一类是从事政府采购活动的主体，另一类是监管政府采购活动的主体。

1. 从事政府采购活动的主体

根据《政府采购法》第14条的规定，所谓从事政府采购活动的主体，又称政府采购当事人，是在政府采购活动中享有权利和承担义务的各类主体，包括采购人、供应商和采购代理机构等。

采购人，是指依法进行政府采购的国家机关、事业单位、团体组织。采购代理机构，是根据采购人的委托办理采购事宜的非营利事业法人。

供应商，是指向采购人提供货物、工程或者服务的法人、其他组织或自然人。采购人采购纳入集中采购目录的政府采购项目，必须委托集中采购机构代理采购；采购未纳入集中采购目录的政府采购项目，可以自行采购，也可以委托集中采购机构在委托的范围内代理采购。

2. 监管政府采购活动的主体

政府采购活动必须有专门的监管，这是其与私人采购的一个重要不同。由于政府采购活动主要涉及财政支出或财政资金的使用问题，涉及纳税人的钱怎么花的问题，因此，其监管主体为财政部门更为适宜。此外，涉及其他政府部门的，其他政府部门也应依法进行监管。

(五)政府采购的方式、程序与规定

1. 政府采购的基本方式

根据《政府采购法》的规定，政府采购采用以下方式：（1）公开招标；（2）邀请招标；（3）竞争性谈判；（4）单一来源采购；（5）询价；（6）国务院政府采购监督管理部门认定的其他采购方式。其中，公开招标是政府采购的主要采购方式。采购人不得将应当以公开招标方式采购的货物或者服务化整为零或者以其他任何方式规避公开招标采购。

2. 政府采购的程序

政府采购涉及的程序较多，例如，从政府采购预算的编制、审批、执行，到各类政府采购方式，都有其一套程序，应当依据程序要素法定原则，严格按各类程序的规定办事。

在我国的《政府采购法》中，对不同类型的政府采购方式所涉及的程序问题，都有一定的规定。例如，该法对于实行招标方式和邀请招标方式采购所涉及的一些程序问题作出了专门的规定；此外，对于采用竞争性谈判方式采购所应当依循的谈判程序，对采用询价方式采购所应当依循的询价程序等，都作出了较为细致的规定。

另外，采购人、采购代理机构对政府采购项目每项采购活动的采购文件应当妥善保管，不得伪造、变造、隐匿或者销毁。采购文件的保存期限为从采购结束之日起至少保存15年。上述的采购文件包括采购活动记录、采购预算、招标文件、投标文件、评标标准、评估报告、定标文件、合同文本、验收证明、质疑答复、投诉处理决定及其他有关文件、资料。

3. 政府采购合同

根据《政府采购法》的规定，采购人和供应商之间的权利和义务，应当按照平等、自愿的原则以合同方式约定。政府采购合同适用《合同法》，并应当采用书面形式。

政府采购项目的采购合同自签订之日起7个工作日内，采购人应当将合同副本报同级政府采购监督管理部门和有关部门备案。

二、转移支付法

（一）转移支付的概念与特征

所谓转移支付，从广义上说，就是中央政府或地方政府将部分财政收入无偿让渡给其他各级政府、企业和居民时所发生的财政支出，它是进行宏观调控的一种重要手段。

为了进一步理解转移支付的概念，应当注意转移支付的如下几个特征：

（1）规制性。在分税制的条件下，财政转移支付是强化财政职能和用以进行宏观调控的重要手段，具有明显的规制性的特征，它能够配合其他财政政策、货币政策等经济政策，运用激励机制，实现鼓励或者限制主体行为或地域发展的目标。

（2）无偿性。转移支付又称无偿支出，通常表现为资金无偿的、单方面的转移，支出者得不到直接的经济补偿，因此，它具有无偿性的特征。但也有学者认为在某些特定的建设性项目的财政转移支付上，也可以是有偿的。

（3）多层次性。转移支付的主体是多层次的，从广义上说，在中央政府与地方政府之间、相同或不同级次的地方政府之间，都存在转移支付；同时，各级政府对企业和居民个人的转移支付，在各级财政也都存在，因此，转移支付具有多层次性的特征。

（二）转移支付法的概述

转移支付法是调整在财政转移支付的过程中所发生的社会关系的法律规范的总称，它是财政法的重要部门法。

转移支付法与国家的财政体制、经济社会政策等联系甚为密切，具有其特殊性，它是连接财政法与社会保障法、经济法与社会法的纽带。

从上述转移支付法的概念可以看到，转移支付法的调整对象是在转移支付过程中所发生的社会关系，而依照转移支付法的规定在转移支付主体之间发生的权利义务关系即为转移支付法律关系，这种法律关系是转移支付法着力加以保护的。

此外，还应对转移支付法中的各类法律主体作进一步的认识。一般说来，转移支付法的主体可分为两类，即发动转移支付的主体和接受转移支付的主体。前者是指中央政府和上级地方政府；后者是指下级地方政府、企业和居民。同时，还应看到，由于转移支付具有无偿性的特征，因而主体之间的权利义务是不对等的，更不是双务有偿的。一般说来，在法定条件存在的情况下，发动转移支付的主体主要负有无偿转移支付财政资金的义务，而接受转移支付的主体主要享有取得转移支付的财政资金的权利。可见，转移支付法同其他财政法的部门法一样，都具有较强的目的性，即保障公共欲望的满足和公共需要的实现，为实现财政的各项职能服务，而不是以营利为目的。

转移支付在狭义上是政府之间的转移支付，在广义上则还包括各级财政对企业和居民的转移支付。其中，前者是转移支付的基础，因为没有政府间的转移支付就没有对辖区的企业和居民的支付。我国虽未出台转移支付法，但已有转移支付的实践。我国政府间的转移支付的形式包括以下几类：（1）一般转移支付，或称体制支付，即在现行财政体制之下所实施的转移支付。它是最基本、最主要的形式。（2）专项转移支付。即为实现某种特定的政治经济目标或专项任务，由上级财政提供的专项补助。（3）特殊转移支付。即在发生不可抗拒力或国家进行更大政策调整时，由上级政府支付的特殊补助。（4）税收返还。即中央基于宏观调控的需要，将集中的部分税收返还给地方。

在确定一般转移支付的数额方面，其影响因素主要有客观因素和政策因素两个方面。前者包括财政供养人口、总人口、辖区面积等；后者包括少数民族人口、特区、农业产值等。

【思考题】
1. 简述财政与财政法的作用。
2. 财政法的调整对象是什么？
3. "我国政府采购实行集中采购的单一模式"，这句话对吗，为什么？

第十一章 税　　法

【学习目的与要求】通过本章的学习，应该了解税收的概念与特征，了解税法的概念与构成要素。能够熟练判断税收的种类，以及各种税收的主体、征税范围、征税税率、税率计算。熟悉税收征管的办法、税收管理的制度、税收征收的方式。能够运用所学知识，分析市场上有关税收的各种现象，解决实际存在的问题。

第一节　税收与税收法律制度概述

一、税收概述

（一）税收的概念与特征

税收是国家为实现其职能，凭借政治权力参与社会产品和国民收入分配，按照法定的标准和程序，无偿地、强制取得财政收入的分配关系。[1] 这种分配关系的主体是国家，客体是劳动人民创造的国民收入和积累的社会财富，目的是为了实现国家的职能。

税收具有以下特征：

（1）强制性。税收是国家凭借政治权力开征的，国家运用法律手段公布征税标准，并运用行政手段和司法手段来保证征税任务的完成，每个公民、企业、经济组织等都有依法纳税的义务。对拒不纳税或者逃避纳税者，国家有权强制征收，并有权给予法律制裁。

（2）无偿性。税收是国家凭借政治权力强制征收的，其征收的税款归国家所有。国家对具体纳税人既不需要直接偿还，也不必付出任何代价。

（3）固定性。税收是按照国家法令预定的标准征收的，即征税对象、税目、税率、纳税义务人、计算纳税办法和期限等都是税法预先规定的，有一个比较稳定的使用期限，是国家的一种固定的连续性收入。未经严格的立法

---

[1] 胡志民主编：《经济法》，上海财经大学出版社 2006 年版，第 271 页。

程序，任何单位或个人都不得随意变更或者修改，对于税法预先规定的标准，征税和纳税双方都必须遵守。

(二)税收的职能

税收的职能是指税收所具有的功能和作用。一般来说，税收具有组织财政收入和调节国民经济两大职能。

1. 组织财政收入的职能

组织财政收入是税收最基本也是最重要的职能。税收的强制性、固定性和无偿性，是国家能够及时、稳定、有效地把分散的国民收入集中起来，以满足国家实现其职能的需要。

2. 调节国民经济的职能

英国经济学家詹姆斯·爱德华·米德曾说："在任何一个时间点上，都应该在社会的全体人民之间比较公平地分配社会的收入和财富。"[1]税收对国民经济的调节是多方面的，主要包括：

(1)调节收入差距。国家对高收入者的收入进行征税，再通过抚恤、救济等方式转移支付、调节社会成员之间的收入差距，避免贫富过度分化。

(2)调节地区差距。在特定的阶段内，国家为了促进某一地区的发展，制定一些特殊的税收优惠政策，可以为该地区吸引更多的投资，促进该地区的发展。例如经济特区的发展，税收政策起了非常重要的作用。税收优惠政策在开发西部、振兴东北方面具有不可替代的作用。

(3)调整产业结构、调节投资方向。国家根据一定阶段的产业政策，可以利用税收杠杆予以调整。对需要鼓励发展，有利于提升产业结构的行业，给予税收政策优惠；对不利于提升产业结构，需要限制发展的行业，则加重其税收负担。

(4)调节进出口的平衡。国家通过征收关税，不仅可以增加财政收入，维护国家主权，当进出口严重失衡时还可以通过税率的调整促进出口或者限制进口。

(三)税收的种类

税收的种类即税种，指征的什么税。根据征税客体的性质不同，我国现行税种主要包括流转税、所得税、财产税和特定行为税。[2]

---

[1] [英]詹姆斯·E.米德著：《效率、公平与产权》，北京经济学院出版社1992年版，第12页。

[2] 赵国运主编：《经济法》，河南人民出版社2008年版，第320页。

1. 流转税

流转税是以商品流转额或数量和业务收入额为征收依据，确定流转过程某些环节所征收的税，包括增值税、消费税、营业税相关税。

2. 所得税

所得税是指向企业生产经营所得和其他所得以及个人所得征收的一种税。所得税主要包括企业所得税、外商投资企业和外国企业所得税、个人所得税。

3. 财产税

财产税是指以一定财产的数量或价格为征税对象的一种税。财产税按实际课征范围分为一般财产税和特定财产税。一般财产税是就纳税人一切财产的价值综合课征的；而特定财产税是对纳税人的个别财产，如土地、房屋等有选择地分别课征，我国财产税属于特定财产税，包括房产税、城市房地产税、契税。

4. 特定行为税

特定行为税是指以纳税人的某些特定行为为征税对象的一种税，包括固定资产投资方向调节税、筵席税、屠宰税、车船使用税、船舶吨位税、印花税、城市维护建设税。

二、税法概述

（一）税法的概念与调整对象

税法是调整在税收活动中发生的社会关系的法律规范的总称，它是经济法的重要部门法，在经济法的宏观调控法中居于重要的地位。①

1. 税法与税收的关系

税法与税收存在着密切的联系，税收活动必须严格依税法的规定进行，税法是税收的法律依据和法律保障。在现代法治国家，税收与税法是一一对应的，税收必须以税法为其依据和保障，而税法又必须以保证税收活动的有序进行为其存在的理由和依据。

此外，税法与税收亦有区别。税收作为一种经济活动，属于经济基础范畴；而税法则是一种法律制度，用于上层建筑范畴。国家和社会对税收收入与税收活动的客观需要，决定了与税收相对应的税法的存在；而税法则对税收活动的有序进行和税收目的的有效实现具有极为重要的作用。

---

① 陈茂国、汪炜、黄明欣主编：《市场经济法律制度教程》，武汉理工大学出版社2005年版，第261~262页。

2. 税法的调整对象

由前述税法的概念可知,税法的调整对象是在税收活动中发生的社会关系,这种社会关系简称税收关系。它可以分为两大类,即税收体制关系和税收征纳关系。前者是指各相关国家机关因税收方面的权限划分而发生的社会关系,实质上是一种权力分配关系;后者是指在税收征纳过程中发生的社会关系,主要体现为税收征纳双方之间的关系。同时,税收征纳关系还可进一步分为税收征纳实体关系和税收征纳程序关系两类。

(二)税法的构成要素

1. 纳税主体

纳税主体,又称纳税义务人,它是指税法规定的负有纳税义务的社会组织和公民个人。

2. 征税客体

征税客体,又称征税对象,它是指对什么征税。我国税法规定的征税客体有流转税、所得税、财产税、行为税。

3. 税率

税率,是指应纳税额占征税对象数额的比例。在征税对象既定的前提下,税收的调控力度的大小主要体现在税率上,因此,税率是税收的核心要素。税率按照计算单位来划分有两种形式:按绝对量的形式和按百分比相对量的形式。前者适用于从量课征的税收,如生产销售一吨盐缴纳多少税,这种形式叫定额税率,即对征税对象的每单位直接规定税额。后者适用于从价计征的税收。按百分比课征的税率又可分为两种形式:

(1)比例税率。它是指对同一征税对象,不分数额大小,只规定一个百分比的税率。其一般适用于对流转额的征税,也适用于对所得额的征税。

(2)累进税率,又称等级税率,它是指按征税对象数额的大小,规定不同等级的税率。征税对象数额越大,税率越高。其一般适用于对所得额的征税。累进税率又分为全额累进税率和超额累进税率。全额累进税率把征税对象按数额的大小划分为若干不同的等级,对每一个等级分别规定不同的税率,当征税对象达到某一等级,就对其全部数额适用该级别的税率征税。超额累进税率是根据征税对象数额的大小,划分成若干不同的等级,并对每一个等级规定税率,分别计算税额。征税对象数额增加,需要提高一个等级税率时,只对其超过部分按提高一级的税率计算税额,每一纳税人的征税对象按其所属等级同时适用几个税率来分别计算,然后将计算结果相加,即得出其应纳税额。目前,我国对收益类税的征税,都采用这种超额累进税率。

4. 税种、税目

税种，即税收的种类，指征的是什么税。税目是指各税种中具体规定的应纳税的项目。

5. 减税免税

减税免税，是指税法对特定的纳税人或征税对象给予鼓励和照顾的一种优待性规定。减税是对应纳税额少征一部分，免税是对应纳税额全部免除。适用减免税的规定主要有以下三种情况：

(1)起征点。起征点是指对征税对象达到征税数额开始征税的界限，达到起征点数额的征税，未达到起征点的则不征税。

(2)免征额。免征额是指在征税对象中免予征税的数额，即按一定的标准从全部征税对象中预先免予征税的部分，只对超过部分征税。

(3)法定减免条件。法定减免条件是指税法中对哪些情况下减税、哪些情况下免税的具体规定。只有具备这些条件，才能减税或免税。

6. 纳税期限

纳税期限，是指税法规定纳税人缴纳税款的具体时限。纳税人不按期纳税，应依法缴纳滞纳金。

7. 违法处理

违法处理，是指对纳税人违反税法的行为，如欠税、漏税、偷税、抗税或未履行纳税登记、申报等，税务机关所采取的惩罚措施。

第二节 流 转 税

流转税又称为商品税，它是以商品(包括劳务)为征税对象的税收类别。流转税的计税依据是商品的流转额，即商品流通、转让的价值额。流转税主要包括增值税、消费税、营业税和关税。流转税不考虑生产成本和费用，具有税源广、范围大等特点，在我国各种税收收入中占第一位，对于保证国家财政收入具有重要意义。

一、增值税

(一)增值税的概念与特征

增值税是以商品生产流通和劳务服务各个环节的增值因素为征税对象的一种流转税。增值税给经济社会的效率带来了提升，分辨一个税法体系是否合理的第一个标准是公平,第二个也更为重要的标准是效率。① 增值是纳税人在生产经营活动中所创造的新增价值或商品的附加值,亦即纳税人在一定时期内销售产品或提供应税劳务所得收入超过其购进商品或进行劳务时所支出的差额部分。

增值税具有以下主要特征:(1)排除了对同一产品重复征税的现象;(2)减轻了纳税人的税收负担;(3)具有普遍性、连续性、合理性的特点;(4)有利于生产协作化的发展。

(二)增值税的纳税主体

我国增值税的征税主体是税务机关(进口环节的增值税由海关代征);纳税主体是在我国境内销售货物、提供应税劳务以及进口货物的单位和个人。其中,单位是指各种类型的企业、行政事业单位、军事单位、社会团体及其他单位;个人是指个体经营者及其他个人。

此外,从税法地位和税款计算的角度,增值税的纳税主体还可以分为两类,即一般纳税人和小规模纳税人。此外,根据2012年起试点的《营业税改征增值税试点方案》规定,混业经营、油气田企业等也属于试点地区的增值税纳税人。

(三)征税范围

增值税的征税范围包括三个方面,即销售货物、提供应税劳务和进口货物。从总体上看,增值税主要是对货物的销售征税。

销售货物包括三个方面:第一,一般销售,即销售有形动产,包括电力、热力和气体;第二,视同销售,包括税法列举的各个项目,如将自产或购买的货物用于非应税项目,或者用于集体福利、个人消费、无偿赠送给他人等;第三,混合销售,即一项销售行为既涉及货物又涉及非应税劳务的行为。

提供应税劳务,是指提供应当征收增值税的劳务,包括提供加工、修理修配劳务。

进口货物,实际上是货物销售的一个特殊环节,在货物报关进口时,同样要征收进口环节增值税。

(四)增值税税率

我国增值税的税率分为三档,即基本税率、低税率和零税率。

基本税率为17%,适用于一般情况下的销售货物、提供应税劳务和进

---

① [美]斯蒂格利茨著:《经济学》,郭晓惠译,中国人民大学出版社1997年版,第516~517页。

口货物。

低税率为13%,适用于下列货物的销售和进口:(1)粮食、食用植物油;(2)自来水、暖气、冷气、热水、煤气、石油液化气、天然气、沼气、居民用煤炭制品;(3)图书、报纸、杂志;(4)饲料、化肥、农药、农机、农膜;(5)国务院规定的其他货物。

零税率的税率为零,仅适用于法律不限制或不禁止的报关出口的货物,以及输往海关管理的保税区等特殊区域的货物。零税率与增值税制度中的出口退税制度直接相关。

纳税人提供加工、修理修配劳务,税率为17%。

增值税小规模纳税人销售货物或提供应税劳务,适用3%的征收率。

2011年,经国务院批准,财政部、国家税务总局联合下发的《营业税改征增值税试点方案》规定,在现行增值税17%标准税率和13%低税率基础上,新增11%和6%两档低税率。租赁有形动产等适用17%税率,交通运输业、建筑业等适用11%税率,其他部分现代服务业适用6%税率。

下列项目免征增值税:农业生产者销售的自产农业产品;避孕药品和用具;古旧图书;直接用于科学研究、科学实验和教学的进口仪器、设备;外国政府、国际组织无偿援助的进口物资和设备;来料加工、来件装配和补偿贸易所需进口的设备;有残疾人组织直接进口,供残疾人专用的物品;销售自己使用过的物品。除上述项目外,增值税的免税、减税项目由国务院规定。任何地区、部门均不得规定免税、减税项目。此外,《营业税改征增值税试点方案》规定,下列项目免征增值税:(1)个人转让著作权;(2)残疾人个人提供应税服务;(3)航空公司提供飞机播洒农药服务;(4)试点纳税人提供技术转让、技术开发和与之相关的技术咨询、技术服务;(5)符合条件的节能服务公司实施合同能源管理项目中提供的应税服务;(6)自2014年1月1日至2018年12月31日,试点纳税人提供的离岸服务外包业务;(7)台湾航空公司从事海峡两岸空中直航业务在大陆取得的运输收入;(8)美国ABS船级社在非营利宗旨不变、中国船级社在美国享受同等免税待遇的前提下,在中国境内提供的船检服务;(9)随军家属就业;(10)军队转业干部就业;(11)城镇退役士兵就业;(12)失业人员就业;(13)试点纳税人提供的国际货物运输代理服务;(14)世界银行贷款粮食流通项目投产后的应税服务;(15)中国邮政集团公司及其所属邮政企业提供的邮政普遍服务和邮政特殊服务;(16)自2014年1月1日至2015年12月31日,中国邮政集团公司及其所属邮政企业为中国邮政速递物流股份有限公司及其子公司(含各级分支机构)代办速递、物流、国际包裹、快递包裹以及礼仪业务等速递物流类业务取得的代理收入,以及为金融机构代办金融保险业务取得的代理收入;(17)青藏铁路公司提供的铁路运输服务。

纳税人兼营不同税率的货物或者应税劳务,应当分别核算不同税率货物或者应税劳务的销售额。未分别核算销售额的,从高适用税率。纳税人兼营免税、减税项目的,应单独核算免税、减税项目的销售额;未单独核算销售额的,不得免税、减税。

(五)增值税的税率计算

增值税一般有如下计算方法:

1. 一般纳税人增值税应纳税额的计算

一服纳税人销售货物或者提供应税劳务,应纳税额为当期销项税额抵扣当期进项税额后的余额。应纳税额的计算公式为:

$$应纳税额 = 当期销项税额 - 当期进项税额$$

因当期销项税额小于当期进项税额不足抵扣时,其不足部分可以结转下期继续抵扣。

(1)销项税额是指纳税人销售货物或者提供应税劳务,按照销售额和税法规定的税率计算并向购买方收取的增值税额。销项税额的计算公式为:

$$销项税额 = 销售额 \times 税率$$

销售额为纳税人销售货物或者提供应税劳务向购买方收取的全部价款和价外费用,但是不包括收取的销项税额、受委托加工应征消费税的消费品所代收代缴纳消费税、符合税法规定的代垫运费。价外费用是指价外向购买方收取的手续费、补贴、基金、集资费返还利润、奖励费、违约金(延期付款利息)、包装费、包装物租金、储备费、优质费、运输装卸费、代收款项、代垫款项及其他各种性质的价外收费。凡是价外费用,无论其会计制度如何核算,均应并入销售额计算应纳税款。

如果销售收入中包含增值税税款的,则应将不含税的销售额和销项税额分离开来,其计算公式为:

$$不含增值税的销售额 = 含增值税的销售额 \div (1 + 增值税税率或征收率)$$

(2)进项税额是指纳税人购进货物或者接受应税劳务所支付或者负担的增值税额。准予从销项税额中抵扣的进项税额包括:从销售方取得的增值税专用发票上注明的增值税额;从海关取得的完税凭证上注明的增值税额;购进免税农业产品准予抵扣进项税额,按照买价和税法规定的扣除率计算;销售货物或购进货物(固定资产除外)所支付的运费,按运费和建设基金7%的扣除率计算进项税额等。

不得从销项税额中抵扣的进项税额包括:购进固定资产;用于非应税项

目的购进货物或者应税劳务；用于免税项目的购进货物或者应税劳务；用于集体福利或者个人消费的购进货物或者应税劳务；非正常损失的购进货物；非正常损失的在产品、产成品所耗用的购进货物或者应税劳务。

2. 小规模纳税人增值税应纳税额的计算

小规模纳税人销售货物或者应税劳务，实行简易方法计算应纳税额，其计算公式为：

$$应纳税额＝销售额×征收率$$

销售额的确定与一般纳税人相同，不同的是小规模纳税人不得抵扣任何进项税额。

3. 进口货物增值税应纳税额的计算

纳税人进口货物、按照组成计税价格和规定的税率计算应纳税额，不得抵扣任何税额。组成计税价格和应纳税额的计算公式为：

$$组成计税价格＝关税完税价格＋关税＋消费税$$

$$应纳税额＝组成计税价格×税率$$

二、消费税

(一)消费税的概念

消费税是对特定的消费品和消费行为征收的一种流转税。消费税的特征为：(1)只对一部分消费品和消费行为征税；(2)只对消费品生产、流通或消费的某一环节征税；(3)根据不同消费品的种类、档次、结构、功能等情况，制定不同的税率；(4)税负最终要转嫁到消费者身上，由消费者负担。

(二)消费税纳税主体

消费税的纳税人为在中国境内生产、委托加工和进口法律规定的消费品的单位和个人，以及国务院确定的其他单位和个人。

(三)消费税的征税范围

我国实行的是选择性的特种消费税，现有税目14个，很多税目还包括若干子目。主要包括如下五大类：

(1)过度消费会对人类健康、社会秩序和生态环境造成危害的特殊消费品，包括烟、酒及酒精、鞭炮与烟火、木制一次性筷子、实木地板等；

(2)奢侈品、非生活必需品，包括贵重首饰及珠宝玉石、化妆品、高尔夫球及球具、高档手表、游艇等；

(3)高能耗及高档消费品，包括游艇、小汽车、摩托车等；

(4)使用和消耗不可再生和替代的稀缺资源的消费品，例如成品油等；

(5)具有特定财政意义的消费品，例如汽车轮胎等，这类消费品的税基宽广、消费普遍、征税后不影响广大居民基本生活，还可以起到增加财政收入的目的。

(四)消费税的税率

消费税实行从价定率或从量定额的办法计算应纳税额，按不同消费品分别采用比例税率和定额税率。有9个税目适用比例税率，从最低的3%到最高的50%，分别适用于不同税目的消费品。此外，定额税率适用于汽油、柴油两个税目以及啤酒、黄酒两个税目。

纳税人兼营不同税率的应税消费品，应当分别核算不同税率应税消费品的销售额、销售数量。未分别核算销售额、销售数量，或者将不同税率的应税消费品组成成套消费品销售的，从高适用税率。

(五)消费税税额的计算

消费税实行从价定率或者从量定额的办法计算应纳税额。应纳税额计算公式为：

实行从价定率办法计算的应纳税额=销售额×税率

实行从量定额办法计算的应纳税额=销售数量×单位税额

根据《财政部、国家税务局关于调整烟类产品消费税政策的通知》(财税[2001]91号)，自2001年6月1日起卷烟消费税计税办法由《中华人民共和国消费税暂行条例》规定的实行从价定率计算应纳税额的办法调整为实行从量定额和从价定率相结合计算应纳税额的复合计税办法。应纳税额计算公式为：

应纳税额=销售数量×定额税率+销售额×比例税率

销售额，是指纳税人销售应税消费品向购买方收取的全部价款和价外费用，但不包括应向购货方收取的增值税税款。如果纳税人应税消费品的销售额中未扣除增值税款或者因不得开具增值税专用发票而发生价款和增值税税款合并收取的，在计算消费税时，应当换算为不含增值税税款的销售额。其换算公式为：

应税消费品的销售额=含增值税的销售额÷(1+增值税率或征税率)

消费税是价内税，即作为计税依据的销售额包含消费税额在内。举例来说，假设某卷烟厂出售卷烟50箱(50 000支/箱)，每箱(250条)调拨价格为20 000元，发票总金额为117万元(含增值税)。则该批卷烟应缴消费税额为50×0.015+117÷(1+17%)×45%=45.75万元。

三、营业税

(一)营业税的概念

营业税是指对在我国境内提供应税劳务、转让无形资产或者销售不动产的营业额征收的一种流转税。1984年9月国务院颁布了《营业税条例(草案)》,开始征收营业税。1993年12月13日国务院颁布了《中华人民共和国营业税暂行条例》,对营业税的征收范围重新做了规定,调整了营业税的征收范围和税率。该条例自1994年1月1日起施行。

(二)营业税的纳税主体

凡是在我国境内提供应税劳务、转让无形资产或者销售不动产的单位和个人,均为营业税的纳税义务人。作为营业税纳税义务人的单位,是指发生应税行为,并向对方收取货币、货物和其他经济利益的单位,无论其是否独立核算,均为营业税的纳税义务人。作为营业税纳税义务人的个人,是指个体工商户以及其他有经营行为的个人。

(三)营业税的征税范围

在征税范围方面,营业税的征税范围包括9个税目,可以分为三个方面:(1)提供应税劳务,包括交通运输业、建筑安装业、金融保险业、邮电通信业、文化体育业、娱乐业、服务业,共7个税目。(2)转让无形资产,包括转让土地使用权、知识产权等。(3)销售不动产,包括销售建筑物及其他土地附着物等。此外,从事货物的生产、批发或零售的企业、企业性单位及个体经营者以外的其他单位和个人的混合销售行为,视为提供应税劳务,征收营业税。

(四)营业税的税率

营业税除了娱乐业实行幅度比例税率外,其他税目均实行固定比例税率。其具体税率为:交通运输业为3%;建筑业为3%;金融保险业为8%;邮电通信业为3%;文化体育业为3%;娱乐业为5%~20%;服务业为5%;转让无形资产为5%;销售不动产为5%。

自2001年1月1日起,3年内金融保险业的营业税税率逐年降低1%,从2003年1月1日起稳定在5%。自2001年5月1日起,夜总会、歌厅、舞厅、射击、狩猎、跑马、游戏、高尔夫球、保龄球、台球等营业税税率统一定为20%。

在税收减免方面,营业税的减免项目较多,例如,医疗机构提供的医疗劳务,教育机构提供的教育劳务,农业机耕、排涝等以及相关的技术培训,纪念馆、博物馆、文化馆、美术馆、展览馆、图书馆等举办文化活动的门票收入等,均属法定免税项目。此外,纳税人营业额未达到财政部规定的营业税起征点的,免征营业税。起征点规定仅限于个人。

(五)营业税税额的计算

纳税人提供应税劳务、转让无形资产或者销售不动产计算应纳税额。应纳税额计算公式为：

$$应纳税额 = 营业税 \times 税率$$

(六)我国营业税改增值税的改革

2011年，国务院批准，财政部、国家税务总局联合下发《营业税改征增值税试点方案》。从2012年1月1日起，在上海交通运输业和部分现代服务业开展营业税改征增值税试点。至此，货物劳务税收制度的改革拉开序幕。自2012年8月1日起至年底，国务院将扩大营改增试点至10省市。截至2013年8月1日，"营改增"范围已推广到全国试行。国务院总理李克强2013年12月4日主持召开国务院常务会议，决定从2014年1月1日起，将铁路运输和邮政服务业纳入营业税改征增值税试点，至此交通运输业已全部纳入营改增范围。

"营改增"的意思是以前缴纳营业税的应税项目改成缴纳增值税，增值税就是对于产品或者服务的增值部分纳税，减少了重复纳税的环节。简单来说，一个100元的产品，生产者销售时已经缴纳了相应的税金，购买者再次销售时卖出150元，那么他买来的时候100元相应的税金可以抵减，购买者只需要对增值的50元计算缴纳相应的税金，同样营改增就是对以前交营业税的项目比如提供的服务也采取增值部分纳税的原则计税。

将营业税改征增值税，有利于完善税制，消除重复征税；有利于社会专业化分工，促进三次产业融合；有利于降低企业税收成本，增强企业发展能力；有利于优化投资、消费和出口结构，促进国民经济健康协调发展。

四、关税

(一)关税的概念

关税是由海关对进口国境或关境的货物和物品统一征收的一种税，包括进口关税和出口关税。关税是国家主权的重要体现，也是各国保护本国经济不受外来冲击的重要手段。关税还可以用以调节进出口，通过提高或降低某种货物的关税税率，促进或限制某种货物的进口或出口。关境指的是执行统一关税的区域，一般情况下它与国境是统一的，有些情况下关境与国境又不一致。例如，我国国境包括大陆和港澳台在内，但大陆和港澳台分属不同的关境，关境小于国境；世界上一些国家组成自由贸易区，自由贸易区内部取消关税，统一对外，则关境大于国境。

我国关税的法律依据包括《中华人民共和国海关法》、《进出口关税条例》、《海关进出口税则》、《关于海关入境旅客行李物品和个人邮递物品征收进口税办法》等。

(二)关税的纳税主体

根据《中华人民共和国海关法》的规定,进口货物的收货人、进出境物品的所有人,是关税的纳税义务人。

(三)关税的征税范围

我国关税征税范围包括准许进出我国国境的各类货物和物品。其中,"货物"是指贸易性的进出口商品。根据《中华人民共和国进出口关税条例》第2条的规定,对从境外采购进口的原产于中国境内的货物也要征收进口关税。

根据《关于入境旅客行李物品和个人邮递物品征收进口税办法》,"物品"包括非贸易性的下列物品:(1)入境旅客随身携带的行李物品;(2)个人邮递物品;(3)各种运输工具上的服务人员携带进口的自用物品;(4)馈赠物品以及以其他方式入境的个人物品。

(四)关税的税率

我国进出口货物的税率,由海关进出口税则规定。关税的税率分为进口税率与出口税率。①

(1)进口税率。在我国加入 WTO 之前,我国进口税则设有两栏税率,即普通税率和优惠税率。加入 WTO 以后,为履行我国在加入 WTO 关税减让谈判中承诺的有关义务,从 2002 年 1 月起,进口税则分为最惠国税率、协定税率、特惠税率、普通税率共 4 档税率。进口关税税率的适用与货物的原产地密切相关,海关总署对进口货物的原产地的认定有明确规定。

(2)出口税率。我国对出口货物一般免征关税,只对盈利特别高的大宗出口商品,国际市场容量有限、盲目出口会在国外形成削价竞销的商品;国内紧俏、需大量进口的商品以及为保护国内资源需要控制出口的商品,征收出口关税。

在税收减免方面,关税的税收减免项目较多,可分为法定减免、特定减免和临时减免三大类。其中,法定减免是指应依据税法的明确规定来实施的税收减免;特定减免是国务院及其授权机关在法定减免以外,为实现特定的目的而特准给予的税收减免;临时减免是对某个具体纳税人的某次进出口货物临时给予的减免,它不具有普通的减免效力。

(五)关税税额的计算

进口货物以海关审定的成交价格为基础的到岸价格作为完税价格。到岸价格包括货价,加上货物运抵中华人民共和国关境内输入地点起卸前的包装

---

① 刘大洪著:《经济法学》,北京大学出版社 2007 年版,第 222 页。

费、运费、保险费和其他劳务费等费用。出口货物应当以海关审定的货物售予境外的离岸价格,扣除出口关税后,作为完税价格。

进出口货物关税,以从价计征、从量计征或者国家规定的其他方式征收。

从价计征的计算公式:

$$应纳税额 = 完税价格 \times 关税税率$$

从量计征的计算公式:

$$应纳税额 = 货物数量 \times 单位税额$$

进出口货物的到岸价格或离岸价格不能确定时,完税价格由海关估定。

第三节 所 得 税

所得税又称为收益税,是以纳税人的收益额为征税对象的税。收益有总收益额和纯收益额之分。总收益额是指纳税人的全部收入额;纯收益额是指在总收入额中减去成本费用之后的余额。收益税既可以是对纳税人的总收益额征税,也可以是对纯收益额征税。所得税的特征是视纳税人的负担能力确定税收负担,即纳税人有所得才有纳税义务,并且它是直接税,税负不能转嫁。所得税一般采用按年所得额征税、分期预缴、年终汇算清缴。

所得税主要可以分为企业所得税和个人所得税两种。

一、企业所得税

(一)企业所得税的概念

企业所得税是以企业在一定期间内的纯所得为征税对象的一种税。《企业所得税法》自 2008 年 1 月 1 日起施行,我国对内外资企业实行统一的所得税法、统一的税率、统一的税前扣除范围和标准、统一的税收优惠政策。

(二)企业所得税的纳税主体

《企业所得税法》第 1 条规定:"在中华人民共和国境内,企业和其他取得收入的组织(以下统称企业)为企业所得税的纳税人,依照本法的规定缴纳企业所得税。个人独资企业、合伙企业不适用本法。"

企业分为居民企业和非居民企业。居民是所得税法上非常重要的概念。纳税人是否居民,居民纳税人的判断标准直接影响到纳税人实际的纳税义务。

我国《企业所得税法》上所称的居民企业,是指依法在中国境内成立,或者依照外国(地区)法律成立但实际管理机构在中国境内的企业。非居民企业则是指依照外国(地区)法律成立且实际管理机构不在中国境内,但在中国境内设立机构、场所的,或者在中国境内未设立机构、场所,但有来源于中国境内所得的企业。可见,我国采纳的是登记注册地标准和实际管理机构地标准相结合的办法,用于判断居民企业和非居民企业。①

居民企业应当就其来源于中国境内、境外的所得缴纳企业所得税。非居民企业在中国境内设立机构、场所的,应当就其所设机构、场所取得的来源于中国境内的所得以及发生在中国境外但与其所设机构、场所有实际联系的所得,缴纳企业所得税。非居民企业在中国境内未设立机构、场所的,或者虽设立机构、场所但取得的所得与其所设机构、场所没有实际联系的,应当就其来源于中国境内的所得缴纳企业所得税。

(三)企业所得税的征税对象

企业所得税主要针对应税所得进行课征,应税所得的具体内容包括②:生产经营所得,即从事物质生产、交通运输、商品流通、劳务服务以及国务院财政部门确认的其他盈利事业取得的所得;其他所得,包括纳税人对外投资取得的股息、红利所得,购买有价证券取得的利息以及出借资金取得利息,出租固定资产、包装物取得的租金所得,有偿转让各类资产取得的财产转让所得,提供转让专利权、非专利技术、商标权、著作权等取得的特许权使用费所得,固定资产盘盈、资产盈余等营业外收益所得。

另外,应税所得不分境内外所得。居民企业应就其来源于中国境内、境外的所得缴纳企业所得税。非居民企业在中国境内设立机构、场所的,应当就其所设机构、场所取得的来源于中国境内的所得,以及发生在中国境外但与其所设机构、场所有实际联系的所得,缴纳企业所得税。非居民企业在中国境内未设立机构、场所的,或者虽设立机构、场所,但取得的所得与其所设机构、场所没有实际联系的,应当就其来源于中国境内的所得缴纳企业所得税。

(四)企业所得税的税率

按照《企业所得税法》第4条的规定,一般情况下,企业所得税的税率为25%。

非居民企业在中国境内未设立机构、场所的,或者虽设立机构、场所但

---

① 刘剑文著:《财税法——原理、案例与材料》,北京大学出版社2013年版,第227页。

② 徐信艳、马晓青主编:《财政与税收》,上海交通大学出版社2011年版,第219~220页。

取得的收入与其所设机构、场所没有实际联系的，应当就其来源于中国境内的所得缴纳企业所得税，其适用税率为20%。这种情况下的税收，一般采取代扣代缴的形式，纳税人不能从中扣除任何费用。通过设置稍低一些的税率，可以在一定程度上体现纯所得的原则，体现不同类型所得的税收公平。①

根据《企业所得税法》第28条的规定，符合条件的小型微利企业，减按20%的税率征收企业所得税。对小型微利企业实行照顾性税率，这是各国比较普遍的做法。相对于大企业而言，小型微利企业的税收负担能力较弱，低税率本身是量能课税原则的要求。另外，小型微利企业体现一国的经济活力，税率的降低还体现了政府的扶持和鼓励。《企业所得税法》第28条还规定，国家需要重点扶持的高新技术企业，减按15%的税率征收企业所得税。

(五)企业所得税的税收优惠

统一后的《企业所得税法》实行"产业优惠为主，区域优惠为辅"的税收优惠政策，在全国范围内对国家高新技术企业实行15%的优惠税率，同时扩大对创业投资机关、非营利公益组织的税收优惠，以及企业投资于环保、节能节水、安全生产方面的税收优惠，规定了法定免税收入和酌定减免收入。

法定免税收入包括：国债利息收入，符合条件的居民企业之间的股息、红利等权益性投资收益，在中国境内设立机构、场所的非居民企业从居民企业取得与该机构、场所有实际联系的股息、红利等权益性投资收益，符合条件的非营利组织的收入。

酌定减免税即可以免征、减征的企业所得，包括：从事农、林、牧、渔业项目的所得；从事国家重点扶持的公共基础设施项目投资经营的所得；从事符合条件的环境保护、节能节水项目的所得；符合条件的技术转让所得；非居民企业未在中国境内设立机构、场所的，或者虽设立机构、场所但取得的所得与其所设机构、场所没有实际联系的，就其来源于中国境内的所得。

二、个人所得税

(一)个人所得税的概念

个人所得税是对在我国境内有住所或居住满1年的个人取得的所得和在我国无住所又不居住或居住不满1年的个人从我国境内取得的所得征收的一

---

① 刘剑文著：《财税法——原理、案例与材料》，北京大学出版社2013年版，第228页。

种税。我国现行的基本法规是 2011 年 9 月 1 日起实施的《中华人民共和国个人所得税法》和同一天实施的《中华人民共和国个人所得税实施条例》。

(二)个人所得税的纳税主体

根据住所和居住时间两个标准,将纳税人分为居民纳税人和非居民纳税人。在中国境内有住所或无住所而在境内居住满 1 年的个人为居民纳税人,其从中国境内和境外取得的全部所得缴纳个人所得税;在中国境内无住所又不居住,或无住所而在境内居住不满 1 年的个人为非居民纳税人,其从中国境内取得的所得,依法缴纳个人所得税。个人独资企业和合伙企业的投资者也作为个人所得税的纳税人。

(三)个人所得税的征税对象

我国采用分类所得税制,明确列举了 11 项应纳税个人所得:工资、薪金所得,个体工商户的生产、经营所得,对企事业单位的承包经营、承租经营所得,合伙企业、个人独资企业投资者的生产、经营所得,劳务报酬所得,稿酬所得,特许权使用费所得,利息、股息、红利所得,财产租赁所得,财产转让所得,偶然所得以及经国务院财政部门确定征税的其他所得。

(四)个人所得税的税率

我国个人所得税实行超额累进税率和比例税率相结合的税率体系。工资、薪金所得,适用 7 级超额累进税率,税率为 3%~45%;个体工商户、个人独资企业、合伙企业的生产、经营所得和企事业单位的承包经营、承租经营所得,适用 5 级超额累进税率,税率为 5%~35%;稿酬所得,适用比例税率,税率为 20%,并按应纳税额减征 30%;劳务报酬所得,适用比例税率,税率为 20%,对劳务报酬所得一次收入畸高的,可以实行加成征收,具体办法由国务院规定;特许权使用费所得,利息、股息、红利所得,财产租赁所得,财产转让所得,偶然所得和其他所得,适用比例税率,税率为 20%。

(五)个人所得税应纳税额的计算

根据我国的实际情况,本着有利于防止税款流失和便于征管的原则,个人所得税实行分项扣除、分项定率、分项征收的计征办法。①

1. 工资、薪金所得部分的个人所得

$$税额 = 应税所得额 \times 适用税率 - 速算扣除数$$

对在中国境内无住所而在中国境内取得工资、薪金所得的纳税人,和在

---

① 刘剑文著:《财税法——原理、案例与材料》,北京大学出版社 2013 年版,第 250 页。

中国境内有住所而在中国境外取得工资、薪金所得的纳税人，可以根据其平均收入水平、生活水平以及汇率变动情况确定附加减除费用，附加减除费用适用的范围和标准由国务院决定。

2. 个体工商户的生产、经营所得的个人所得税

$$税额 = 应纳税所得额 \times 适用税率 - 速算扣除数$$

3. 对企事业单位的承包经营、承租经营所得个人的所得税

$$税额 = 应纳税所得额 \times 适用税率 - 速算扣除数$$

4. 劳动报酬所得的个人所得税

当劳动报酬所得在 4 000 元以下时：

$$税额 = (每次所得收入 - 800 元) \times 20\%$$

当劳动报酬所得在 4 000 元以上时：

$$税额 = 每次所得收入 \times (1 - 20\%) \times 20\%$$

其中对劳动报酬所得一次收入畸高的，可以实行加成征收，其办法由国务院具体规定。

5. 稿酬所得的个人所得税

当每次收入不超过 4 000 元时：

$$税额 = (每次所得收入 - 800 元) \times 20\% \times (1 - 30\%)$$

当每次收入超过 4 000 元时：

$$税额 = 每次所得收入 \times (1 - 20\%) \times 20\% \times (1 - 30\%)$$

6. 特许权使用费所得、财产租赁所得的个人所得税

当每次收入不超过 4 000 元时：

$$税额 = (每次所得收入 - 800 元) \times 20\%$$

当每次收入超过 4 000 元时：

$$税额 = 每次所得收入 \times (1 - 20\%) \times 20\%$$

7. 利息、股息、红利所得，财产转让所得，偶然所得和其他所得的个人所得

$$税额 = 每次所得收入 \times 20\%$$

（六）个人所得税的税收优惠

下列各项个人所得，免纳个人所得税：（1）省级人民政府、国务院部委和中国人民解放军军以上单位，以及外国组织、国际组织颁发的科学、教育、技术、文化、卫生、体育、环境保护等方面的奖金；（2）国债和国家发行的金融债券利息；（3）按照国家统一规定发给的补贴、津贴；（4）福利费、抚恤金、救济金、保险赔款；（5）军人的转业费、复员费；（6）按照国家统一规定发给干部、职工的安家费、退职费、退休工资、离休工资、离休生活

补助费;(7)依照我国有关法律规定应予免税的各国驻华使馆、领事馆的外交代表、领事官员和其他人员的所得;(8)中国政府参加的国际公约、签订的协议中规定免税的所得;(9)经国务院财政部门批准免税的所得。

有下列情形之一的,经批准可以减征个人所得税:残疾、孤老人员和烈属的所得,因严重自然灾害造成重大损失的,其他经国务院财政部门批准减税的。

第四节 财 产 税

财产税是以纳税人所有或属其支配的财产为课税对象的一类税收。它以财产为课税对象,向财产的所有者征收。财产包括一切积累的劳动产品(生产资料和生活资料)、自然资源(如土地、矿藏、森林等)和各种科学技术、发明创作的特许权等,国家可以选择某些财产予以课税。对各种财产课征的税,按一般税收分类方法,统称为财产税。

目前,我国财产税设立的税种有房产税、资源税、契税、车船税、土地增值税等税种。

一、房产税

(一)房产税的概念

房产税是以房屋为征税对象,以房屋的评估价值为计税依据,向房屋的所有人或使用人征收的一种财产税。① 房产税法是调整房产税征纳关系的法律规范的总称。现行房产税的基本规范为1986年9月15日国务院颁布的《房产税暂行条例》,自2009年1月1日起,外商投资企业、外国企业和组织以及外籍个人也依照《房产税暂行条例》缴纳房产税。

纵观现代各国的房产税法可知,各国房产税按其课征标准的不同,大致可分为财产房屋税、收益房屋税、所得房屋税和消费房屋税四种类型。

(二)房产税的纳税主体

房产税以在我国境内拥有房屋产权的单位和个人为纳税人。产权属于国家所有的,以经营管理人为纳税人;产权出典的,以承典人为纳税义务人;产权所有人、承典人不在房产所在地,或产权未确定的,或者租典纠纷未解决的,以房产代管人或使用人为纳税义务人。

---

① 刘剑文著:《财税法——原理、案例与材料》,北京大学出版社2013年版,第257页。

(三)房产税的征税范围

在我国,房产税以我国境内用于生产经营的房屋为征税对象。具体征税范围为建在城市、县城、建制镇、工矿区的房屋。但征税对象只限于生产经营性用房,城乡居民用于居住的房屋免征房产税。

(四)房产税的税率

房产税的计税依据是房产的计税价值或房产的租金收入。按照房产的计税价值征税的,称为从价计征;按照房产租金收入计征的,称为从租计征。

采用从价计征的房产税是依照房产原值一次减除10%~30%后余值计算缴纳。采用从租计征的房产税则是以房产租金收入为房产税的计税依据。

房产税实行比例税率。由于房产税的计税依据为从价计征和从租计征两种形式,故房产税的税率也有两种:一种是按房产原值一次减除10%~30%后的余值计征的,税率为1.2%;另一种是按房产出租的租金收入计征的,税率为12%。

(五)房产税的减免

下列房产免征房产税:(1)国家机关、人民团体、军队自用的房产;(2)由国家财政部门拨付事业经费的单位自用的房产;(3)宗教寺庙、公园、名胜古迹自用的房产;(4)个人所有非营业用的房产;(5)经财政部门批准免税的其他房产。除以上法定减免事项外,如纳税人确有困难,可由纳税人提出申请,经省、自治区、直辖市人民政府批准,定期减征或者免征房产税。

(六)我国房产税的改革试点

随着我国市场经济的发展,人们的收入水平不断提高,并且伴随着我国住房制度改革的不断深化,更多的人开始把买房作为一种投资或储蓄的方式,房产逐渐成为个人财产的重要组成部分,而作为财产税的房产税就需要改革以适应社会经济形势的发展。此外,近十多年,房地产市场迅速发展,房价逐年上涨,尤其是高档住房价格上涨而拉动普通住房价格上涨过快,而房价的畸高上升不利于社会的公平和稳定。因此,有必要对我国现行的房产税进行改革,从而建立一套健全的房地产税制,以起到合理调控房价的作用。于是,国务院于2011年1月28日决定在重庆、上海开始试点对部分个人住房征收房产税,开创了我国住房制度改革以来向个人拥有住房征收财产税的先河。

根据《上海市开展对部分个人住房征收房产税试点的暂行办法》的规定,从2011年1月28日起对上海市居民家庭在本市新购且属于该居民家庭第二套及以上的住房和非本市居民家庭在本市新购的住房征收房产税,税率根据房价高低分别暂定为 0.6% 和 0.4%。根据《重庆市人民政府关于进行对部分个人住房征收房产税改革试点的暂行办法》，自 2011 年 1 月 28 日起对个人拥有的独栋商品住宅、个人新购的高档住房以及在重庆市同时无户籍、无企业、无工作的个人新购的第二套(含第二套)以上的普通住房征收房产税。

二、资源税

(一)资源税的概念

资源税是对在我国境内开采原油、天然气、煤炭、黑色金属原矿、有色金属或者生产盐的单位和个人征收的一种税。为促进企业合理开发国家资源，加强经济核算，提高经济效益，国务院于 1993 年 12 月 25 日发布了《中华人民共和国资源税暂行条例》(以下简称《资源税暂行条例》)，自 1994 年 1 月 1 日开始实施。

(二)资源税的纳税主体

根据《资源税暂行条例》第 1 条的规定，在中华人民共和国领域及管辖海域开采本条例规定的矿产品或者生产盐(简称开采或者生产应税产品)的单位和个人，为资源税的纳税人，应当依照本条例缴纳资源税。根据《资源税暂行条例》第 11 条的规定，收购未税矿产品的单位为资源税的扣缴义务人。

根据《资源税暂行条例》第 6 条的规定，纳税人开采或者生产应税产品，自用于连续生产应税产品的，不缴纳资源税；自用于其他方面的，视同销售，依照该条例缴纳资源税。

(三)资源税的征税范围

根据国有资源有偿开采的原则，资源税的征税范围应包括一切可供开发利用的国有资源，但考虑到我国开征资源税尚缺乏经验，现行资源税只将关系国计民生且级差收入差异较大的矿产品和盐列入征税范围。

1. 矿产品

矿产品包括原油、天然气、煤炭、其他非金属矿原矿、黑色金属矿原矿、有色金属矿原矿。

2. 盐

盐包括固体盐和液体盐，固体盐是指海盐原盐、湖盐原盐和井矿盐；液体盐(俗称卤水)是指氯化钠含量达到一定浓度的溶液，是用于生产碱和其他产品的原料。

(四)资源税的税率

我国现行资源税对原油、天然气实行比例税率，为销售额的 5%～10%；

对煤炭、矿产品和盐采用幅度定额税率，按应税资源产品的课税单位直接规定固定的税额幅度，实行从量定额征收。在国务院批转发展改革委《关于 2012 年深化经济体制改革重点工作意见的通知》（国发〔2012〕12 号）中，明确规定"全面深化资源税改革，扩大从价计征范围"。

（五）资源税的减免

我国在资源税立法时，考虑到资源开采企业的特殊情况及资源税政策的连贯性，规定了以下减免税项目：（1）开采原油过程中用于加热、修井的原油，免税；（2）纳税人开采或者生产应税产品过程中，因意外事故或者自然灾害等原因遭受重大损失的，由省、自治区、直辖市人民政府酌情决定减税或者免税；（3）国务院规定的其他减免税项目。

三、契税

（一）契税的概念

契税是以所有权发生转移变动的不动产为征税对象，向产权承受人征收的一种财产税。① 现行契税是 1997 年 7 月 7 日重新颁布的《中华人民共和国契税暂行条例》，于 1997 年 10 月 1 日起实施。

（二）契税的纳税主体

在我国境内承受土地、房屋权属转移的单位和个人，为契税的纳税人。所称单位，是指企业单位、事业单位、国家机关、军事单位、社会团体及其他组织；所称个人，是指个体经营者、城乡居民个人、外国人及其他个人。

（三）契税的征税范围

契税的征收范围是土地、房屋权属转移的行为。土地权属转移是指国有土地使用权出让和土地使用权转让，包括土地使用权出售、土地使用权赠与和土地使用权交换，但不包括农村集体土地承包经营权的转移。房屋权属转移是指房屋买卖、房屋赠与、房屋交换。

（四）契税的税率

现行契税实行 3%～5% 的幅度比例税率。契税的具体适用税率，由各省、自治区、直辖市人民政府在规定的幅度内，按照本地区的实际情况自行确定，并报财政部和国家税务总局备案。

（五）契税的减免

契税有以下减征或者免征政策：

---

① 徐信艳、马晓青主编：《财政与税收》，上海交通大学出版社 2011 年版，第 270 页。

(1)国家机关、事业单位、社会团体、军事单位承受土地、房屋用于办公、教学、医疗、科研和军事设施的,免征契税。

(2)城镇职工按规定第一次购买公有住房的,免征契税。

(3)因不可抗力灭失住房而重新购买住房的,酌情准予减征或者免征。

(4)土地、房屋被县级以上人民政府征用、占用后,重新承受土地、房屋权属的,是否减征或者免征契税,由省、自治区、直辖市人民政府确定。

(5)纳税人承受荒山、荒沟、荒丘、荒滩土地使用权,用于农、林、牧、渔业生产的,免征契税。

(6)依照我国有关法律规定以及我国缔结或参加的双边和多边条约或协定的规定应当予以免税的外国驻华使馆、领事馆、联合国驻华机构及其外交代表、领事官员和其他外交人员承受土地、房屋权属的,经外交部确认,可以免征契税。经批准减征、免征契税的纳税人,改变有关土地、房屋的用途的,就不再属于减征、免征契税范围的,并且应当补缴已经减征、免征的税款。

四、车船税

(一)车船税的概念

车船税是指国家对行使于公共道路上的机动车辆和航行于境内的河流、湖泊或者领海的机动船舶,按其车船种类、数量、吨位等实行定额征收的一种财产税。车船税法是国家制定的调整车船税征纳过程中形成的权利与义务关系的法律规范的总称。我国现行的车船税基本规范是2006年12月27日通过的《中华人民共和国车船税暂行条例》。

车船税属于单向财产税,征税对象仅限于车船类运输工具;税负较为公平,所有企业、个人统一适用,行政事业单位车辆也必须缴纳车船税;实行代扣代缴征收,将保险部门指定为法定车船税代缴义务人,将车船税与交通事故责任强制保险捆绑,车主每年在购买机动车交通事故责任强制保险时,必须同时办理车船税,有利于防止偷税、漏税现象。

开征车船税有利于提高车船使用效益,减少盲目购置车辆,配合有关部门加强对车船的管理;有利于增加地方财政收入,调动地方当家理财的积极性,对满足市政建设,改善公共道路,修建保养航标,保障车船行驶安全具有积极的作用;有利于掌握所得税的税源分布情况,配合所得税的征收;同时,车船税还具有财富分配功能,符合设税公平原则。

(二)车船税的纳税主体

在中华人民共和国境内,车辆、船舶(以下简称车船)的所有人或者管理人为车船税的纳税人。这里所称车船,是指依法应当在车船管理部门登记的车船。"所有人"是指拥有所有权的单位和个人。"管理人"是指对车船具有管理使用权,不具有所有权的单位。

通常情况下,拥有并且使用车船的单位和个人是车船税的纳税人;若车船所有人与管理人分离,对车船形成法律上的管理关系,则管理人为纳税人;若所有人和管理人与使用人不一致的,车船的所有人或者管理人又未缴纳车船税的,使用人应当代为缴纳车船税,但最终承担者为车船的所有人和管理人。

(三) 车船税的征税范围

车船税的征税对象或征税范围是依法在公安、交通、农业、渔业、军事等具有车船管理职能的部门登记的车船,具体分为车辆和船舶两大类。

1. 车辆

车辆是指以燃油、电力等能源作为动力运行的机动车辆,具体征税范围包括载客汽车(含电力)、载货汽车(含半挂牵引车、挂车)、三轮汽车、低速货车、摩托车、专项作业车和轮式专用机械车等,其中载客汽车又包括大型客车、中型客车、小型客车和微型客车4个子目。车辆的征税范围中不包括非机动车辆。

2. 船舶

船舶的征税范围包括机动船舶和非机动驳船。其中,机动船舶是指以燃料等能源作为动力运行的船舶,如客轮、货船等;非机动驳船,是指没有动力装置,由拖轮拉着或推着运行的船舶。

(四) 车船税的税率

车船税采用定额税率,适用税额依照《车船税税目税额表》执行,国务院财政部门、税务主管部门可以根据实际情况,在《车船税税目税额表》规定的税目范围和税额幅度内,划分子税目,并明确车辆的子税目税额幅度和船舶的具体适用税额。车辆的具体适用税额由省、自治区、直辖市人民政府在规定的子税目税额幅度内确定。

(五) 车船税的减免

下列车船免征车船税:非机动车船(不包括非机动驳船)、拖拉机,捕捞、养殖渔船,军队、武警专用的车船,警用车船,按照有关规定已经缴纳船舶吨税的船舶,依照我国有关法律和我国缔结或者参加的国际条约的规定应当予以免税的外国驻华使馆、领事馆和国际组织驻华机构及其有关人员的车船。省、自治区、直辖市人民政府可以根据当地实际情况,对城市、农村公共交通车船给予定期减税、免税优惠。

第五节 行为税

行为税也被称为特定目的税,是指政府为实现一定目的,对某些特定行为所征收的税收。行为税法就是调整行为税征纳关系法律规范的总称。

古今中外许多国家都有对某些特定行为征收的税种,如赛马税、赌博税、养狗税、狩猎税、印花税、娱乐税、博彩税、工商登记税、培训税等,但各国征收行为税的目的不尽相同。有的国家旨在对某些行为加以限制,有些国家基于对某些行为或权益的认可,而有的国家纯粹是出于增加财政收入。我国开征行为税,主要是运用税收杠杆,对某些特定行为加以规范、引导、控制和管理,以强化宏观调控。

行为税征收范围小,征税对象具有限定性;政策目的性强,设置和废止时间性强,不具有其他税种那样的稳定性;税源分散,税收收入规模小且不稳定。因而行为税在各个时期大都列为地方税。

新中国成立后我国先后开征了屠宰税、筵席税、燃油特别税、固定资产投资方向调节税、印花税、车辆购置税等行为税。现行的行为税体系主要包括宴席税①、印花税、固定资产投资方向调节税(2000年1月1日起停征但未废止)、车辆购置税(2001年1月1日起开征)等税种。

一、印花税

(一)印花税的概念

印花税是对经济活动和经济交往中书立、领受具有法律效力的凭证的行为所征收的一种税。因采用在应税凭证上粘贴印花税票作为完税的标志而得名。

印花税具有税源广、税率低、税负轻、纳税方法特殊等特点。② 印花税的开征有利于纳税后凭证的保护,提高合同的法律效力及其兑现率,促使经济行为规范化和法制化;有利于开拓财源,增加财政收入;有利于加强对其他税收的征收管理;有利于在对外经济交往中维护我国的权益。

---

① 屠宰税和筵席税于1994年下放到地方管理,各省、自治区、直辖市人民政府可以根据本地区经济发展的实际情况,自行决定继续征收或者停止征收。2006年2月17日,屠宰税正式被废除。

② 我国现行印花税实行由纳税人根据税法规定自行计算应纳税额、自行购买印花税票、自行粘贴并划销印花税票的"三自纳税"的缴纳办法。

印花税是一种古老的税种，于1624年创立于荷兰，以后逐步推广到世界许多国家。据不完全统计，目前世界上有90多个国家和地区征收印花税。我国曾在清朝末年立有印花税法，但未执行。现行的印花税法律规范是国务院于1988年8月6日发布的《印花税暂行条例》。

(二)印花税的纳税主体

印花税的纳税人为在我国境内书立、领受应税凭证的单位和个人。具体包括国内各类企业、事业、机关、团体、部队以及中外合资企业、中外合作企业、外资企业、外国公司(企业)和其他经济组织及其在华机构等单位和个人。根据书立、领受应税凭证的不同，纳税人可分别称为立合同人、立账簿人、立据人、领受人和使用人。

(三)印花税的征税范围

《印花税暂行条例》采用列举的方式规定了印花税的征税范围。具体包括：合同或者有合同性质的凭证、产权转移书据、营业账簿、权利许可证照、经财政部确定征税的其他凭证。

(四)印花税的税率

印花税采用差别比例税率和定额税率两种形式。各类经济合同及合同性质的凭证、记载资金的账簿和产权转移书据等适用差别比例税率；其他营业账簿、权利许可证照等适用定额税率。印花税税率是本着税负从轻和公平税负的原则设计的。其中，比例税率是按不同凭证分别规定了0.5‰、0.3‰、0.05‰、1‰、0.03‰五个档次的税率；定额税率采取按件贴花，每件5元。

(五)印花税的减免

根据现行规定，印花税的主要免税项目有：(1)已缴纳印花税的凭证的副本或者抄本；(2)财产所有人将财产赠给政府、社会福利单位、学校所立的书据；(3)国家指定的收购部门与村民委员会、农民个人书立的农副产品收购合同；(4)无息、贴息贷款合同；(5)外国政府或者国际金融组织向我国政府及国家金融机构提供优惠贷款所书立的合同；(6)经财政部批准免税的其他凭证。

二、车辆购置税

(一)车辆购置税的概念

车辆购置税是对购置的车辆征收的一种税。我国现行车辆购置税于2000年10月22日发布，从2001年1月1日起施行。

(二)车辆购置税的纳税主体

车辆购置税的纳税人是指在我国境内购置《车辆购置税暂行条例》规定

应当征税的车辆(以下简称应税车辆)的单位和个人。这里所说的单位，包括国有企业、集体企业、私营企业、股份制企业、外商投资企业、外国企业以及其他企业和事业单位、社会团体、国家机关部队以及其他单位。显然，凡是购置应税车辆的商品流通企业都是车辆购置税的纳税义务人。

(三)车辆购置税的征税范围

车辆购置税的征收范围包括汽车、摩托车、电车、挂车、农用运输车。车辆购置税征收范围的调整，由国务院决定并公布。

上述车辆购置，包括纳税人购买、进口、自产、受赠、获奖或者以其他方式(如拍卖、抵债、罚没等)取得并自用应税车辆的行为。

(四)车辆购置税的税率

我国车辆购置税实行统一比例税率，税率为10%。车辆购置税税率的调整由国务院决定并公布。车辆购置税实行一次征收制度，购置已征车辆购置税的车辆，不再征收车辆购置税。

(五)车辆购置税的减免

下列情形免征车辆购置税：(1)外国驻华使馆、领事馆和国际组织驻华机构及其外交人员自用的车辆，予以免税；(2)中国人民解放军和中国人民武装警察部队列入军队武器装备订货计划的车辆，予以免税；(3)设有固定装置的非运输车辆，予以免税；(4)有国务院规定予以免税或者减税的其他情形的，按照规定免税或者减税。

第六节　税收征收管理法

一、税收征收管理法的概念

税收征收管理法，简称税收征管法，是调整征税机关在税款的征收和税务管理过程中所发生的社会关系的法律规范的总称。我国现行的税收征管法包括于1992年9月4日通过、1995年2月28日和2001年4月28日经两次修改的《中华人民共和国税收征收管理法》(以下简称《税收征收管理法》)以及2002年9月7日公布、10月15日开始实施的《税收征收管理法实施细则》，另外还包括财政部、国家税务总局等部门所颁布的大量的部门规章和规范性法律文件。

税收征管法的宗旨包括：(1)加强税收征收管理；(2)规范税收征收和缴纳行为；(3)保障国家税收收入；(4)保护纳税人的合法权益；(5)促进经济和社会的发展。

凡依法由税务机关征收的各种税收的征收管理，均适用税收征管法。耕地占用税、契税、农业税、牧业税征收管理的具体办法，由国务院另行制定。关税及海关代征税收的征收管理，依照法律、行政法规的有关规定执行。

二、税务管理

税务管理是税收征管程序中的基础性环节，主要包括三项制度：税务登记、账簿凭证管理和纳税申报。

(一)税务登记

税务登记又称纳税登记，是指纳税人在领取营业执照后向税务机关申请办理登记的法律手续。从事生产、经营的纳税人包括企业，企业在外地设立的分支机构和从事生产、经营的场所，个体户和从事生产经营的事业单位，自领取营业执照之日起30日内，持有关证件，向税务机关申报办理开业纳税登记。税务机关应当自收到申报之日起30日内审核并发给税务登记证件。工商行政管理机关应当将办理登记注册、核发营业执照的情况，定期向税务机关通报。税务登记可分为开业登记、变更登记和注销登记。

(二)账簿凭证管理

账簿凭证管理是税务机关对纳税人财务制度、会计账目、发货票进行税务管理、监督的一项制度；从事生产经营的纳税人、扣缴义务人应按照国务院财政、税务主管部门的规定设置账簿，根据合法、有效凭证记账进行核算。从事生产经营的纳税人的财务会计制度或者财务会计处理办法，应当符合国家的有关规定并报送税务机关备案。从事生产经营的纳税人、扣缴义务人必须按照国务院财政、税务主管部门规定，保管账簿、记账凭证、完税凭证及有关资料。

税务机关是发票的主管机关，负责发票印制、领购、开具、取得、保管、缴销的管理和监督。单位、个人在购销商品、提供或者接受经营服务以及从事其他经营活动中，应当按照规定开具、使用、取得发票。增值税专用发票由国务院税务主管部门指定的企业印制；其他发票，按照国务院税务主管部门的规定，分别由省、自治区、直辖市国家税务局、地方税务局指定企业印制。

(三)纳税申报

纳税申报是纳税人履行纳税义务，向税务机关书面报告一定时期应税项目及应纳税款的一项法定手续；也是基层税务机关办理征收义务，核算应征税款，填写纳税凭证的主要依据。纳税人必须在法律、行政法规规定或者税务机关依照法律、行政法规规定的申报期限内办理纳税申报，报送纳税申报表、财务会计报表以及税务机关根据实际需要要求纳税人报送的其他纳税资料。纳税人应该加强纳税意识，要深刻的理解税法中的公平价值观念。扣缴义务人必须在法律、行政法规规定或者税务机关依照法律、行政法规规定的申报期限内报送代扣代缴、代收代缴税款报表以及税务机关根据需要要求扣缴义务人报送的其他有关资料。

三、税款征收

（一）税款征收的概念

税款征收是税务机关将纳税人的应纳税款征缴入库的一系列活动的总称。它是税收征收管理的中心环节，是全部税收征管工作的目的和归宿。税务机关必须依照法律、行政法规的规定征收税款，不得违反法律、行政法规的规定擅自开征、停征、多征、少征、税前征收、延缓征收或摊派税款。

（二）税款征收的方式

1. 查账征收

即税务机关按照纳税人提供的账表所反映的经营情况，依照适用税率计算缴纳税款的方式。查账征收适用于账簿、凭证、会计核算制度等比较健全、能够据以如实核算生产经营情况、正确计算应纳税款的纳税人。

2. 核定征收

即税务机关对不能完整、准确提供纳税材料的纳税人采用特定方法确定其应纳税收或应纳税额，纳税人据以缴纳税款的一种征收方式。核定征收主要适用于以下几种情况：（1）依照《税收征收管理法》可以不设置账簿的；（2）依照《税收征收管理法》应当设置账簿但未设置的；（3）虽设置账簿，但账目混乱或者成本资料、收入凭证、费用凭证残缺不全，难以查账的；（4）发生纳税义务，未按照规定的期限办理纳税申报，经税务机关责令限期申报，逾期仍不申报的；（5）关联企业不按照独立企业之间的业务往来收取或支付价款、费用而减少其应纳税的收入或者所得额的。

核定征收具体又可以分为三种形式。（1）查定征收。即由税务机关根据纳税人的从业人员、生产设备、采用原材料等因素，在正常生产经营条件下，对其生产的应税产品查实核定产量、销售额并据以征收税款的一种方式。它是用于生产规模较小、账册不健全、产品零星、税源分散的小型厂矿和作坊。（2）查验征收。即税务机关对纳税人的应税商品，通过查验数量，按市场一般销售单价计算其销售收入并据以征税的方式。这种方式适用于城乡集贸市场的临时经营和机场、码头等场外经销商品的课税。（3）定期定额征收。即对一些营业额、所得额不能准确计算的小型工商户，经过自报评议，由税务机关核定一定时期的营业额和所得税附征率，实行多税种合并征收的一种征收方式。

3. 代扣代缴、代收代缴征收

代扣代缴是指持有纳税人收入的单位和个人，从持有的纳税人收入中扣缴其应纳税款并向税务机关解缴的行为；代收代缴是指与纳税人有经济往来关系的单位和个人借助经济往来关系向纳税人收取其应纳税款并向税务机关解缴的行为。这两种征收方式适用于税源零星分散、不易控管的纳税人。

除此以外，税款的征收方式还有委托征收、邮寄申报纳税等。

(三)税收保障制度

税收保障制度包括税收保全与税收强制执行制度等。

税收保全措施，是指税务机关在规定的纳税期之前，由于纳税人的行为或某些客观原因导致税款难以征收时而采取的限制纳税人处理或转移商品、货物或其他财产的强制措施，其目的是保证国家税款的及时、足额入库。税收保全措施有两种主要形式：一是书面通知纳税人开户银行或其他金融机构暂停支付纳税人相当于应纳税款的存款；二是扣押、查封纳税人其价值相当于应纳税款的商品、货物或其他财产。

税收强制执行措施，是指纳税人、扣缴义务人、纳税担保人等税收管理相对人在规定的期限内未履行法定义务，税务机关采取法定的强制手段，强迫其履行义务的行为。其形式也主要有两种：一是书面通知其开户银行或其他金融机构从其存款中直接扣缴税款；二是扣押、查封、拍卖其价值相当于应纳税款的商品、货物或其他财产，以拍卖所得抵缴税款。

四、税务检查

税务检查，是指税务机关依据国家税收法令、政策、财务制度和会计制度的规定，审查和监督纳税人和扣缴义务人履行纳税义务的一种管理活动。税务机关依法对纳税人履行纳税义务和代征人履行代征、代扣、代缴税款义务的情况进行监督检查，可以了解税法实施情况，发现违反税法和财务会计法规的问题，有利于严肃税收法纪，纠正错漏，端正纳税人的行为。

根据《税收征收管理法》的规定，税务机关有权进行下列税务检查：(1)检查纳税人的账簿、记账凭证、报表和有关资料，检查扣缴义务人代扣代缴、代收代缴税款账簿、记账凭证和有关资料；(2)有权到纳税人的生产、经营场所和货物存放地检查纳税人应纳税的商品、货物或者其他财产，检查扣缴义务人与代扣代缴、代收代缴税款的有关经营情况。

税务机关依法进行税务检查时，有权向有关单位和个人调查纳税人、扣缴义务人和其他当事人的纳税情况或者代扣代缴、代收代缴税款的有关情况，有关单位和个人有义务向税务机关如实提供有关资料和证明材料。

纳税人、扣缴义务人必须对税务机关依法进行的税务检查有关资料，不得拒绝、隐瞒。

五、法律责任

违反税法的行为多种多样，比如未按照规定办理税务登记、未按照规定办理纳税申报、未按照规定进行账证管理、未按照规定报送财务会计处理办法备案等。以下是一些重要的违法行为：

(1)偷税，即纳税人采取伪造、变造、隐匿、擅自销毁账簿、记账凭证，在账簿上多列支出或者不列、少列收入，或者进行虚假的纳税申报手段不缴少缴应纳税款的行为。纳税人主观上须有偷税的故意。

(2)漏税，即纳税人因过失而漏缴或少缴税款的行为。

(3)欠税，即纳税人超过纳税期限未缴或少缴税款的拖欠行为。

(4)抗税，即纳税人以暴力、威胁方法抗拒缴纳税款的行为。

(5)骗税，即纳税人采取对所生产经营的商品假报出口等欺骗手段，骗取国家出口退税税款的行为。

行为人违反税法后应当承担相应的否定法律后果。承担经济责任和行政责任是税法中常用的责任类型，包括加收滞纳金、罚款、强制限期纳税、吊销营业执照、没收违法所得等。行为人的行为触犯刑律的，应当追究刑事责任。

【思考题】

1. 根据税收征收管理法规，关于税务登记，下列哪一说法是错误的？（　　）(2012年全国司法考试试卷一第30题)

A. 从事生产、经营的纳税人，应在领取营业执照后，在规定时间内办理税务登记，领取税务登记证件

B. 从事生产、经营的纳税人在银行开立账户，应出具税务登记证件，其账号应当向税务机关报告

C. 纳税人税务登记内容发生变化，不需到工商行政管理机关或其他机关办理变更登记的，可不向原税务登记机关申报办理变更税务登记

D. 从事生产、经营的纳税人外出经营，在同一地累计超过180天的，应在营业地办理税务登记手续

2. 甲公司欠税40万元，税务局要查封其相应价值产品。甲公司经理说："乙公司欠我公司60万元货款，贵局不如行使代位权直接去乙公司收取现金。"该局遂通知乙公司缴纳甲公司的欠税，乙公司不配合；该局责令其限期缴纳，乙公司逾期未缴纳；该局随即采取了税收强制执行措施。关于税务局的行为，下列哪些选项是错误的？（　　）(2013年全国司法考试试卷一第70题)

　　A. 只要甲公司欠税，乙公司又欠甲公司货款，该局就有权行使代位权
　　B. 如代位权成立，即使乙公司不配合，该局也有权直接向乙公司行使
　　C. 本案中，该局有权责令乙公司限期缴纳
　　D. 本案中，该局有权向乙公司采取税收强制执行措施

3. 根据《企业所得税法》规定，下列哪些表述是正确的？（　　）(2010年全国司法考试试卷一第71题)

　　A. 国家对鼓励发展的产业和项目给予企业所得税优惠
　　B. 国家对需要重点扶持的高新技术企业可以适当提高其企业所得税税率
　　C. 企业从事农、林、牧、渔业项目的所得可以免征、减征企业所得税
　　D. 企业安置残疾人员所支付的工资可以在计算应纳税所得额时加计扣除

第十二章 银 行 法

【学习目的与要求】通过本章的学习，了解中央银行的概念与性质，理解中央银行的货币政策工具，熟悉商业银行的概念、职能及主要业务等；了解商业银行的市场准入和退出机制；掌握银行业监管的目标和原则等。

第一节 中国人民银行法

一、中央银行的概念及特性

（一）中央银行的概念

中央银行是一国金融体制中居于核心地位，依法制定和执行货币金融政策，实施金融调控与监管的特殊金融机关。中国人民银行是我国的中央银行。当今世界上大多数国家都实行中央银行制度。关于中央银行的名称，除部分国家直接以"中央银行"命名外，有的国家称为"国家银行"，如瑞典、荷兰、比利时等；有的国家称为"储备银行"，如美国、澳大利亚、南非、新西兰、印度等；有的国家则在"银行"前冠以国名，如英国、日本、意大利、法国、加拿大等；还有的国家称"人民银行"，如前南斯拉夫、朝鲜和中国等。因此，识别一个国家的中央银行，不能单纯看其名称，而应深入了解它的地位和职能。

（二）中央银行的特性

首先，作为国家机关，中央银行与一般政府机关相比，有着显著的特殊性。亦即它带有银行的性质，执行着金融机构的业务。其表现在：（1）中央银行履行的监管、调控职能主要是通过其服务职能，亦即金融业务活动实现的，其调控工具主要是货币政策等间接杠杆。这与主要依靠行政命令直接管理国家事务的一般政府机关有显著的区别。（2）中央银行也办理金融业务，如存款、贷款、再贴现、票据清算等，实行资产负债管理，有资本也有收益。这就具备了普通银行的基本属性，使其与完全靠国家财政拨付经费的政府机关有显著不同。（3）中央银行因其职能的重要性、业务的特殊性，一般都具有相对独立、超然的法律地位。其在货币政策的制定和实施、人事任命、组织管理体制方面，都有比较特殊的规定，不像一般政府机关那样直接隶属于政府，并对其负责，而往往和立法机关直接建立监督制约关系。

其次，作为金融机构，中央银行虽然具有银行(金融企业)的一般性质，但它和普通银行相比，又更多地体现出国家机关的性质。其表现在：(1)中央银行不经营普通银行业务，各国银行法一般都规定，中央银行不对工商企业和个人办理业务，只对政府、普通银行和其他金融机构办理业务；(2)中央银行的业务经营不以营利为目的，对政府财政存款和银行等金融机构的存款准备金不支付利息，代理财政收支不收费，其资产要保持较大的流动性，这和普通银行以营利为目的的经营原则是不同的；(3)国家对中央银行的资本和利益分配有较强的控制，对中央银行的高级管理人员的任免、任职期限等，规定较为严格，往往与政府机关行政首长的任命程序相同。

综合上述，我们认为中央银行在性质上属于国家机关，是特殊的国家机关。

(三)人民银行的性质

我国《中国人民银行法》第2条规定："中国人民银行是中华人民共和国的中央银行。中国人民银行在国务院领导下，制定和执行货币政策，防范和化解金融风险，维护金融稳定。"该法第8条规定："中国人民银行的全部资本由国家出资，属于国家所有。"中国人民银行是我国的中央银行，在国务院领导下，制定和实施货币政策；对金融业实施监督管理，保证国民经济健康发展。其性质表现在以下几方面：

1. 发行的银行

中国人民银行是中国唯一的货币发行机构，通过控制货币发行权，通过货币政策保证经济平稳运行。这种对发行权的控制，一方面有利于防止因分散发行造成的信用膨胀、货币紊乱和币制不统一，另一方面也利于调节和控制货币流通量。中国人民银行可根据国内外经济金融的动向和货币政策的要求，在国家法律规定的范围内，实现对全国货币供应量的控制，使全社会的总供给与总需求达到基本平衡。当宏观经济处于通缩状态，可实施宽松的货币政策，加大货币供应量，保证市场的资金需求；当宏观经济处于通胀状态，可实施适度从紧的货币政策，收缩货币供应量，保证宏观经济的软着陆。

2. 银行的银行

中国人民银行在国家的金融体系中处于领导地位，只与普通银行和非银行金融机构发生业务往来，不与工商企业发生直接的信用关系，保证金融体系的稳定,因而是银行的银行。中国人民银行承担各商业银行间结算事务,确保支付体系安全有效,一方面提高了清算效率,另一方面为央行实时监控金融体系、维护金融稳定提供了基础。在金融恐慌情况下,中国人民银行可利用自己的货币发行权,为商业银行提供现金贷款,保证金融体系的稳定。中国人民银行能够在存款机构出现支付和清偿困难的情况下确保其清偿能力,在一定程度上能够起到防范金融风险,保障金融稳定的作用。

3. 政府的银行

中国人民银行作为政府的银行,通过行政手段对金融机构监督管理,保证金融体系稳定,主要体现在以下几个方面:首先,中国人民银行根据法律的授权,代表政府制定和实施货币政策,运用自己所拥有的金融调控手段,对货币与信用进行调节和控制,进而影响和干预整个社会的经济进程,实现预期的货币政策目标。其次,中国人民银行的金融管理行政手段包括:草拟金融法规,制定金融行政规章;审批金融机构的设立、变更、接管及终止等。此外,中国人民银行作为国家机关,代表国家政府参与国际金融组织,签订国际金融协定,协调中国国内与国外的金融关系,使中国大规模参与国际金融活动得以实现。

4. 独立的法人

中国人民银行是依法享有相对独立性的国家宏观调控部门,在国务院领导下依法独立执行货币政策,履行职责,开展业务。中国人民银行独立于地方政府,不受地方政策的干涉和管辖,独立于其他国家行政机关,与其他部级行政机关属于平级单位,也独立于社会团体和个人,不受其干涉。中国人民银行的全部资本由国家出资,属于国家所有。中国人民银行实行独立的财务预算管理制度,每一会计年度的净利润全部上缴中央财政,发生的亏损由中央财政拨款弥补。

二、中央银行的职能与职责

中央银行的职能,是指中央银行作为特殊的国家金融监管机关应有的作用,是中央银行的性质的具体反映。现代各国中央银行一般都具有金融调控、金融监管和金融服务三项基本职能。

(一)调控职能

中央银行作为一国货币政策的制定和执行者,通过运用货币政策工具,对全国的货币、信用活动进行有目的的控制与调节,影响和干预国家宏观经济,实现其预期货币政策目标的职能。中央银行调控的主要对象是货币供应量,以此影响社会的总供给和总需求。中央银行履行调控职能的主要手段是各种货币政策工具,包括法定存款准备金、再贴现、公开市场业务和其他货币政策工具。

(二)监管职能

监管职能主要是指中央银行的金融行政管理职能。其监管对象有两个,一是对普通银行的全面监管;二是配合其他监管部门对金融市场和非银行金融机构进行监管。当代各国中央银行金融监管的内容包括:草拟金融法律、法规,制定金融政策和金融行政规章;审批各类金融机构的设立、变更、接管和终止;审批金融机构的业务范围,并依法对其业务活动实施监管;管理货币市场、资本市场及黄金、外汇市场等。从全球范围来看,大多数发展中国家的中央银行负责银行监管,部分发达国家的央行在朝着分拆的方向发展。英格兰银行是央行分拆理论和实践的先行者,英国单独设立金融服务管理局负责金融监管,但英格兰银行依然负责整体的金融稳定工作。

(三)服务职能

中央银行作为金融机构,它需要以银行身份提供金融服务。由于中央银行不直接办理工商企业的存贷款业务,所以,其服务对象主要是政府、普通银行等金融机构,以及整个社会。中央银行为政府服务表现在:经理国库、代理政府债券的发行和兑付;代理政府经营黄金、外汇储备;为政府融通短期资金;代表政府从事国际金融活动;充当政府经济、金融顾问等。中央银行为普通银行等金融机构服务的主要内容包括:集中保管存款准备金;提供清算服务;提供再贷款和再贴现等融资服务。为社会公众服务表现为:依法发行货币并维护币值稳定;维护银行客户存款安全;搜集、整理和公布有关国民经济信息资料,为企事业单位和社会公众制定业务政策、计划、决策提供参考;通过存贷款政策鼓励、引导金融机构吸收存款、发放贷款,引导资金投向。

三、中央银行的职责范围

职责是职能的具体化,《中国人民银行法》第2条规定,人民银行的基本职能是制定和执行货币政策、防范和化解金融风险,维护金融稳定。其第4条又规定了人民银行的13项职责,内容涵盖了金融行政管理、金融业务及反洗钱等方面,具体包括:(1)发布与履行其职责有关的命令和规章;(2)依法制定和执行货币政策;(3)发行人民币,管理人民币流通;(4)监督管理银行间同业拆借市场和银行间债券市场;(5)实施外汇管理,监督管理银行间外汇市场;(6)监督管理黄金市场;(7)持有、管理、经营国家外汇储备、黄金储备;(8)经理国库;(9)维护支付、清算系统的正常运行;

(10)指导、部署金融业反洗钱工作，负责反洗钱的资金监测；(11)负责金融业的统计、调查、分析和预测；(12)作为国家的中央银行，从事有关的国际金融活动；(13)国务院规定的其他职责。

中国人民银行通过开展金融业务，履行和实现基本职能。中央银行的金融业务主要集中于负债业务、资产业务和清算业务三个方面。其业务的开展，以政府和金融机构为业务对象，不以营利为目的，旨在维护币值、调控金融，实现宏观经济目标。中国人民银行的法定业务主要包括：(1)统一印制、发行人民币；(2)要求银行业金融机构按规定比例交存存款准备金；(3)确定中央银行基准利率；(4)为银行业金融机构办理再贴现；(5)向商业银行提供贷款；(6)开展公开市场业务操作；(7)依法律、行政法规规定经理国库；(8)代理财政部门向各金融机构相互间的清算系统，协调清算事项，提供清算服务。

同时，法律明确禁止中国人民银行从事以下业务：(1)不得对银行业金融机构的账户透支；(2)不得对政府财政透支，不得直接认购、包销国债和其他政府债券；(3)不得向地方政府、各级政府部门、非银行金融机构以及其他单位和个人提供贷款，但国务院决定中国人民银行可以向特定的非银行金融机构提供贷款的除外；(4)不得向任何单位和个人提供担保。

四、中央银行的货币政策工具

货币政策，或称金融政策，是指主权国家为实现其特定的经济目标而采用的各种调节货币供应量或管制信用规模的方针、政策和措施的总称，是一国主要的宏观经济政策。由于制定和实施货币政策是中央银行的核心职责，所以，人们一般称货币政策为中央银行的货币政策。

《中国人民银行法》第3条规定："货币政策目标是保持货币币值的稳定，并以此促进经济增长。"货币政策工具是中央银行实现其货币政策目标的政策手段。中央银行通过货币政策工具的运作，影响商业银行等金融机构的活动，进而影响货币供应量，最终影响国民经济宏观经济指标。《中国人民银行法》第23条规定了中国人民银行可以运用的六种货币政策工具。

(一)存款准备金制度

存款准备金制度，是指立法授权中央银行规定和调整商业银行等交存中央银行的存款准备金率，以此控制商业银行的信用创造能力，间接控制货币供应量的制度。存款准备金率的变动同银行超额准备金、市场货币供应量的变动成反比例关系，同中央银行基准利率和市场上长短期利率的变动成正比例关系。中央银行通过调高或降低存款准备金率可以扩张或紧缩信用，调节货币供应量。

设立存款准备金的原始目的，是保持银行资产的流动性，提高银行的清偿能力，从而保证存款人的利益。后因中央银行有权随时调整存款准备金率，从而使其衍生为中央银行的货币政策工具。调整准备金率的表现形式最为直接，是压缩银行信贷与货币供应的头号"利器"，目前凡是实行中央银行制度的国家，一般都实行法定存款准备金制度，并在立法中对存款准备金的实施对象、存款准备金率、准备金的计提基础和计提方法、准备金的构成与报酬、准备金的执行及罚则等作出规定。

(二)中央银行基准利率

基准利率是指在一国利率体系中起主导作用的基础利率，它的水平和变动决定其他各种利率的水平和变化。西方发达国家一般以中央银行的再贴现率为基准利率，也有的国家还包括中央银行的再贷款利率、市场基金利率等。我国的基准利率不能简单地理解为再贷款和再贴现利率，而应理解为中国人民银行制定和调整的各种利率(法定利率)，即于1999年3月2日由中国人民银行发布的《人民币利率管理规定》第5条规定的利率，包括：中国人民银行对金融机构存、贷款利率和再贴现利率；金融机构存、贷款利率；优惠贷款利率；罚息利率；同业存款利率；利率浮动幅度；其他利率等。

(三)再贴现政策

再贴现政策，是指中央银行通过调整其对金融机构办理票据再贴现的再贴现率，来扩大或缩小金融机构的信贷量，从而促使信用扩张或收缩的政策措施。

我国开办再贴现业务始于1986年4月16日中国人民银行发布的《票据再贴现试行办法》，当时的适用范围较小，再贴现工具在我国的作用不够明显。1994年7月7日我国发布《再贴现办法》、1997年3月5日发布《中国人民银行对国有独资商业银行总行开办再贴现业务暂行办法》、1997年5月22日发布《商业汇票承兑、贴现与再贴现管理办法》对票据再贴现的种类、再贴现对象和期限等作了规定，为再贴现的扩展创造了条件，再贴现规模已呈明显的扩张势头，其作为货币政策工具的作用也逐渐凸现出来。

(四)再贷款政策

再贷款是指中央银行对商业银行等金融机构的贷款，通过再贷款政策严厉控制市场上货币供应量的制度。再贷款是中央银行向金融机构提供资金支持的工具，是中央银行的主要资产业务之一，在商业银行等金融机构出现资金周转上的困境时，充当最后贷款人，向金融机构提供资金支持，救助高风险的金融机构，以避免金融机构因一时的资金周转问题带来金融机构的崩溃,防范系统性金融风险。

目前我国再贷款的对象基本就是国有商业银行与中国农业发展银行。再贷款主要以发行货币、财政性存款、存款准备金为资金来源。

(五)公开市场业务

根据《中国人民银行法》的规定,我国的公开市场业务是指中国人民银行在公开市场上买卖国债和其他政府债券及外汇,以吞吐基础货币,从而控制和调节货币供应量的业务活动。它具有公开性、灵活性、主动性等优点,是我国值得大力发展和完善的一种政策工具。近几年央行在货币政策工具改革方面所取得的进步,最为突出的是公开市场业务操作的进步。

(六)其他货币政策工具

其他货币政策工具是指根据《中国人民银行法》第23条第1款第6项的规定,国务院确定的其他货币政策工具。这一规定实为有关选择性、补充性货币政策工具的弹性条款。目前,我国经济结构失衡严重、金融市场化程度不高,故一些带有结构性、直接控制性的选择性、补充性货币政策工具还较具适用条件。这些政策工具主要有:特种存款、证券市场信用控制、消费信用控制、不动产信用控制及窗口指导、道义劝告等。

第二节 商业银行组织法

一、商业银行的概念、职能及主要业务

(一)商业银行的概念

商业银行是以金融资产和负债为经营对象,以利润最大化或股东收益最大化为主要目标,提供多样化服务的综合信用中介机构,是金融企业的一种。"商业银行"是英文 Commercial Bank 的意译,是相沿成习的惯称。因为这类银行开展业务,最初所吸收的资金主要是活期存款,而这种资金主要适于发放短期的具有商业性质的自偿性贷款,故被称为"商业银行"。这里的"商业"既指明这类银行的业务范围,又表明银行的性质是商业性的、是追求盈利的。

(二)商业银行的职能

商业银行作为金融组织体系的基本主体,其对现代经济生活的重要性集中反映为它的四项基本职能。

1. 信用中介职能

信用中介职能是商业银行最本质、最基本的职能。这一职能的实质,是

通过银行的负债业务(主要是吸收存款)把社会上闲散的货币资本集中到银行中，再通过银行的资产业务(放款和投资等)，把它投向经济各部门。

2. 支付中介职能

商业银行通过客户在银行开立的存款账户，代理客户办理货币兑换、货币结算、货币收付等业务，成为工商企业、团体和个人的货币保管者、出纳者和收付代理人。这样，以商业银行为中心，形成了经济过程中无始无终的支付链条和债权债务关系。商业银行支付中介职能的发挥，使现金的使用大为减少，节约了社会流通费用，加速了资金结算和货币资本的周转。

3. 信用创造职能

商业银行是能够吸收各种存款的银行，它利用吸收的存款发放贷款，在支票流通和转账结算的基础上，贷款又转化为存款，在这种存款不提现或不完全提现的情况下，就增加了商业银行的资金来源，最后在整个银行体系，形成数倍于原始存款的派生存款。

4. 金融服务职能

随着经济的发展，银行间的业务竞争也日益剧烈。商业银行不得不拓展其业务、提高其服务品质以招徕顾客。现代商业银行利用其设施先进、联系面广、信息灵通和专业知识丰富等优势，为客户提供信息服务、咨询服务以及代交公共费用、代发工资、代理融资和保管箱等项服务。

(三)商业银行的业务

商业银行的业务，按资金来源和用途可归纳为以下三大类:

1. 负债业务

负债业务是商业银行通过一定的形式，组织资金来源的业务。其主要方式是吸收存款、发行金融(资本)债券、借款(含同业拆借、向央行借款、向国外货币市场借款)、应付款等。其中，最主要的负债业务是吸收存款，包括活期存款、定期存款、储蓄存款、大额可转让定期存单、委托存款、保证金存款、通知存款、协定存款等。在负债业务中，商业银行是债务人，各类存款人是债权人。

2. 资产业务

资产业务是商业银行运用其积聚的货币资金从事各种信用活动的业务，是商业银行取得收益的主要途径。它包括发放贷款、进行投资(证券投资、现金资产投资、固定资产投资)、买卖外汇、票据贴现等。其中，最主要的资产业务是贷款业务和投资业务。在资产业务中，商业银行是债权人，而借款人是债务人。

3. 中间业务

中间业务或称表外业务，是指商业银行并不运用自己的资金，而代理客户承办支付和其他委托事项并从中收取手续费的业务。中间业务主要包括办理国内外结算、代理发行、代理兑付、承销政府债券、代理买卖外汇、提供信用证服务及担保、代理收付款以及代理保险业务等。此类业务的开展不会引起商业银行资产与负债比例的变化，商业银行既非债权人，亦非债务人，而是代理人或金融中介人。

以上三类业务，负债业务和资产业务构成商业银行业务的基本内容，而中间业务的开展，通过提供优质、高效的服务，可为银行争取到更多的客户，更为有力地促进资产负债业务的开展。

(四) 我国的商业银行体系

1. 国有商业银行

2004年以来，中国银行、中国建设银行、中国工商银行和中国农业银行相继成功进行了股份制改造。随着国有商业银行的股份制改造、境外战略投资者的加入及上市成功，国有商业银行不再是"国有独资"商业银行，而成为国家控股的大型商业银行并已全部上市。

2. 股份制商业银行

股份制商业银行是指在国有商业银行进行股份制改革之前成立的全国性的股份制商业银行，如交通银行、招商银行。

3. 合作制银行

合作制银行是在原来城市信用合作社和信用联社的基础上发展而来的城市商业银行和农村商业银行。合作制银行依法采取股份有限公司形式，也属于股份制银行，但其合作的性质使其与一般的股份制银行相区别。

4. 外资银行

从理论上看，外资银行包括总行在中国境内的外国资本独资的商业银行、合资经营的商业银行、外国商业银行在中国境内设立的分行。由于我国目前仍不允许在境内成立外商独资的商业银行，故外资银行仅限于中外合资银行与外国银行分行。

二、商业银行的市场准入和退出机制

(一) 商业银行的设立

商业银行是依据《商业银行法》和《公司法》成立的经营货币金融业的特殊企业法人，它除了应具备一般企业法人应当具备的条件外，各国在立法上还有一些特别的要求。在我国，根据《商业银行法》第12条的规定，设立商业银行，应当具备下列五个条件：

1. 有符合《商业银行法》和《公司法》规定的章程

商业银行的章程是商业银行必备的规定商业银行组织及其活动开展的基本规则的书面性文件，是以书面形式固定下来的银行股东共同一致的意思表示。它就商业银行的名称、组织机构、资本状况、业务范围、财务分配、设立、变更及终止等事项作出规定，一经主管审批机关核准，即具有法定效力，是商业银行进行活动的基本行为准则。

2. 有符合《商业银行法》规定的注册资本最低限额

注册资本应当是实缴资本，中国人民银行根据经济发展需要可以调整注册资本最低限额，但不得少于法律规定的数额。商业银行的注册资本是商业银行的全体股东实际缴纳的出资额，即投资总额。其作用表现在：首先，它提供了银行开展金融业务的部分营运资金；其次，它是划分股东权益的标准；最后，它是银行用以承担风险损失的资本担保，表示银行以自有财产承担债务的最低限额。

3. 有具备任职专业知识和业务工作经验的董事长(行长)、总经理和其他高级管理人员

商业银行的高级管理人员的人选及其活动直接影响到商业银行、商业银行的股东及客户的利益，乃至于整个社会的经济、金融秩序，我国关于商业银行高级管理人员任职的业务资格(或称积极条件)，包括国籍限制、学历(专业知识)和资历(银行业务工作经验)等条件，由中国人民银行制定，《商业银行法》没有作出明确规定。关于不得担任商业银行高级管理人员的禁止条件(或称消极条件)，《商业银行法》第 27 条有明文规定；《金融机构高级管理人员任职资格管理暂行规定》第 8 条还对此作了进一步明确规定。

4. 有健全的组织机构和管理制度

商业银行的组织机构，是指实施银行决策、经营管理和监督稽核的银行内部组织系统。按照银行决策权、执行权和监督权三权分立的原则，商业银行的内部组织机构一般由权力机构、执行机构和监督机构三部分组成。

5. 有符合要求的营业场所、安全防范措施与业务有关的其他设施

商业银行的营业场所，是指商业银行从事业务活动的固定地点。在商业银行的营业场所中，具有重要法律意义的是其住所，因为它是商业银行据以确定登记机关、诉讼管辖、开展业务、缴纳税收等活动的依据。安全防范措施和与业务有关的其他设施是指中国人民银行规定的完备的防盗、报警、通信、消防和电子计算机等设施。

此外，中国人民银行审查商业银行的设立申请时，还应当考虑经济发展

的需要和银行业竞争的状况,亦即拟设立商业银行的周遭环境条件。

设立商业银行,应当经人民银行审查批准。未经批准,任何单位和个人不得从事吸收公众存款等商业银行业务,任何单位不得在名称中使用"银行"字样。根据《商业银行法》和中国人民银行发布的《金融机构管理规定》,商业银行的设立程序可分为筹设申请、开业申请、申领证照三个程序。

(二)商业银行的治理机构

我国《商业银行法》第2条明确规定,商业银行是依《商业银行法》和《公司法》成立的企业法人,也即规定了商业银行的组织形式必须采取股份有限公司或有限责任公司(包括国有独资公司)的形式成立。我国《商业银行法》没有对商业银行的内部组织机构作出全面规定,但因商业银行采取股份有限公司和有限责任公司的形式存在,所以,《公司法》中关于股份有限公司和有限责任公司内部机构的规定对商业银行也同样适用。

商业银行的外部组织机构一般有四种不同形式:(1)单一银行制,或称"独家银行制",即法律规定银行业务由完全各自独立的商业银行经营,禁止或严格限制商业银行设立分支机构。目前,美国是实行这种体制的唯一国家。(2)总分行制,或称"分支行制",即法律上允许商业银行总行在国内外设立分支机构,所有分支机构由总行领导和管理。这种体制渊源于英国的股份银行,以英国、加拿大为代表,也是世界各国普遍采取的一种银行体制。(3)集团银行制,又称"持股公司制",是由一个集团成立股权公司,再由该股权公司控制或收购两家以上的银行。(4)连锁银行制,或称"联合制",是指由某一个人或某一集团购买若干银行的多数股票,从而达到控制这些银行的程度。这些银行的法律地位仍然是独立的,但实际上其业务和经营政策因控股而被某一个人或某一集团所控制。

我国和世界上绝大多数国家一样是实行总分行制。根据我国《商业银行法》的有关规定,商业银行根据业务需要可以在我国境内外设立分支机构。设立分支机构必须经中国人民银行批准。在中国境内设立分支机构时,不按行政区划设立,而是要考虑拟设区域内的经济发展情形和银行业竞争的状况。商业银行的分支机构不具有法人资格,在总行授权范围内依法开展业务,其民事责任由总行承担。

(三)商业银行的变更

商业银行的变更是指商业银行组织的变更和重大事项的改变,包括商业银行的分立、合并和重大事项的改变。商业银行有下列变更事项之一的,应当报经国务院银行业监督管理机构批准:(1)变更名称;(2)变更注册资本;(3)变更总行或分支机构所在地;(4)调整业务范围;(5)变更持有商业银行资本总额或者股份总额5%以上的股东；（6）修改章程；（7）国务院银行业监督管理机构规定的其他事项；（8）商业银行更换董事长（行长）、总经理时，其任职条件应报经国务院银行业监督管理机构审查。商业银行的分立、合并，适用《公司法》的有关规定，并应报经国务院银行业监督管理机构审查批准。

（四）商业银行的接管

商业银行的接管，是指金融管理机关通过一定的接管组织，按照法定条件和法定程序，全面控制和管理商业银行的业务活动的行政管理行为。它是金融管理机关依法保障商业银行经营安全性、合法性的重要的预防性措施，目的是对被接管的商业银行采取必要措施，以保护存款人的利益，恢复商业银行的正常经营能力。通过采取整顿和改组等措施，对被接管人的经营管理、组织机构进行必要的调整，使被接管人在接管期内，改善财务状况，渡过经营危机，力争避免破产，以维护存款人的利益。

《商业银行法》第64条规定："商业银行已经或者可能发生信用危机，严重影响存款人的利益时，国务院银行业监督管理机构可以对该银行实行接管。"据此，国务院银行业监督管理机构对商业银行接管的情形有两种：（1）该商业银行经营有问题，已经发生信用危机。信用危机主要是指商业银行对所欠的债务不能清偿，没有现金来支付存款人的债权，肯定影响到存款人的利益。（2）商业银行在其经营活动中已经暴露出问题，这些问题可能导致信用危机的发生，从而严重影响到银行存款人的利益。只要有其中一种情况发生，国务院银行业监督管理机构就可以决定对其接管。

国务院银行业监督管理机构依法通过接管组织对商业银行实施的接管是一种行政措施，接管行为是一种行政行为。其实质是终止被接管人（商业银行）的所有者和经营者对银行行使的经营管理权，被接管人的法律主体资格并不因接管而丧失，因此，被接管的商业银行的债权债务关系不因接管而变化，即被接管的商业银行在接管前的债权债务关系，仍由被接管的商业银行负责；被接管期间的债权债务关系，也仍由被接管的商业银行负责，而不是由接管组织或宣布接管的金融管理机构——国务院银行业监督管理机构负责。

（五）商业银行的终止

根据《商业银行法》的规定，商业银行的终止有三种情形，即商业银行因解散、被撤销和被宣告破产而终止。商业银行终止的程序及债权债务清算按不同的终止事由有不同的程序：（1）商业银行因分立、合并或者出现公司章程规定的解散事由需要解散的，应当向国务院银行业监督管理机构提出申请,并附解散的理由和支付存款本金和利息等债务清偿计划,经批准后方可解散。商业银行解散的,应当依法成立清算组,进行清算,按照清偿计划及时偿还存款本金和利息等债务,其清算过程受国务院银行业监督管理机构的监督。(2)商业银行因吊销经营许可证被撤销的,国务院银行业监督管理机构应当依法及时组织成立清算组,进行清算,按照清偿计划及时偿还存款本金和利息等债务。(3)商业银行不能支付到期债务,经国务院银行业监督管理机构同意,由人民法院宣告其破产的,由人民法院组织国务院银行业监督管理机构等有关部门和有关人员成立清算组,进行清算。商业银行破产清算时,在支付清算费用、所欠职工工资和劳动保险费用后,应当优先支付个人储蓄存款的本金和利息。

三、我国的商业银行体系

(一)国有商业银行

1. 中国工商银行

中国工商银行的设立宗旨:依照国家的方针、政策、法令以及宏观决策,通过在国内外开展融资业务,支持工业生产和扩大商品流通,支持国营、集体和个体经济以及第三产业的发展,推进技术进步和企业技术改造,发挥金融在经济建设中的调节和再分配资金的作用,为国家经济体制改革和国民经济的持续稳定协调发展服务。

2. 中国建设银行

中国建设银行的设立宗旨:管理国家的基本建设支出预算;制定基本建设财务管理制度;审批各部门基本建设财务计划和决算;办理建筑安装企业、地质勘探单位、基本建设物资供销企业的贷款;办理房屋开发贷款业务;开办信用卡业务。

3. 中国农业银行

中国农业银行的设立宗旨:根据国家的方针、政策和法规,组织编制和执行农村信贷计划、筹集农村资金、统一管理国家支农资金,集中办理农村信贷,领导农村信用合作社,发展农村金融事业,为发展农村经济和实现四个现代化服务。

4. 中国银行

中国银行的设立宗旨:统一经营国家的外汇资金和与之有关的人民币业务,统一办理国家外汇收支,办理一切贸易和非贸易外汇的国际结算,有计划地组织、运用和积累外汇资金;办理外贸信贷及相应的人民币贷款;办理中外合资企业贷款;办理进出口信贷业务;办理国际信托和租赁业务;经营国际黄金买卖；发行和代理发行外币债券和其他有价证券；代表政府从事国际金融活动。

(二)新型的全国性或区域性的商业银行

在我国金融体制的改革和发展中，我国相继成立了一批新型的商业银行。

全国性商业银行包括：成立于1908年的交通银行，是旧中国的四大银行之一，新中国成立后，中国人民银行对其进行整顿和改造，使之一度成为公私合营企业性质的银行；成立于1987年的中信实业银行，是中国国际信托投资公司所属的国有商业银行，其业务以经营批发银行业务为主，兼营部门零售业务，以外汇业务为主，兼营人民币业务；成立于1992年的中国光大银行，由光大集团创办，1997年改组为股份制银行；成立于1996年的中国民生银行，由中华全国工商业联合会牵头组建，采取发起方式设立的股份有限公司形式的商业银行，是依据国家有关法律法规，自主开展各项商业银行业务，重点服务于民营工商企业的银行。

区域性商业银行包括：成立于1986年的招商银行，是由深圳经济特区蛇口工业区的招商局集团有限公司及所属企业投资创办的区域性股份制商业银行；成立于1992年的上海浦东发展银行，其成立目的是为上海、长江沿岸和三个"三角洲"的经济发展服务，为地方经济建设服务；成立于1993年的华夏银行，由首都钢铁公司投资设立等。

自1994年起，我国开始组建城市合作银行，在北京、上海、深圳、广州等地已成立了城市合作银行，农村合作银行的试点工作于1996年下半年开始进行。此外还有外资商业银行，包括外资银行总行、外国银行分行和中外合资银行。我国政府对涉外银行金融业十分重视，因为它是我国对外开放的重要组成部分，对我国的社会主义现代化建设有十分重要的作用。

四、我国商业银行的监督管理

商业银行的监督管理包括商业银行内部的监督管理和商业银行的外部监督管理两方面。

商业银行的内部监督管理表现为：(1)商业银行应当按照有关规定，制定本行的业务规则，建立、健全本行的业务管理、现金管理和安全防范制度；(2)商业银行应当建立、健全本行对存款、贷款、结算、呆账等各项情况的稽核、检查制度；对分支机构应当进行经常性的稽核和检查监督。商业银行的内部监督管理主要是由其内部监管机构——稽核审计部门实施的。

商业银行的外部监督管理包括两个方面：(1)来自国务院银行业监督管

理机构和中国人民银行的监督管理。商业银行应当定期向国务院银行业监督管理机构和中国人民银行报送资产负债表、损益表以及其他财务会议报表和资料。国务院银行业监督管理机构有权依照《商业银行法》的有关规定，随时对商业银行的存款、贷款、结算、呆账等情况进行检查监督。检查监督时，检查人员应当出示合法证件。商业银行应当按照国务院银行业监督管理机构的要求，提供财务会计资料、业务合同和有关经营管理方面的其他信息。(2)来自国家审计机关的监督管理。商业银行应当依法接受审计机关的审计监督。

第三节 银行业监管法

一、银行业监管

（一）银行业监管与《中华人民共和国银行业监督管理法》

广义的银行业监管不仅包括国家金融监管机构对银行业金融机构的外部监管或他律监管，也包括银行业金融机构的内部监管或自律监管。狭义的银行业监管则是指国家金融监管机构对银行业金融机构组织及其业务活动进行监管和管理的总称，本节所指为狭义的银行业监管。

银行业监管是一国金融监管体系中极为重要的组成部分，金融业本身具有风险的特殊性，而银行等金融机构的经营与公众的信任度有着密切联系，带有鲜明的公众性的特点，因而与其他行业相比，虽然各国金融监管的内容、手段、方式在不同时期有所不同，但以银行业为主体的金融业从来都是各国管制最为严格的行业之一。

2003年12月27日，十届人大常委会第六次会议表决通过了《中华人民共和国银行业监督管理法》，其颁布在我国金融法制建设中具有十分重要的意义，不仅为我国立法提供重要经验，同时也是对我国金融体制改革的法律确认，是完善社会主义市场经济的客观要求。《中华人民共和国银行业监督管理法》（以下简称《银行业监督管理法》）的颁布和实施，填补了我国银行业监督管理的基本法律的空白，从而为加强银行业监管，确保银行业金融机构的合法、安全、稳健运行提供了法律依据。该法完善了银行业监管制度，明确规定了银监会的基本职责，使得银监会履行职责有了更明确、全面的法律授权，强化了监管手段和措施，加强了中国银行业监管的独立性、专业性和权威性，对监管权利的运作进行了规范和约束，为进一步提高我国银行业监管的有效性创造了法律环境。

我国商业银行目前的监管法律制度体系主要包括：《银行业监督管理法》(2003年12月通过，2006年修正)、《商业银行法》(1995年5月通过，2003年12月修正)以及包括《外资银行管理条例》、《外资银行管理实施细则》、《中国银行业监督管理委员会中资商业银行行政许可事项实施办法》等在内的一系列配套法规、规章。

(二)银行业监管的目标

中国银监会成立后，银行业的监督管理职能得到进一步明确和细化，银行监管目标也随之更加具体清晰。《银行业监督管理法》第1条明确规定："为了加强对银行业的监督管理，规范监督管理行为，防范和化解银行业风险，保护存款人和其他客户的合法权益，促进银行业健康发展，制定本法。"根据我国银行业发展的实际情况，结合国外银行业监管经验，我国银行业监管的目标主要包括以下四个方面：第一，通过审慎有效的监管，保护广大存款人和消费者的利益；第二，通过审慎有效的监管，增进市场信心；第三，维护银行业公平竞争，提高银行业竞争能力；第四，努力减少金融犯罪，维护金融稳定。

(三)银行业监管原则

《银行业监督管理法》第4条明确规定："银行业监督管理机构对银行业实施监督管理，应当遵循依法、公开、公正和效率的原则。"第5条补充规定："银行业监督管理机构及其从事监督管理工作的人员依法履行监督管理职责，受法律保护。地方政府、各级政府部门、社会团体和个人不得干涉。"这些规定反映了我国银行业监管所应当遵循的基本原则，下面具体阐述我国银行业监管过程中应当遵循的原则。

1. 依法监管与公开、公正原则

银行业的监管行为是一种行政行为，依法行政、依法监管、实行行政许可，这是行政法的一个基本原则。依法监管是指银行业监管机构的监管职权源于法律，应当严格依据法律行使其监管职权，履行监管职能。中国银监会是国务院银行业监督管理机构，依据《银行业监督管理法》的规定和国务院的授权，统一监督管理银行业金融机构，促进银行业的合法、稳健运行。依法监管不仅要求监管行为遵守法律，也要求监管程序依法进行，真正做到有法可依、有法必依、执法必严、违法必究。

公开原则是指银行业监管除了应当保守秘密外，应当一律公开进行，行政法规、规章、监管政策以及银行业监管机构作出的影响行政相对人权利义务的行为的标准、条件、程序应当依法公开。这原则主要包括两方面内容：一是信息的公开披露，这些信息包括监管立法、政策、标准、程序等方面的信息,银行业金融机构依法应当向社会公开的信息,必须公开的金融风险信息,监管结果的信息等;二是监管行为的公开,即监管机关的监管行为、行政执法行为都应当按照法定程序公开进行。

公正原则是指所有依法成立的银行业金融机构具有平等的法律地位,监管机关应当依法监管,平等地对待所有的被监管对象。这一原则既包括实体公正也包括程序上的公正。

2. 独立监管原则

独立监管原则是指银行业监督管理机构及其监管工作人员依法独立履行监督管理职责,受法律保护,地方政府、各级政府部门、社会团体和个人不得干涉。

3. 审慎监管原则

审慎监管原则是各国银行业监管实践的通行原则,也是巴塞尔银行监管委员会(以下简称巴塞尔委员会)于1997年发布的《银行业有效监管核心原则》的重要的核心原则。根据审慎监管原则,银行业监督管理机构应当以认真谨慎的态度对银行的资本充足性、流动性、风险管理、内部控制机制等方面制定标准并进行有效的监督和管理。我国《银行业监督管理法》及其他有关银行业监管法规借鉴国际银行业监管惯例和《银行业有效监管核心原则》的基本精神,确立了银行业审慎监管的原则,以促使我国银行业监管实现规范化、专业化和国际化。

4. 协调监管原则

协调监管原则是指在中央银行、银行业监管机构、证券业监管机构、保险业监管机构之间建立协调合作、互相配合的机制。参与协调监管的各方就维护金融稳定、跨行业监管和重大监管事项等问题定期进行协商,目的在于衔接和协调货币政策以及对银行业、证券业、保险业的监管政策,避免出现监管真空和重复监管,提高监管效率,从而维护整个金融体系的稳定、效率和竞争力。

5. 跨境合作监管原则

随着金融国际化的发展,各国金融市场之间的联系和依赖性不断加强,各种金融风险在国家之间相互转移、扩散也在所难免。在此背景下,各国越来越重视国际间银行监管的合作,逐步实施了跨境监管,各种国际性监管组织也纷纷成立,力图制定统一的跨境监管标准。跨境银行合作监管是为了确保所有跨境银行都能得到其母国和东道国监管当局的有效监管,并且,跨境银行的母国和东道国监管当局之间应当建立合理的监管分工和合作,就监管的目标、原则、标准、内容、方法以及实际监管中发现的问题进行协商和定期交流。具体来讲,母国监管当局应当对跨境银行的境内外机构、境内外业务进行全球并表监管;同时东道国监管当局也应当对境内的外国银行机构在本地的经营实施有效监管,并就其母行的全球经营风险管理能力进行评价。按照巴塞尔委员会确定的跨境银行合作监管原则,我国应主动推进与境外银行监管机构之间建立正式的监管合作机制。

二、我国银行业的监管机构

(一)中国银行业监督管理委员会简介

2003年4月,第十届全国人民代表大会常务委员会审议决定由中国银行业监督管理委员会(以下简称中国银监会)履行原由中国人民银行履行的监督管理银行的职责。中国银监会根据《银行业监督管理法》的规定,在国务院统一领导下,统一监督管理全国银行业金融机构及其业务。

中国银监会成立之初在内部设15个职能机构:办公厅(党委办公室)、政策法规部(研究局)、银行监管一部(承办对国有商业银行等的监管工作)、银行监管二部(承办对股份制商业银行和城市商业的监管工作)、银行监管三部(承办对政策性银行、外资银行等的监管工作)、非银行金融机构监管部、合作金融机构监管部、统计部、财务会计部、国际部、监察局(纪委)、人事部(党委组织部)、宣传工作部(党委宣传部)、群众工作部(党委群工部)、监事会工作部。

目前其内设机构包括:办公厅、政策法规部(研究局)、银行监管一部(负责监管国有商业银行和资产管理公司)、银行监管二部(负责监管股份制商业银行、城市商业银行和城市合作信用社)、银行监管三部(负责监管外资银行)、银行监管四部(负责监管资产管理公司、政策性银行和邮政储蓄银行)、非银行金融机构监管部(负责监管信托投资公司、财务公司和金融租赁公司等非银行金融机构)、合作金融监管部(负责监管农村信用社和农村商业银行)、科技监管部、创新监管部、消费者保护局、融资担保部、案件稽查局、处置非法集资办公室、统计部、财会部、国际部、监察局(与中国共产党中国银行业监督管理委员会纪律检查委员会合署)、人事部、宣传工作部、信息中心、培训中心、服务中心等其他部门。

此外,银监会在省一级设监管局。地市一级设监管分局,根据需要在县一级设办事机构。中国银监会对派出机构实行统一领导和管理,防止和避免地方政府的干预和影响。其所设立的派出机构,不是独立行使行政职权的行政机关,本身并不能行使银行业监督管理的职权,而是作为银监会的下设机构,由银监会授权履行监督管理职责。

第十二章 银行法

(二)银行业监管工作人员的行为准则

在现阶段，中国银监会具有举足轻重的地位，其能否发挥应有的作用，关键在于其工作人员能否正确履行各自的职责，因此规定银监会工作人员应当忠于职守、依法办事、公正廉洁、不得利用职务便利谋取不正当利益具有重大现实意义。根据《银行业监督管理法》第10条的规定，中国银监会工作人员不得在任何金融机构等企业中兼任职务。其目的在于保证银监会工作人员在执行政策时能够保持公正、中立的地位，始终向国家整体利益负责，增强银监会工作人员执行政策的透明度，提高其接受国家与社会监督的自觉性。

银监会工作人员这一身份具有工作地位、条件和环境的特殊性，使得监管工作人员接触到国家秘密的可能性高于其他人，为了有效防止银监会工作人员泄露国家秘密，《银行业监督管理法》第11条专门规定了保守秘密的义务。此外，为了保护银行业金融机构及有关当事人的合法利益，避免金融活动中的不正当竞争和违法犯罪活动，监管人员也有为监督管理的银行业金融机构及有关当事人保密的责任。

(三)银行业监管机关的职责

根据《银行业监督管理法》及相关法律法规的规定，中国银行业监管机关应当履行下列主要职责：

(1)依法制定并发布对银行业金融机构及其业务活动监管的规章、规则；

(2)对社会金融秩序起重要影响的银行金融机构及其业务活动的监管；

(3)依照法律、行政法规规定的条件和程序，审查批准银行业金融机构的设立、变更、终止以及业务范围；

(4)按照规定审查批准或者备案银行业金融机构业务范围内的业务品种；

(5)依法对银行业金融机构的业务活动及其风险状况进行检查监督；

(6)建立银行业金融机构监督管理评级体系和风险预警机制，根据银行业金融机构的评级情况和风险状况，确定对其现场检查的频率、范围和需要采取的其他措施；

(7)建立银行业突发事件的发现、报告岗位责任制度；

(8)统一编制全国银行业金融机构的统计数据、报表，并按照国家有关规定予以公布；

(9)其他职责，如对银行业自律组织的活动进行指导和监督，开展与银行业监督管理有关的国际交流、合作活动。

银行业监督管理措施是指银行业监管机构为履行其监管职责,实现监管目的,依法采取的具体办法。《银行业监督管理法》在明确规定监管职责的同时,也规定了银行业监管机构可以采取的监管措施,主要有以下几种:

(1)要求银行业金融机构报送资料和文件,主要包括财务会计报表(含资产负债表、利润表、其他财务报表)。

(2)现场检查措施,但应经过银行业监督管理机构负责人的批准。

(3)监督管理谈话,是指银行业监管机构就监管事项与银行业金融机构的董事、高级管理人员进行的谈话。

(4)信息披露,是指银行业金融机构按照规定,如实向社会公众披露财务会计报告、风险管理状况、董事和高级管理人员变更及其他重大事项等信息的行为。

(5)对违反审慎经营的银行业金融机构可以采取责令限期改正等处罚措施。

(6)接管、重组和撤销。银行业金融机构已经或者可能发生信用危机,严重影响存款人和其他客户合法权益的,银行业监管机构可依法对该机构实行接管或促成机构重组。对于有违法经营、经营管理不善等情形,不予撤销将严重危害金融秩序,损害公众利益的,银行业监管机构有权予以撤销。

(7)查询和冻结涉嫌金融违法行为的行为人的账户。

三、《银行业监督管理法》的违法处罚

(一)银行业监督管理机构监管人员违法行为的法律责任

银行业监管机构从事监督管理工作的人员未依法履行监管职责或超越职权范围进行监管的,需要承担相应的行政责任或刑事责任。《银行业监督管理法》第42条对银行业监管机构从事监督管理工作的人员的违法行为及其所应承担的法律责任进行了规定。

1. 滥用职权、玩忽职守的法律责任

中国银监会及其派出机构监管工作人员有下列情形之一的,依法给予行政处分;构成犯罪的,依法追究刑事责任:一是违反规定审查批准银行业金融机构的设立、变更、终止,以及业务范围和业务范围内的业务品种的;二是违反规定对银行业金融机构进行现场检查的;三是未依照规定报告突发事件的;四是违反规定查询账户或者申请冻结资金的;五是违反规定对银行业金融机构采取措施或者处罚的;六是滥用职权、玩忽职守的其他行为。

2. 贪污受贿、泄露国家秘密或商业秘密的法律责任

中国银监会及其派出机构监管工作人员贪污受贿、泄露国家秘密或者所

知悉的商业秘密,构成犯罪的,依法追究刑事责任;尚不构成犯罪的,依法给予行政处分。

(二)擅自设立金融机构或从事金融业务的法律责任

银行业金融机构的设立、变更、终止以及业务范围,必须经国务院银行业监督管理机构按照法定程序进行审批方可进行;未经国务院银行业监督管理机构批准,任何单位或者个人不得设立银行业金融机构或者从事银行业金融机构的业务活动。擅自设立银行业金融机构,非法从事银行业金融业务活动的,必须承担相应的法律责任。《银行业监督管理法》第43条规定了上述违法行为的行政责任和刑事责任。

1. 行政责任

擅自设立银行业金融机构或者非法从事银行业金融机构的业务活动的,所得50万元以上的,并处违法所得1倍以上5倍以下罚款;没有违法所得或者违法所得不足50万元的,处50万元以上200万元以下罚款。

2. 刑事责任

擅自设立银行业金融机构或者非法从事银行业金融机构的业务活动,构成犯罪的,应当依法承担刑事责任。我国《刑法》第174条和第176条对此类犯罪及量刑标准进行了规定。

(三)银行业金融机构违法行为的法律责任

1. 银行业金融机构违反有关审批规定的法律责任

银行业金融机构的设立、变更、终止、业务范围以及规定范围内的业务品种,必须依法经监管机构审查批准方可进行。银行业金融机构违反有关审批的规定,必须承担相应的法律责任。根据《银行业监督管理法》第44条的规定,银行业金融机构有下列情形之一,由中国银监会追究其行政责任;构成犯罪的,依法追究刑事责任:一是未经批准设立分支机构的;二是未经批准变更、终止的;三是违反规定从事未经批准或者未备案的业务活动的;四是违反规定提高或者降低存款利率、贷款利率的。

2. 银行业金融机构违反有关监管要求的法律责任

银行业金融机构必须按照有关的监管要求从事业务活动;违反有关审慎监管要求的,必须依法承担相应的法律责任。根据《银行业监督管理法》第45条的规定,银行业金融机构有下列情况之一,由中国银监会追究其行政责任,构成犯罪的,依法追究刑事责任:一是未经任职资格审查任命董事、高级管理人员的;二是拒绝或者阻碍非现场监管或者现场检查的;三是提供虚假的或者隐瞒重要事实的报表、报告等文件、资料的;四是未按照规定进行信息披露的;五是严重违反审慎经营规则的;六是拒绝中国银监会或其省一级派出机构对其违反审慎经营规则采取的制裁措施的。

3. 银行业金融机构不按规定报送报表和资料的法律责任

银行业金融机构按照规定向监管部门报送报表、报告等文件、资料是实施非现场监管的主要内容。根据《银行业监督管理法》第46条的规定，银行业金融机构不按照规定提供报表、报告等文件、资料的，由中国银监会或其派出机构责令改正，逾期不改正的，处10万元以上30万元以下罚款。

(四)违法的银行业金融机构从业人员的法律责任

根据《银行业监督管理法》第47条的规定，对违法的银行业金融机构，除金融机构本身应承担相应的法律责任外，该机构直接负责的董事、高级管理人员和其他直接责任人员也应当承担相应的法律责任。中国银监会根据违法情节的轻重，对违法的银行业金融机构的上述人员可以采取以下行政处罚措施：

第一，责令银行业金融机构对直接负责的董事、高级管理人员和其他直接责任人员给予纪律处分；

第二，银行业金融机构的行为尚不构成犯罪的，对直接负责的董事、高级管理人员和其他直接责任人员给予警告，处5万元以上50万元以下罚款；

第三，实施市场禁入，即取消直接负责的董事、高级管理人员一定期限直至终身的任职资格，禁止直接负责的董事、高级管理人员和其他直接责任人员一定期限直至终身从事银行业工作。

【思考题】

1. 关于《银行业监督管理法》的适用范围，下列哪一说法是正确的？（   ）（2011年全国司法考试试卷一单选第29题）

A. 信托投资公司适用本法

B. 金融租赁公司不适用本法

C. 金融资产管理公司不适用本法

D. 财务公司不适用本法

2. 下列哪一选项不属于国务院银行业监督管理机构职责范围？（   ）（2010年全国司法考试试卷一单选第26题）

A. 审查批准银行业金融机构的设立、变更、终止以及业务范围

B. 受理银行业金融机构设立申请或者资本变更申请时，审查其股东的资金来源、财务状况、诚信状况等

C. 审查批准或者备案银行业金融机构业务范围内的业务品种

D. 接收商业银行交存的存款准备金和存款保险金

3. 某省银行业监督管理局依法对某城市商业银行进行现场检查时,发现该行有巨额非法票据承兑,可能引发系统性银行业风险。根据《银行业监督管理法》的规定,应当立即向下列何人报告?(   )(2009年全国司法考试试卷一第22题)

　　A. 该省人民政府主管金融工作的负责人

　　B. 国务院主管金融工作的负责人

　　C. 中国人民银行负责人

　　D. 国务院银行业监督管理机构负责人

4. 关于商业银行贷款法律制度,下列哪一选项是错误的?(   )(2009年全国司法考试试卷一第23题)

　　A. 商业银行贷款应当实行审贷分离、分级审批的制度

　　B. 商业银行可以根据贷款数额以及贷款期限,自行确定贷款利率

　　C. 商业银行贷款,应当遵守资本充足率不得低于百分之八的规定

　　D. 商业银行贷款,应当对借款人的借款用途、偿还能力、还款方式等情况进行严格审查

5. 商业银行在吸收存款的基础上发放贷款,在票据流通和转账结算的基础上,贷款又转化为存款,在此存款不提取的情况下,商业银行增加了资金来源,可再次转为贷款,最后整个银行体系形成了超过原始存款的派生存款。这体现了商业银行的下列哪一种职能?(   )(2008年全国司法考试试卷一第22题)

　　A. 支付中介职能

　　B. 金融服务职能

　　C. 信用创造职能

　　D. 金融工具创造职能

第十三章 证券法

【学习目的与要求】通过本章的学习，应该了解证券的基本概念与特征，理解证券法的基本原则；熟悉证券发行的程序、证券上市的程序、上市公司收购程序、违反证券法的法律责任等；掌握证券发行的条件、证券承销、证券上市、暂停与终止的条件；能够熟练判断禁止交易的行为种类、深刻领会证券法对证券市场发展的作用等。

第一节 证券法概述

一、证券的概念与特征

(一)证券的概念与种类

证券是表示一定权利的书面凭证，即记载并代表一定权利的文书。从广义讲，证券包括资本证券、货币证券和货物证券。我国证券法上规范的证券只是资本证券。由于各国的证券法律制度不尽相同，其证券立法对证券的含义和范围的规定存在差异。

根据《中华人民共和国证券法》第2条的规定，该法所称的证券包括股票、公司债券及国务院依法认定的其他证券。我国学术界一般将证券法上的证券分为股票、债券、投资基金券和认股权证四大类。

1. 股票

股票是指股份有限公司发行的，表示股东按其持有的股份数额享受权益和承担义务的书面凭证。投资者通过购买股份有限公司的股份而成为其股东，股东凭股票行使股东权。

股票依照不同的标准划分，可以分为不同的种类：

(1)以是否记载股东的姓名或名称，股票可分为记名股票和不记名股票。

(2)按照股东权利的性质，股票可分为普通股股票和优先股股票。优先股先于普通股领取股息，股息固定，不受公司业绩影响，公司破产时先于普通股获得剩余财产，优先股不参加公司管理，没有表决权，不参加红利分配。

(3) 按照股票是否附有表决权，股票可分为有表决权股票和无表决权股票。

(4) 按照股票票面是否记载金额，股票可分为额面股股票和无额面股股票。

(5) 按照股票发行对象不同，股票可分为发起人股、国家股、法人股、内部职工股和社会公众股，这是我国股票的特殊分类。

2. 债券

债券是发行人依照法定程序发行的，约定按期向持有人支付利息和偿还本金的有价证券，债券是表明债权债务关系的一种书面凭证。债券是一种有价证券，是社会各类经济主体为筹措资金而向债券投资者出具的，并且承诺按一定利率定期支付利息和到期偿还本金的债券债务凭证。由于债券的利息通常是事先确定的，所以，债券又被称为固定利息证券。债券通常包括以下几个基本要素：票面价值、价格、偿还期限。

《中华人民共和国证券法》规定的债券仅指公司债券。政府债券和金融债券由其他法律和行政法规另行规定。而一般企业债券的发行和转让主要依照《企业债券发行与转让管理办法》的规定执行。

3. 投资基金券

投资基金券，是指发行人向社会公众发行的，表明持有人按照所持基金单位数享有相应权利、承担相应义务的书面凭证。

所谓证券投资基金是一种利益共享、风险共担的集合投资方式，即通过发行基金单位，集中投资者的资金，由基金托管人托管，由基金管理人管理和运用资金，从事股票、债券等金融工具投资。投资基金券是一种介于股票和债券之间的有价证券，可以在证券市场上进行流通。

根据投资基金的分类标准，投资基金券可分为公司型基金券和契约型基金券，开放式基金券和封闭式基金券等。

4. 认股权证

认股权证是由股份有限公司发行的授予特有人在限定期限内以一定的价格购买一定数量的该公司增资发行股票的选择权凭证。认股权证是购买股票的权利凭证，它本身不是股份证明书，凭证持有人不具有股东资格，不享有股东权利。凭证持有人可自行决定是否认购股票。认股权证是一种特殊的期权。同一般的期权相比认股权证的期限较长，一般为 1~2 年，有的甚至是永久性的。此外，一般的期权可由多种机构发行，而认股权证必须由发行股票的公司发行。

(二)证券的特征

证券通常具有以下特征：

1. 证券具有产权性

证券的产权性是指有价证券记载着权利人的财产权内容，代表着一定的财产所有权，拥有证券就意味着享有财产的占有、使用、收益和处置的权利。

2. 证券具有收益性

证券的收益性是指持有证券本身可以获得一定数额的收益，这是投资者转让资本使用权的回报。有价证券的收益表现为利息收入、红利收入和买卖证券的差价。收益的多少通常取决于该资产增值数额的多少和证券市场的供求状况。

3. 证券具有流通性

证券的流通性又称变现性，是指证券持有人可按自己的需要灵活地转让证券以换取现金。流通性是证券的生命力所在。流通性不但可以使证券持有人随时把证券转变为现金，而且还使持有人根据自己的偏好选择持有证券的种类。证券的流通是通过承兑、贴现、交易实现的。

4. 证券具有风险性

证券的风险性是指证券持有者面临着预期投资收益不能实现，甚至使本金也受到损失的可能。在现有的社会生产条件下，未来经济的发展变化有些是投资者可以预测的，而有些则无法预测，因此，投资者难以确定他所持有的证券将来能否取得收益和能获得多少收益，从而就使持有证券具有风险性。

二、证券法概述

(一)证券法的概念及适用范围

证券法是指调整证券关系的法律规范的总称，它有广义和狭义之分。广义的证券法是泛指一切与证券有关的立法以及法律条款，包括公法上的证券法、私法上的证券法、实体上的证券法以及程序上的证券法。狭义上的证券法仅指某一特定的证券法典或者单行法，在我国主要是指1998年12月29日第九届全国人民代表大会常务委员会第六次会议通过的《中华人民共和国证券法》(以下简称《证券法》)，该法于2004年进行了第一次修正，2005年进行了修订，2013年进行了第二次修正。

《证券法》适用于在中国境内的股票、公司债券以及国务院依法认定的其他证券的发行和交易。《证券法》未规定的，适用公司法和其他法律、行政法规的规定。政府债券、证券投资基金份额的上市交易，适用《证券法》；其他法律、行政法规另有规定的，适用其规定。证券衍生品种发行、交易的管理办法，由国务院依照《证券法》的原则规定。

(二)证券法的调整对象

证券法的调整对象是证券关系。所谓证券关系是指因证券的发行、交易、监管及其他相关活动而产生的社会关系。证券法调整的证券关系具体包括以下几方面的内容：

1. 证券发行关系

证券发行是指证券发行人以筹集资金为目的，将证券出售给投资者的行为。证券发行关系是指证券发行人、证券主管机关、证券经营机构、证券投资人等证券法律关系主体在证券发行过程中形成的社会关系。

2. 证券交易关系

证券交易关系是指证券投资者在证券市场上转让证券或采取其他方式处置证券而与其他投资者发生的交易关系。证券交易关系以证券买卖关系为主要形式，还包括证券质押关系、赠与关系、继承关系及其他以证券为标的的交易关系。在证券市场活动中，最频繁、最活跃和风险最集中的是证券交易行为，故而证券交易关系是证券法的主要调整对象。

3. 证券监督管理关系

证券监督管理关系是指证券主管机关和证券自律管理组织对证券和证券活动进行组织、协调、监督、管理过程中产生的各种社会关系。对证券市场进行监管是确保其安全高效运行的重要条件，也是维护良好的证券市场秩序的主要手段，因而各国证券法律均对证券监管问题作出不同程度的规定，确立了各自适合本国国情的证券监管体制，我国实行以中国证监会集中统一管理为主，证券交易所和证券业协会自律管理为辅的证券管理体制。

(三)证券法的基本原则

1. 保护投资者合法权益的原则

我国《证券法》第1条"立法宗旨"将保护投资者合法权益放在首要位置，并在整部法律中规定了信息披露、禁止证券欺诈行为等制度和规范，体现了保护投资者合法权益的原则。

2. 公开、公平、公正原则

公开原则是证券发行和交易制度的核心，它要求证券发行者必须依法将与证券有关的一切真实情况予以公开，以供投资者投资决策时参考。只有以公开为基础，才能实现公平和公正。公平原则是指在证券发行和交易活动中，发行人、投资人、证券商和证券专业服务机构的法律地位完全平等，其合法权益受到同等保护。公正原则是指证券监管机关和司法机构在履行职责时，应当依法行使职责，对一切主体给予公正的待遇。

3. 平等、自愿、有偿、诚实信用的原则

该原则是指证券发行与交易活动的当事人具有平等的法律地位，应自愿有偿、诚实信用地履行自己所承担的义务，不得有任何证券欺诈行为。

4. 合法原则

《证券法》第5条规定："证券发行、交易活动，必须遵守法律、行政法规；禁止欺诈、内幕交易和操纵证券市场的行为。"这体现了证券发行、交易活动必须依法进行的原则。

5. 分业经营、分业管理的原则

《证券法》第6条规定："证券业和银行业、信托业、保险业实行分业经营、分业管理，证券公司与银行、信托、保险业务机构分别设立。国家另有规定的除外。"这为混业经营留下了空间。

6. 国家集中统一监管与行业自律相结合的原则

《证券法》规定，国务院证券监督管理机构依法对全国证券市场实行集中统一监督管理。国务院证券监督管理机构根据需要可以设立派出机构，按照授权履行监督管理职责。在国家对证券发行、交易活动实行集中统一监督管理的前提下，依法设立证券业协会，实行自律性管理。国家审计机关对证券交易所、证券公司、证券登记结算机构、证券监督管理机构进行审计监督。

三、证券市场

证券市场是股票、公司债券、证券投资基金份额、金融债券、政府债券、外国债券等有价证券及其衍生产品（如期货、期权等）发行和交易的场所，其实质是通过各类证券的发行和交易以募集和融通资金并取得预期利益。证券市场由证券发行市场和证券流通市场两部分组成。

（一）证券发行市场

证券发行市场又称为证券一级市场或初级市场，它是证券发行人以筹集资金为目的，发行证券，供投资者认购的市场，它是证券市场的起点。在发行市场上的证券市场主体主要有发行人、承销商、投资者以及各类中介服务机构。

（二）证券流通市场

证券流通市场，又称为证券二级市场，是为业已发行的证券在持有人和投资者之间进行交易提供场所的证券市场,它是最能反映一国经济生活的。二级市场又可以分为场内交易市场和场外交易市场。

第二节 证券市场主体

一、证券发行人

证券发行人是为筹集资金而以统一的条件依法向投资者出售证券的人,包括政府、金融机构、公司企业和非公司企业等主体。

(一)政府

政府可以通过证券市场发行政府债券,主要有中央政府债券和地方政府债券。中央政府债券也称国债或公债。我国中央政府债券包括国库券、财政债券、重点建设债券、国家建设债券、保值公债、特种国债等。地方政府债券是由各级地方政府发行的债券,是为地方建设筹集资金。在我国,除法律和国务院另有规定外,地方政府不得发行地方政府债券。

(二)金融机构

金融机构在许多国家或地区均是证券发行市场的重要主体。在我国,国有商业银行、政策性银行和非银行金融机构可以根据中国人民银行的批准,通过证券市场依法发行金融债券,增加信贷资金来源。同时非银行金融机构还可发行一些衍生证券品种。

(三)公司企业

按照我国《公司法》的规定,公司企业包括有限责任公司和股份有限公司。有限责任公司的资本不划分成等额股份、不具有股份性,故不能发行股票;股份有限公司是股票发行的唯一主体。公司债券的发行主体在我国有特殊规定,1993年《公司法》允许股份有限公司和特定的有限责任公司公开发行公司债券,后者指国有独资公司和两个或两个以上国有投资主体设立的有限责任公司;2005年《公司法》允许所有的有限责任公司依法发行公司债券。另外,根据《可转换公司债券管理暂行办法》的规定,上市公司可以依法在境内发行可转换公司债券。

(四)非公司企业

为了有效利用社会闲散资金、引导资金的合理流向,早在1987年国务院即颁布了《企业债券管理暂行条例》,允许我国境内具有法人资格的全民所有制企业依法发行债券。1993年实施的《企业债券管理条例》进一步放宽了非公司企业的主体,把所有行业的国有企业和集体企业都纳入了发债的范畴。作为例外，三资企业也可发行企业债。

二、证券投资者

与证券发行人不同，证券投资者既可以处于证券发行市场，也可以处于证券交易市场。证券发行市场的投资者是指根据证券发行人的招募要约，认购或购买证券的实际购买人与投资人，也是证券投资市场的最初投资人，其支撑发行市场的资金供给。证券交易市场的投资者既包括未出售其在发行市场购买证券的原始投资者，也包括在证券交易市场中购买证券的继受投资者。继受投资者是从证券出让者手中获得投资机会。只有当原始投资者在交易市场中出售其持有的证券，收回在一级市场的投资，才会给其他投资者投资的机会。

(一) 个人投资者和机构投资者

按照投资者的身份，可以把证券投资者分为个人投资者和机构投资者。个人投资者是指符合法律规定的具有完全行为能力的自然人，因赠与和继承而成为投资者的也可是无行为能力或限制行为能力的自然人。机构投资者是指符合法律规定的从事证券投资的组织，主要包括法定金融机构、基金、企业组织或其他机构。

(二) 境内投资者和境外投资者

按照投资者国籍或注册地，可以把投资者分成境内投资者和境外投资者。

境内投资者是指具备中华人民共和国国籍或者依照中国法律在中国境内注册登记，根据证券法律、法规、规章及其他相关法律的规定，有权从事证券投资的自然人或企业法人。境外投资者是指在我国证券市场上进行证券投资的境外投资机构或自然人。

三、证券交易所

(一) 证券交易所的概念

证券交易所是为证券集中交易提供场所和设施，组织和监督证券交易，实行自律管理的法人。证券交易所有公司制和会员制之分。我国的证券交易所是不以营利为目的，仅为证券的集中和有组织的交易提供场所、设施，并履行国家有关法律、法规、规章、政策规定的职责，实行自律性管理的会员制的事业法人。目前，我国有两家证券交易所，即1990年12月设立的上海证券交易所和1991年7月设立的深圳证券交易所。证券交易所的设立和解散，由国务院决定。

(二)证券交易所的设立与解散

证券交易所的设立依其是采取注册制、承认制,还是采取特许制,其设立条件和程序也各不相同。在实行注册制的国家,设立申请人只要依法提供法律预先规定的文件并履行相关程序后,即可注册登记,政府仅对申请人提交文件的完整性及合法性进行审查,不得任意否决或驳回设立人的申请。采取承认制的国家则有所不同,政府审核机关还要对设立申请人提交文件的真实性和准确性、申请人资格、设立条件的适法性、设立程序的合法性等作出实质审查,经审查合格才核准登记并颁发登记文件。采取特许制的国家则不仅要求申请人提交符合法律规定的全部文件,具备法律规定的设立证券交易所的实质性条件,同时还必须取得政府的特别许可,未经许可不得设立。①

证券交易所必须制定章程。章程是设立证券交易所的基本文件,其作用在于确定证券交易所的运行规则,规范和约束各会员和证券交易所的行为。证券交易所章程应当包括以下事项:(1)设立目的;(2)名称;(3)主要办公及交易场所和设施所在地;(4)职能范围;(5)会员的资格和加入、退出的程序;(6)会员的权利和义务;(7)对会员的纪律处分;(8)组织机构及其职权;(9)高级管理人员的产生、任免及其职责;(10)资本和财务事项;(11)解散的条件和程序;(12)其他需要在章程中规定的事项。

证券交易所存续期间因条件发生变化,不符合法律规定或者因不可抗力事件的发生致使交易所无法运转,或者会员大会通过决议解散的,可以予以解散。证券交易所的解散,应经国务院证券监督管理机构审核后,报国务院决定。

(三)证券交易所的职能

依据《证券法》的规定,证券交易所具有以下职能:

(1)为组织公平的集中交易提供保障,公布证券交易即时行情,并按交易日制作证券市场行情表,予以公布。

(2)依照法律、行政法规的规定,办理股票、公司债券的暂停上市、恢复上市或者终止上市的事务。

(3)因突发性事件而影响证券交易的正常进行时,证券交易所可以采取技术性停牌的措施;因不可抗力的突发性事件或者为维护证券交易的正常秩序,证券交易所可以决定临时停市。证券交易所采取技术性停牌或者决定临时停市,必须向中国证监会报告。

(4)对证券交易实行实时监控,并按照国务院证券监督管理机构的要

---

① 赵万一主编:《商法》,高等教育出版社2003年版,第204页。

求,对异常的交易情况提出报告;对上市公司及相关信息披露进行监督,督促上市公司依法及时、准确地披露信息。

(5)依照证券法律、行政法规制定上市规则、交易规则、会员管理规则和其他有关规则,并报国务院证券监督管理机构批准。

(6)对违反交易规则的证券交易人给予纪律处分,情节严重的,可撤销其交易资格,禁止其入场进行证券交易。

四、证券公司

(一)证券公司的概念

证券公司是指依照公司法的规定并经国务院证券监督管理机构审查批准而成立的专门经营证券业务,具有独立法人地位的金融机构。证券公司的组织形式包括有限责任公司和股份有限公司,证券公司必须在其名称中表明"证券有限责任公司"或者"证券股份有限公司"字样。

(二)证券公司的设立

设立证券公司必须经国务院证券监督管理机构审查批准。未经国务院证券监督管理机构批准,任何单位和个人不得经营证券业务。证券公司设立,收购或者撤销分支机构,变更业务范围或者注册资本,变更持有5%以上股权的股东、实际控制人,变更公司章程中的重要条款,合并、分立、变更公司形式,停业、解散破产,必须经国务院证券监督管理机构批准。

根据我国《证券法》的规定,设立证券公司应当具备下列条件:

(1)有符合法律、行政法规规定的公司章程;

(2)主要股东具有持续盈利能力,信誉良好,最近3年无重大违法违规记录,净资产不低于人民币2亿元;

(3)有符合证券法规定的注册资本;

(4)董事、监事、高级管理人员具备任职资格,从业人员具有证券从业资格;

(5)有完善的风险管理与内部控制制度;

(6)有合格的经营场所和业务设施;

(7)法律、行政法规规定的和经国务院批准由国务院证券监督管理机构规定的其他条件。

(三)证券公司的业务范围

经国务院证券监督管理机构批准,证券公司可以经营下列部分或者全部业务:

(1)证券经纪;

(2) 证券投资咨询；

(3) 与证券交易、证券投资活动有关的财务顾问；

(4) 证券注销与保荐；

(5) 证券自营；

(6) 证券资产管理；

(7) 其他证券业务。

(四) 证券公司的监管

证券公司依法享有自主经营的权利，其合法经营不受干涉。但由于在证券市场中的特殊地位，证券法规定了周密的监管制度[1]：

1. 风险控制监管

国务院证券监督管理机构对证券公司的净资本，净资本与负债的比例，净资本与净资产的比例，净资本与自营、承销、资产管理等业务规模的比例，负债与净资产的比例，以及流动资产与流动负债的比例等风险控制指标作出了规定。证券公司不得为其股东或股东的关联人提供融资或担保。2006年7月20日，中国证监会颁布了《证券公司风险控制指标管理办法》，对证券公司风险控制指标作了具体规定。

2. 投资者保护基金和准备金监管

国家设立证券投资者保护资金。由证券公司缴纳的资金和其他依法筹集的资金组成。并且证券公司应每年从其税后利润中提取交易风险准备金，以弥补证券交易损失，具体比例由国务院证券监督管理机构规定。

3. 内控隔离监管

证券公司应当建立健全内部控制制度，采取有效隔离措施，防范公司与客户之间、不同客户之间的利益冲突。将证券经纪业务、承销业务、自营业务和证券资产管理业务分开办理。

4. 客户交易结算资金和证券独立

证券公司客户的交易结算资金应存放在商业银行，以每个客户的名义单独立户管理。证券公司不得将客户的交易结算资金和证券归入自有财产，禁止挪用客户的交易结算资金和证券。

5. 禁止接受全权委托

证券公司办理经纪业务，不得接受客户的全权委托而决定证券交易、选择证券种类、决定交易数量或者交易证券；不得以任何方式对客户证券交易的收益或者赔偿证券交易的损失作出承诺。客户的证券买卖委托不论是否成

---

[1] 樊启荣主编：《经济法》，武汉大学出版社2008年版，第120页。

交，其委托记录应当按照规定的期限保存于证券公司。

五、证券登记结算机构

(一)证券登记结算机构的概念与设立

证券登记结算机构是为证券交易提供集中登记、存管与结算服务，不以营利为目的的法人。

设立证券登记结算机构，必须经国务院证券监督管理机构批准，并应具备下列条件：

(1)自有资金不少于2亿元；
(2)具有证券登记、存管和结算服务所必需的场所和设施；
(3)主要管理人员和业务人员具有证券从业资格；
(4)国务院证券监督管理机构规定的其他条件。

(二)证券登记结算机构的职能

根据《证券法》第157条的规定，证券登记结算机构具有下列职能：

(1)证券账户、结算账户的设立；
(2)证券的存管和过户；
(3)证券持有人名册登记；
(4)证券交易所上市证券交易的清算和交收；
(5)受发行人的委托派发证券权益；
(6)办理与上述业务有关的查询；
(7)国务院证券监督管理机构批准的其他业务。

证券登记结算机构的业务规则有：

(1)证券登记结算采取全国集中统一的运营方式；
(2)为投资者开立证券账户；
(3)不得挪用客户的证券；
(4)向证券发行人提供证券持有人名册及其有关资料；
(5)提供净额结算服务时，应当要求结算参与人按照货银对付的原则，足额交付证券和资金，并提供交收担保；
(6)收取的各类结算资金和证券，必须存放于专门的清算交收账户，只能用于已成交的证券交易的清算交收；
(7)根据证券登记结算的结果，确认证券持有人持有证券的事实，提供证券持有人登记资料；
(8)保证证券持有人名册和登记过户记录真实、准确、完整；
(9)采取措施保证业务的正常进行，如具有必备的服务设施和完善数据安全保护措施等；

（10）妥善保存登记、存管和结算的原始凭证及有关文件和资料，保存期限不得少于20年；

（11）设立结算风险基金，用于垫付或者弥补因违约交收、技术故障、操作失误、不可抗力造成的证券登记结算机构的损失。

(三)证券登记结算机构的责任

证券登记结算机构履行下列职能：

（1）应当向证券发行人提供证券持有人名册及其有关资料；

（2）应当根据证券登记结算的结果，确认证券持有人持有证券的事实，提供证券持有人登记资料；

（3）应当保证证券持有人名册和登记过户记录真实、准确、完整，不得伪造、篡改、毁坏；

（4）应当妥善保存登记、托管和结算的原始凭证，重要的原始凭证的保存期不少于20年；

（5）应当采取下列措施保证业务的正常进行：①具有必备的服务设备和完善的数据安全保护措施；②建立健全的业务、财务和安全防范等管理制度；③建立完善的风险管理系统。

六、证券监督管理机构

(一)证券监督管理机构的性质

根据《证券法》的规定，国务院证券监督管理机构依法对我国证券市场实行监督管理。目前从国务院机构设置的情况看，国务院证券监督管理机构是中国证券监督管理委员会。根据国务院1998年9月批准的《中国证券监督管理委员会职能配置、内设机构和人员编制规定》，中国证券监督管理委员会属于国务院正部级事业单位，是全国证券期货市场的主管部门，它根据国务院证券业和期货业进行集中统一监管。

(二)证券监督管理机构的职责

根据《证券法》的规定，国务院证券监督管理机构的职责有：

（1）依法制定有关证券市场监督管理的规章、规则，并依法行使审批或者核准权；

（2）依法对证券的发行、上市、交易、登记、存管、结算，进行监督管理；

（3）依法对证券发行人、上市公司、证券交易所、证券公司、证券登记结算机构、证券投资基金管理公司、证券服务机构的证券业务活动，进行监督管理；

(4) 依法制定从事证券业务人员的资格标准和行为准则，并监督实施；

(5) 依法监督检查证券发行、上市和交易的信息公开情况；

(6) 依法对证券业协会的活动进行指导和监督；

(7) 依法对违反证券市场监督管理法律、行政法规的行为进行查处；

(8) 法律、行政法规规定的其他职责。

国务院证券监督管理机构依法履行职责时，有权采取下列措施：

(1) 对证券发行人、上市公司、证券公司、证券投资基金管理公司、证券服务机构、证券交易所、证券登记结算机构进行现场检查；

(2) 进入涉嫌违法行为发生场所调查取证；

(3) 询问当事人以及与被调查事件有关的单位和个人，要求其对与被调查事件有关的事项作出说明；

(4) 查阅、复制与被调查事件有关的财产权登记、通信记录等资料；

(5) 查阅、复制当事人以及与被调查事件有关的单位和个人的证券交易记录、登记过户记录、财务会计资料及其他相关文件和资料；对可能被转移、隐匿或毁损的文件和资料，可以予以封存；

(6) 查询当事人以及与被调查事件有关的单位和个人的资金账户、证券账户和银行账户；对有证据证明已经或者可能转移或者隐匿违法资金、证券等涉案财产或者隐匿、伪造、毁损重要证据的，经国务院证券监督管理机构主要负责人批准，可以冻结或者查封；

(7) 在调查操纵证券市场、内幕交易等重大证券违法行为时，经国务院证券监督管理机构主要负责人批准，可以限制被调查事件当事人的证券交易，但不得超过 15 个交易日；案情复杂的，可以延长 15 个交易日。

国务院证券监督管理机构依法履行职责，进行监督检查或者调查，其监督检查、调查的人员不得少于 2 人，并应当出示合法证件和监督检查、调查通知书。监督检查、调查的人员少于 2 人或者未出示合法证件和监督检查、调查通知书的，被检查、调查的单位有权拒绝。

国务院证券监督管理机构工作人员必须忠于职守，依法办事，公正廉洁，不得利用职务便利牟取不正当利益，不得泄露所知悉的有关单位和个人的商业秘密。

国务院证券监督管理机构依法履行职责，被检查、调查的单位和个人应当配合，如实提供有关文件和资料，不得拒绝、阻碍和隐瞒。

第三节 证券的发行

一、证券发行概述

(一)证券发行的概念与方式

证券发行指发行人以募集资金为目的,依照法律规定的程序向投资者以同一条件出售证券的行为。有别于从银行筹集资金的间接融资方式,证券发行是一种直接融资方式,由发行人直接向投资人募集资金。

证券发行具有以下特征:

1. 直接融资性

证券发行的最大功能是直接联结资金供求的一种恰当的纽带,是资金持有人将剩余资金进行投资的一种主要途径。它能迅速地将社会闲散资金转化为生产建设资金,与银行的间接融资活动相比,证券发行更能为资金缺少者提供具有长期性、持续性的生产经营资金。

2. 商业性

证券的发行是一种商业行为。证券发行是发行人向社会投资者出售证券的要约,即发行人将同等单位、同等价值和同等发行价格的证券,向社会不特定的人员出售,投资人以自己的资金购买(承诺行为)发行人发行的证券,并取得相关权益的商业行为。

3. 规范性

证券发行是发行人向社会公众进行集资的行为。为保护社会公众的利益,世界各国证券立法均对证券发行人的资格和条件作出了严格的限制。在我国的证券立法中,对证券发行的准备、证券发行的参与人和证券发行行为都设有严格的程序、规则。

(二)证券发行的基本条件

依据《证券法》的规定,证券发行应当符合以下基本条件:

公开发行证券,必须符合法律、行政法规规定的条件,并依法报经国务院证券监督管理机构或国务院授权的部门核准;未经依法核准,任何单位和个人不得公开发行证券。

有以下情形之一的,为公开发行:

(1)向不特定对象发行证券;

(2)向累计超过200人的特定对象发行证券;

(3)法律、行政法规规定的其他发行行为。

非公开发行证券,不得采用广告、公开劝诱和变相公开方式。

发行人申请公开发行股票、可转换为股票的公司债券;依法采取承销方式的,或者公开发行法律、行政法规规定实行保荐制度的其他证券应当聘请具有保荐资格的机构担任保荐人。

(三)证券发行的方式

依据不同的标准,证券有如下不同的发行方式:

1. 根据证券发行的对象不同,证券发行可分为公募发行和私募发行

公募发行是指发行人面向社会公众即不特定的社会投资者而发行的证券。私募发行是指向少数特定的投资人进行的发行。

2. 根据证券发行的种类不同,证券发行可分为股票发行、债券发行和基金单位发行

股票发行是指股份有限公司以募集设立或增资扩股为目的,依照法定程序和条件,通过要约出售代表一定股东权利的股票的行为。债券发行是指符合债券发行条件的政府组织、金融机构或企业单位,以借入资金为目的,按照法律规定的程序,向社会投资人要约出售代表一定债权和兑付条件的债券的行为。基金单位发行是指符合法律规定条件的基金管理公司以筹集受托资金、进行投资管理为目的,按照法定条件和程序,向社会投资人公开发售代表特定信托受益权的证券的行为。

3. 根据发行方式的不同,证券发行可分为直接发行和间接发行

直接发行又称为自办发行,是指证券发行人直接向投资人要约出售证券,而不借助证券中介机构(或称证券承销机构)销售的行为。证券的间接发行是指证券发行人委托证券承销机构发行证券,并由证券承销机构办理证券发行事宜,承担证券发行风险的行为。

4. 根据证券发行时间的不同,证券发行可分为设立发行和新股发行

设立发行是发行人为设立股份有限公司,而向社会投资者发行股票的行为。设立发行的法律后果为成立股份有限公司。新股发行是股份有限公司设立后,依照法定条件和程序发行股票的行为。

5. 根据证券发行条件的确定方式不同,证券发行可分为议价发行和招标发行

议价发行是指证券发行人与证券承销商根据双方协商一致而订立的合同,就证券发行的数量、发行价格、发行金额、发行手续的办理、发行期限以及合同对双方的限制作出明确的约定,而由证券承销商向社会投资人发行证券的行为。招标发行是指证券发行人对证券发行条件提出招标要约,由证券承销商竞争投标,从而确定证券发行承销商的证券发行方式。

6. 根据证券发行价格与股票票面金额之间的关系不同，证券发行可分为平价发行、溢价发行和折价发行

平价发行也称为面值发行或等价发行，是指证券发行时的发行价格与证券面值相同的发行方式。溢价发行是指证券发行时发行价格是按某一时期金融证券市场的价格，或接近于当时金融证券市场的同类证券价格所确定的价格发行。折价发行是指证券发行时其发行价格以低于证券面额，或以贴现金额的发行方式。

二、股票发行

(一)股票发行的概念与种类

股票发行是指符合发行条件的股份有限公司，以筹集资金为目的，依法定程序，以同一条件向特定或不特定的公众招募或出售股票的行为。

股票发行人必须是具有股票发行资格的股份有限公司，包括已经成立的股份有限公司和核准拟设立的股份有限公司。股票发行一般有两种：一是为设立新公司而首次发行股票，即设立发行；二是为扩大已有的公司规模而发行新股，即增资发行。

(二)设立发行股票的条件

设立发行或称首次发行，是指发起人通过发行公司股票来募集经营资本，成立股份有限公司的行为。

设立股份有限公司公开发行股票，应当符合《中华人民共和国公司法》规定的条件和经国务院批准的国务院证券监督管理机构规定的其他条件，向国务院证券监督管理机构报送募股申请和下列文件：

(1)公司章程；
(2)发起人协议；
(3)发起人姓名或名称，发起人认购的股份数、出资种类及验资证明；
(4)招股说明书；
(5)代收股款银行的名称及地址；
(6)承销机构名称及有关的协议。

根据《股票发行与交易管理暂行条例》的规定，设立发行应当符合下列条件：

(1)其生产经营符合国家产业政策；
(2)其发行的普通股限于一种，同股同权；
(3)发起人认购的股本数额不少于公司拟发行的股本总额的35%；
(4)在公司拟发行的股本总额中，发起人认购的部分不少于人民币3 000

万元，但是国家另有规定的除外；

（5）向社会公众发行的部分不少于公司拟发行的股本总额的 25%，公司拟发行的股本总额超过人民币 4 亿元的，证监会按照规定可以酌情降低向社会公众发行的部分的比例，但是最低不少于公司拟发行的股本总额的 10%；

（6）发起人在近 3 年内没有重大违法行为；

（7）证监会规定的其他条件。

另外，原有企业改组设立股份有限公司申请公开发行股票，除应当符合上述规定的条件外，还应当符合下列条件：

（1）发行前一年末，净资产在总资产中所占比例不低于 30%，无形资产在净资产中所占比例不高于 20%，但是证监会另有规定的除外；

（2）近 3 年连续盈利。

（三）发行新股的条件

股份有限公司发行股票并上市之后，基于增资目的而再次申请公开发行股票，称为发行新股。依照《证券法》的规定，公司公开发行新股，应当符合下列条件：

（1）具备健全且运行良好的组织机构；

（2）具有持续盈利能力，财务状况良好；

（3）最近 3 年财务会计文件无虚假记载，无其他重大违法行为；

（4）经国务院批准的国务院证券监督管理机构规定的其他条件。

上市公司非公开发行新股，应当符合经国务院批准的证券监督管理机构规定的条件，并报国务院证券监督管理机构核准。

另外，《证券法》第 15 条还规定："公司对公开发行股票所募集资金，必须按照招股说明书所列资金用途使用。改变招股说明书所列资金用途，必须经股东大会作出决议。擅自改变用途而未作纠正的，或者未经股东大会认可的，不得公开发行新股。"①

公开发行新股，应当向国务院证券监督管理机构报送募股申请和以下文件：

（1）公司营业执照；

（2）公司章程；

（3）股东大会决议；

（4）招股说明书；

---

① 关于股份有限公司增资申请公开发行股票的其他具体条件，见 1993 年国务院发布的《股票发行与交易管理暂行条例》第 9、10 条的规定。

(5)财务会计报告;
(6)代收股款银行的名称及地址;
(7)承销机构名称及有关的协议。

依照《证券法》规定聘请保荐人的,还应当报送保荐人出具的发行保荐书。

新股发行还须符合有关增资发行的特殊条件:
(1)前一次发行的股份已经募足,并间隔1年以上;
(2)公司在最近3年内连续盈利,并可向股东支付股利;
(3)公司最近3年内财务会计文件无虚假记载,从前一次公开发行股票至本次申请期间没有重大违法行为;
(4)公司预期利润率可达同期银行存款利率;
(5)前一次公开发行股票所得资金的使用与其招股说明书相同,并且资金使用效益良好。

(四)股票发行的程序

依照《证券法》及其他相关法律规定,大体有以下步骤:申请、初审、审核、发行申请的预披露与信息披露、核准决定的撤销、签订股票承销协议、发行失败的规定、备案。①

三、公司债券发行

公司债券是指公司依照法定程序发行的,约定在一定期限还本付息的有价证券。股份有限公司、国有独资公司和两个以上的国有企业或者其他两个国有投资主体投资设立的有限责任公司,为筹集生产经营资金,可以依照《证券法》规定的条件发行公司债券。

依据我国《公司法》的规定,公开发行公司债券,应当符合下列条件:
(1)股份有限公司的净资产额不低于人民币3 000万元,有限责任公司的净资产额不低于人民币6 000万元;
(2)累计债券余额不超过公司净资产额的40%;

---

① 其中,发行申请的预披露和发行失败的规定是2005年《证券法》修订时增加的内容。根据《证券法》第21条的规定,发行人申请首次公开发行股票的,在提交申请文件后,应当按照国务院证券监督管理机构的规定预先披露有关申请文件。根据《证券法》第35条的规定,股票发行采用代销方式,代销期限届满,向投资者出售的股票数量未达到拟公开发行股票数量70%的,为发行失败。发行人应当按照发行价并加算银行同期存款利息返还股票认购人。

(3) 最近 3 年平均可分配利润足以支付公司债券 1 年的利息；
(4) 筹集的资金投向符合国家产业政策；
(5) 债券的利率不超过国务院限定的利率水平；
(6) 国务院规定的其他条件。

公开发行公司债券筹集的资金，必须用于核准的用途，不得用于弥补亏损和非生产性支出。

对于公司再次发行公司债券，《证券法》第 18 条作出了限制规定，即在以下三种情形下，不得再次公开发行公司债券：
(1) 前一次公开发行的公司债券尚未募足；
(2) 对已经公开发行的公司债券或其他债务有违约或者延迟支付本息的事实，仍处于继续状态的；
(3) 违反本法规定，改变公开发行公司债券所募资金的用途。

按照《企业债券管理条例》的规定，在中国境内，只有具有法人资格的企业才能发行债券。根据该条例第 12 条的规定，发行企业债券必须符合下列条件：
(1) 企业规模达到国家规定的要求；
(2) 企业财务会计制度符合国家规定；
(3) 具有偿债能力；
(4) 企业经济效益良好，发行企业债券前连续 3 年盈利；
(5) 所筹资金用途符合国家产业政策。

债券发行的程序大体上有以下步骤：申请、审核、公开信息、债券核准决定的撤销、承销协议的签订、备案。

四、证券承销

(一) 证券承销的概念

证券承销是指证券发行人委托有证券承销资格的证券公司，通过协议方式，由证券公司代理证券发行人向社会公众投资人发行证券的一种法律行为。

(二) 证券承销的分类

我国《证券法》规定的证券承销业务有代销和包销两种方式。

(1) 证券代销，又称代理发行，是指证券公司代发行人发售证券，在承销期结束时，将未售出的证券全部退还给发行人的承销方式。上市公司非公开发行的股票未采用自行销售方式或者上市公司配股的，应当采用代销方式。

(2)证券包销是证券公司将发行人的证券按照协议全部购入或者在承销期结束时将销售剩余证券全部自行购入的承销方式。

(三)承销协议的主要内容

证券公司承销证券,应当同发行人签订代销或者包销协议,该协议载明的主要事项包括:(1)当事人的名称、住所及法定代表人姓名;(2)代销、包销证券的种类、数量、金额及发行价格;(3)代销、包销期限及起止日期;(4)代销、包销的付款方式及日期;(5)代销、包销的费用和结算办法;(6)违约责任;(7)国务院证券监督管理机构规定的其他事项。

(四)承销团

《证券法》规定向不特定对象公开发行的证券票面总值超过人民币5 000万元的,应当由承销团承销。承销团应当由主承销和参与承销的证券公司组成。组成承销团的承销商应当签订承销团协议,由主承销商负责组织承销工作。证券发行由两家以上证券公司联合主承销的,所有担任主承销商的证券公司应当共同承担主承销责任,履行相关义务。承销团由三家以上承销商组成的,可以设副主承销商,协助主承销商组织承销活动。

(五)证券的销售期限

《证券法》关于证券销售期限的规定是为了维持证券市场交易秩序基本稳定所采取的必要规定。基于销售证券是一个从社会直接融资的活动,而直接融资对资金市场有可能产生较大的影响,包括负面影响,为了减少出现负面影响的机会,《证券法》规定销售时间不得超过90日。

第四节 证券的交易

一、证券交易的条件及方式

证券交易也称证券转让,是证券转让的特殊形式,它是证券合法持有人依照法定程序,将证券转让给其他投资人的法律行为。

证券交易的条件是指在证券市场上公开进行交易的证券必须符合法律规定的相关条件才能买卖。

按照《证券法》的规定,证券交易的条件主要包括以下内容:

(1)证券交易当事人依法买卖的证券,必须是依法发行并交付的证券。非依法定程序发行的证券,不得买卖。

(2)依法发行的股票、公司债券及其他证券,法律对其转让期限有限制性规定的,在限定的期限内,不得买卖。如我国《公司法》规定,股份有限公司发起人持有的股份有限公司的股份在 3 年内不得转让。

（3）经依法核准的上市交易的股票、公司债券及其他证券，应当在依法设立的证券交易所上市交易或者在国务院批准的其他证券交易场所转让。

对于证券交易的方式，《证券法》对证券交易方式的规定除集中交易外，还规定有国务院证券监督管理机构批准的其他方式，从而使交易方式更具多样性，也使现实中已存在的非集中竞价交易方式具有法律依据。所谓公开的集中竞价，是指所有买卖某一证券的买方和卖方集中在一个市场内公开申报、竞价交易，由出价最低的卖方和进价最高的买方达成交易，交易按买卖组连续进行。

二、证券交易的暂停与终止

证券交易的暂停，是指已获准上市的证券因公司一定事由的发生，由证券主管机关或证券交易所决定或自动停止其在交易所的集中竞价交易的情形。

证券交易的终止则是指已获准上市的证券，因发生法定事由，由证券主管机关或证券交易所决定终止其上市资格的情形。

证券交易的暂停与终止主要包括股票和债券交易的暂停和终止。

（一）股票交易的暂停与终止

1. 股票交易的暂停

上市公司丧失《公司法》规定的上市条件的，其股票依法暂停上市或终止上市。

根据《证券法》第 55 条的规定，上市公司有下列情形之一的，由证券交易所决定暂停其股票上市交易：

（1）公司股本总额、股权分布等发生变化不再具备上市条件；

（2）公司不按照规定公开其财务状况，或对财务会计报告作虚假记载，可能误导投资者；

（3）公司有重大违法行为；

（4）公司最近 3 年连续亏损；

（5）证券交易所上市规则规定的其他情形。

2. 股票交易的终止

《证券法》第 56 条规定，上市公司有下列情形之一的，由证券交易所决定终止其股票上市交易：

（1）公司股本总额、股权分布等发生变化不再具备上市条件，在证券交易所规定的期限内仍不能达到上市条件；

(2)公司不按照规定公开其财务状况,或对财务会计报告作虚假记载,且拒绝纠正;

(3)公司最近3年连续亏损,在其后一个年度内仍未能恢复盈利;

(4)公司解散或被宣告破产;

(5)证券交易所上市规则规定的其他情形。

(二)债券交易的暂停与终止

1. 债券交易的暂停

公司债券上市交易后,公司有下列情形之一的,由证券交易所决定暂停其公司债券上市交易:

(1)公司有重大违法行为;

(2)公司情况发生重大变化不符合公司债券上市条件;

(3)发行公司债券所募集的资金不按照核准的用途使用;

(4)未按照公司债券募集办法履行义务;

(5)公司最近2年连续亏损。

2. 债券交易的终止

公司债券上市交易后,公司有下列情形之一的,由证券交易所决定终止其公司债券上市交易:

(1)公司有重大违法行为,经查实后果严重的;

(2)未按照公司债券募集办法履行义务,经查实后果严重的;

(3)公司情况发生重大变化不符合公司债券上市条件,在限期内未能消除的;

(4)发行公司债券所募集的资金不按照核准的用途使用,在限期内未能消除的;

(5)公司最近2年连续亏损,在限期内未能消除的;

(6)公司解散或被宣告破产的。

三、限制和禁止的证券交易行为

证券交易的限制和禁止行为是指我国《证券法》、《公司法》等法律、法规规定的,证券市场的参与者在证券交易过程中限制或者禁止从事的行为。

(一)限制的证券交易行为

《证券法》对证券交易作了如下限制:

(1)证券交易所、证券公司和证券登记结算机构的从业人员、证券监督管理机构的工作人员以及法律、行政法规禁止参与股票交易的其他人员,在任期或法定限期内,不得直接或以化名、借他人名义持有和买卖股票,也不得收受他人赠送的股票。任何人在成为上列人员时，其原已持有的股票，必须依法转让。

（2）为股票发行出具审计报告、资产评估报告或者法律意见书等文件的证券服务机构和人员，在该股票承销期内和期满后6个月内，不得买卖该种股票。

（3）为上市公司出具审计报告、资产评估报告或者法律意见书等文件的证券服务机构和人员，自接受上市公司委托之日起至上述文件公开后5日内，不得买卖该种股票。

（4）上市公司董事、监事、高级管理人员、持有上市公司股份5%以上的股东，将其持有的该公司的股票在买入后6个月内卖出，或在卖出后6个月内又买入，由此所得收益归该公司所有，公司董事会应当收回其所得收益。但是，证券公司因包销购入售后剩余股票而持有5%以上股份的，卖出该股票不受6个月时间限制。公司董事会不按照上述规定执行的，股东有权要求董事会在30日内执行。公司董事会未在上述期限内执行的，股东有权为了公司的利益以自己的名义直接向人民法院提起诉讼。公司董事会不按照上述规定执行的，负有责任的董事依法承担连带责任。

（二）禁止的证券交易行为

为保证投资者在证券市场获得公平、公正的待遇，《证券法》对证券市场交易中应当禁止的内幕交易、操纵市场和欺诈客户等行为作出了规定。

1. 禁止内幕交易行为

内幕交易是指知悉证券交易内幕信息的知情人和非法获取内幕信息的人，利用内幕信息进行证券交易活动。

内幕交易主要包括下列行为：

（1）内幕人员利用内幕信息买卖证券，或根据内幕信息建议他人买卖证券的行为；

（2）内幕人员向他人泄露内幕信息，使他人利用该信息获利的行为；

（3）非内幕人员通过不正当的手段或其他途径获得内幕信息，并根据该内幕信息买卖证券，或建议他人买卖证券的行为。

根据《证券法》第74条的规定，证券交易内幕信息的知情内幕人员包括：

（1）发行人的董事、监事、高级管理人员；

（2）持有公司5%以上股份的股东及其董事、监事、高级管理人员，公司的实际控制人及其董事、监事、高级管理人员；

（3）发行人控股的公司及其董事、监事、高级管理人员；

(4)由于所任公司职务可以获取公司有关内幕信息的人员；

(5)证券监督管理机构工作人员以及由于法定职责对证券的发行、交易进行管理的其他人员；

(6)保荐人、承销的证券公司、证券交易所、证券登记结算机构、证券服务机构的有关人员；

(7)国务院证券监督管理机构规定的其他人。

根据《证券法》第75条的规定，内幕信息是指证券交易活动中，涉及公司的经营、财务或者对该公司证券的市场价格有重大影响的尚未公开的信息。内幕信息包括：

(1)《证券法》第67条第2款所列重大事件；

(2)公司分配股利或增资的计划；

(3)公司股权结构的重大变化；

(4)公司债务担保的重大变更；

(5)公司营业用主要资产的抵押、出售或报废一次超过该资产的30%；

(6)公司的董事、监事、高级管理人员的行为可能依法承担重大损害赔偿责任；

(7)上市公司收购的有关方案；

(8)国务院证券监督管理机构认定的对证券交易价格有显著影响的其他重要信息。

2. 禁止操纵证券市场行为

操纵证券市场行为，是指行为人背离市场自由竞价和供求关系原则，以各种不正当的手段，影响证券市场价格或证券交易量，制造证券市场假象，引诱他人参与证券交易，为自己谋取不正当利益或转嫁风险的行为。

操纵市场行为包括：

(1)单独或通过合谋，集中资金优势、持股优势或利用信息优势联合或连续买卖，操纵证券交易价格或者证券交易量；

(2)与他人串通，以事先约定的时间、价格和方式相互进行证券交易，影响证券交易价格或证券交易量；

(3)在自己实际控制的账户之间进行证券交易，影响证券交易价格或证券交易量；

(4)以其他手段操纵证券市场。

3. 禁止虚假陈述和信息误导行为

《证券法》对禁止虚假陈述和信息误导行为作了下述规定：

(1)禁止国家工作人员、传播媒介从业人员和有关人员编造、传播虚假信息，扰乱证券市场；

（2）禁止证券交易所、证券公司、证券登记结算机构、证券服务机构及其从业人员，证券业协会、证券监督管理机构及其工作人员，在证券交易活动中作出虚假陈述或信息误导；

（3）各种传播媒介传播证券市场信息必须真实、客观，禁止误导。

4. 禁止欺诈客户

欺诈客户是指在证券交易活动中，证券公司及其从业人员制造假象，隐瞒真相，诱骗投资者买卖证券，以及其他违背投资者真实意愿、损害其利益的行为。各国法律都对欺诈客户的行为作出了禁止性规定。

欺诈客户的行为表现包括：

（1）违背客户的委托为其买卖证券；（2）不在规定时间内向客户提供交易的书面确认文件；（3）挪用客户所委托买卖的证券或客户账户上的资金；（4）未经客户的委托，擅自为客户买卖证券，或假借客户的名义买卖证券；（5）为牟取佣金收入，诱使客户进行不必要的证券买卖；（6）利用传播媒介或通过其他方式提供、传播虚假或误导投资者的信息；（7）其他违背客户真实意思表示，损害客户利益的行为。

5. 其他禁止的交易行为

根据《证券法》的规定，下列行为应予禁止：

（1）禁止法人非法利用他人账户从事证券交易，禁止法人出借自己或他人的证券账户；

（2）禁止资金违规流入股市；

（3）禁止任何人挪用公款买卖证券。

《证券法》之所以要禁止上述行为，主要是出于保护国有资产安全及有利于证券市场监管的考虑。

四、证券的上市

证券上市，是指已公开发行的股票、债券等有价证券，符合法定条件，经证券交易所依法审核同意，并由双方签订上市协议后，在证券交易所集中竞价交易的行为。

(一)股票上市

股票上市，是指公开发行股票的股份有限公司的股票经审核，在证券交易所挂牌交易。

1. 股票上市的条件

根据《证券法》的规定，股份有限公司申请股票上市，应当符合下列条件：

(1) 股票经国务院证券监督管理机构核准已公开发行；

(2) 公司股本总额不少于人民币3 000万元；

(3) 公开发行的股份达到公司股份总数的25%以上；公司股本总额超过人民币4亿元的，公开发行股份的比例为10%以上；

(4) 公司最近3年无重大违法行为，财务会计报告无虚假记载。

证券交易所可以规定高于上述规定的上市条件，并报国务院证券监督管理机构批准。

2. 股票上市程序

根据《证券法》的规定，股票上市程序如下：

(1) 向证券交易所提出申请。申请股票上市交易，应当向证券交易所提出申请。申请时，应当向证券交易所报送下列文件：①上市报告书；②申请股票上市的股东大会决议；③公司章程；④公司营业执照；⑤依法经会计师事务所审计的公司最近3年的财务会计报告；⑥法律意见书和上市保荐书；⑦最近一次的招股说明书；⑧证券交易所上市规则规定的其他文件。

(2) 保荐机构保荐。申请股票上市交易，应当聘请具有保荐资格的机构担任保荐人。

(3) 证券交易所进行审核。股票上市交易，应当由证券交易所依法审核同意。

(4) 签订上市协议。证券交易所依法审核同意后，并由双方签订上市协议。

(5) 公告。股票上市交易申请经证券交易所审核同意后，签订上市协议的公司应当在规定的期限内公告股票上市的有关文件，并将该文件置备于指定场所供公众查阅。

签订上市协议的公司除公告股票上市的有关文件外，还应当公告下列事项：(1) 股票获准在证券交易所交易的日期；(2) 持有公司股份最多的前10名股东的名单和持股数额；(3) 公司的实际控制人；(4) 董事、监事、高级管理人员的姓名及其持有本公司股票和债券的情况。

(二) 债券上市

1. 债券上市的条件

公司申请公司债券上市交易，应当符合下列条件：(1) 公司债券的期限为1年以上；

(2) 公司债券实际发行额不少于人民币5 000万元；

(3) 公司申请债券上市时仍符合法定的公司债券发行条件。

2. 债券上市的程序

（1）向证券交易所提出申请。申请公司债券上市交易，应当向证券交易所报送下列文件：①上市报告书；②申请公司债券上市的董事会决议；③公司章程；④公司营业执照；⑤公司债券募集办法；⑥公司债券的实际发行数额；⑦证券交易所上市规则规定的其他文件。申请可转换为股票的公司债券上市交易，还应当报送保荐人出具的上市保荐书。

（2）证券交易所进行审核，公司债券上市交易，应当由证券交易所依法审核同意。

（3）签订上市协议，证券交易所依法审核同意后，并由双方签订上市协议。

（4）公告，公司债券上市交易申请经证券交易所审核同意后，签订上市协议的公司应当在规定的期限内公告公司债券上市文件及有关文件，并将其申请文件置备于指定场所供公众查阅。

五、信息公开制度

信息是现代经营活动的核心资源，是对经营行为进行充分评价的重要依据。① 信息公开，也称信息披露，主要是指为股份发行人在发行市场、交易市场依法向证券监督管理机构以及投资者报告自身经营、资产以及财务等状况而设置的一种制度。发行人、上市公司依法披露的信息必须真实、准确、完整，不得有虚假记载、误导性陈述或者重大遗漏。

（一）公开文件

发行股票、公司债券的公司，发行人必须根据真实、完整的原则公告招股说明书、公司债券募集办法；依法发行新股或者公司债券的，还应当公告财务会计报告。

股份有限公司发行股票应按规定编制招股说明书，向社会公开披露有关信息，其股票获准在证券交易所上市时，上市公司应当编制上市公告书，向社会公开披露有关信息。

（二）公开报告

1. 定期报告

上市公司和公司债券上市交易的公司，必须在每一会计年度内每半年公布一次其财务状况和经营情况，包括中期报告和年度报告。

---

① ［美］理查德·T.乔治著：《经济伦理学》，李布译，北京大学出版社 2002 年版，第 361 页。

(1)中期报告。公司应当于每个会计年度的上半年结束之日起2个月内完成中期报告,报送证监会和证交所并公告。其内容包括公司财务报告和经营情况,涉及公司的重大诉讼事项,已发行的股票、公司债券变动情况,提交股东大会审议的重要事项,证监会规定的其他事项。

(2)年度报告。公司应当在每个会计年度结束后4个月内编制完成年度报告,报送证监会和证交所并公告。其主要内容包括公司概况、公司财务会计报告和经营情况,董事、监事、高级管理人员简介及其持股情况,已发行的股票、公司债券情况,包括持有公司股份最多的前十名股东名单和持股数额,公司的实际控制人,证监会规定的其他事项。

上市公司董事、高级管理人员应当对公司定期报告签署书面确认意见。上市公司监事会应当对董事会编制的公司定期报告进行审核并提出书面审核意见。

2. 临时发生重大事件的报告

公司发生重大事件时,应当立即编制重大事件公告书报送证监会和证交所,并向社会披露。重大事件是指下列可能对公司的股票价格产生重大影响的情况:(1)公司的经营方针和经营范围的重大变化;(2)公司的重大投资行为和重大的购置财产的决定;(3)公司订立重要合同,可能对公司的资产、负债、权益和经营成果产生重要影响;(4)公司发生重大债务和未能清偿到期重大债务的违约情况;(5)公司发生重大亏损或者重大损失;(6)公司生产经营的外部条件发生重大变化;(7)公司的董事、三分之一以上监事或者经理发生变动;(8)持有公司5%以上股份的股东或者实际控制人,其持有股份或者控制公司的情况发生较大变化;(9)公司减资、合并、分立、解散及申请破产的决定;(10)涉及公司的重大诉讼,股东大会、董事会决议被依法撤销或者宣告无效;(11)公司涉嫌犯罪被司法机关立案调查,公司董事、监事、高级管理人员涉嫌犯罪被司法机关采取强制措施;(12)国务院证券监督管理机构规定的其他事项。

(三)信息公开不实的法律后果

《证券法》第69条规定:"发行人、上市公司公告的招股说明书、公司债券募集办法、财务会计报告、上市报告文件、年度报告、中期报告、临时报告以及其他信息披露资料,有虚假记载、误导性陈述或者重大遗漏,致使投资者在证券交易中遭受损失的,发行人、上市公司应当承担赔偿责任;发行人、上市公司的董事、监事、高级管理人员和其他直接责任人员以及保荐人、承销的证券公司,应当与发行人、上市公司承担连带赔偿责任,但是能够证明自己没有过错的除外;发行人、上市公司的控股股东、实际控制人有过错的,应当与发行人、上市公司承担连带赔偿责任。"

第五节 上市公司的收购

一、上市公司收购的概念和方式

上市公司收购是指投资者依法定程序公开收购股份有限公司已经发行上市的股份以达到对该公司控股或兼并目的的行为。实施收购行为的投资者被称为收购人,作为收购目标上市的公司被称为收购公司。

按照《证券法》的规定,投资者可以采取要约收购、协议收购及其他合法方式收购上市公司。采取要约收购方式的,收购人必须遵守《证券法》规定的程序和规则,在收购要约期限内,不得采取要约规定以外的形式和超出要约的条件买卖被收购公司的股票。

采取协议收购方式的,收购人可以依照法律、行政法规的规定同被收购公司的股东以协议的方式进行股权转让。以协议方式收购上市公司时,达成协议后,收购人必须在3日内将该收购协议向国务院证券监督管理机构及证券交易所作出书面报告,并予以公告。在未作出公告前不得履行收购协议。

二、上市公司收购的程序和规则

(一)报告和公告持股情况

通过证券交易所的证券交易,投资者持有或者通过协议、其他安排与他人共同持有一个上市公司已发行的股份达到5%时,应当在该事实发生之日起3日内,向国务院证券监督管理机构、证券交易所作出书面报告,通知该上市公司,并予公告;在上述期限内,不得再行买卖该上市公司的股票。

投资者持有或通过协议、其他安排与他人共同持有一个上市公司已发行的股份达到5%后,其所持该上市公司已发行的股份比例每增加或减少5%,应当依照上述规定进行报告和公告。在报告期限内和作出报告、公告后2日内,不得再行买卖该上市公司的股票。

(二)收购要约

收购要约是投资者依法定程序,公开向被收购公司的股东发出购买其手中持有的该上市公司的股票的意思表示。要约收购可以分为自愿要约收购和强制要约收购。

1. 自愿要约收购

投资者自愿选择以要约方式收购上市公司股份的,可以向被收购公司所有股东发出收购其所持有的全部股份的要约,也可以向被收购公司所有股东发出收购其所持有的部分股份的要约。

2. 强制要约收购

通过证券交易所的证券交易,投资者持有或通过协议、其他安排与他人共同持有一个上市公司已发行的股份达到30%时,继续进行收购的,应当依法向该上市公司所有股东发出收购上市公司全部或部分股份的要约。

(三)终止上市交易和应当收购

收购期限届满,被收购公司股权分布不符合上市条件的,该上市公司的股票应当由证券交易所依法终止上市交易;其余仍持有被收购公司股票的股东,有权向收购人以收购要约的同等条件出售其股票,收购人应当收购。

(四)报告和公告收购情况

收购行为完成后,收购人应当在15日内将收购情况报告国务院证券监督管理机构和证券交易所,并予公告。

三、上市公司收购的法律后果

在上市公司收购中,收购人持有的被收购的上市公司的股票,在收购行为完成后的12个月内不得转让。

收购行为完成后,被收购公司不再具备股份有限公司条件的,应当依法变更企业形式。

收购行为完成后,收购人与被收购公司合并,并将该公司解散的,被解散公司的原有股票由收购人依法更换。

【思考题】

1. 某证券公司在业务活动中实施了下列行为,其中哪些违反《证券法》规定?(   )(2009年全国司法考试试卷三第78题)

A. 经股东会决议为公司股东提供担保
B. 为其客户买卖证券提供融资服务
C. 对其客户证券买卖的收益作出不低于一定比例的承诺
D. 接受客户的全权委托,代理客户决定证券买卖的种类与数量

2. 甲公司持有乙上市公司30%的股份,现欲继续收购乙公司的股份,遂发出收购要约。甲公司发出的下列收购要约,哪些内容是合法的?(   )(2006年全国司法考试试卷三第69题)

A. 甲公司收购乙公司的股份至51%时即不再收购
B. 甲公司将在45日内完成对乙公司股份的收购

C. 本收购要约所公布的收购条件适用于乙公司的所有股东

D. 在收购要约的有效期限内，甲公司视具体情况可以撤回收购要约

3. 根据《证券法》关于上市公司及时向社会披露信息的规定，下列哪些表述是正确的？（　　）(2006年全国司法考试试卷一第70题)

A. 公司应在当年8月底以前向证监会和交易所报送中期报告，并予以公告

B. 公司应在4月底以前向证监会和交易所报送上一年的年度报告，并予以公告

C. 公司的中期报告和年度报告都必须记载公司财务会计报告和经营状况

D. 公司的中期报告和年度报告都必须记载持有公司股份最多的前10名股东的名单和持股数额

第十四章 价 格 法

【学习目的与要求】 通过本章的学习，了解价格与价格法的基本概念，理解经营者定价的原则与依据，政府定价的原则与依据，掌握经营者价格的权利、经营者不得从事的价格行为，理解和领会政府定价的范围，理解价格总水平调控的措施，明确经营者违反价格法的法律责任。

第一节 价格及价格法概述

一、价格概述

(一)价格

价格是商品价值的货币表现，是商品同货币的交换比例。价格同人民生活关系十分密切，并对国民经济具有宏观调节作用。价格反映着一定的生产关系，体现着国家、商品的生产者、经营者与消费者之间的经济关系。价格主要表现为商品的经营者与消费者之间的经济关系。

价格还反映和体现国家或政府与商品的生产者、经营者之间的宏观经济调控关系。价格是一种经济杠杆，是国家实现宏观调控的一种重要手段。

价格有广义和狭义之分。狭义的价格是指商品的价格和经营性服务的收费标准；广义的价格，则除上述之外还包括各种生产要素的价格，如劳动力价格(如工资)、资金价格(如利率、汇率)等。《中华人民共和国价格法》所称的价格包括商品价格即各类有形产品和无形资产的价格和服务价格即各类有偿服务的收费，是狭义的价格。

价格是商品经济的产物，而不是特定社会制度的产物。价格反映的是人们进行商品交换的经济关系，它既不能规定一个社会的基本经济特征，也不能决定社会形态的变化，更多地是体现了社会生产发展的一般规律。因此，价格自产生以来，随着商品经济的发展，在不同的社会形态下充当着商品交换的手段和经济调节的手段。无论社会形态发生什么变化，价格的本质都没有改变，在不同的社会制度下，价格都是价值的货币表现。价格在不同的社会经济条件下也具有自己的特殊性，因为价格所反映的交换关系是生产关系的重要方面，这就使价格总是与不同的社会经济制度和经济管理体制有一定联系。

价格的特殊性主要体现在两个方面[①]：其一，在不同的所有制条件下价格反映的是不同的经济关系，参与商品交换的当事人，或者说是参与价格活动的当事人身份，会有所不同。其二，在不同的经济管理体制下，价格会呈现不同的形成机制。在实行计划经济的条件下，价格由国家以计划的手段制定，价格的变化由国家计划直接调节，价格反映的是政府所定计划的要求；在实行市场经济的条件下，价格主要是由市场形成，并随着市场的变化而变化，价格反映的是市场经济运行的内在规律。

(二)价格体系

价格体系指的是价格的种类及不同种类价格之间相互关系的总和。按照不同的标准，可以对价格体系作不同的分类。

按照国民经济的不同部门，可以把价格体系区分为农产品价格、轻工产品价格、重工业品价格、交通运输价格、建筑产品价格、饮食业价格、劳务价格等。

按照商品流通过程或流通环节区分，价格体系包括农产品收购价格、工业品出厂价格、商品调拨价格、商品批发价格、商品零售价格及商品的地区差价和季节差价等。

按照生产要素的构成来区分，价格体系包括资金价格、土地价格、劳动力价格、科技与信息产品价格等。

按照价格管理形式区分，价格体系包括市场调节价、政府指导价和政府定价。

还有一种区分方法是《中华人民共和国价格法》对价格体系的法定分类，也是在价格管理中最常用的一种分类。

1. 市场调节价

市场调节价，是指由经营者自主制定、通过市场竞争形成的价格。这种价格形式主要适用于对国计民生影响不大、型号品种繁多、生产周期短、供求能自行平衡、不易引起市场和价格总水平大幅度波动的商品和服务。这种价格具有自由灵活的特点，可以及时反映市场的供求变化和竞争状况，比较适应社会主义市场经济发展的需要。但是，市场调节价也并非完美无缺，它存在着波动频繁、涨落幅度大、作用滞后的弱点。因此，对市场调节价应予

[①] 田燕苗著：《价格法解析》，科学普及出版社1998年版，第3页。

以必要的管理、监督和调控。

2. 政府指导价

政府指导价，是指由政府价格主管部门或其他有关部门，按照定价权限和范围规定基准价及其浮动幅度，指导经营者制定的价格。这种价格就其实质来讲，属于国家控制的价格形式，因为生产经营者所享有的价格自主权是有限的。然而，比起政府定价，政府指导价灵活性要大。这一特点使它能够在一定程度上满足国家和企业的要求，适应价值规律和市场供求关系的变化，起到了协调国家和企业关系，缓和双方矛盾的作用。政府指导价主要适用于极少数关系国计民生的重要商品价格和服务价格。它是一种兼具计划调节性与市场调节性的价格，在执行过程中，经营者既要遵从政府指导价格的有关规定，不得突破，同时在一定范围内又有充分的定价权利。

3. 政府定价

政府定价，是指由政府价格主管部门或者其他有关部门按照定价权限和范围制定的价格。这种价格形式的特点，就是生产经营者没有自主确定价格的权利。鉴于这一特点，政府定价的适用必须严格限制。这一方面是指只有极少数涉及国计民生的重要商品服务价格才适用国家定价；另一方面是制定价格的机关要尽力了解市场状况，反映价值规律的要求，制定出合理的价格，并随时根据新形势调整价格标准。

二、价格法概述

(一)价格法的概念及其调整对象

价格法是调整价格关系的法律规范的总称。调整价格关系的法律规范的表现形式多样，既包括中央立法机关制定的价格法律、条例，也包括中央行政机关及其职能部门制定的行政法规和规章，还包括地方立法机关和行政机关制定的地方性法规和规章。

作为价格法调整对象的价格关系包括与价格的制定、执行、监督、调控等有关的各种社会关系。具体而言，价格法所调整的价格关系包括：

(1)各级物价部门、业务主管部门和经营者之间，在制定和执行物价方针、政策和法律、法规的过程中所发生的价格关系。

(2)各级物价部门、业务主管部门和经营者之间在确定作价原则，制定、调整和执行商品和服务价格中所发生的价格关系。

(3)各级物价部门、业务主管部门和经营者之间在物价监督和检查过程中所发生的价格关系。

(4)有关部门和经营者之间因执行或违反物价方针、政策和法律、法规而发生的价格关系。

（二）价格法的作用

完善的价格法律制度是贯彻国家价格政策和实现经济目标的重要保障。价格法作为规范价格关系的法律，是我国经济法体系中宏观调控法的重要组成部分，是国家运用法律手段，加强价格管理，规范价格行为，发挥合理配置资源的作用，稳定市场物价总水平，保护消费者和经营者的合法利益，促进社会主义市场经济健康发展的重要法律规范。①

1. 规范市场主体的价格行为，维护价格秩序

由于市场经济是以市场调节为基础的经济体制，市场调节说到底就是价格调节，要求价格反映价值，并随市场供求关系而自由涨落。但在现代市场经济条件下，除极少数重要商品和服务的价格由政府价格主管部门直接制定外，大多数价格均由企业自主制定并在竞争中形成，因此，价格决策和决定主体呈现出多元化、分散化的特征，而价格形成的方式也主要是通过市场。

2. 创造公平竞争环境，优化价格形成机制

在市场经济体制下，以价格为核心的市场机制在资源的配置方面起着基础调节作用。因此，为了更合理地配置资源，就要有一个合理的价格形成机制，使价格能灵活地反映市场供求关系和资源的稀缺程度。

3. 保护经营者和消费者的正当权益，协调生产和消费的关系

价格是联结生产和消费的纽带，因此与经营者和消费者的关系都非常密切。规范价格活动必须同时以保护消费者和经营者的合法权益为原则，才能更好地协调消费与生产的关系，使社会主义市场经济健康发展。

4. 规范、加强和改善宏观经济调控，稳定市场价格总水平

为保持总供给与总需求的基本平衡，保持市场价格总水平的稳定，避免经济过热和通货膨胀，价格法规范了政府的价格行为，明确了宏观调控的模式和手段，为主要用经济方法调控和干预国民经济，保护国民经济的稳定和健康发展创造了条件。

（三）价格法的立法概况

我国的价格立法在很大程度上受到价格体制的影响。改革开放以前，我国实行高度集权的计划价格体制，与此相适应，价格管理的行政手段取代了法律手段，价格立法几乎是白纸一张。

改革开放以后，我国价格体制改革随着经济体制改革的不断深入而逐步展开，法律手段在价格管理中开始受到重视，价格立法的进程因此不断加

---

① 李昌麒主编：《经济法学》（第二版），法律出版社2008年版，第108页。

快。1982年国务院颁布了《物价管理暂行条例》，确立了"政府定价为主，市场调节价为辅"的价格体制。1985年国家又发布了《关于放开工业生产资料超产自销产品价格的通知》和《关于进一步活跃农村经济的十项政策》，适当放宽了工、农产品自主定价的范围，基本上建立起了以"价格双轨制"为主要特征的价格机制。1987年国务院在总结《物价管理暂行条例》实践经验的基础上制定了《价格管理条例》，比较系统地规定了价格管理的指导思想、价格制度、国家价格管理部门的职责权限、企业的价格权利与义务、价格监管、价格违法行为及其法律责任等。同年，国家还发布了《关于加强物价管理保持市场物价基本稳定的通知》。1988年又颁布了《重要生产资料和交通运输价格管理暂行规定》、《计划外生产资料全国统一最高限价暂行管理办法》。

1993年我国正式确立了社会主义市场经济体制，价格形成机制的市场化进程也进一步加快。为适应发展社会主义市场经济的要求，实现价格管理的规范化与法制化，1997年12月29日我国颁布了《中华人民共和国价格法》（以下简称《价格法》）。为配合《价格法》的实施，国家计委先后发布了《价格行政处罚程序规定》、《价格违法行为行政处罚规定》、《中介服务收费管理办法》、《关于制止低价倾销行为的规定》、《价格监测规定》、《农产品调查管理办法》、《关于商品和服务实行标价的规定》、《药品价格监测办法》、《政府制定价格行为规则（试行）》、《政府价格决策听证暂行办法》、《禁止价格欺诈行为的决定》、《政府价格决策听证办法》等，国家发改委制定了《价格违法行为处罚实施办法》（2004年）、《政府制定价格行为规则》（2006年）、《政府制定价格成本监审办法》（2006年）等一系列规范性法律文件。目前，我国基本上构建起了以《价格法》为核心、以国务院及其授权的部委颁布的行政法规为主要组成部分、以地方性法规为必要补充的价格法律规范体系。

第二节　价格行为的法律制度

一、经营者的价格行为

（一）经营者

经营者是指从事生产、经营商品或者提供有偿服务的法人、其他组织和个人。《价格法》所称的经营者，既包括一般意义上的经营者，也包括一般意义上的生产者，而不仅仅指流通过程中经营销售的含义。这个概念与通常所指的自主经营、经营权与所有权、经营成果等概念中的"经营"是一个含义。经营者的形式有三种：(1) 法人，就是依法取得法人资格的企业组织、社会团体组织、事业组织、机关单位等；(2) 其他组织，就是指没有取得法人资格而从事经营活动的一些组织，如合伙企业等；(3) 个人，就是以个人身份从事生产经营活动的经营者，如个体工商户等。

(二) 经营者定价的原则与依据

根据我国《价格法》的规定，经营者定价应当遵循公平、合法和诚实信用的原则。

1. 公平原则

公平是法律的价值目标之一，也是《价格法》规定的经营者定价应当遵循的首要原则。由于价格在本质上反映的是人与人之间的关系，体现着交换各方的商品关系和经济利益分配，因此，商品或服务价格确定的合理与否，直接关系到公平这一法律价值的最终实现。为此，经营者在定价时必须恪守公平原则。

2. 合法原则

合法是指经营者的价格行为要符合法律、法规的规定，不得与现行立法相违背或冲突。在市场经济条件下，多数商品和服务的价格是由经营者自主制定的，并通过市场竞争最终形成。但是，经营者的价格行为并非绝对自主，毫无限制。《价格法》的立法目的之一，就是要明确经营者享有的价格权利和承担的价格义务，经营者必须在法定权限内行使价格权利并切实履行应负的价格义务。唯有如此，完善的市场价格机制才能真正地确立起来并得到切实保障。

3. 诚实信用原则

诚实信用是指导市场经营者在从事价格活动时必须恪守信用，诚实不欺，这是道德要求在法律原则中的具体体现。在经营者价格行为中贯彻诚实信用原则，对于防范不正当价格行为，保护消费者的正当权益具有重要的意义。

价值规律表明，价格作为价值的货币表现，受供求关系等因素的影响，价格并不总是与价值一致，而是趋向于价值、围绕着价值上下波动。这一规律揭示了经营者定价的基本依据只能是生产商品或提供服务的生产经营成本和市场供求状况。据此，《价格法》第 8 条明确规定："经营者定价的基本依据是生产经营成本和市场供求状况。"

(三) 经营者定价的范围

《价格法》第 6 条规定："商品价格和服务价格，除依照本法第 18 条规定适用政府指导价或者政府定价外,实行市场调节价,由经营者依照本法自主制定。"按照这一规定,经营者定价的范围是指未列入政府指导价和政府定价范围内并适应市场竞争形成的商品和服务价格,具体包括:商品和服务比较丰富,不属于资源稀缺的范围;商品和服务不具有自然垄断性,是可以由多个经营者同时经营的商品和服务品种;商品和服务不属于关系国计民生的特别重要的品种。

(四)经营者价格的权利与义务

1. 经营者价格的权利

经营者从事经营活动,必须享有充分的权利,其中包括享有价格方面的权利。因此,《价格法》在遵循市场规律的前提下,赋予了经营者广泛的价格权利。根据《价格法》的规定,这些权利包括:

(1)经营者有权自主制定属于市场调节的价格。

在我国的价格形成体制中,有三种基本的价格形式,即市场调节价、政府指导价、政府定价。适用市场调节价的商品或服务基本上属于竞争比较充分并且适宜于在市场竞争中形成价格的项目,这些项目完全可以由经营者根据市场供求的变化,制定合理的价格,获取合适的利润,从而充分发挥市场机制的作用。因此,《价格法》不但规定了这种价格形式,还赋予了经营者对这些商品和服务充分行使自主定价的权利。

(2)经营者有权在政府指导价规定的幅度内制定合理的价格。

政府指导价是指对于某些商品和服务,由政府制定基准价格和浮动幅度,经营者可以根据市场需要,在政府规定的浮动幅度内自主制定销售价格。政府指导价是发挥政府和市场两个作用的一种定价形式。一方面,政府对价格有所限制,不能过高或过低,以顾及国家、社会和广大人民群众的利益;另一方面,经营者可以根据市场需要和经营情况,在政府制定价格的幅度内制定具体价格水平,以尽可能地获取市场利润。

(3)经营者有权制定属于政府定价、政府指导价产品系列中的新产品的试销价格。

新产品一般是指全国范围内没有生产过的产品,或在原理、用途、性能、材质等方面具有新改进的产品。试销价格是工业品试制阶段的销售价格。由于新产品一般尚未定型,质量和效用也不稳定,试制成本可变性大,且没有同类产品可供比较,因此,合理制定新产品的试销价格,对于调动经营者的积极性和产品的推广应用,对政府将来制定正式价格具有重要意义。新产品试销价格的作价原则,既要考虑生产者的试制成本的实际情况,以利于发展生产,又要考虑消费者和使用单位的承受力,以便推广应用。因此,把新产品的试销价格定价权限交由经营者根据成本和市场先行自主制定有其逻辑上的合理性和实践上的必然性,《价格法》正是基于这种考虑,赋予了经营者这样的权利。

(4)经营者有权检举、控告侵犯其经营自主权的行为。

当经营者在生产经营活动中法律赋予的自主定价权利被其他经营者或政府有关部门侵犯时,例如其他经营者强迫其执行某种价格;政府价格主管部门对于本属市场调节价的商品或服务,强行定价或制定指导性价格,经营者都有权向有关部门或人民法院检举、控告,以保护自己的合法价格权益。

2. 经营者价格的义务

根据《价格法》的规定,经营者在享有价格权利的同时,必须承担下列价格义务:

(1)依法定价的义务。

《价格法》第12条规定:"经营者进行价格活动,应当遵守法律、法规。执行依法制定的政府指导价、政府定价和法定的价格干预措施、紧急措施。"这一义务是合法原则的具体要求。依法定价有两层含义:一是经营者的价格行为要合乎现行法律、法规的规定。这里所说的法律、法规既包括价格管理方面的法律、法规,如《价格法》以及与其配套的行政法规、地方性价格管理法规,也包括其他与价格管理有关的法律、法规,如《中华人民共和国消费者权益保护法》、《中华人民共和国产品质量法》等。二是要执行依法制定的政府定价、政府指导价以及法定的价格干预措施、紧急措施等。

(2)合理诚实定价的义务。

合理诚实定价的义务表现为:一是经营者在定价权限内制定的价格要有合理的依据,这就是商品或服务的生产经营成本及市场供求状况。经营者的经营行为可以对生产经营成本产生明显的影响,经营者应当努力改进生产经营管理,降低生产经营成本,同时也必须考虑市场的供求状况,合理地确定商品或服务的价格。二是经营者应当根据其经营条件建立、健全内部价格管理制度,准确记录与核定商品和服务的生产经营成本,不得弄虚作假。这是合理定价的基础和前提,同时也便于价格监管部门对商品与服务的价格进行及时的监控和管理。

(3)明码标价的义务。

《价格法》第13条规定:"经营者销售、收购商品和提供服务,应当按照政府价格主管部门的规定明码标价,注明商品的品名、产地、规格、等级、计价单位、价格或者服务的项目、收费标准等有关情况。经营者不得在标价之外加价出售商品,不得收取任何未予标明的费用。"价格行为应为公开行为，经营者对法律规定的应当公布的项目必须如实公布。经营者的这一义务直接关系到消费者知悉权的实现，即消费者有知悉其购买、使用的商品或接受的服务的真实情况的权利，作为经营者有义务保证消费者知悉权的实现。经营者应按照诚实信用原则，如实标明法律要求公布的商品或服务项目，与消费者公平交易，不得牟取未予标明的额外利益。

(4)不得从事不正当价格行为的义务。

不正当价格行为，是指经营者违背价格立法的原则或规则，出于非正当目的而为的各种行为。我国《价格法》规定，经营者不得有下列不正当价格行为：①相互串通，操纵市场价格，损害其他经营者或消费者的合法权益；②在依法降价处理鲜活商品、季节性商品、积压商品等商品外，为了排挤竞争对手或者独占市场，以低于成本的价格倾销，扰乱正常的生产经营秩序，损害国家利益或者其他经营者的合法权益；③捏造、散布涨价信息，哄抬价格，推动商品价格过高上涨的；④利用虚假的或者使人误解的价格手段，诱骗消费者或者其他经营者与其进行交易；⑤提供相同商品或者服务，对具有同等交易条件的其他经营者实行价格歧视；⑥采取抬高等级或者压低等级等手段收购、销售商品或者提供服务，变相提高或者压低价格；⑦违反法律、法规的规定牟取暴利；⑧法律、行政法规禁止的其他不正当价格行为。

二、政府的定价行为

(一)政府定价的范围、权限和目录

根据商品和服务的垄断程度、资源稀缺程度和重要程度，政府在必要时可以对以下商品和服务价格实行政府指导价和政府定价：(1)与国民经济发展和人民生活关系重大的极少数商品价格；(2)资源稀缺的少数商品价格；(3)自然垄断经营的商品价格；(4)重要的公用事业价格；(5)重要的公益性服务价格。

政府定价权限，是指政府制定商品和服务价格的职责和权力范围。定价目录是确定政府指导价、政府定价的定价权限及具体适用范围的规范性文件和基本依据，包括中央定价目录和地方定价目录。中央定价目录由国务院价格主管部门制定、修订，报国务院批准后公布。地方定价目录由省、自治区、直辖市人民政府价格主管部门按照中央定价目录规定的定价权限和具体适用范围制定，经本级人民政府审核同意，报国务院价格主管部门审定后公布。省、自治区、直辖市人民政府以下各级人民政府不得制定定价目录。

国务院价格主管部门和其他有关部门，按照中央定价目录规定的权限制定政府指导价和政府定价，其中重要的商品和服务的政府指导价、政府定价应当按照规定经国务院批准；省、自治区、直辖市人民政府价格主管部门和其他有关部门，按照地方定价目录规定的权限制定本地区执行的政府指导价和政府定价；市、县人民政府可以根据省、自治区、直辖市人民政府的授权，按照地方定价目录规定的权限制定本地区执行的政府指导价和政府定价。

价格主管部门应当对列入中央和地方定价目录的重点商品、服务价格进行定期审查。审查的内容包括：(1)政府指导价、政府定价的执行情况；(2)原制定或调整价格的依据是否发生变化，企业经营状况、成本、劳动生产率和市场供求变化对价格的影响；(3)政府制定价格的原则、形式和方法是否仍然符合实际情况。定期审价期限由价格主管部门根据不同商品和服务的性质、特点等因素确定。

(二)政府定价的依据和程序

制定政府指导价、政府定价，应当依据有关商品或者服务的社会平均成本和市场供求状况、国民经济与社会发展要求以及社会承受能力等因素。另外，与国际市场联系紧密的，还应当参考国际市场价格。

制定或调整政府价格，可以由要求制定或调整价格的行业主管部门、行业协会、消费者协会或经营者提出书面申请报告报有定价权的政府部门，也可以由有定价权的政府部门根据《价格法》的规定直接确定。

有定价权的政府部门收到制定或调整价格的申请报告后，应当对申请报告进行初步审查。初步审查包括以下内容：(1)现行价格水平、建议制定或调整的价格水平、单位调价幅度、调价额；(2)制定或调整价格的依据和理由；(3)制定或调整价格对相关行业及消费者的影响；(4)制定或调整价格的相关数据资料，包括财务决算报表和该行业近三年来的生产经营成本变化情况。

制定或调整没有列入价格听证目录的商品和服务价格，有定价权的政府部门可以根据具体情况同时或分别开展以下工作：(1)进行市场供求、价格、企业成本、社会平均成本和社会承受能力调查，分析市场供求和价格、成本的变化趋势；(2)制定或调整生产技术性较强的商品和服务价格，可以聘请有关方面的专家进行评审；(3)选择座谈会、论证会、书面征求意见等形式，广泛征求社会有关方面的意见，在充分听取有直接利益关系各方的意见和建议的基础上，提出初步制定或调整价格方案。制定关系群众切身利益的公用事业价格、公益性服务价格、自然垄断经营的商品价格等政府指导价、政府定价,还应当由政府价格主管部门主持召开价格听证会,征求消费者、经营者和有关方面的意见,论证其必要性、可行性。

制定或调整商品和服务价格的方案形成后,应当提交有定价权的政府部门价格审议委员会或其他集体审议机构集体审议。提交集体审议的材料包括:制定或调整商品和服务的价格、成本调查资料和相关背景材料;制定或调整价格的初步方案;制定或调整价格对申请人、相关行业和消费者的影响;社会各方面对方案的意见和建议。经过听证的,还应当提交听证纪要、听证会笔录和有关材料。

有定价权的政府部门应当在收到申请报告后30个工作日内作出制定或调整价格的决策,需要报上级有定价权的政府部门或本级人民政府审批的,应当在此期间提出上报意见。需要听证的价格决策,时限按《政府价格决策听证办法》的规定执行。由于客观原因难以在规定时间内作出决策的,应当说明理由并提出价格决策的最后时限。根据《价格法》的规定,影响全国的重要商品和服务价格方案应当按照规定报国务院批准;有定价权的政府部门是行业主管部门的,价格决策前应当征求价格主管部门的意见。

根据《价格法》的规定,制定或调整政府价格实行公告制度。除涉及国家秘密外,政府指导价、政府定价制定或调整后,由制定或调整价格的政府部门在媒体和指定报刊上公布。制定或调整价格方案公布后,有定价权的政府部门应当在一定时期内对价格执行情况进行监测和跟踪调查,了解价格政策落实情况,发现问题及时提出改进措施。

第三节 价格总水平调控

一、价格总水平调控

国家为了调控价格总水平,防止价格的暴涨暴落,制止市场经济的盲目性,通过《价格法》对价格总水平的调控作了规定。

(一)价格总水平调控的含义

价格总水平,是指一个国家或地区在一定的时期内,各种商品和服务价格动态的综合反映,是社会各类商品的价格指数加权平均。价格总水平属于宏观经济范畴,它既综合地反映国民经济状况,又能动地发挥调节国民经济的作用,是国家进行宏观经济管理不可忽视的一个重要方面。影响价格总水平的因素很多,如社会劳动生产率、劳动者工资报酬、社会积累、社会商品总需求量与商品可供量的关系、商品价格的调整、货币价值的变动等,都可引起价格总水平的变化。①

为加强和改善宏观调控，我国《价格法》把稳定价格总水平作为立法宗旨的一项主要内容，并明确规定：稳定价格总水平是国家重要的宏观调控目标，国家根据国民经济发展的需要和社会承受能力，确定价格总水平调控目标，列入国民经济和社会发展计划，并综合运用货币、财政、投资、进出口等方面的政策和措施，予以实现。

现代市场经济国家纷纷把价格总水平的相对稳定作为国家宏观调控的主要目标之一，其根本原因在于，价格总水平的激烈波动，无论是急剧下降还是大幅度上涨，对于整个社会的安定、经济的稳定协调发展都是十分有害的。作为我国宏观调控的首要目标，稳定价格总水平自然成为价格立法的重要目的。为了实现稳定价格总水平的政策目标，需要运用货币、财政、投资和进出口等调控经济的宏观政策。在货币政策方面，主要是利用利率、公开市场业务、降低贴现率、提高商业银行准备金率等间接的金融调控手段来调节流通中的货币供应量，保持币值稳定；在财政政策上，从增收节支着手，通过财政收支的变动来影响宏观经济活动水平，进而影响价格总水平；在投资方面，通过增减投资总量，调控调节投资方向，减少价格总水平波动的资金压力；在进出口方面，是通过调节关税，加强国内市场管理等方面来调节供给，防止价格总水平的剧烈波动。

稳定价格总水平是指价格总水平的相对稳定或基本稳定，既不发生大幅度的价格波动，关系国计民生的重要商品和服务价格也不暴涨暴跌。价格总水平基本稳定一般有三个数量界限，即价格上涨的幅度不超过经济增长率，不超过人们工资收入增长的幅度，不超过银行存款的利率。

(二)调控价格总水平的具体措施

为了实现价格总水平的稳定，我国《价格法》规定了以下几项具体的价格调控措施：

1. 建立价格监测制度

国家若要通过宏观经济调控稳定价格总水平，就必须对市场价格有全面和充分的了解。《价格法》第28条规定："为适应价格调控和管理的需要，政府价格主管部门应当建立价格监测制度，对重要商品、服务价格的变动进行监测。"这是由于价格是市场上最活跃的因素，是受多种因素制约的一个变量，要了解价格涨落的真正原因及其发展趋势，绝不是一件轻而易举的事

---

① 徐泽春、冉琛、余松林主编：《经济法》，华中科技大学出版社2009年版，第365页。

情。因此,《价格法》规定政府价格主管部门应当建立价格监测制度,对重要商品、服务价格的变动进行监测。只有通过科学的方法,对重要商品和服务价格的变动进行必要的和经常性的监测,才能获得准确的有价值的价格信息、资料和有关数据。

2. 建立重要商品储备制度,设立价格调节基金

在主要由市场形成价格的机制形成以后,绝大多数商品和服务价格实行市场调节价,即由经营者在市场竞争中自主定价,受供求关系的影响,商品价格的波动是不可避免的。一般商品价格的波动和变化不会影响大局和社会的稳定。但是,一些关系国计民生的重要产品,如粮、棉、石油产品、钢材等,其价格波动起伏如果超过消费者和生产者的承受能力,就会影响社会的安定和市场经济的健康发展。为了国家与人民整体的长远利益,《价格法》规定,应当建立起比较健全的重要商品储备制度和设立价格调节基金,通过储备商品的吞吐来调节供给和需求。当某种重要商品价格上涨过高时,可以抛售储备商品,抑制价格上涨;当某种重要商品价格过低,影响生产者的合理收益时,即收购这种商品,以支持价格。实践证明,用这种方式调控价格,能够起到稳定市场的作用。设立价格调节基金的目的也在于平抑市场物价,避免或缓解商品价格出现反常和较大波动带来的冲击。

3. 对主要农产品实行保护价格

为防止谷贱伤农,保护农民的生产积极性,稳定和保障农产品市场供给,《价格法》第29条规定:"政府在粮食等重要农产品的市场购买价格过低时,可以在收购中实行保护价格,并采取相应的经济措施保证其实现。"依法对重要农产品实行保护价格的制度,具有十分重要的意义。例如,倘若农业连年丰收,一些农业产品销售不畅,价格大跌,农民收入增长减缓时,政府可作出按保护价敞开收购议价粮的决定。要求按保护价收购议价粮,不拒收,不限收,不停收,不压级压价,不打白条,这会极大地鼓舞和调动农民的生产积极性,为保持农业发展的良好势头和国民经济持续、快速与健康发展奠定基础。

4. 对部分价格可采取干预措施或紧急措施

在市场经济条件下,价格围绕商品的价值上下波动,受供求关系的影响发生涨落,是正常现象,也是发挥市场优化资源配置功能的必要条件。然而,由于政治、经济和自然灾害等多方面的原因,一些重要商品和服务价格,也有可能发生突发性显著上涨或者下跌。显然,如果发生这种情况,就会导致人民群众生活水平的下降和社会秩序紊乱,影响社会的稳定和妨害国民经济发展。因此,《价格法》第30条规定:"当重要商品和服务价格显著

上涨或者有可能显著上涨，国务院和省、自治区、直辖市人民政府可以对部分价格采取限定差价率或者利润率、规定限价、实行提价申报制度和调价备案制度等干预措施。"

我国《价格法》还规定，在特殊情况下，国务院可以采取紧急措施，调控价格总水平。因为在一般情况下，国家通过政策和法律措施能够保证价格总水平的稳定或基本稳定，而不会出现异常和巨大的波动。但是，也不能完全排除由于战争、自然灾害、通货膨胀等原因引起的价格总水平突发性的剧烈波动。所以，《价格法》第 31 条规定："当价格总水平出现剧烈波动等异常状态时，国务院可以在全国范围内或者部分区域内采取临时集中定价权限、部分或者全面冻结价格的紧急措施。"这是在非常时期稳定物价，保障供给，安定群众生活，维持正常社会经济秩序，避免给国民经济造成严重损失而应当作出的选择，符合国家和人民的根本利益。当依法实行紧急措施的情形消除后，应当及时解除紧急措施，恢复正常秩序。

二、价格监督检查

价格监督检查，是指县级以上各级人民政府价格主管部门、社会组织、新闻单位以及消费者依照价格法对价格活动进行监督检查，对价格违法行为进行处理的活动的总称。

价格监督检查是价格管理的一项重要内容。加强价格监督检查工作，不仅有利于国家价格法规的贯彻执行，及时发现问题，纠正和制止经营者的不正当价格行为，而且对于防止失控性价格波动，保持市场价格的基本稳定有重要的作用。

（一）价格监督检查的种类

价格监督检查可以根据不同的标准进行分类，主要有以下几种：

1. 按价格监督检查主体的不同，价格监督检查可分为政府监督、社会监督、舆论监督

（1）政府监督，是指政府价格主管部门，依据《价格法》赋予的职权进行的价格监督行为。根据《价格法》的规定，政府价格主管部门进行价格监督检查时，可以行使下列职权：询问当事人或者有关人员，并要求其提供证明材料和与价格违法行为有关的其他资料；查询、复制与价格违法行为有关的账簿、单据、凭证、文件及其他资料，核对与价格违法行为有关的银行资料；检查与价格违法行为有关的财物，必要时可以责令当事人暂停相关营业；在证据可能灭失或者以后难以取得的情况下可以依法先行登记保存，当事人或者有关人员不得转移、隐匿或者销毁。

(2) 社会监督，是指消费者组织、职工价格监督组织、居民委员会、村民委员会等组织以及消费者对价格行为所进行的监督。

(3) 舆论监督，是指新闻单位对价格活动所进行的监督。

2. 按价格监督检查对象的不同，价格监督检查可分为农产品价格监督检查、工业品价格监督检查、收费价格监督检查

(1) 农产品价格监督检查，是指价格监督主体依据国家有关农产品价格的法规、政策，对各种农产品的经营及加工单位在收购、加工、调拨、供应、批发、零售环节的价格行为实施的监督检查。

(2) 工业品价格监督检查，是指价格监督主体依据国家有关工业品价格的法规、政策，对工业品生产、经营企业在销售工业品过程中的价格行为实施的监督检查。

(3) 收费价格监督检查，是指价格监督主体依照国家有关收费法规和政策，对国家行政机关在实施社会经济、技术、资源管理等活动和一些事业单位向社会提供非营利性服务以及一些企业向社会提供营利性服务的收费行为进行的监督检查。

3. 按价格监督检查时间性的不同，价格监督检查可分为经常性价格监督检查和临时性价格监督检查

(1) 经常性价格监督检查，是指价格监督主体有计划、定时地对市场商品价格和各种收费进行的检查。

(2) 临时性价格监督检查，是指价格主管部门根据群众举报、领导交办及社会需要不定时地对市场商品价格和服务价格进行的检查。

(二) 价格监督检查的主要内容

1. 国家价格法律、法规和政策的执行情况

国家法律、法规和政策是实现国家宏观经济调控目标及价格总水平控制目标的保证，其贯彻执行依赖于全体公民对国家价格法律、法规和政策认识和贯彻执行的自觉性的提高，因此，价格法律、法规和政策的执行情况是价格监督检查工作的主要内容。

2. 监督中央和地方各项价格调控措施的贯彻落实情况

为了保证重要商品和服务价格的基本稳定，消除价格总水平剧烈波动等异常状态，中央和地方政府适时采取了各种调控措施，包括一般措施，如财政、货币政策手段干预措施和紧急措施。价格监督检查通过查处价格违法行为，推动和保障中央和地方各项价格调控措施的贯彻落实。

(三) 价格听证制度

1. 价格听证制度的含义

价格听证是指政府在制定、调整列入听证目录中的关系群众切身利益的公

用事业价格、公益性服务价格、自然垄断经营的商品价格时，组织政府价格主管部门、社会有关方面对其必要性、可行性、科学性进行论证的制度。它是价格决策民主化和科学化的重要形式，是减少盲目性、片面性的有效途径，也是对重要的商品和服务价格进行有效监督、防止其不当定价的重要手段。

2. 价格听证的项目

政府价格听证的项目是中央和地方定价目录中关系群众切身利益的公用事业价格、公益性服务价格和自然垄断经营的商品的价格。这些商品价格和服务收费项目，既与群众生活密切相关，又多出自自然垄断行业，缺乏成本约束机制和竞争机制；同时，生产这些商品或提供此类服务的行业多由政府投资兴建，因而它更不能以利润最大化为经营目标。

3. 价格听证的程序

价格听证的程序包括申请、审核与决定组织听证、举行听证会和公布定价等几个步骤。

（1）申请。经营者或者主管部门在制定、调整价格听证目录范围内的商品价格或服务价格时，以及消费者或者社会团体认为需要听证的，应按照定价权限规定向政府价格主管部门提出书面申请。

（2）审核与决定组织听证。政府价格主管部门对收到的申请审核后，认为符合听证条件的，应当在受理申请之日起 10 日内作出组织听证的决定，并与有定价权的相关部门、团体协调听证会的有关准备工作。

（3）举行听证会。政府价格主管部门应当在作出组织听证决定的 3 个月内举行听证会，并至少在举行听证会 10 日前将聘请书和听证材料送达听证会代表，并确定能够参会的代表人数。听证会应当在 2/3 以上听证会代表出席时举行。政府价格主管部门应当在举行听证会后制作听证纪要，并于 10 日内送达听证代表，代表对听证纪要有疑义的，可以向听证主持人或者上级政府价格主管部门反映。

（4）公布定价。政府的价格主管部门应当向社会公布定价和最终结果。实行价格公布制度，可以规范价格行为，提高制定和调整价格的透明度，便于经营者执行，也便于消费者监督。

第四节　违反价格法的法律责任

价格违法行为是指违反《价格法》和价格政策的行为。经营者、地方各级人民政府或各级人民政府有关部门、价格工作人员有价格违法行为时，都应承担法律责任。

一、经营者的法律责任

（1）经营者不执行政府指导价、政府定价以及法定的干预措施、紧急措施的，责令改正，没收违法所得，可以并处违法所得5倍以下罚款；无违法所得的，可处以罚款；情节严重的，责令停业整顿。

（2）经营者有《价格法》第14条所列禁止行为的，责令改正，没收违法所得，可并处违法所得5倍以下罚款；无违法所得的，予以警告，可并处罚款；情节严重的，责令停业整顿，或者由工商行政管理机关吊销营业执照。有关法律对本法第14条所列行为的处罚及处罚机关另有规定的，可以依照有关法律的规定执行。

（3）经营者因价格违法行为致使消费者或其他经营者多付价款的，应当退还多付部分；造成损害的，应当依法承担赔偿责任。

（4）经营者违反明码标价规定的，责令改正，没收违法所得，可并处5 000元以下的罚款。

（5）经营者被责令暂停相关营业而不停止的，或者转移、隐匿、销毁依法登记保存的财物的，处相关营业所得或者转移、隐匿、销毁的财物价值1倍以上3倍以下的罚款。

（6）拒绝按照规定提供监督检查所需资料，提供虚假资料的，责令改正，予以警告；逾期不改正的，可以处以罚款。

二、政府及其职能部门的法律责任

地方各级人民政府或者各级人民政府有关部门违反《价格法》规定，超越定价权限和范围，擅自制定、调整价格或者不执行价格干预措施、紧急措施的，责令改正，并可通报批评；对直接负责的主管人员和其他直接责任人员，依法给予行政处分。

三、价格工作人员的法律责任

价格工作人员在价格执法过程中泄露国家秘密、商业秘密以及滥用职权、徇私舞弊、玩忽职守、索贿受贿，构成犯罪的，依法追究刑事责任；尚不构成犯罪的，依法给予处分。

【思考题】

1. 经营者有哪些价格权利？
2. 经营者不得从事的价格行为有哪些？
3. 国家是如何调控价格总水平的？

第十五章 劳 动 法

【学习目的与要求】 通过本章的学习，了解劳动法的概念和调整对象，劳动法的基本原则；了解劳动就业和职业培训的相关规定；掌握劳动合同的订立、效力、履行和变更、解除和终止以及违反劳动合同的法律责任等内容；了解各项劳动基准包括工作时间基准、休息休假基准、工资基准、劳动安全卫生基准以及女职工和未成年工保护基准的法律规定；了解劳动监督检查的相关规定。学会运用所学知识分析实际案例，解决现实中存在的一些问题。

第一节 劳动法概述

一、劳动法的概念和调整对象

从狭义上讲，劳动法是指 1994 年 7 月 5 日由第八届全国人大常委会第八次会议通过，1995 年 1 月 1 日起施行的《中华人民共和国劳动法》(以下简称《劳动法》)；从广义上讲，劳动法是指调整劳动关系以及与劳动关系有密切联系的其他社会关系的法律规范的总称。

(一)劳动关系

作为劳动法调整对象的劳动关系，是指劳动力所有者(劳动者)与劳动力使用者(用人单位)之间，在劳动过程中发生的一方提供劳动力，另一方提供劳动报酬的社会关系。因为劳动力具有财产性和人身性双重属性，所以劳动关系不仅仅是特定主体之间的交换关系，同时还是雇佣劳动者对于雇主的人身从属关系。

(二)与劳动关系密切相关的其他社会关系

有些社会关系与劳动关系有着密切联系，劳动法也把这些关系列入劳动法的调整范围之内。

1. 劳动行政关系

劳动行政关系是指劳动行政主管部门和经授权具有行政职能的有关机关在履行劳动行政职能，监督、检查劳动法律、法规的执行过程中，与用人单位及其团体、劳动者及其团体以及劳动服务主体之间发生的社会关系。

2. 社会保险关系

社会保险关系包括两个方面的内容：一是基于劳动合同的约定，用人单位与劳动者之间就社会保险的办理和费用的缴纳而形成的权利义务关系；二是社会保险经办机构因为社会保险费的征缴、社会保险待遇的给付等行为而与劳动者和用人单位之间发生的社会关系。

3. 劳动服务关系

劳动服务关系是指劳动服务主体与用人单位和劳动者之间由于为劳动关系的运行提供社会服务而发生的社会关系。

4. 劳动团体关系

劳动团体关系是指劳动者团体即工会组织与其成员之间，用人单位团体与其成员之间，以及相互之间由于协调劳动关系和维护各自所代表的劳动关系当事人的利益而发生的社会关系。其包括两个方面的内容：一是劳动团体的内部关系；二是劳动团体的相互关系。

5. 劳动争议处理关系

劳动争议处理关系是指劳动争议处理机构与劳动争议参加人（包括当事人、代理人、代表人以及第三人）之间就劳动争议的调解、仲裁所发生的社会关系。

(三) 劳动法的适用范围

《劳动法》第2条规定："在中华人民共和国境内的企业、个体经济组织（以下统称用人单位）和与之形成劳动关系的劳动者，适用本法。国家机关、事业组织、社会团体和与之建立劳动合同关系的劳动者，依照本法执行。"《劳动合同法》将用人单位扩大到民办非企业单位等组织。

二、劳动法的基本原则

(一) 劳动权利义务相统一原则

每一个有劳动能力的公民都有从事劳动的平等权利，即享有劳动权。劳动既是公民的权利，也是公民的义务。劳动者在劳动岗位上应认真履行各项劳动义务，要按时按量完成劳动任务，提高职业技能，执行劳动安全卫生规程，遵守劳动纪律和职业道德。

(二) 保护劳动者合法权益原则

保护劳动者合法权益，历来是各国劳动法所奉行的主旨。在我国，要保护劳动者合法权益，应当通过一系列具体措施落实《宪法》中的规定，使劳动者的合法权益得到全面、平等保护。

(三) 劳动法主体利益平衡原则

劳动法主体主要包括国家、用人单位和劳动者，劳动法主体利益包括国家的利益、用人单位的利益和劳动者的利益。劳动法主体利益平衡就是要求尽量实现这三方利益的平衡。

三、我国劳动法的立法概况

在我国，劳动立法是在劳动用工、工资、社会保险制度改革被导入法治化轨道的基础上得以逐步完善的。自《劳动法》颁布实施以来，一系列配套性劳动行政法规、部门规章，以及实施性的地方劳动法规、规章陆续出台，逐步形成了以《劳动法》为统帅的劳动法律体系。目前，可将劳动法规范的基本内容归纳如下：(1)劳动就业和职业培训制度；(2)劳动合同制度；(3)劳动基准制度；(4)劳动争议处理制度；(5)劳动监察制度。

第二节 劳动就业和职业培训

一、劳动就业

(一)劳动就业的概念和特征

劳动就业，是指具有劳动能力的公民在法定劳动年龄内自愿从事有一定劳动报酬或经营收入的社会职业的法律活动。劳动就业具有以下特征：(1)劳动就业的主体具有特定性，必须是具有劳动权利能力和劳动行为能力的公民。我国《劳动法》规定，年满16周岁的公民，才具有劳动就业的资格。(2)劳动就业必须是出自公民的自愿。(3)劳动就业必须是一种能够为社会创造财富或有益于社会的劳动。(4)劳动就业必须使劳动者能够获得一定的劳动报酬或经营收入。

(二)劳动就业的原则

劳动就业原则是指劳动法规定的劳动就业工作必须遵循的基本准则。我国劳动就业原则有以下几项：一是扩大就业的原则；二是市场就业的原则；三是平等就业的原则；四是统筹就业的原则。

(三)劳动就业的形式

劳动就业的形式是指国家在政策和法规中确认的劳动者实现就业的方式（或渠道）。在我国，包括以下五种劳动就业形式：

第一，职业介绍机构介绍就业，是指职业介绍机构在国家劳动计划指导下，将求职的劳动者推荐给用人单位，由用人单位择优录用。

第二，劳动者与用人单位直接洽谈就业，是指劳动者直接参加用人单位的考试考核，合格者获得就业岗位实现就业。

第三，自谋职业，是指劳动者从事个体经营以实现就业，这也是实现就业的重要方式。

第四，自愿组织就业，是指城镇失业人员、企业富余职工和农村剩余劳动力，在国家和社会的扶持下，自愿组织起来通过举办各种集体经济组织实现就业。

第五，国家安置就业，又称国家分配就业，是指根据国家劳动计划，劳动人事行政部门和有关部门将符合政策和法规所规定条件的劳动者分配或安排到一定范围内的用人单位就业。

(四)促进就业及措施

促进就业是指国家为保障公民实现劳动权，采取的创造就业条件，扩大就业机会的各种措施的总称。国家和政府促进就业的具体措施有以下几种：(1)大力发展生产；(2)广开就业门路，拓宽就业渠道；(3)劳务输出是拓宽就业的重要渠道；(4)提高劳动者就业素质，为充分就业创造条件；(5)组织好农村剩余劳动力的有序流动。

二、职业培训

(一)职业培训的概念和特征

职业培训，也称职业技能培训，是指对准备就业和已经就业的人员，以开发其职业技能为目的而进行的技术业务知识和实际操作能力的教育和训练。职业培训的特征包括：(1)职业培训的对象是劳动者；(2)职业培训的目的是开发受训者的职业技能；(3)职业培训的内容是技术业务知识和实际操作能力。

(二)职业培训的形式

职业培训的主要形式包括学徒培训、就业训练、学校正规培训、劳动预备制培训和职工培训。

学徒培训是指由用人单位招收学徒工，在师傅的直接指导下，通过实际生产劳动，使其掌握一定生产技能和业务知识的培训体系。学徒培训的对象是具备初中以上文化，身体健康，年龄为16~22周岁的未婚青年。根据有关规定，学徒培训的期限一般为3年或2年，但不得少于2年。

就业训练是指就业培训中心和其他就业训练实体，对求职人员再就业和上岗前所进行的、以培训具有初级职业技能水平的劳动者为主的培训形式。就业训练的对象包括初次求职、失业、在职、转业等一般人员，妇女、残疾人、少数民族、军人等特殊群体和其他劳动者。

学校正规培训是指由技工学校、职业(技术)学校和成人高等学校等教学机构承担的职业培训。

劳动预备制培训是国家为提高青年劳动者素质、培养劳动后备军，组织新生劳动力和其他求职人员，在就业前接受1~3年的职业培训和职业教育，使其取得相应职业资格和掌握一定职业技能后，在国家政策的指导和帮助下，通过劳动力市场实现就业的制度。劳动预备制培训的对象是未继续升学而准备就业者。

职工培训又称职工教育或在职培训，是指为了使职工在原有的知识、技能的基础上得到提高和更新，按照工作需要对职工进行思想政治、职业道德、管理知识、业务技术、操作技能等方面的教育和训练活动。职工培训的形式主要有在岗业余培训和离岗专门培训(脱产学习)。

(三)职业资格证书制度和职业技能考核鉴定

职业资格证书，是有关部门通过学历认定、资格考试、专家评定、职业技能鉴定等方式作出综合评价，对合格者颁发的、具有法律效力的证明文件。它包括技术等级证书、技术资格证书和高级技师资格证书等多种。我国推行职业资格证书制度，实行申请自愿、费用自理、客观公正的原则，凡我国公民以及获准在我国境内就业的外籍人员均可依规定申请职业资格证书。

职业技能考核鉴定是指依据技能标准对劳动者技术水平和工作能力的评价与认定。此项工作可分为职业技能考核和职业技能鉴定两部分，经考核鉴定合格者发放相应的证书。目前，我国工人职业技能鉴定和职员职业技能鉴定分别由劳动行政部门、人事行政部门综合管理。

第三节 劳动合同

一、劳动合同概述

(一)劳动合同的概念和特征

劳动合同是劳动者与用人单位确立劳动关系、明确双方权利和义务的协议。劳动合同是一种特殊的合同，与民事合同相比较，劳动合同主要具有如下法律特征：(1)劳动合同是平等性与从属性兼有的合同。(2)劳动合同具有人身性和财产性双重属性。(3)劳动合同是继续性合同，在具有稳定性的同时，具有不确定性。(4)劳动合同权利义务的延续性。(5)劳动合同内容的法定性。

(二)劳动合同的分类

根据劳动合同的期限来划分，劳动合同可分为以下三类：

(1)固定期限劳动合同，是指用人单位与劳动者约定了合同终止时间的劳动合同。

(2)无固定期限劳动合同，是指用人单位与劳动者约定无确定终止时间的劳动合同。

(3)以完成一定工作任务为期限的劳动合同,是指用人单位与劳动者约定以某项工作的完成为合同期限的劳动合同。在实践中,该种合同主要表现为:①以完成单项工作任务为期限的劳动合同;②以项目承包方式完成承包任务的劳动合同;③季节性临时用工合同;④其他双方约定的以完成一定工作任务为期限的劳动合同。

二、劳动合同的订立

(一)劳动合同订立的概念和原则

劳动合同的订立,是指劳动合同双方当事人,即劳动者和用人单位就双方的权利义务进行协商,意思表示一致,从而签订对双方具有法律约束力的劳动合同的行为。

订立劳动合同,应当遵循合法、公平、平等自愿、协商一致、诚实信用的原则。

(二)劳动合同的形式

劳动合同的形式,是劳动合同内容存在的方式,即劳动合同当事人双方意思表示一致的外部表现。《劳动合同法》明确规定,建立劳动关系,应当订立书面劳动合同。

形成劳动关系而没有签订书面劳动合同的,按以下原则处理:

(1)用人单位自用工之日起即与劳动者建立劳动关系。也就是说,即使用人单位没有与劳动者订立书面劳动合同,只要存在用工行为,用人单位与劳动者之间的劳动关系即建立,劳动者即享有劳动法律规定的权利。

(2)已建立劳动关系,未同时订立书面劳动合同的,只要自用工之日起1个月内订立了书面劳动合同,其行为即不违法。

(3)用人单位未在用工的同时订立书面劳动合同,与劳动者约定的劳动报酬不明确的,新招用的劳动者的劳动报酬应当按照企业的或者行业的集体合同规定的标准执行;没有集体合同或者集体合同未作规定的,用人单位应当对劳动者实行同工同酬。

(4)用人单位自用工之日起超过1个月不满1年未与劳动者订立书面劳动合同的,应当向劳动者每月支付2倍的工资。

(5)用人单位自用工之日起满1年仍然未与劳动者订立书面劳动合同的,除按照以上规定支付2倍的工资外,还应当视为用人单位与劳动者已订立无固定期限劳动合同。

非全日制用工的劳动合同既可以是书面形式,也可以是口头协议。

(三)劳动合同的内容

1. 劳动合同的必备条款

劳动合同的必备条款包括:(1)用人单位的名称、住所和法定代表人或者主要负责人;(2)劳动者的姓名、住址和居民身份证或者其他有效身份证件号码;(3)劳动合同期限;(4)工作内容和工作地点;(5)工作时间和休息休假;(6)劳动报酬;(7)社会保险;(8)劳动保护、劳动条件和职业危害防护;(9)法律、法规规定应当纳入劳动合同的其他事项。

用人单位提供的劳动合同文本未载明法律规定的劳动合同必备条款或者用人单位未将劳动合同文本交付劳动者的,由劳动行政部门责令改正;给劳动者造成损害的,应当承担赔偿责任。

2. 劳动合同的约定条款

用人单位与劳动者可以约定试用期、培训、保守秘密、补充保险和福利待遇等其他事项。但用人单位与劳动者不得在《劳动合同法》第44条规定的劳动合同终止情形之外约定其他的劳动合同终止条件。

3. 限制约定的劳动合同条款

(1)第二职业条款。又称兼职条款,即约定劳动者可否从事第二职业以及如何从事第二职业的合同条款。我国《劳动合同法》规定,劳动者同时与其他用人单位建立劳动关系,对完成本单位的工作任务造成严重影响,或者经用人单位提出,拒不改正的,用人单位可以解除劳动合同。用人单位招用与其他用人单位尚未解除或者终止劳动合同的劳动者,给其他用人单位造成损失的,应当承担连带赔偿责任。

(2)违约金和赔偿金条款。我国《劳动合同法》规定,除了服务期条款和竞业限制条款可以约定由劳动者承担违约金外,用人单位不得与劳动者约定由劳动者承担违约金。

4. 禁止约定的劳动合同条款

(1)歧视条款。歧视条款即约定给予劳动者以歧视待遇的合同条款。

(2)生死条款。生死条款是指劳动合同中规定"合同履行期间,发生死伤病残,公司概不负责"或"工伤概不负责"以及类似内容的条款。

(3)保证金条款。又称押金条款,即约定劳动者向用人单位交纳一定数量货币或其他财物而在有特定违约或解约行为时不予退还,并以此作为缔结劳动关系前提条件的合同条款。

三、劳动合同的效力

依法订立的劳动合同具有约束力,用人单位与劳动者应当履行劳动合同约定的义务。劳动合同的法定有效要件一般包括:(1)劳动合同的主体合法；(2)劳动合同双方当事人的意思表示真实；(3)劳动合同的内容合法；(4)劳动合同的形式合法；(5)劳动合同的订立程序合法。

无效劳动合同，是指由于缺少有效要件而全部或部分不具有法律效力的劳动合同，包括：

(1)以欺诈、胁迫的手段或者乘人之危，使对方在违背真实意思的情况下订立或者变更劳动合同的；

(2)用人单位免除自己的法定责任、排除劳动者权利的；

(3)违反法律、行政法规强制性规定的。

劳动合同部分无效，不影响其他部分效力的，其他部分仍然有效。劳动合同无效或部分无效的确认机构是劳动争议仲裁机构或者人民法院。

劳动合同被确认无效，劳动者已付出劳动的，用人单位应当向劳动者支付劳动报酬。劳动报酬的数额，参照本单位相同或者相近岗位劳动者的劳动报酬确定。

四、劳动合同的履行和变更

(一)劳动合同的履行原则

具体来说，包括三项原则：亲自履行原则；全面履行原则；协作履行原则。

(二)劳动合同的变更

劳动合同的变更，仅限于劳动合同内容的变更，而不可能是主体的变更。用人单位与劳动者协商一致，可以变更劳动合同约定的内容。变更劳动合同，应当采用书面形式。变更后的劳动合同文本由用人单位和劳动者各执一份。

五、劳动合同的解除

劳动合同的解除，是指劳动合同订立后，尚未履行完毕之前，双方当事人或一方当事人提前终止劳动合同的法律效力，解除双方劳动权利与义务关系。它可分为法定解除和协商解除。法定解除是指因发生法律、法规和劳动合同规定的情况，提前终止劳动合同的法律效力。协商解除是指双方当事人因某种原因，协商同意提前终止劳动合同的法律效力。

(一)双方当事人协商解除劳动合同

劳动合同是双方当事人在自愿的基础上订立的，当然也允许自愿协商解除。双方当事人应按照要约、承诺的程序，经过双方协商一致，签订劳动合同解除的书面协议。

一般来讲，经双方协商解除劳动合同，双方当事人之间便不会发生劳动争议。但用人单位应当注意按照法律、法规规定，给劳动者办理劳动合同的解除手续、社会保险的转移手续，并且如果是用人单位提出协商解除劳动合同的，则用人单位要为劳动者支付经济补偿金。

(二)用人单位单方解除劳动合同

用人单位单方解除劳动合同，必须符合法定条件和按照法定程序进行。用人单位单方解除劳动合同可以分为以下三类情况：

第一，用人单位随时通知劳动者解除劳动合同的情况，包括6种情形：(1)劳动者在试用期间被证明不符合录用条件的；(2)劳动者严重违反用人单位规章制度的；(3)劳动者严重失职，营私舞弊，给用人单位造成重大损害的；(4)劳动者同时与其他用人单位建立劳动关系，对完成本单位的工作任务造成严重影响，或者经用人单位提出，拒不改正的；(5)劳动者以欺诈、胁迫的手段或者乘人之危，使用人单位在违背真实意思情况下订立或者变更劳动合同的；(6)劳动者被依法追究刑事责任的。

上述6种情况是由于劳动者本身的原因所造成的，所以允许用人单位解除劳动合同，也不给予劳动者经济补偿。

第二，用人单位提前通知劳动者解除劳动合同的情况，包括3种情形：(1)劳动者因病或者非因工负伤，医疗期满后，不能从事原工作，也不能从事由用人单位另行安排的工作的；(2)劳动者不能胜任工作，经过培训或者调整工作岗位，仍不能胜任工作的；(3)劳动合同订立时所依据的客观情况发生重大变化，致使原劳动合同无法履行，经当事人协商后不能就变更劳动合同达成协议的。

上述3种情形，解除劳动合同的原因并非是劳动者个人的过错，用人单位应提前30日以书面形式通知劳动者本人。同时，用人单位应依法给予劳动者经济补偿。

第三，用人单位因经济性裁员而提前通知劳动者解除劳动合同的情况，包括4种：(1)用人单位依照《企业破产法》规定进行重整；(2)生产经营发生严重困难；(3)企业转产、重大技术革新或者经营方式调整，经变更劳动合同后，仍需裁减人员；(4)其他因劳动合同订立时所依据的客观经济情况发生重大变化，致使劳动合同无法履行。

用人单位出现上述情况之一，确需裁减人员，应当提前30日向工会或者全体职工说明情况、听取工会或者职工的意见，并向劳动行政部门报告。

裁员时应当优先留用的人员：一是与本单位订立较长期限的固定期限劳动合同的劳动者；二是与本单位订立无固定期限劳动合同的劳动者；三是家庭无其他就业人员，有需要扶养的老人或者未成年人的劳动者。

用人单位有条件的，应为被裁减人员提供培训和就业帮助，并应依法支付经济补偿金。用人单位从裁减人员之日起，6个月内需要新招人员的，应当优先录用本单位被裁减的人员。

(三)用人单位不得解除劳动合同的情况

这种情况包括：(1)从事接触职业病危害作业的劳动者未进行离岗前职业健康检查，或者疑似职业病病人在诊断或者医学观察期间的；(2)在本单位患职业病或者因工负伤并被确认丧失或者部分丧失劳动能力的；(3)患病或者非因工负伤，在规定的医疗期内的；(4)女职工在孕期、产期、哺乳期的；(5)在本单位连续工作满15年，且距法定退休年龄不足5年的；(6)法律、行政法规规定的其他情形。据此，劳动合同解除的禁止性条件仅适用于用人单位的无过失性解除(《劳动合同法》第40条)和经济性裁员(《劳动合同法》第41条)，而不适用于用人单位与劳动者协商解除劳动合同、劳动者单方解除劳动合同以及用人单位单方随时解除劳动合同的情形。

(四)劳动者单方解除劳动合同

劳动者在符合法律规定的情形下，可以单方解除劳动合同，分为以下三种情况：

1. 提前30日书面通知解除和试用期内提前3日通知解除

如果劳动者没有履行提前通知的义务，给用人单位造成损失的，应当承担赔偿责任。

2. 随时解除劳动合同

随时解除劳动合同又称即时辞职，包括7种情形：(1)用人单位未按照劳动合同约定提供劳动保护或者劳动条件的；(2)用人单位未及时足额支付劳动报酬的；(3)用人单位未依法为劳动者缴纳社会保险费的；(4)用人单位的规章制度违反法律、法规的规定，损害劳动者权益的；(5)用人单位以欺诈、胁迫的手段或者乘人之危，使劳动者在违背真实意思的情况下订立或者变更劳动合同的；(6)用人单位免除自己的法定责任、排除劳动者权利和用人单位违反法律、行政法规强制性规定的；(7)法律、行政法规规定劳动者可以解除劳动合同的其他情形。

3. 立即解除劳动合同

立即解除劳动合同包括以下2种情形：(1)用人单位以暴力、威胁或者非法限制人身自由的手段强迫劳动者劳动；(2)用人单位违章指挥、强令冒险作业危及劳动者人身安全。

劳动者行使解除权的首要法律后果是使劳动合同向将来终止，已经履行的劳动合同仍然是有效的，用人单位必须向劳动者支付工资，同时，用人单位必须向劳动者支付经济补偿金。

(五)用人单位提前解除劳动合同的经济补偿

用人单位决定解除劳动合同，除劳动者在试用期内有严重违纪、违法行为，符合劳动法有关规定的情形外，均应视情况给予劳动者不同标准的经济补偿，其具体补偿办法如下：

第一，经双方当事人协商一致、用人单位解除劳动合同的，用人单位应根据劳动者在本单位的工作年限，每满1年发给相当于1个月工资的经济补偿，最多不超过12个月。工作时间不满1年的按1年的标准发给经济补偿金。

第二，劳动者患病或者非因工负伤，经劳动鉴定委员会确认不能从事原工作，也不能从事用人单位另行安排的工作而解除劳动合同的，用人单位应按其在本单位的工作年限，每满1年发给相当于1个月工资的经济补偿金，同时还应发给不低于6个月工资的医疗补助费。

第三，劳动者不能胜任工作，经过培训或者调整工作岗位仍不能胜任工作，由用人单位解除劳动合同的，用人单位应按其在本单位工作的年限，工作时间每满1年，发给相当于1个月工资的经济补偿金，最多不超过12个月。

第四，劳动合同订立时所依据的客观情况发生重大变化，致使劳动合同无法履行，经当事人协商不能就变更劳动合同达成协议，由用人单位解除劳动合同的，用人单位按劳动者在本单位工作的年限，工作时间每满1年发给相当于1个月工资的经济补偿金。

第五，用人单位濒临破产进行法定整顿期间，或者生产经营状况发生严重困难必须裁减人员的，由用人单位按被裁减人员在本单位工作的年限支付经济补偿金。在本单位工作的时间每满1年，发给相当于1个月工资的经济补偿金。

上述经济补偿金的工资计算标准是按企业正常生产情况下劳动者解除合同前12个月的月平均工资。除双方协商、劳动者不能胜任工作解除劳动合同者外，劳动者的月平均工资低于企业月平均工资，按企业月平均工资的标准支付。

用人单位解除劳动合同后，未按规定给予劳动者经济补偿，除全额发给经济补偿金外，还需按经济补偿金数额的50%支付额外经济补偿金。

六、劳动合同的终止

劳动合同的终止，是指劳动合同的法律效力依法被消灭，亦即劳动合同所确立的劳动关系由于一定法律事实的出现而终结，劳动者与用人单位之间原有的权利和义务不复存在。

有下列情形之一的，劳动合同终止：(1)劳动合同期满的；(2)劳动者开始依法享受基本养老保险待遇的；(3)劳动者死亡，或者被人民法院宣告死亡或者宣告失踪的；（4）用人单位被依法宣告破产的；（5）用人单位被吊销营业执照、责令关闭、撤销或者用人单位决定提前解散的；（6）法律、行政法规规定的其他情形，如劳动者达到法定退休年龄的，劳动合同终止。

为防止用人单位通过合同约定扩大劳动合同的终止情形，《劳动合同法实施条例》第13条规定："用人单位与劳动者不得在劳动合同法第44条规定的劳动合同终止情形之外约定其他的劳动合同终止条件。"

七、违反劳动合同的法律责任

（一）用人单位的法律责任

1. 用人单位违法订立劳动合同的法律责任

（1）用人单位提供的劳动合同文本未载明劳动合同必备条款或者用人单位未将劳动合同文本交付劳动者的，由劳动行政部门责令改正；给劳动者造成损害的，应当承担赔偿责任。

（2）用人单位自用工之日起超过1个月不满1年未与劳动者订立书面劳动合同的，应当向劳动者每月支付2倍的工资。

（3）用人单位违反规定不与劳动者订立无固定期限的劳动合同的，自应当订立无固定期限劳动合同之日起向劳动者每月支付2倍的工资。

（4）用人单位违反法律规定与劳动者约定试用期的，由劳动行政部门责令改正；违法约定的试用期已经履行的，由用人单位以劳动者试用期满月工资为标准，按已经履行的超过法定试用期的期间向劳动者支付赔偿金。

（5）用人单位违反法律规定，扣押劳动者居民身份证等证件的，由劳动行政部门责令限期退还劳动者本人，并依照有关法律规定给予处罚。

（6）用人单位违反规定，以担保或者其他名义向劳动者收取财物的，由劳动行政部门责令限期退还劳动者本人，并以每人500元以上2 000元以下的标准处以罚款；给劳动者造成损害的，应当承担赔偿责任。

2. 用人单位违法履行劳动合同的法律责任

用人单位有下列情形之一的，由劳动行政部门责令限期支付劳动报酬、加班费或者经济补偿金；劳动报酬低于当地最低工资标准的，应当支付其差额部分；逾期不支付的，责令用人单位按应支付金额的50%以上100%以下的标准向劳动者加付赔偿金：

（1）未按照劳动合同的约定或者国家规定及时足额支付劳动者劳动报酬的；

（2）低于当地最低工资标准支付劳动者工资的；

（3）安排加班不支付加班费的；

（4）解除或者终止劳动合同，未按照法律规定向劳动者支付经济补偿的。

3. 用人单位违法解除和终止劳动合同的法律责任

(1)用人单位违反《劳动合同法》的规定解除或者终止劳动合同的,应当依照《劳动合同法》规定的经济补偿标准的2倍向劳动者支付赔偿金。

(2)用人单位违反《劳动合同法》的规定未向劳动者出具解除或者终止劳动合同的书面证明,由劳动行政部门责令改正;给劳动者造成损害的,应当承担赔偿责任。

(3)劳动者依法解除或者终止劳动合同,用人单位扣押劳动者档案或者其他物品的,由劳动行政部门责令限期退还劳动者本人,并以每人500元以上2 000元以下的标准处以罚款;给劳动者造成损害的,应当承担赔偿责任。

4. 其他法律责任

(1)用人单位招用与其他用人单位尚未解除或者终止劳动合同的劳动者,给其他用人单位造成损失的,应当承担连带赔偿责任。

(2)个人承包经营者违反《劳动合同法》规定招用劳动者,给劳动者造成损害的,发包的组织与个人承包经营者承担连带赔偿责任。

(二)劳动者的法律责任

劳动者违反劳动合同中约定的保密义务或者竞业限制,劳动者应当按照劳动合同的约定,向用人单位支付违约金。给用人单位造成损失的,应承担赔偿责任。

劳动者违反培训协议,未满服务期解除或者终止劳动合同的,或者因劳动者严重违纪,用人单位与劳动者解除约定服务期的劳动合同的,劳动者应当按照劳动合同的约定,向用人单位支付违约金。

劳动者违反《劳动合同法》的规定解除劳动合同,给用人单位造成损失的,应当承担赔偿责任。

八、集体合同

(一)集体合同的概念

集体合同是指企业职工一方与用人单位就劳动报酬、工作时间、休息休假、劳动安全卫生、保险福利等事项,通过平等协商达成的书面协议。集体合同与劳动合同有下述主要区别:(1)主体不同。(2)目的不同。(3)内容不同。(4)订立程序不同。(5)效力不同。

(二)集体合同的内容和形式

集体合同的内容主要包括劳动报酬、工作时间、休息休假、劳动安全与卫生,补充保险和福利,女职工和未成年工特殊保护、职业技能培训、劳动合同管理,奖惩、裁员,集体合同期限、变更、解除、终止集体合同的程序，履行集体合同发生争议时的协商处理办法，违反集体合同的责任，双方认为应当协商的其他内容等。

集体合同应当采用书面形式。口头形式的集体合同不具有法律效力。

(三)集体合同的订立和生效

集体合同按如下程序订立：(1)确立集体协商双方代表。职工一方由工会代表；企业首席代表由其法定代表人担任或指派。(2)拟定集体合同草案。(3)双方代表平等协商，达成共识。(4)审议通过，双方首席代表签字确认。

集体合同订立后，应报送劳动行政部门；劳动行政部门自收到集体合同文本之日起15日内未提出异议的，集体合同即行生效。依法订立的集体合同对用人单位和劳动者具有约束力。行业性区域性集体合同对当地本行业、本区域的用人单位和劳动者具有约束力。

关于集体合同的履行和变更、解除和终止等一般参照劳动合同的规定适用。

第四节 劳动基准

劳动基准即劳动条件的最低标准，是指劳动者在劳动关系中所享有劳动条件的最低标准。

一、工作时间基准

(一)工作时间的概念

工作时间是指法律规定的劳动者从事生产或者工作的时间，通常包括工作日和工作周。工作日是劳动者每天应工作的时数，工作周是劳动者每周应工作的天数。工作时间以工作日为其主要形式。

(二)工作时间的种类

1. 标准工作时间

标准工作时间是由法律规定的，在正常情况下劳动者从事工作的时间。它是工时制度的主要形式，也是计算其他工作时间种类的依据。目前，我国的标准工作时间为每日工作8小时，每周工作40小时。

2. 特殊工作时间

特殊工作时间与标准工作时间相对应，适用于特殊情形，并且工时和休息办法也不同于标准工作时间。特殊工作时间包括以下几种：

(1)缩短工作时间，是指法律规定在特殊情形下实行的工作时间少于标准工作时间长度的工时制度，即劳动者每天工作的时数少于8小时或者每周工作的时数少于40小时，主要适用于在特殊条件下从事劳动和有特殊情况的劳动者。

(2)不定时工作时间，是指无固定工作时数限制的工时制度，适用于工作性质和职责范围不受固定工作时间限制的劳动者。

(3)综合计算工作时间，是针对因工作性质特殊，需连续作业或受季节及自然条件限制的企业的部分职工，采用的以周、月、季、年等为周期综合计算工作时间的一种工时制度。综合计算工时虽不能实行每日工作8小时、每周工作40小时的标准工时制度，但其平均日工作时间和平均周工作时间应与标准工作时间基本相同。

(4)计件工作时间，是指以劳动者完成一定劳动定额为计酬标准的工作时间制度。

(5)非全日制工作时间，与非全日制用工形式相适应，是指劳动者每日、每周少于标准工作时数的工作时间。非全日制工作时间是指以小时计酬为主，劳动者在同一用人单位一般平均每日工作时间不超过4小时，每周工作时间累计不超过24小时的工作时间。

(三)延长工作时间

1. 延长工作时间的概念

延长工作时间又称为加班加点，是指劳动者的工作时间超过法律规定的工作时间长度，包括加班和加点两种形式。加班是指劳动者在公休日或法定休假日从事生产或工作，加点是劳动者在正常工作日超过法定标准工作时间继续从事生产或工作。

2. 延长工作时间的内容

(1)延长工作时间的一般情形。用人单位由于生产经营需要，经与工会和劳动者协商后可以延长工作时间，一般每日不得超过1小时；因特殊原因需要延长工作时间的，在保障劳动者身体健康的条件下延长工作时间每日不得超过3小时，但是每月不得超过36小时。

(2)延长工作时间的特殊情形。其包括：①发生自然灾害、事故或者因其他原因威胁劳动者生命健康和财产安全，需要紧急处理的；②生产设备、交通运输线路、公共设施发生故障，影响生产和公众利益，必须及时抢修的；③必须利用法定节日或公休假日的停产期间进行设备检修、保养的；④为完成国防紧急生产任务，或者完成上级在国家计划外安排的其他紧急生产任务，以及商业、供销企业在旺季完成收购、运输、加工农副产品紧急任务的；⑤法律、行政法规规定的其他情形。

3. 延长工作时间的补偿

延长工作时间意味着劳动者增加了额外的工作量，需要付出更多的劳动和消耗。为此,我国劳动立法规定了补休和支付延长工作时间工资(即加班加点工资)两种形式作为补偿。

对于法定节假日以外延长工时的,应当优先采用补休形式。

国家机关、事业单位等的职工和企业中适用事假照发工资制度的职工,加班加点后只安排补休而不支付加班加点工资。企业中不适用事假照发工资制度的职工,在法定节假日以外休息时间加班加点以后不能安排补休的,在法定节假日加班的,都应发给加班加点工资。

有下列情形之一的,用人单位应当按照下列标准支付高于劳动者正常工作时间工资的工资报酬:(1)安排劳动者延长工作时间的,支付不低于工资的150%的工资报酬;(2)休息日安排劳动者工作又不能安排补休的,支付不低于工资的200%的工资报酬;(3)法定休假日安排劳动者工作的,支付不低于工资的300%的工资报酬。

二、休息休假基准

(一)休息休假的概念

休息休假又称为休息时间,是劳动者在国家规定的法定工作时间以外自行支配的时间。休息休假制度是实现劳动者休息权的重要保障之一。

(二)休息休假的种类

休息休假的种类随社会经济状况的发展而变化,在不同的产业、行业之间也有差别。根据《劳动法》和相关法规的规定,我国现行休息休假的种类包括以下几种:

1. 工作日内的间歇时间

工作日内的间歇时间,是指劳动者在一个工作日内的休息时间和用餐时间。间歇时间的长短可由用人单位根据具体情况来确定,在同一用人单位因工作岗位和工作性质的不同也可能有差别,一般休息1~2小时,最少不能低于半小时。间歇时间应规定在工作4小时后开始,不计入工作时间。有的岗位由于生产不能间断,不能实行固定的间歇时间,但应保证职工在工作时间内有用餐时间。

2. 两个工作日之间的休息时间

两个工作日之间的休息时间,是指劳动者在一个工作日结束后至下一个工作日开始前的休息时间,其长度应以能有效保证劳动者的体力和精力得到恢复为标准。我国实行8小时工作制,劳动者享有的两个工作日之间的休息时间一般为15~16小时。实行轮班制的劳动者,其班次需平均调换,一般可在休息日之后调换;调换班次时,不得让工人连续工作两班。

3. 休息日

休息日又称公休假日,是劳动者工作满一个工作周以后的休息时间。目前我国劳动法律法规规定，每工作周的休息天数为2天。因工作需要不能执行国家统一的工作和休息时间的国家机关、社会团体和事业单位，可根据实际情况采取轮班制的办法，灵活安排周休息日，并报同级人事部门备案。对于因工作性质或生产特点的限制、实行不定时工作制和综合计算工时工作制等其他工作和休息办法的劳动者，用人单位可以采用集中工作、集中休息、轮休调休、弹性工作时间等适当方式，确保职工的休息休假权利和生产、工作任务的完成。

4. 法定休假日

法定休假日，是指由国家法律统一规定的用于欢度节日，开展庆祝、纪念活动的休息时间。目前我国的法定休假日主要有以下几种：

（1）全体公民放假的节日，包括新年、春节、清明节、劳动节、端午节、中秋节和国庆节，共11天。全体公民放假的节日，如果适逢星期六、星期日，应当在工作日补假。用人单位安排劳动者在全体公民放假的节日加班的，应当支付劳动者不低于其工资的300%的工资报酬。

（2）部分公民放假的节日及纪念日，包括妇女节、青年节、儿童节和建军节。部分公民放假的节日，如果适逢星期六、星期日，不补假。对参加社会或单位组织的庆祝活动和照常工作的职工，单位应支付工资报酬，但不支付加班工资。如果该节日恰逢星期六、星期日，单位安排职工加班工作，则应依法支付休息日的加班工资。少数民族习惯的节日，由各少数民族聚居地区的地方人民政府，按照各该民族习惯，规定放假日期。其他节日、纪念日，均不放假。

5. 年休假

年休假是指法律规定的劳动者工作满一定的工作年限后，每年享有的保留工作带薪连续休假。

机关、团体、企业、事业单位、民办非企业单位、有雇工的个体工商户等单位的职工连续工作1年以上的，享受带薪年休假。单位应当保证职工享受年休假。职工在年休假期间享受与正常工作期间相同的工资收入。

带薪年休假的天数与劳动者的工龄相联系。职工累计工作已满1年不满10年的，年休假5天；已满10年不满20年的，年休假10天；已满20年的，年休假15天。国家法定休假日、休息日不计入年休假的假期；职工依法享受的探亲假、婚丧假、产假等国家规定的假期以及因工伤停工留薪期间不计入年休假的假期。

对职工在本年度内应休未休的年休假天数，单位应当按照该职工日工资收入的300%支付未休年休假工资报酬，其中包含用人单位支付职工正常工作期间的工资收入。用人单位安排职工休年休假，但是职工因本人原因且书面提出不休年休假的,用人单位可以只支付其正常工作期间的工资收入。

6. 探亲假

探亲假是指与父母或配偶分居两地的职工,每年享有的与父母或配偶团聚的假期。

7. 其他休假

其他休假包括女职工产假、婚丧假等。

三、工资基准

(一)工资的概念

工资也称"薪金"、"薪酬",是指用人单位依据国家有关规定或者劳动合同的约定,以货币形式直接支付给本单位劳动者的劳动报酬,包括计时工资、计件工资、奖金、津贴和补贴、延长工作时间的工资报酬以及特殊情况下支付的工资等。

(二)工资的形式

1. 计时工资

计时工资是指按计时工资标准和工作时间支付给个人的劳动报酬,是最基本的工资形式。根据计算工资的时间单位的不同,计时工资可分为月工资制、日工资制和小时工资制。

2. 计件工资

计件工资是指对已做工作按计件单价支付的劳动报酬,以一定时间内的劳动成果来计算,是计时工资的转化形式。计件工资包括:(1)实行超额累进计件、直接无限计件、限额计件、超额计件等工资制,按劳动部门或主管部门批准的定额和计件单价支付给个人的工资;(2)按工作任务包干办法支付给个人的工资;(3)按营业额提成或利润提成办法支付给个人的工资。

3. 奖金

奖金是指支付给职工的超额劳动报酬和增收节支的劳动报酬,包括超产奖,安全生产奖,节约奖,劳动竞赛奖,机关、事业单位的奖励工资以及其他奖金。

4. 津贴

津贴是指为了补偿职工特殊或额外的劳动消耗和因其他特殊原因而支付给职工的报酬,具有补偿作用和激励作用,津贴的种类可分为:(1)为补偿劳动者在特殊劳动条件下的劳动消耗和额外劳动消耗而设的津贴,如矿山井下津贴等;(2)为补偿劳动者特殊劳动消耗和额外生活支出而设的津贴,如林区津贴等;(3)为特种保健要求而设的津贴,如保健津贴等;(4)为鼓励职工钻研技术、努力工作而设的津贴,如科研津贴等。

5. 补贴

补贴是指为了保证职工工资水平不受物价影响而支付给职工的物价补贴。

6. 特殊情况下的工资

特殊情况下的工资是指用人单位依照法律、法规规定或者劳动合同约定，在特殊时间内或特殊工作情况下支付给劳动者的工资，主要包括延长工作时间工资、履行国家和社会义务期间的工资、休假期间的工资、停工期间的工资、因病和工伤期间的工资、附加工资、保留工资等。

此外，法律还对工资的形式作了排除说明。劳动者的以下劳动收入不属于工资范围：(1)保险福利费用；(2)劳动保护方面的费用；(3)按规定未列入工资总额的各种劳动报酬；(4)实物折款；(5)财产性收入；(6)转移性收入；(7)其他现金收入。

(三)最低工资

1. 最低工资的概念

最低工资是指劳动者在法定工作时间内提供正常劳动的前提下，用人单位应依法支付的最低劳动报酬。其中，法定工作时间是指国家规定的制度工作时间；正常劳动是指劳动者按照劳动合同的约定在法定工作时间内从事的劳动，劳动者依法享受带薪年休假、探亲假、婚丧假、产假等国家规定的假期期间，以及法定工作时间内依法参加社会活动期间，视为提供了正常劳动。

最低工资包括基本工资和奖金、津贴，但不包括加班加点工资、特殊劳动条件下的津贴、社会保险和福利待遇、伙食补贴、住房补贴、交通补贴等。

2. 最低工资标准的制定

最低工资标准是单位劳动时间内的最低工资数额。最低工资的具体标准由省、自治区、直辖市人民政府规定，报国务院备案。我国确定和调整最低工资标准应当综合参考下列因素：(1)劳动者本人及平均赡养人口的最低生活费用；(2)社会平均工资水平；(3)劳动生产率；(4)就业状况；(5)地区之间经济发展水平的差异。

我国的最低工资标准一般采用月最低工资标准和小时最低工资标准的形式。月最低工资标准适用于全日制就业劳动者，小时最低工资标准适用于非全日制就业劳动者。

3. 最低工资标准的保障与监督

《劳动法》规定，用人单位应当在最低工资标准发布后10日内将该标准向本单位全体劳动者公示。用人单位违反此项义务，由劳动保障行政部门责令其限期改正。

县级以上地方人民政府劳动保障行政部门负责对本行政区域内用人单位执行本规定情况进行监督检查。各级工会组织依法对本规定执行情况进行监督，发现用人单位支付劳动者工资违反本规定的，有权要求当地劳动保障行政部门处理。

(四)工资支付的特殊保障

1. 工资支付的一般规则

(1)货币支付。工资应当以法定货币支付，不得以实物及有价证券替代货币支付。

(2)直接支付。为保障劳动者能领取到工资，用人单位应当将工资直接支付给劳动者本人。劳动者本人因故不能领取工资时，可由其亲属或委托他人代领。用人单位可委托银行代发工资。

(3)及时支付。工资必须在用人单位与劳动者约定的日期支付，如遇节假日或休息日，应当提前在最近的工作日支付。工资至少每月支付一次，实行周、日、小时工资制的可按周、日、小时支付工资。对完成一次性临时劳动或某项具体工作的劳动者，用人单位应当按有关协议或合同规定在其完成劳动任务后即支付工资。劳动关系双方依法解除或终止劳动合同时，用人单位应在解除或终止劳动合同时一次付清劳动者工资。非全日制用工劳动报酬结算支付周期不得超过15日。

(4)全额支付。用人单位向劳动者支付工资应当按照规定日期足额支付，应当自劳动者实际履行劳动义务之日起计算劳动者工资。不得克扣或者无故拖欠，即使在法定允许扣除工资的情况下，每次扣除工资额也不得超出法定限度。

(5)优先支付。企业破产或依法清算时，职工应得工资必须作为优先受偿的债权。用人单位破产、终止或者解散的，经依法清算后的财产应当按照有关法律、法规、规章的规定优先用于支付欠付的劳动者工资和社会保险费。

2. 工资支付的特别规定

(1)加班加点工资。前文已有介绍，此不赘述。

(2)病假工资、疾病救济费。劳动者患病或者非因工负伤停止劳动，且在国家规定医疗期内的，用人单位应当按照工资分配制度的规定以及劳动合同、集体合同的约定或者国家有关规定，向劳动者支付病假工资或者疾病救济费。病假工资、疾病救济费不得低于当地最低工资标准的80%。

(3)劳动者依法享有的法定节假日以及年休假、探亲假、婚丧假、晚婚晚育假、节育手术假、女职工孕期产前检查、产假、哺乳期内的哺乳时间、男方护理假、工伤职工停工留薪期等期间，用人单位应当视同劳动者提供正常劳动并支付其工资。

（4）劳动者因依法参加社会活动占用工作时间的，用人单位应当视同劳动者提供正常劳动并支付其工资。

（5）用人单位非因劳动者原因停工、停产、歇业，在劳动者一个工资支付周期内，应当视同劳动者提供正常劳动支付其工资。超过一个工资支付周期的，可以根据劳动者提供的劳动，按照双方新约定的标准支付工资；用人单位没有安排劳动者工作的，应当按照不低于当地最低工资标准的80%支付劳动者生活费。

（6）劳动者依法被取保候审、判处管制、适用缓刑或者被假释、监外执行期间，劳动合同未解除且劳动者继续在原单位正常劳动的，用人单位应当按照劳动合同的约定以及本单位的规章制度支付其工资。

四、劳动安全卫生基准

（一）劳动安全卫生制度的概念

劳动安全卫生制度是以保护劳动者的生命安全和身体健康为目的设立的劳动保护法律制度。劳动安全卫生制度具有以下特征：对劳动者权利保护的优先性；法律规范的强行性；内容的专业性和技术性；适用范围的广泛性；劳动保护的范围是劳动过程。

（二）用人单位的劳动保护义务

用人单位的劳动保护义务具体包括：（1）应当依法提供符合国家标准或者行业标准规定的安全生产条件；（2）应当对从业人员进行安全生产教育和培训；（3）应当建立和实施劳动保护管理制度；（4）应当警示、告知作业场所和工作岗位存在的危险因素，如应当在有较大危险因素的生产经营场所和有关设施、设备上，设置明显的安全警示标志；（5）必须为从业人员提供符合国家标准或者行业标准的劳动防护用品，并监督、教育从业人员按照使用规则佩戴、使用；（6）为女职工和未成年工提供特殊劳动保护。

（三）劳动者的权利与义务

劳动者所享有的劳动保护的权利包括：（1）要求单位提供符合国家规定、安全卫生的劳动条件的权利；（2）接受劳动安全卫生教育的权利；（3）对作业场所和工作岗位存在的危险因素、防范措施及事故应急措施的知情权和建议权；（4）监督企业执行国家劳动安全卫生规程和标准的权利；（5）从事有职业危害作业后定期进行健康检查的权利；（6）从事特种作业前接受专门培训，取得特种作业资格后再上岗的权利；（7）对用人单位管理人员违章指挥、强令冒险作业拒绝执行的权利；（8）对危害自己或他人生命安全、身体健康的行为批评、检举和控告的权利。

劳动者作为劳动过程的参与者,在享有劳动保护权利的同时,也应承担相应的义务:(1)学习掌握本职工作所需的安全生产知识,提高安全生产技能;(2)严格遵守本单位的安全生产规章制度和操作规程,服从管理,正确佩戴和使用劳动防护用品。

五、女职工和未成年工保护基准

(一)对女职工的特殊劳动保护

1. 女职工禁忌劳动范围

女职工禁忌从事的劳动范围为:(1)矿山井下作业;(2)森林业伐木、流放作业;(3)《体力劳动强度分级》中第四级体力劳动强度的作业;(4)建筑业脚手架的组装和拆除作业,以及电力、电信行业的高处架线作业;(5)连续负重(指每小时负重次数在6次以上)每次负重超过20公斤,间断负重每次负重超过25公斤的作业。

2. 对女职工"四期"的保护

女职工在月经期间禁忌从事以下劳动:(1)食品冷冻库内及冷水等低温作业;(2)《体力劳动强度分级》中第三级体力劳动强度的作业;(3)《高处作业分级》标准中第二级(含二级)以上的作业。

怀孕女职工禁忌从事的劳动范围为:(1)作业场所空气中铅及其化合物、汞及其化合物、苯等有毒物质浓度超过国家卫生标准的作业;(2)制药行业中从事抗癌药物及乙烯雌酚生产的作业;(3)作业场所放射性物质超过《放射防护规定》中规定剂量的作业;(4)人力进行的土方和石方作业;(5)《体力劳动强度分级》中第三级体力劳动强度的作业;(6)伴有全身强烈振动的作业,如风钻、捣固机、锻造等作业以及拖拉机驾驶等;(7)工作中需要频繁弯腰、攀高、下蹲的作业,如焊接作业;(8)《高处作业分级》所规定的高处作业。

此外,对于怀孕的妇女,所在单位不得在正常劳动日以外延长劳动时间,对不能胜任原劳动的,应当根据医务部门的证明,予以减轻劳动量或者安排其他劳动。对于怀孕7个月以上(含7个月)的女职工,一般不得安排其从事夜班劳动,在劳动时间内应安排一定的休息时间,且怀孕的女职工在劳动时间内进行产前检查的,应当算作劳动时间。而对于已婚待孕女职工禁止从事铅、汞、苯、锡等作业场所属于《有毒作业分级》中第三、四级的作业。

女职工在产期享受不少于90天的产假。女职工在哺乳期,即哺乳未满1周岁的婴儿时,禁止从事以下劳动:(1)《体力劳动强度分级》中第三级体力劳动强度的作业；（2）作业场所空气中铅及其化合物、汞及其化合物、苯等有毒物质浓度超过国家卫生标准的作业，或者作业场所空气中锰、氟、溴、甲醇、有机磷化合物、有机氯化合物的浓度超过国家卫生标准的作业；（3）不得延长其劳动时间，一般不得安排其从事夜班劳动。

3. 女职工劳动保护的其他措施

女职工比较多的单位应当按照国家有关规定，以自办或者联办的形式，逐步建立女职工卫生室、孕妇休息室、哺乳室、托儿所、幼儿园等设施，并妥善解决女职工在生理卫生、哺乳、照料婴儿方面的困难。

女职工劳动保护的权益受到侵害时，有权向所在单位的主管部门或者当地劳动部门提出申诉。受理申诉的部门应当自收到申诉书之日起 30 日内作出处理决定，女职工对处理决定不服的，可以自收到处理决定书之日起 15 日内向人民法院起诉。

(二)对未成年工的特殊劳动保护

未成年工是指年满 16 周岁、未满 18 周岁的劳动者。未成年工的特殊保护是针对未成年工处于生长发育期的特点，以及接受义务教育的需要，而采取的特殊劳动保护措施。

我国劳动法律法规规定，不得安排未成年工从事矿山井下、有毒有害、国家规定的第四级体力劳动强度的劳动和其他禁忌从事的劳动。此外，《未成年工特殊保护规定》对患有某种疾病或具有某些生理缺陷(非残疾型)的未成年工，明确了更为严格的劳动保护。

用人单位应对未成年工在安排工作岗位之前、工作满 1 年以及年满 18 周岁，距前一次的体检时间已超过半年时进行健康检查；而且应按《未成年工健康检查表》列出的项目进行。用人单位应根据未成年工的健康检查结果安排其从事适合的劳动，对不能胜任原劳动岗位的，应根据医务部门的证明，予以减轻劳动量或安排其他劳动。

未成年工须持未成年工登记证上岗。

第五节　劳动监督检查

一、劳动监督检查的概念

劳动监督检查又称劳动监察，是指具有法定监察权的机构依法对用人单位及劳动服务主体贯彻执行劳动法律规范的情况进行监督和检查，并对发现的违法行为进行处理和处罚的活动。劳动监察具有以下特征：法定性；行政性；专门性；综合性。

二、劳动监督检查机构及其职权

根据《劳动法》的规定，县级以上各级人民政府劳动行政部门可以依法对用人单位遵守劳动法律、法规的情况进行监督检查，对违反劳动法律、法规的行为，有权制止，可责令改正，可以对违法行为予以处罚。任何单位和劳动者均有权对违反劳动法律的行为向劳动监察机构举报。县级和县级以上劳动行政主管部门的劳动监察机构具体负责监察工作。

劳动监察机构的职权主要包括：(1)宣传国家劳动方针政策和国家劳动法律、法规、规章，督促单位和劳动者贯彻执行；(2)对用人单位和劳动者遵守法律、法规、规章情况进行监督检查，依法纠正和查处违反规定的行为；(3)对劳动监察人员进行培训和监督；(4)法律、法规、规章规定的其他监察职责。

三、劳动监督检查的工作方式和程序

劳动监督检查的工作方式主要有以下五种：(1)经常性监督检查；(2)突击性监督检查；(3)重点监督检查；(4)联合大检查；(5)年检。

劳动监察的程序包括以下两种情况：

1. 不立案监察程序

不立案监察程序，即并未发现用人单位有违法行为，仅是对用人单位进行例行检查、不定期检查的程序。其主要形式有两种：一是书面检查；二是劳动场所实地检查。

2. 立案监察程序

立案监察程序，即劳动监察机构立案查处违反劳动法案件的程序，包括：(1)登记立案；(2)调查取证；(3)处理；(4)制作处理决定书；(5)送达和备案；(6)执行。

四、劳动监察客体及监察事项

劳动监察的内容，也就是劳动监察的客体，是指在劳动监察范围之内的事项。包括依法对用人单位遵守劳动法律、法规、规章情况进行监督检查；对违反劳动法律、法规、规章的行为进行制止和处罚。

【思考题】

1. 关于非全日制用工的说法，下列哪一选项不符合《劳动合同法》的规定？（　　）(2010年全国司法考试试卷一单选第27题)

A. 从事非全日制用工的劳动者与多个用人单位订立劳动合同的，后订

立的合同不得影响先订立合同的履行

B. 非全日制用工合同不得约定试用期

C. 非全日制用工终止时，用人单位应当向劳动者支付经济补偿

D. 非全日制用工劳动报酬结算支付周期最长不得超过十五日

2. 在下列哪种情况下，用人单位延长劳动者工作时间应受到《劳动法》有关限制性规定的约束？（　　）（2006年全国司法考试试卷一第26题）

A. 发生自然灾害、事故或者因其他原因，威胁劳动者生命健康和财产安全，需要紧急处理的

B. 生产设备发生故障，影响生产和公众利益，必须及时抢修的

C. 交通运输线路、公共设施发生故障，影响生产和公众利益，必须及时抢修的

D. 用人单位取得大量订单，为了在短期内完成交货，必须组织突击生产的

3. 关于集体合同的下列哪一表述是错误的？（　　）（2005年全国司法考试试卷一第28题）

A. 未建立工会的企业，集体合同应由职工推举的代表与企业签订

B. 劳动合同中的劳动条件和劳动报酬标准可以高于集体合同的规定

C. 并非所有的企业都必须签订集体合同

D. 集体合同必须经劳动行政部门审查批准方能生效

4. 王某的日工资为80元。2004年5月1日至7日，根据政府规定放假7天，其中3天属于法定假日，4天属于前后两周的周末公休日。公司安排王某在这7天加班。根据劳动法的规定，公司除应向王某支付每日80元的工资外，还应当向王某支付多少加班费？（　　）（2003年全国司法考试试卷一第28题）

A. 560元

B. 800元

C. 1 120元

D. 1 360元

5. 下列哪些说法违反劳动法的规定？（　　）（2010年全国司法考试试卷一多选第73题）

A. 我国公民未满十六岁的，用人单位一律不得招用

B. 双方当事人不可以约定周六加班

C. 劳动合同期限约定为二年的，试用期应在半年以上

D. 双方当事人可就全部合同条款作出违约金约定

6. 关于工资保障制度，下列哪些表述符合劳动法的规定？（　　）（2010

第十五章 劳 动 法

年全国司法考试试卷一多选第 74 题)

A. 按照最低工资保障制度，用人单位支付劳动者的工资不得低于当地最低工资标准
B. 乡镇企业不适用最低工资保障制度
C. 加班工资不包括在最低工资之内
D. 劳动者在婚丧假以及依法参加社会活动期间，用人单位应当依法支付工资

7. 天利公司将李某再派遣到自己的子公司，被李某拒绝。天利公司遂以李某不服从工作安排为由将其退回松园公司。随后，松园公司以李某已无工作为由解除劳动合同。对此，下列表述错误的是( )。(2007 年全国司法考试试卷一多选第 97 题)

A. 天利公司可以对李某进行再派遣，但不能因李某拒绝而将其退回
B. 松园公司不得因李某已无工作而解除劳动合同
C. 李某可以将天利公司或者松园公司作为被申请人，申请劳动争议仲裁
D. 李某可以就其因劳动合同解除而受到的损失，请求天利公司和松园公司共同承担赔偿责任

第十六章 社会保障法

【学习目的与要求】通过本章的学习，应了解社会保障法的概念与调整对象，社会保障法的基本原则，各项社会保障制度即社会保险法律制度、社会救济法律制度、社会福利法律制度和社会优抚法律制度的概念、特征和基本内容。学会运用所学知识分析实际案例，解决现实中存在的一些问题。

第一节 社会保障法概述

一、社会保障法的概念和调整对象

社会保障法是调整以国家、社会组织和全体社会成员为主体，为了保证社会成员的基本生活需要并不断提高其生活水平，以及解决某些特殊社会群体的生活困难而发生的经济扶助关系的法律规范的总称。

社会保障法的调整对象是社会保障关系，包括社会保险关系、社会救济关系、社会福利关系、社会优抚关系。

二、社会保障法的基本原则

（一）保障基本需要原则

保障全体公民的基本生活需要，并在此基础上提高生活水平，是宪法所确认和保护的公民生存权的基础。社会保障法在各国的产生，首先是为了克服由于年老、疾病、伤残、死亡、失业以及其他社会性、自然性灾难所造成的公民或劳动者基本生活所面临的困境。

（二）尊重基本国情原则

社会保障制度的内容和模式选择具有鲜明的国情特点。我们必须从自己的国情出发，借鉴和吸取国际社会带有共性的经验，总结我国社会保障法制建设的经验，通过改革和制度创新，建立起具有中国特色的社会保障法律制度。

（三）保障水平与经济发展相适应原则

从经济学理论上讲，经济发展水平愈高，创造的社会物质财富愈多，可供社会分配的消费品也就愈多,因此,经济发展水平决定着社会保障的水平。

(四)公平与效率兼顾原则

公平性是社会保障制度作为其生命形式存在的最具有实质意义的表现。然而单纯的公平是不现实的,因为它是以效率和发展所带来的物质基础为依据的。因此,公平与效率相结合,兼顾公平与效率,力求在这两个目标之间达到动态平衡,应成为社会保障法的基本原则。

(五)权利与义务相统一原则

当社会成员遇到困难或有其他法定条件而获得社会保障金时,他便属于权利主体地位。但要成为权利主体,必须按照法律的规定缴纳一定的社会保障费用,并按法定缴纳程序履行,此时他便成为义务主体。权利与义务是统一的。

三、我国社会保障法的立法概况

我国的社会保障法包括社会保险法律规定、社会救助法律规定、社会福利法律规定、社会优抚法律规定等方面,但还不够完善,需要进一步探索。

第二节 社会保险法律制度

一、社会保险的概念和特征

社会保险是指国家通过立法强制征收保险费用,当劳动者因遭遇年老、疾病、伤残、失业、生育等风险而暂时或永久性失去劳动能力而不能获得劳动报酬时,由国家或社会向其提供物质帮助的一种社会保障制度。

社会保险具有以下特征:社会性;强制性;共济性;补偿性。

二、各项社会保险制度

(一)养老保险制度

1. 养老保险的概念和特点

养老保险,又称老年保险或年金保险,是指国家通过立法强制实施的,在劳动者达到法定年龄后,由国家和社会提供物质帮助,以保证劳动者老年基本生活的一种社会保险制度。

与其他社会保险制度相比,养老保险除了具有社会保险的共同特征外,还具有以下两个方面的特点:(1)养老保险应对的社会风险具有确定性即年老。(2)养老保险待遇的给付具有持续性即自被保险人退休始直到其死亡。

2. 我国养老保险的模式

我国的养老保险由以下三个部分(或层次)组成：

(1)基本养老保险。

基本养老保险是按国家统一的法规政策强制建立和实施的社会保险制度。企业和职工依法缴纳养老保险费，在职工达到国家规定的退休年龄或因其他原因而退出劳动岗位并办理退休手续后，社会保险经办机构向退休职工支付基本养老保险金(也称"退休金")。

(2)企业补充养老保险。

企业补充养老保险是指由企业根据自身经济实力，在国家规定的实施政策和实施条件下为本企业职工所建立的一种辅助性的养老保险。企业补充养老保险费可由企业完全承担，或由企业和员工双方共同承担，承担比例由劳资双方协议确定。

(3)个人储蓄性养老保险。

个人储蓄性养老保险是指职工个人根据自己的工资收入情况，按规定缴纳个人储蓄性养老保险费，记入当地社会保险机构在有关银行开设的养老保险个人账户，并应按不低于或高于同期城乡居民储蓄存款利率计息的一种补充保险形式。所得利息记入个人账户，本息一并归职工个人所有。

3. 我国养老保险的种类

(1)城镇职工基本养老保险。

职工基本养老保险的缴纳比例为：职工所在企业缴纳20%，职工个人承担8%。缴纳年限为15年。账户管理为社会统筹与个人账户相结合。

领取职工养老保险的条件为：①本人达到法定退休年龄并办理了退休手续(男性职工为60周岁，女性干部为55周岁，女性工人为50周岁)；②所在单位和个人依法参加基本养老保险并履行了缴费义务；③个人累计缴费时间满15年。

享受的待遇为：①按月领取按规定计发的基本养老金，直至死亡；②享受基本养老金的正常调整待遇；③对企业退休人员实行社会化管理服务。

(2)城镇居民养老保险。

城镇居民养老保险基金主要由个人缴费和政府补贴构成，适用于年满16周岁(不含在校学生)没有参加工作或没有参与职工基本养老保险的城镇居民。参保人自主选择档次缴费，多缴多得。

领取居民养老保险的条件：①在领取年龄上无论男女都要求年满60周岁；②制度实施时，已年满60周岁，未享受职工基本养老保险待遇以及国家规定的其他养老待遇的，不用缴费，可按月领取基础养老金；③距领取年龄不足15年的，应按年缴费，也允许补缴，累计缴费不超过15年；④距领取年龄超过15年的,应按年缴费,累计缴费不少于15年。

(3)新型农村养老保险。

新型农村养老保险(以下简称"新农保")基金由个人缴费、集体补助、政府补贴构成。个人缴费方面,各县区根据实际情况略有不同,基本上分为100元、200元、300元、400元、500元5个由参保人自主缴费的档次。政府补贴方面,由县以上各级财政公共承担。参保范围为:年满16周岁(不含在校学生)、未参加城镇职工基本养老保险的农村居民,可在户籍地自愿参保。

领取新型农村养老保险的条件:①凡是参加"新农保"、年满60周岁、未享受城镇职工基本养老保险待遇的村、镇户籍的老年人,均可按月领取养老金;②距领取年龄不足15年的(即45周岁至59周岁),可选择其中一个档次按年缴费,累计缴费不超过15年;③距领取年龄超过15年的(即16周岁至44周岁),累计缴费不少于15年。

(二)工伤保险制度

1. 工伤保险的概念和参保范围

工伤保险也称职业伤害保险,是指劳动者在生产劳动和其他工作过程中因工作原因发生事故或因长期接触有毒有害因素而造成负伤、患病、致残及暂时或永久性丧失劳动能力乃至死亡时,由国家或社会向劳动者及其生前供养的亲属所提供的必要的医疗、生活保障以及经济补偿的社会保障制度。

中国境内的各类企业、有雇工的个体工商户必须依法参加工伤保险,为本单位全部职工或者雇工缴纳工伤保险费。

2. 工伤保险事故的范围

职工有下列情形之一的,应当认定为工伤:①在工作时间和工作场所内,因工作原因受到事故伤害的;②工作时间前后在工作场所内,从事与工作有关的预备性或者收尾性工作受到事故伤害的;③在工作时间和工作场所内,因履行工作职责受到暴力等意外伤害的;④患职业病的;⑤因公外出期间,由于工作原因受到伤害或者发生事故下落不明的;⑥职工在上下班途中受到机动车事故伤害的;⑦法律、行政法规规定应当认定为工伤的其他情形。

此外,职工有下列情形之一的,视同工伤:①在工作时间和工作岗位,突发疾病死亡或者在48小时内经抢救无效死亡的;②在抢险救灾等维护国家利益、公共利益活动中受到伤害的;③职工原在军队服役,因战、因公负伤致残,已取得革命伤残军人证,到用人单位后旧伤复发的。

但是,职工有下列情形之一的,不应认定为工伤:①因犯罪或违反治安管理伤亡的;②醉酒导致伤亡的;③自残或自杀的。

3. 工伤认定的程序

(1)报告与申请。

职工所在单位应当自事故发生之日或者按照职业病防治法规定被诊断、鉴定为职业病之日起30日内，向统筹地区劳动保障行政部门提出工伤认定申请。遇有特殊情况，经劳动保障部门同意，可以适当延长。

用人单位未按规定提出工伤认定申请的，工伤职工或者其直系亲属、工会组织在事故伤害发生之日或被诊断、鉴定为职业病之日起1年内，可以直接向用人单位所在地统筹地区劳动保障行政部门提出工伤认定申请。提出工伤认定申请应当提交工伤认定申请表、职工与用人单位存在劳动关系的证明、医疗证明和职业病诊断证明。

(2)受理与认定。

劳动保障行政部门受理工伤认定申请后，根据审核需要对事故伤害进行调查核实；对职业病诊断和诊断争议的鉴定，依照职业病防治法的有关规定执行。

劳动保障行政部门应当自受理工伤认定申请之日起60日内作出工伤认定的决定，并书面通知申请工伤认定的职工或者其直系亲属和该职工所在单位。

4. 劳动能力鉴定

(1)劳动能力鉴定机构。

我国劳动能力鉴定机构分为两级：设区的市级劳动能力鉴定委员会和省、自治区、直辖市劳动能力鉴定委员会，由劳动保障行政部门、人事行政部门、卫生行政部门、工会组织、经办机构代表以及用人单位代表组成。劳动能力鉴定委员会建立医疗卫生专家库。

(2)劳动能力鉴定程序。

劳动能力鉴定基本程序如下：①由用人单位、工伤职工或其家属向设区的市级劳动能力鉴定委员会提出申请，并提供相关资料。②劳动能力鉴定委员会从其建立的医疗卫生专家库中随机抽取3名或5名专家组成专家组提出鉴定意见，鉴定委员会根据鉴定意见自申请之日起60日内作出鉴定结论。③申请鉴定的单位或者个人对设区的市级劳动能力鉴定委员会的鉴定结论不服的，可在收到该鉴定结论之日起15日内向省级劳动能力鉴定委员会提出再次鉴定申请，省级劳动能力鉴定委员作出的劳动能力鉴定结论为最终结论。

(3)劳动能力鉴定标准。

劳动功能鉴定分为十个伤残等级，最重的为一级，最轻的为十级；生活自理障碍分为三个等级：生活完全不能自理、生活大部分不能自理和生活部分不能自理。符合评残标准1~4级的为全部丧失劳动能力，5~6级的为大部分丧失劳动能力，7~10级的为部分丧失劳动能力。护理等级分为全部护理依赖、大部分护理依赖和部分护理依赖。

5. 工伤保险待遇

(1)工伤医疗期待遇。

①医疗待遇。职工因工作遭受事故伤害或者患职业病进行治疗，享受工伤医疗待遇。治疗工伤所需费用符合工伤保险诊疗项目目录、工伤保险药品目录、工伤保险住院服务标准的，从工伤保险基金支付。职工住院治疗工伤的，由所在单位按照本单位因公出差伙食补助标准的170%发给住院伙食补助费；经医疗机构出具证明，报经办机构同意，工伤职工到统筹地区以外就医的，所需交通、食宿费用由所在单位按照本单位职工因公出差标准报销，工伤职工因日常生活或者就业需要，经劳动能力鉴定委员会确认，可以安装假肢、矫形器、义眼、假牙和配置轮椅等辅助器具，所需费用按照国家规定的标准从工伤保险基金支付。

②停工留薪待遇。职工因工作遭受事故伤害或者患职业病需要暂停工作接受工伤医疗的，在停工留薪期内，原工资福利待遇不变，由所在单位按月支付。停工留薪期一般不得超过12个月，特殊情况可以适当延长。

(2)工伤致残待遇。

①一次性伤残补助金。一次性伤残补助金的标准为，一级伤残为24个月的本人工资，二级伤残为22个月的本人工资，三级伤残为20个月的本人工资，四级伤残为18个月的本人工资，五级伤残为16个月的本人工资，六级伤残为14个月的本人工资，七级伤残为12个月的本人工资，八级伤残为10个月的本人工资，九级伤残为8个月的本人工资，十级伤残为6个月的本人工资。

②一至六级伤残津贴。一次性伤残津贴只有一至六级伤残的才享有，其中一至四级以本人工资为标准，从工伤保险基金按月支付伤残津贴，标准为：一级伤残为90%，二级伤残为85%，三级伤残为80%，四级伤残为75%。五至六级伤残保留与用人单位的劳动关系，由用人单位安排适当工作。难以安排工作的，由用人单位以本人工资为标准，按月发给伤残津贴，标准为：五级伤残为70%，六级伤残为60%，并由用人单位按照规定为其缴纳应缴纳的各项社会保险费。伤残津贴实际金额低于当地最低工资标准的，由用人单位补足差额。

③生活护理费。工伤职工已经评定伤残等级并经劳动能力鉴定委员会确认需要生活护理的，从工伤保险基金按月支付生活护理费。生活护理费按照生活完全不能自理、生活大部分不能自理或者生活部分不能自理三个不同等

级支付,其标准分别为统筹地区上年度职工月平均工资的50%、40%或者30%。

(3)因工死亡待遇。

职工因工死亡,其直系亲属按照下列规定从工伤保险基金领取丧葬补助金、供养亲属抚恤金和一次性工亡补助金:①丧葬补助金为6个月的统筹地区上年度职工月平均工资。②供养亲属抚恤金按照职工本人工资的一定比例发给由因工死亡职工生前提供主要生活来源、无劳动能力的亲属。其标准为:配偶每月40%,其他亲属每人每月30%,孤寡老人或者孤儿每人每月在上述标准的基础上增加10%。核定的各供养亲属的抚恤金之和不应高于因工死亡职工生前的工资。③一次性工亡补助金标准为48个月至60个月的统筹地区上年度职工月平均工资。

(4)工伤保险待遇的停止给付。

工伤职工有下列情形之一的,停止享受工伤保险待遇:①丧失享受待遇条件的;②拒不接受劳动能力鉴定的;③拒绝治疗的;④被判刑正在收监执行的。

(三)失业保险制度

1. 失业保险的概念和适用范围

失业保险是指国家通过立法强制建立社会统筹基金,对因失业而暂时中断生活来源的劳动者在法定期间内提供物质帮助,以维持其基本生活需要的一项社会保险制度。我国失业保险的对象主要是指与城镇企业以及城镇事业单位建立劳动关系的劳动者。城镇企业,是指国有企业、城镇集体企业、外商投资企业、城镇私营企业以及其他城镇企业。

2. 失业保险基金来源

失业保险所需资金来源于四个部分:(1)失业保险费,包括单位缴纳和个人缴纳两部分,这是基金的主要来源。失业保险费由城镇企业事业单位按照本单位工资总额的2%缴纳,城镇企业事业单位职工按照本人工资的1%缴纳失业保险费。城镇企业事业单位招用的农民合同制工人本人不缴纳失业保险费。(2)财政补贴,这是政府负担的一部分。(3)基金利息,这是基金存入银行和购买国债的收益部分。(4)其他资金,主要是指对不按期缴纳失业保险费的单位征收的滞纳金等。失业保险经办机构的管理费用由国家财政拨款。

3. 失业保险待遇的给付条件

失业保险待遇的给付条件主要包括四项:按照规定参加失业保险,所在单位和本人已按照规定履行缴费义务满1年;非因本人意愿中断就业;已办理失业登记,并有求职要求;处于法定劳动年龄并具有劳动能力。

失业人员在领取失业保险金期间重新就业、应征服役、移居境外、享受基本养老保险待遇、被判刑收监执行或者被劳动教养、无正当理由拒不接受当地人民政府指定的部门或者机构介绍的工作的，以及有法律、行政法规规定的其他情形的，应停止领取失业保险金，并同时停止享受其他失业保险待遇。

4. 失业保险待遇

失业人员可享受到的失业保险待遇，具体来说，包括按月领取的失业保险金，这是最主要的一项。失业保险金的领取时间是由失业人员失业前所在单位和本人按照规定累计缴费时间决定的，满1年不足5年的，最长不超过12个月；满5年不足10年的，最长不超过18个月；10年以上的，最长不超过24个月。重新就业后再失业的，缴费时间重新计算。领取失业救济金的期限可以与前次失业应领取而未领取的期限合并计算，但最长不超过24个月。

(四) 医疗保险制度

1. 医疗保险的概念和体系

医疗保险是指根据法律规定，通过强制性社会保险，由国家、用人单位和个人共同建立起医疗保险基金，为个人接受医疗保险服务提供医疗费用补偿的一种社会保险制度。

我国基本医疗保险体系包括城镇职工基本医疗保险、城镇居民基本医疗保险和新型农村合作医疗制度"三大支柱"。

2. 城镇职工基本医疗保险制度

(1) 基本原则：一是基本医疗保险水平与生产力发展水平相适应；二是强制参保；三是属地管理；四是基本医疗保险费由用人单位和职工双方共同负担；五是基本医疗保险基金实行社会统筹和个人账户相结合。

(2) 覆盖范围。城镇所有用人单位，包括企业(国有企业、集体企业、外商投资企业、私营企业等)、机关、事业单位、社会团体、民办非企业单位及其职工(包括在职职工和退休人员)，都要按照国家规定共同缴纳基本医疗保险费。无雇工的个体工商户、未在用人单位参加职工基本医疗保险的非全日制从业人员以及其他灵活就业人员，可以参加职工基本医疗保险，由个人按照国家规定缴纳基本医疗保险费。

(3) 筹资标准。基本医疗保险费由用人单位和职工共同缴纳。用人单位缴费率控制在职工工资总额的6%左右，在职职工缴费率为本人工资的2%。国有企业下岗职工的基本医疗保险费，由再就业服务中心按当地职工平均工资的60%为基数代职工缴纳，并享受相应的医疗保险待遇。退休人员个人不缴费。具体缴费比例由各统筹地区根据实际情况确定。

(4)统筹基金与个人账户相结合的存取标准。城镇职工基本医疗保险基金由统筹基金和个人账户构成。职工个人缴费全部计入个人账户；用人单位缴费，30%左右划入个人账户，其余部分作为社会医疗统筹基金。个人账户收入主要支付门诊费用、住院费用中个人自负部分以及在定点药店购药费用。个人账户归个人使用，个人账户的本金和利息归个人所有，但只能用于支付本人的医疗费。统筹基金和个人账户按照各自的支付范围，分别核算，不得互相挤占。

统筹基金按照"以收定支，收支平衡"的原则，确定起付标准和最高支付限额，用于支付住院医疗和部分门诊大病费用。统筹基金起付标准以下的医疗费用由个人账户支付，不足部分由个人自付；参保人员发生的符合规定的医疗费用超过起付标准（一般为当地职工年平均工资的10%，即起付线）、在最高支付限额（一般为当地职工年平均工资的4倍左右，即封顶线）之内的部分，主要由统筹基金支付，但个人也要负担一定的比例；超过最高支付限额以上的医疗费用，不再由统筹基金支付，而是通过企业补充医疗保险、商业医疗保险等途径解决。

(5)医疗保险待遇。城镇职工基本医疗保险实行定点医疗机构和定点药店管理。职工在定点医疗机构就医发生的费用，可以按基本医疗保险的规定支付。职工可以选择若干包括社区、基层医疗机构在内的定点医疗机构就医、购药，也可以持处方在若干定点药店购药。

3. 城镇居民基本医疗保险

(1)基本原则。一是低水平起步；二是坚持个人缴费和政府补贴相结合的筹资方式，以个人缴费为主，政府给予适当补贴；三是明确中央和地方政府责任；四是坚持统筹协调。

(2)覆盖范围。城镇中不属于城镇职工基本医疗保险制度覆盖范围的中小学阶段的学生（包括职业高中、中专、技校学生）、少年儿童和其他非从业城镇居民，都可自愿参加城镇居民基本医疗保险。在校大学生也可参保。

(3)筹资标准。对城镇居民基本医疗保险，没有规定全国统一的筹资标准。城镇居民基本医疗保险只建立统筹基金，不建立个人账户，基金主要用于住院医疗和部分门诊大病费用。由各地根据低水平起步的原则和本地经济发展水平，并考虑居民家庭和财政负担的能力合理确定。

(4)政府补助。为了引导和帮助广大城镇居民缴费参保，城镇居民基本医疗保险实行了政府补助的政策。政府对所有参保居民给予适当补助。

(5)医疗保险待遇。在支付政策上，城镇居民基本医疗保险只建立统筹基金，不建立个人账户，基金主要用于支付住院医疗和部分门诊大病费用。基金支付比例原则上低于城镇职工医保而高于新型农村合作医疗，一般可以在 50%~60%。在用药方面要补充少儿特殊用药,在就医管理上要增加儿童医院为定点医疗机构。

4. 新型农村合作医疗制度

(1)覆盖范围。所有农村居民都可以家庭为单位自愿参加新型农村合作医疗,按时足额缴纳合作医疗经费。

(2)筹资标准。新型农村合作医疗的筹资水平约为年人均55元,原则上农民个人每年每人缴费不低于10元,经济发达地区可在农民自愿的基础上相应提高缴费标准。鼓励有条件的乡村集体经济组织对本地新型农村合作医疗给予适当扶持。

(3)政府补助。政府对所有参合农民给予适当补助。

(4)统筹层次。新型农村合作医疗一般采取以县(市)为单位进行统筹。条件不具备的地方,起步阶段可采取以乡(镇)为单位进行统筹,逐步向县(市)统筹过渡。

(5)管理制度。新型农村合作医疗主要补助参合农民的大额医疗费用或住院医疗费用。其中,住院费用的支付水平约为35%。有条件的地方,可实行大额医疗费用补助与小额医疗费用补助结合的办法。各县(市)确定支付范围、支付标准和额度。鼓励参合农民充分利用乡镇以下医疗机构的服务。新农合现由卫生行政部门所属的"农合办"管理资金的筹集和支付。

(五)生育保险制度

1. 生育保险的概念和适用范围

生育保险是指针对妇女生育及其特点,通过国家强制的方式筹集生育保险基金,为怀孕和分娩的参保妇女提供收入补偿、医疗服务和生育休假,以确保参保妇女在生育期间的生活维持和健康养护,从而维持社会人口再生产的一项社会保障制度。

生育保险的对象和范围包括城镇各类企业及其女职工。企业包括全民、集体企业、中外合资、合作、独资、乡镇、农村联户企业以及私营和城镇街道企业。

2. 生育保险基金的筹集

生育保险基金具体包括以下几个部分:(1)用人单位缴纳的生育保险费;(2)生育保险基金的利息收入;(3)企业未按期缴纳生育保险费时,由法定的收缴部门要求其承担的滞纳金;(4)其他依法应当纳入生育保险基金的资金。

生育保险费由企业按月缴纳,职工个人不缴纳生育保险费。企业按照其工资总额的一定比例向社会保险经办机构缴纳生育保险费,建立生育保险基金,生育保险费的提取比例由当地人民政府根据计划内生育人数和生育津贴、生育医疗费等项费用确定，并可根据费用支出情况适时调整，但最高不得超过工资总额的1%。

3. 生育保险待遇

生育保险待遇是指女职工在生育期间依法享有的各种帮助和物质补偿。我国生育保险待遇的内容主要是产假、生育津贴、生育医疗服务、生育期间的特殊劳动保护、生育期间的职业保障等。关于女职工产假、生育期间的特殊劳动保护以及生育期间的职业保障，在劳动法一章已有述及，此不赘述。

（1）生育津贴。

女职工产假期间的生育津贴按照本企业上年度职工月平均工资计发。尚未参加生育保险社会统筹的单位，女职工生育产假期间，由单位照发工资。

（2）生育医疗服务。

女职工生育的检查费、接生费、手术费、住院费和药费由生育保险基金支付。超出规定的医疗服务费和药费（含自费药品和营养药品的药费）由职工个人负担。女职工生育出院后，因生育引起的疾病的医疗费由生育保险基金支付，其他疾病的医疗费，按医疗保险待遇规定处理。女职工产假期满后，因病需要休息治疗的，享受有关病假待遇和医疗保险待遇。

第三节　社会救助法律制度

一、社会救助的概念和特征

现代意义的社会救助是指国家对于遭受灾害、失去劳动能力的公民以及低收入的公民给予物质救助，以维持其最低生活水平的一项社会保障法律制度。它对于调整资源配置，实现社会公平，维护社会稳定有非常重要的作用。

社会救助不同于传统的济贫措施，也不同于社会福利和社会保险，它具有以下几个基本特征：保障性；法定性；无偿性；救助对象的特定性。

二、各项社会救助制度

（一）最低生活保障制度

最低生活保障是指政府对收入水平低于政府公告最低生活标准的公民，按照法定程序和标准提供的现金或实物救助，以保证该公民基本生活所需的社会救助制度。最低生活保障制度的特点如下：（1）获取最低生活保障或社会救助是公民生存权的体现；（2）最低生活保障制度提供的仅仅是满足最低生活需求的资金或实物。

1. 城市居民最低生活保障制度

(1) 保障对象：家庭人均收入低于当地最低生活保障标准的持有非农业户口的城市居民。

(2) 保障标准：我国目前的"最低生活保障线"是按照当地维持城市居民基本生活所必需的衣、食、住费用，并适当考虑水电燃煤(燃气)费用以及未成年人的义务教育费用确定的。城市居民最低生活保障标准并不是固定不变的，考虑到生活水平的逐年提高和物价不断上涨，每一年或两年要调整一次，以保证救助对象的基本生活。保障标准需要提高时，应当依照制定标准的规定重新核定。

(3) 资金来源：社会救助作为一项政府责任，其资金应当来源于政府财政支出。按照规定，实施城市居民最低生活保障制度所需资金，由地方各级人民政府列入财政预算，纳入社会救济专项资金支出项目，专账管理，专款专用。国家鼓励社会组织和个人为城市居民最低生活保障提供捐赠、资助，所提供的捐赠资助，全部纳入当地城市居民最低生活保障资金。

(4) 救济方式和程序：一般采取现金救济，包括定期救济与临时救济。也有个别地方采取现金和实物相结合的救济方式。

在程序上，首先由救济对象向当地居委会提出申请，并填写救济申请表，在居委会初审后报街道办事处民政科，由其调查复核并提出解决意见，报区民政局，由区民政局发给救济证。救济对象凭证领取救济费。

2. 农村居民最低生活保障制度

(1) 保障对象：家庭年人均纯收入低于当地最低生活保障标准的农村居民，主要是因病残、年老体弱、丧失劳动能力以及生存条件恶劣等原因造成生活常年困难的农村居民。

(2) 保障标准：由县级以上地方人民政府按照能够维持当地农村居民全年基本生活所必需的吃饭、穿衣、用水、用电等费用确定，并报上一级地方人民政府备案后公布执行。保障标准要随着当地生活必需品价格变化和人民生活水平提高适时进行调整。

(3) 资金来源：农村最低生活保障资金的筹集以地方为主，要列入地方各级人民政府财政预算，省级人民政府要加大投入。中央财政对财政困难地区给予适当补助。同时，国家鼓励和引导社会力量为农村最低生活保障提供捐赠和资助。农村最低生活保障资金实行专项管理，专账核算，专款专用，严禁挤占挪用。

(4) 农村最低生活保障申请及管理程序：①申请、审核和审批。②民主公示与资金发放。③动态管理。

3. 农村五保供养制度

农村五保供养是指对符合规定的村民在吃、穿、住、医、葬方面给予的生活照顾和物质帮助。

(1)五保供养的对象及供养内容:老年、残疾或者未满16周岁的村民,无劳动能力、无生活来源又无法定赡养、抚养、扶养义务人,或者其法定赡养、抚养、扶养义务人无赡养、抚养、扶养能力的,享受农村五保供养待遇。供养内容包括:粮油、副食品和生活用燃料;服装、被褥等生活用品和零用钱;住房;疾病治疗;生活照料;义务教育所需费用;丧葬事宜。

(2)五保供养的形式:农村五保供养对象可自行选择供养形式,可以集中供养,也可以在家分散供养。集中供养的农村五保供养对象,由当地农村五保供养服务机构提供供养服务;分散供养的农村五保供养对象,可以由村民委员会照顾,也可以由农村五保供养服务机构提供供养服务。

(3)五保供养所需经费及实物来源:地方财政预算;农村集体经营收入;中央财政补助;供养机构的农副业生产。

(二)灾害救助法律制度

灾害救助制度,是指政府对因遭遇各种自然灾害及其他特定灾害事件而陷入生活困难的公民给予一定的现金和实物或服务援助,以帮助其度过特殊困难时期的一种社会救助制度。

我国灾害救助制度的主要内容有以下几点:

1. 灾害救助组织体系及职责

国家减灾委员会为国家自然灾害救助应急综合协调机构,负责研究制定国家减灾工作的方针、政策和规划,负责组织、领导、协调全国的自然灾害救助工作,协调开展重大减灾活动,指导地方开展减灾工作,推进减灾国际交流与合作。国家减灾委办公室负责与相关部门、地方的沟通联络,组织开展灾情会商评估、灾害救助等工作,协调落实相关支持措施。

2. 救灾工作分级管理

《国家自然灾害救助应急预案》规定了四个等级的应急响应,按照死亡人口、倒塌房屋数量等指标,启动相应级别的应急响应。灾害损失达不到国家应急救助标准的灾害,由地方政府负责。

3. 救灾资金分级负担

根据有关规定,安排中央救灾资金预算,并按照救灾工作分级负责、救灾资金分级负担,以地方为主的原则,建立和完善中央和地方救灾资金分担机制,督促地方政府加大救灾资金投入力度。县级以上人民政府应当建立健全与自然灾害救助需求相适应的资金、物资保障机制,将人民政府安排的自然灾害救助资金和自然灾害救助工作经费纳入财政预算。

4. 救助方式

为了保障受灾人员的基本生活,在总结实践经验的基础上,规范了灾后生活救助制度：一是受灾地区人民政府应当在确保安全的前提下，对受灾人员进行过渡性安置；二是受灾地区人民政府及其有关部门应当组织重建或者修缮损毁的居民住房；三是在受灾的当年冬季和次年春季，受灾地区人民政府应当为受灾人员提供基本生活救助。

（三）城市流浪乞讨人员救助制度

城市流浪乞讨人员救助制度是指为了对在城市生活无着的流浪、乞讨人员实行救助，保障其基本生活权益而实行的一项社会救助制度。

1. 救助原则

自愿受助、无偿救助是社会救助的原则。所谓自愿受助，是指求助人向救助管理站自愿求助，经询问符合救助对象的范围，救助管理站应给予救助；同时，受助人可以放弃救助，告知救助管理站后自愿离站，救助管理站不得限制。所谓无偿救助，是指救助管理站不得向受助人及其家属和单位收取费用，也不得组织受助人从事生产劳动以自挣生活费及返家所需费用。

2. 救助对象

救助对象是"城市生活无着的流浪乞讨人员"，是指因自身无力解决食宿，无亲友投靠，又不享受城市最低生活保障或者农村五保供养，正在城市流浪乞讨度日的人员。

3. 救助内容

救助站根据受助人员的需要提供下列救助：（1）提供符合食品卫生要求的食物；（2）提供符合基本条件的住处；（3）对在站内突发急病的，及时送医院救治；（4）帮助与其亲属或所在单位联系；（5）向没有交通费返回其住所地或所在单位的人员提供乘车凭证。救助站对流浪乞讨人员的救助是一项临时性社会救助措施。

4. 救助机构及管理

县级以上城市人民政府应当根据需要设立流浪乞讨人员救助站，采取积极措施及时救助流浪乞讨人员，并对救助站进行指导、监督。公安、卫生、交通、铁道、城管等部门应当在各自的职责范围内做好相关工作。县级以上城市人民政府应当将救助工作所需经费列入财政预算，予以保障。国家鼓励、支持社会组织和个人救助流浪乞讨人员。

第四节 社会福利法律制度

一、社会福利的概念和特征

广义的社会福利，泛指国家和社会对全体公民在生命全过程中所需要的生活、卫生、环境、住房、教育、就业等方面提供的各种公共服务。狭义的社会福利，是与社会保险、社会救助等并列的一种社会保障形式，是指国家和社会为维持和提高公民的一定生活质量而提供的一定物质帮助，以满足公民的共同和特殊生活需要的社会保障制度。

社会福利的特征体现在以下几方面：（1）对象的普遍性；（2）目的的公平性和高层次性；（3）内容的广泛性和实施方式的多样性；（4）资金来源的单向性。

二、各项社会福利制度

(一)公共福利制度

国家和社会为了改善和提高全体社会成员的物质和精神生活而提供的单向性利益被称为公共福利。

公共福利的对象是全体公民。公共福利的提供通常采用三种形式：一是通过公共服务使全体人民享受某种利益；二是通过福利设施的建设为公民开展各种文化、娱乐、审美、体育等活动创造条件；三是通过一定补贴，保障公民的生活质量得以提高。

公共福利的子项目主要包括：教育、住房、卫生、文化娱乐、生活环境、生活服务等方面的福利。

1. 教育福利

教育福利主要包括：（1）实行九年义务教育；（2）对特殊困难家庭的子女和孤儿、无收养家庭的弃儿等的教育资助；（3）在中等以上学校设立助学金、奖学金和贷学金，给大中专学生以度假优惠购票待遇；（4）设立捐助教育基金，资助困难学生和奖励成绩特别优异的学生；（5）鼓励企业、社团、私人等社会力量办学，并给予政策优惠；（6）举办和扶持职业培训，提供职业培训津贴。

2. 住房福利

目前我国住房福利的内容主要有：（1）取消福利分房制度，实行住房福利的社会化；（2）实行住房公积金制度，住房公积金由用人单位和职工共同缴纳，实行专款专用；（3）政府提供优惠政策，按照合理标准建房，向城市低收入住房困难家庭以比较微利价出售的经济适用房；（4）国家向无力购房的城市低收入家庭提供廉租房，逐步解决低收入家庭的住房困难问题。

3. 卫生福利

卫生福利，是指国家和社会以保障公民身体健康为目的而提供的以医疗和保健为内容的公共福利。医疗福利，是指在为公民提供医疗方面的社会救助和社会保险的同时，为患病者恢复健康提供必要的医疗场所、医疗设施和医疗照顾，主要表现为政府运用财政支出和筹集社会资金来兴办公共医疗机构并改善其医疗条件，提高全社会的医疗服务能力和质量。保健福利，即初级卫生保健，是国家卫生系统和社会福利机构向全社会提供的增进性、预防性、治疗性和综合性的促进人人健康的服务，其中包括增进必要的营养和供应充足的安全饮用水，提供清洁的卫生环境，开展妇幼保健和计划生育，主要传染病的预防接种，地方病的防治，普及健康教育，提供基本药物等内容。

4. 文化康乐福利

文化康乐福利，是指国家和社会为满足公民文化康乐的精神生活需要而提供的，以非商业性经营文化康乐设施和服务为内容的公共福利，包括提供公园、图书馆、纪念馆、博物馆、展览馆、体育场、文化康乐中心等设施，供全体社会成员享用。作为公共福利的文化康乐设施和服务，主要由国家出资兴办和管理，不以营利为目的，以免费或低收费形式向社会成员开放，使社会成员能普遍平等地享用。

5. 环境福利

环境福利是国家和社会为保护和改善环境、提高社会成员的生活质量而提供的公共福利。环境福利的主要内容有：一方面，政府和社会出资建设环境保护设施和场所，如建设污水处理、垃圾处理设施，增建绿地、林地保护区等，这是环境福利最主要的表现形式；另一方面，提供环境保护服务，如开展环境保护教育，维护环境保护设施、提供有害物品回收服务等。

(二) 职业福利制度

职业福利，又称职工福利或劳动福利，是指用人单位和有关社会服务机构为满足劳动者生活的共同需要和特殊需要，在工资和社会保险之外向职工及其亲属提供一定货币、实物、服务等形式的物质帮助。职业福利具有两方面的特点：一是职业性；二是自主性和差异性。

职业福利以满足职工的物质生活和精神生活需求为目标，从职业福利对象来看，可以分为职工集体福利和职工个人福利；在福利形式上，既包括建立集体福利设施，也包括提供福利服务和福利补贴。

1. 职工集体福利

集体福利是为满足本企业全体职工的普遍性或集体性的生活需要而提供的职业福利，主要内容包括：一是为方便职工生活而举办的集体福利设施，如举办职工食堂，设立幼儿园、职工子弟学校，修建浴室、理发室，开办内部商店等；二是为活跃和丰富职工文化生活而建立的文化福利设施，如文化宫、俱乐部、图书馆、阅览室、游泳池、运动场等；三是提供福利服务，如提供班车接送服务等。

2. 职工个体福利

职工个体福利是为满足职工个人的生活需要而提供的职业福利，以货币形式的福利补贴为主。企业为解决职工生活需要，减轻职工生活困难，通常会建立福利补贴制度，如生活困难补贴、上下班交通费补贴、伙食补贴、通信补贴等。

职业福利所需的基金一部分来源于国家，更多的来源于用人单位。来源于用人单位的职业福利主要有以下几部分：一是用人单位根据规定设立的职工福利基金；二是从单位行政经费、企业管理费和事业单位的事业费中提取的部分资金；三是从工会经费中提取的部分资金；四是各单位的职业福利设施自身的收入。

(三) 特殊群体福利制度

特殊群体福利也称专项福利，是国家和社会向社会特定群体提供的福利形式。

特殊群体福利主要有：(1)残疾人福利。其对象是全社会的残疾人，即由于先天或后天原因而存在生理或心理上的缺陷，造成生活、劳动、学习障碍的公民。其目标是充分保障残疾人的生活、教育、医疗、康复和就业权益，为残疾人创造良好的物质和精神条件，使残疾人在事实上成为社会中平等的一员，分享经济社会发展所带来的物质文化成果。它主要包括以下内容：残疾人康复；残疾人教育；残疾人劳动就业；残疾人生活福利。(2)老年人福利。其对象是全社会的老年人。其目标是安定老年人生活，维护老年人健康，充实老年人精神文化生活，实现"老有所养、老有所医、老有所为、老有所乐"。其主要内容包括：老年福利津贴；社会养老；老年医疗卫生保健；老年教育、生活、社会活动、文化康乐等方面的福利。(3)儿童福利。其对象是全社会的未成年人。其目标是解除家庭养育儿童方面的后顾之忧，实现优生、优育、优教，保障儿童身心健康和全面发展。其内容主要包括：一是提供儿童补贴；二是提供教育福利；三是提供医疗卫生保健设施和服务；四是提供未成年人看护、文化科学活动场所和设施；五是建立儿童福利院、孤儿院等儿童福利机构，解决孤儿、弃儿、伤残儿童的抚养、保健和教育问题。(4)妇女福利。其对象是全社会的妇女。其目标是保障妇女实现其基于生理特性和生育负担的特殊权益。其内容主要有：一是生育方面的福利。国家推行生育保险制度，提供生育津贴和生育医疗待遇。二是母婴保健服务。三是提供妇女医疗卫生保健设施和服务。四是提供文化康乐设施和服务。

(四) 社区服务制度

社区服务业是在政府倡导下，为满足社会成员多种需求，以街道、镇和居委会的社区组织为依托,具有社会福利性的居民服务业,是社会保障体系和社会化服务体系中的一个重要行业。

我国社区服务的资金来源于社会赞助、社会经济收入、政府资助和一些有偿服务收入。在城镇,社区服务主要包括:满足老人特有需求的老人服务,满足残疾人特有需求的帮残服务;丰富校外活动、加强校外管理的青少年服务;以拥军优属为主旨的优抚服务;从事家务劳动的家庭服务;倡导移风易俗的民俗改革服务;优化家庭生活、家庭关系的家政教育服务;以治安、调解、维护社会秩序为目标的综合管理服务;提供精神安慰的心理咨询服务;从事婚姻介绍、婚姻管理的婚姻服务;满足法律、卫生等方面信息要求的咨询服务;各种方便居民生活的便民服务等。在农村,社区服务表现为:以帮助贫困户、受灾户脱贫致富为主的救灾扶贫服务;以开办福利工厂,安置有一定劳动能力的残疾人就业为主的残疾人就业保障服务;以开办敬老院等形式,为年老丧失劳动能力的农民提供基本生活保障;以开办家庭财产保险、牲畜合作保险、农作物保险、人身伤害保险和合作医疗保险为重点,为村民财产安全和身体健康所提供的保障服务等。

第五节　社会优抚法律制度

一、社会优抚的概念和特征

社会优抚是指国家和社会对有功劳的特殊社会群体给予补偿和褒扬的一种制度,即给予优抚安置对象物质照顾和精神抚慰的一种制度,是国家社会保障制度的一个重要组成部分。它主要是针对军人及其家属所建立的各种优待、抚恤、养老、就业安置等待遇和服务的保障制度的总称。

优抚制度的主要特征有以下几方面:(1)优抚制度具有法定性;(2)优抚对象具有特定性;(3)优抚保障的标准较高;(4)优抚内容具有综合性;(5)保障目标的双重性。

二、各项社会优抚制度

(一)社会优待制度

1. 社会优待的概念

狭义的社会优待仅指针对军人及其家属所建立的各种优厚待遇和服务措施。广义的社会优待除包括对军人及其家属的优待外,还包括针对因公殉职的国家工作人员以及为保护国家、集体和公民的利益而伤亡的群众等所提供的优待。

2. 社会优待的内容

(1) 发放优待金。

义务兵服现役期间,其家庭由当地人民政府发给优待金或者给予其他优待,优待标准不低于当地平均生活水平。

(2) 医疗费用优待。

国家对一级至六级残疾军人的医疗费用予以保障,由所在医疗保险统筹地区的社会保险经办机构单独列账管理。

(3) 就业优待。

在国家机关、社会团体、企事业单位工作的残疾军人,享受与所在单位工伤人员同等的生活福利和医疗待遇。所在单位不得因其残疾将其辞退、解聘或者解除劳动关系。

(4) 服役优待。

因公牺牲军人、病故军人的子女、兄弟姐妹,本人自愿应征并且符合征兵条件的,优先批准服现役。

(5) 社会服务优待。

现役军人凭有效证件、残疾军人凭残疾军人证优先购票乘坐境内运行的火车、轮船、长途公共汽车以及民航班机;残疾军人享受减收正常票价50%的优待。义务兵从部队发出的平信,免费邮递等。

(6) 入学优待。

义务兵和初级士官退出现役后,报考国家公务员、高等学校和中等职业学校的,在与其他考生同等条件下优先录取。现役军人子女入学、入托,在同等条件下优先接收。

(7) 住房优待。

残疾军人、复员军人、带病回乡退伍军人、因公牺牲军人遗属、病故军人遗属承租、购买住房依照有关规定享受优先、优惠待遇。居住农村的抚恤优待对象住房有困难的,由地方人民政府帮助解决。

(8) 安置家属优待。

经军队师(旅)级以上单位政治机关批准随军的现役军官家属、文职干部家属、士官家属,由驻军所在地的公安机关办理落户手续。随军前是国家机关、社会团体、企事业单位职工的,驻军所在地人民政府人力资源和社会保障部门应当接收和妥善安置;随军前没有工作单位的,驻军所在地人民政府应当根据本人的实际情况作出相应安置;对自谋职业的,按照国家有关规定减免有关费用。

(9) 经济补助优待。

复员军人生活困难的,按照规定条件,由当地人民政府民政部门给予定期定量补助，逐步改善其生活条件。

(二)社会抚恤制度

社会抚恤是指国家通过发放抚恤金向优抚对象提供生活保障的优抚形式，包括伤残抚恤和死亡抚恤两种。

1. 伤残抚恤

伤残抚恤是国家和社会保障革命伤残人员(包括伤残革命军人、伤残人民警察、伤残国家机关工作人员、伤残民兵民工)基本生活的优抚制度。

(1)伤残及伤残等级的认定。

现役军人残疾被认定为因战致残、因公致残或者因病致残的，依照相关规定享受抚恤。革命伤残军人的伤残等级，根据丧失劳动能力及影响生活能力的程度确定。残疾的等级，根据劳动功能障碍程度和生活自理障碍程度确定，由重到轻分为一级至十级。残疾等级的具体评定标准由国务院民政部门、劳动保障部门、卫生部门会同军队有关部门规定。因战、因公致残的伤残等级，分为特等、一等、二等甲级、二等乙级、三等甲级、三等乙级；因病致残的伤残等级，由军队规定的审批机关在医疗终结后负责评定伤残等级，发给革命伤残军人证。

因下述原因之一致残的，认定为因战致残：①对敌作战；②执行任务遭敌人或者犯罪分子伤害，或者被俘、被捕后不屈遭敌人伤害；③为抢救和保护国家财产、人民生命财产或者参加处置突发事件受伤的；④因执行军事演习、战备航行飞行、空降和导弹发射训练、试航试飞任务以及参加武器装备科研实验受伤的。

因下述情形之一导致残疾的，认定为因公致残：①在执行任务中或者在上下班途中，由于意外事件致残的；②被认定为因战、因公致残后因旧伤复发致残的；③因患职业病致残的；④在执行任务中或者在工作岗位上因病致残，或者因医疗事故致残的；⑤其他因公致残的。

义务兵和初级士官因患职业病致残的，在执行任务中或者在工作岗位上因医疗事故以外的疾病导致残疾的，认定为因病致残。

因战、因公、因病致残性质的认定和残疾等级的评定权限为：①义务兵和初级士官的残疾，由军队军级以上单位卫生部门认定和评定；②现役军官、文职干部和中级以上士官的残疾，由军队军区级以上单位卫生部门认定和评定；③退出现役的军人和移交政府安置的军队离休、退休干部需要认定残疾性质和评定残疾等级的，由省级人民政府民政部门认定和评定。

评定残疾等级，应当依据医疗卫生专家小组出具的残疾等级医学鉴定意见。残疾军人由认定残疾性质和评定残疾等级的机关发给中华人民共和国残疾军人证。

（2）伤残抚恤待遇。

退出现役后没有参加工厂工作的革命伤残军人，由民政部门发给伤残抚恤金；退出现役后参加工厂工作，或者享受离休、退休待遇的革命伤残军人，由民政部门发给伤残保健金；继续在部队服役的革命伤残军人，由所在部队发给伤残保健金。伤残抚恤金的标准，根据伤残性质的伤残等级，参照全国一般职工的工资收入确定。退出现役的特等、一等革命伤残军人，由国家供养终身。因战致残的革命伤残军人在评残发证后，一年内因伤口复发死亡的，按照革命烈士的抚恤规定，发给其家属一次性抚恤金和定期抚恤金；一年后因伤口复发致残的，按照因公牺牲军人的抚恤规定，发给其家属一次性抚恤金和定期抚恤金。因战、因公致残的特等、一等革命伤残军人因病致残死亡后，其家属按照病故军人家属的抚恤规定享受定期抚恤金。

2. 死亡抚恤

死亡抚恤是国家对因战、因公和因病死亡军人的家属提供一定的抚恤金，以保障他们基本生活的社会优抚安置制度。死亡抚恤是优抚保障制度中最基本的内容。

死亡抚恤的待遇标准一般根据下列因素确定：一是死亡的性质，是战时牺牲、平时牺牲还是因病去世；二是生前是否立功和是否被授予荣誉称号；三是生前的收入和工资级别等。

根据抚恤的内容和性质的不同，死亡抚恤分为一次性给付和定期给付两种形式。

（1）一次性抚恤金。一次性抚恤金是国家按规定一次性发给革命烈士家属、因公牺牲和病故军人家属、因公牺牲和病故国家机关工作人员及人民警察家属的抚恤金。抚恤金的发放标准为：革命烈士按牺牲时 80 个月的工资计发；因公牺牲的，按牺牲时 40 个月的工资计发；因病死亡的，按病故时 20 个月的工资计发。义务兵和月工资低于军队正排职军官工资标准的，都按军队正排职军官工资标准发给其家属一次性抚恤金。立功和获得荣誉称号的现役军人死亡，根据其立功和荣誉称号的不同，可增发 5%~35% 的抚恤金。对于多次获得荣誉称号或多次立功的，以其获得的最高荣誉称号或最高立功等级增发一次性抚恤金。

军人、机关工作人员、参战民兵民工的死亡一次性抚恤金均由家属居住地的县（市）民政部门发给。一次性抚恤金发给烈士、因公牺牲军人、病故军人的父母（抚养人）、配偶、子女；没有父母（抚养人）、配偶、子女的，发给未满 18 周岁的兄弟姐妹和已满 18 周岁但无生活费来源且由该军人生前供养的兄弟姐妹。

（2）定期抚恤金。定期抚恤金是国家对符合规定条件的革命烈士家属、因公牺牲军人家属、病故军人家属按一定标准发给的抚恤金，又称"遗属定期抚恤金"或"长期抚恤金"。

定期抚恤金的发放对象包括父母、抚养人、配偶无劳动能力和生活收入的，或虽有一定生活收入，但不足以维持当地一般群众生活水平的；子女未满18周岁，或虽满18周岁因读书或伤残而无生活来源的；弟妹未满18周岁，且必须是依靠军人生前供养的。

定期抚恤金的基本标准和享受的具体条件，由国家统一制定。国家按照与城乡人民生活水平相适应的原则制定基本标准，由各省、自治区、直辖市在不低于国家规定的基本标准的前提下，根据各地经济状况和人民生活水平，制定具体标准，保证享受定期抚恤金的人员的生活不低于当地人民群众的生活水平。

享受定期抚恤金的烈士遗属、因公牺牲军人遗属、病故军人遗属死亡的，增发6个月其原享受的定期抚恤金，作为丧葬补助费。

(三)安置保障制度

安置保障是以政府为主导，社会广泛参与，保障军人转化为普通社会成员的法律措施和制度，包括退役安置和离退休安置两类。

1. 退役安置

退役安置是指国家和社会为退出现役的军人提供资金和服务，以帮助其重新就业的一项优抚保障制度。

(1)安置对象和安置内容。退役安置对象包括退伍义务兵、复员志愿兵、转业复员士官、复员干部以及伤病残士兵。退役安置的内容十分庞杂，主要内容包括：一是就业介绍。这是退役安置最重要也是最关键的内容。二是教育和培训。提供教育优待和职业技能培训服务，是所有国家做好安置工作必不可少的重要手段。三是福利保障。一般包括政治待遇、退役(休)金、住房补助、医疗服务和基本生活待遇等内容。

(2)安置形式。退役安置的形式有两种：一是提供资金；二是提供服务。

①提供资金是政府依据立法规定，为退役军人退役后的生活安置提供资金条件的方式。退役保障金主要包括退役安置费、生活津贴和生产贷款等项目。退役保障金的发放标准一般是根据退役军人的军龄、退役性质等来确定的。根据我国现行有关政策的规定，一般而言，保障金标准，军龄长的比军龄短的要高，转业退役的比复员退伍的要高，不安排工作的比安排工作的要高。

②提供服务是指政府和社会通过向退役军人提供就业、就学、安家、落户、培训等方面的服务来实现安置保障目标的方式。安置服务主要内容包括

就业安置、就学安置、落户安置、职业培训安置、技术培训安置等项目。

(3) 安置原则，主要包括：①"从哪里来，回哪里去"的原则；②妥善安置原则；③区别对待原则。

2. 离退休安置

离退休安置是指国家和社会依法向直接从军队现役中离退休的军人提供资金和服务，以保证其安度晚年的社会保障项目。

军队的现役干部，男年满55周岁、女年满50周岁，或因战、因公致残，积劳成疾，基本丧失工作能力的，可办理退休；师职以下干部年满55周岁，军职干部年满60周岁，兵团职和大军区职干部年满65周岁，可办理离休。离退休干部的安置要从实际出发，因地制宜，妥善安置。有的可以就地安置，有的可以回本人或配偶原籍以及配偶居住地区安置，有的也可以到子女居住地安置。在内地工作且夫妻在一地的干部，一般就地安置。在新疆、青海、西藏等艰苦地区工作满15年(含)，自愿留该省、自治区安置的干部，师职以上可在省会城市安置，团职以下的可在本地地级市安置。在高原缺氧和特别艰苦的边防、海岛、沙漠地区工作满15年(含)内地安置的，或因战因公被评为二等乙级以上残废的，或担任师级职务的干部，可以到安置地地区所在地安置。自愿回县(市)以下城镇和农村安置的应予鼓励。外地进北京、天津、上海安置的军队离退休干部应从严掌握，按当地有关规定办理。

退休干部享受退休生活费、安家补助费等。《关于军队干部退休的暂行规定》确定了军队干部退休后的生活费标准和安家补助费的支付标准，还对退休干部的福利待遇，住房问题，异地安置及其配偶、子女安置，户口安置，丧葬等方面作了规定。《关于军队干部离职休养的暂行规定》也对离休干部的探亲待遇、住房问题、补助费、医疗待遇、配偶及子女安置、丧葬等方面作了规定。《中国人民解放军士官退出现役安置暂行办法》对退出现役的士官的退休安置作了规定，包括退休安置的条件和退休安置的办法。

【思考题】

下列关于社会保险基金的哪些表述符合《劳动法》的规定？（　　）(2005年全国司法考试试卷三第74题)

A. 国家设立社会保险基金，是为了使劳动者在年老、患病、工伤、失业、生育等情况下获得帮助和补偿

B. 用人单位和劳动者都必须缴纳社会保险费

C. 劳动者死亡后，其遗属依法享受社会保险基金支付的遗属津贴

D. 社会保险基金的经办机构负有使社会保险基金保值增值的责任

参考文献

[1] [日]金泽良雄著,满达人译:《经济法概论》,甘肃人民出版社1985年版。

[2] [日]丹宗昭信,厚谷襄儿编:《现代经济法入门》,群众出版社1985年版。

[3] [法]阿克莱西·雅克曼等著,宇泉译:《经济法》,北京:商务印书馆1997年版。

[4] [德]罗尔夫·斯特博著,苏颖霞、陈少康译:《德国经济行政法》,中国政法大学出版社1999年版。

[5] [美]斯蒂格利茨著:《政府为什么干预经济》,中国物资出版社1998年版。

[6] [美]保罗·A.萨缪尔森等著:《经济学》(上下),中国发展出版社1992年版。

[7] [美]斯蒂格利茨著:《经济学》,中国人民大学出版社1997年版。

[8] [英]亚当·斯密著:《国富论》,商务印书馆,2005年第13次印刷。

[9] [德]拉德布鲁赫著:《法学导论》,中国大百科全书出版社1997年版。

[10] [英]约翰·梅纳德·凯恩斯著:《就业利息和货币通论》,商务印书馆2005年版。

[11] 杨紫烜主编:《经济法》,北京大学出版社2001年版。

[12] 潘静成、刘文华主编:《经济法》(第二版),中国人民大学出版社2007年版。

[13] 漆多俊主编:《经济法学》,武汉大学出版社2005年版。

[14] 李昌麒主编:《经济法学》,中国政法大学出版社1998年版。

[15] 王保树主编:《经济法原理》,社会科学文献出版社1999年版。

[16] 张守文主编:《经济法学》,北京大学出版社2006年版。

[17] 邱本著:《经济法通论》,高等教育出版社2004年版。

[18] 单飞跃主编:《经济法教程》,法律出版社2006年版。

[19] 史际春等著:《企业和公司法》,中国人民大学出版社2004年版。

[20] 马强著:《合伙法律制度研究》,人民法院出版社2000年版。

[21] 赵旭东著：《新公司法制度设计》，法律出版社 2006 年版。
[22] 赵旭东著：《公司资本制度改革研究》，法律出版社 2004 年版。
[23] 江平著：《法人制度论》，中国政法大学出版社 2002 年版。
[24] 罗培新著：《公司法的合同解释》，北京大学出版社 2004 年版。
[25] 施天涛著：《公司法论》，法律出版社 2006 年版。
[26] 李建伟著：《国有独资公司前沿问题研究》，法律出版社 2002 年版。
[27] 梁上上著：《论股东表决权》，法律出版社 2005 年版。
[28] 虞政平著：《股东有限责任》，法律出版社 2001 年版。
[29] 钱玉林著：《股东大会决议瑕疵研究》，法律出版社 2005 年版。
[30] 毛亚敏著：《公司法比较研究》，中国法制出版社 2001 年版。
[31] 孔祥俊：《反不正当竞争法的适用与完善》，法律出版社 1998 年版。
[32] 孔祥俊著：《反不正当竞争法新论》，人民法院出版社 2001 年版。
[33] [英]约翰·亚格纽著，许海等译：《竞争法》，南京大学出版社 1992 年版。
[34] 吕明瑜著：《竞争法》，法律出版社 2004 年版。
[35] 徐士英等著：《竞争法新论》，北京大学出版社 2006 年版。
[36] 王晓华著：《竞争法研究》，中国法制出版社 1999 年版。
[37] 曹士兵著：《反垄断法研究》，法律出版社 1996 年版。
[38] 孔祥俊著：《反垄断法原理》，中国法制出版社 2001 年版。
[39] 王传辉著：《反垄断的经济学分析》，中国人民大学出版社 2004 年版。
[40] [美]波斯纳著，孙秋宁译：《反托拉斯法》，中国政法大学出版社 2003 年版。
[41] 吴志攀著：《金融法的四色定理》，法律出版社 2003 年版。
[42] 陆译峰著：《金融创新与法律变革》，法律出版社 2000 年版。
[43] 曹士兵等主编：《金融审判与银行债权保护/金融法实务指导丛书》，法律出版社 2006 年版。
[44] 郭雳著：《中国银行业创新与发展的法律思考》，北京大学出版社 2006 年版。
[45] 强力著：《金融法》，法律出版社 2004 年版。
[46] 吴志攀著：《中央银行法制》，中国金融出版社 2005 年版。
[47] 王淑焕编著：《产品责任法教程》，中国政法大学出版社 1993 年版。
[48] 刘静著：《产品质量论》，中国政法大学出版社 2000 年版。
[49] 曲振涛等著：《产品质量法概论》，中国财政经济出版社 2002 年版。
[50] 李昌麒、许明月编著：《消费者保护法》，法律出版社 1997 年版。
[51] 贾俊玲、张智勇主编：《中国消费者权益保护法讲座》，改革出版社

1995年版。
[52]吴景明著:《消费者权益保护法》,中国政法大学出版社2002年版。
[53]麻昌华主编:《消费者保护法》,中国政法大学出版社2006年版。
[54]黄俊杰著:《纳税人权利之保护》,北京大学出版社2004年版。
[55]黄茂荣著:《税法总论——法学方法与现代税法(第二册)》,台湾植根法学丛书编辑室,2005年。
[56]黄茂荣著:《税法总论——法学方法与现代税法(第一册增订二版)》,台湾植根法学丛书编辑室,2005年。
[57]计金标著:《个人所得税政策与改革》,立信会计出版社1997年版。
[58]廖益新著:《国际税法学》,北京大学出版社2001年版。
[59]刘剑文主编:《润物无声——财税法治与财政法教学》,法律出版社2005年版。
[60]刘剑文主编:《国际税法学》,北京大学出版社2004年版。
[61]刘剑文主编:《财税法学案例与法理研究》,高等教育出版社2004年版。
[62]刘剑文主编:《财税法学》,高等教育出版社2004年版。
[63]郭捷、刘俊、杨森编著:《劳动法学》(修订本),中国政法大学出版社1999年版。
[64]李景森、贾俊玲主编:《劳动法学》,北京大学出版社2001年版。
[65]关怀主编:《劳动法学》,中国人民大学出版社2005年版。
[66]王全兴著:《劳动法》,法律出版社2004年版。
[67]贾俊玲主编:《劳动法学》,中央广播电视大学出版社2003年版。
[68]沈同仙著:《劳动法的理论与实践》,中国人事出版社2003年版。
[69]郑尚元主编:《劳动法学》,中国政法大学出版社2004年版。

图书在版编目(CIP)数据

经济法/黄明欣,曹胜亮主编. —武汉:武汉大学出版社,2014.8
应用型系列法学教材
 ISBN 978-7-307-13708-0

Ⅰ.经… Ⅱ.①黄… ②曹… Ⅲ.经济法—中国—高等学校—教材
Ⅳ.D922.29

中国版本图书馆 CIP 数据核字(2014)第 144191 号

责任编辑:胡 荣　　　责任校对:汪欣怡　　　版式设计:马　佳

出版发行:**武汉大学出版社**　　(430072　武昌　珞珈山)
　　　　　(电子邮件:cbs22@whu.edu.cn　网址:www.wdp.com.cn)
印刷:武汉市宏达盛印务有限公司
开本:720×1000　1/16　印张:24.5　字数:438 千字　插页:1
版次:2014 年 8 月第 1 版　　2014 年 8 月第 1 次印刷
ISBN 978-7-307-13708-0　　定价:45.00 元

版权所有,不得翻印;凡购我社的图书,如有质量问题,请与当地图书销售部门联系调换。